建设工程律师
实务手记

张庆亮◎主编

JIANSHE

GONGCHENG

LÜSHI

SHIWU SHOUJI

知识产权出版社
全国百佳图书出版单位
—北京—

图书在版编目（CIP）数据

建设工程律师实务手记 / 张庆亮主编. —北京：知识产权出版社，2023.6（2025.9 重印）
ISBN 978 - 7 - 5130 - 8544 - 1

Ⅰ. ①建… Ⅱ. ①张… Ⅲ. ①建筑工程—律师业务—中国 Ⅳ. ①D922.297

中国国家版本馆 CIP 数据核字（2023）第 000594 号

责任编辑：齐梓伊　　　　　　　　　　责任校对：谷　洋

执行编辑：凌艳怡　　　　　　　　　　责任印制：刘译文

封面设计：瀚品设计

建设工程律师实务手记

张庆亮　主编

出版发行：	知识产权出版社 有限责任公司	网　址：	http://www.ipph.cn
社　址：	北京市海淀区气象路 50 号院	邮　编：	100081
责编电话：	010 - 82000860 转 8714	责编邮箱：	443537971@qq.com
发行电话：	010 - 82000860 转 8101/8102	发行传真：	010 - 82000893/82005070/82000270
印　刷：	北京建宏印刷有限公司	经　销：	新华书店、各大网上书店及相关专业书店
开　本：	720mm × 1000mm　1/16	印　张：	31.5
版　次：	2023 年 6 月第 1 版	印　次：	2025 年 9 月第 2 次印刷
字　数：	503 千字	定　价：	98.00 元

ISBN 978 - 7 - 5130 - 8544 - 1

《建设工程律师实务手记》
编写组名单

| 主编 |

张庆亮

| 副主编 |

王　晶　　谷慧娟

| 编写人员 |

张书惠　郜　飞　张　宇　闫夏育　侯伟华
李　鹏　吴娜丽　李建飞　宁腾飞　晋一巍
韩向前　席文战　张晓林　高　敏　张利平

自序：怀揣梦想　仗剑天涯

　　我与建筑工程的渊源，要从父亲说起。父亲是从建筑工地干起来的包工头，改革开放后成为第一批"先富起来的人"。笔者自小在父亲的建筑工地学会了徒手接砖和扔砖，自诩水平不亚于暗器高手"千手如来"赵半山。大学时选择了建筑工程专业，毕业后做了十几年的总监理工程师。而改行法律行业，也是机缘巧合。2005年，我在山西临汾的一个项目中担任总监理工程师，适逢开发商和建筑商打官司，现场勘验时，看着双方六个律师一脸茫然，我突发奇想：我若学习法律去做律师，凭借扎实的工程知识和现场经验，岂不是可以仗剑天涯，纵横建设工程法律界的江湖？此念一起，一发不可收拾。三年后，我在38岁时，终于成为建设工程领域的一名执业律师。十多年来，夙兴夜寐，完成了工程师思维向律师思维的转变，亦能做到在法律条款和技术规范之间游刃有余。

　　1992年大学毕业至今，30年来的工作经历让我感慨，我国的建筑市场怎一个"乱"字了得！

　　建筑市场的第一批从业者多是文化素质偏低、江湖气息很浓的农民工和中专毕业生（本科毕业的都去做设计了）。一个项目开始的时候，或者承接项目的时候多是从喝酒开始。所以整个施工过程都有浓重的"高度酒气息"。甲乙双方重感情，好面子，轻视工程签证和索赔，为以后的争议埋下隐患，双方那点"酒肉感情"终究扛不住高额的价款争议，最终双方对簿公堂。

　　一个项目从招标到竣工结算，过程漫长，短则三年，长则五六年，形成大量的文件，如：招标文件、投标文件、中标通知书、协议书、施工图、图纸会审纪要、签证索赔资料、技术核定单、设计变更、工程开工令、工程暂停令、工程复工令、监理例会会议纪要、监理通知单等，浩如烟海。这些文件在备案流程中是工程资料，在诉讼中是证据材料。不熟悉相关的工程知识，代理建设工程案件便举步维艰。

　　建设工程类法律纠纷的处理，因其专业属性，成为一个相对独立的法律事务领域。当前的建设工程类法律书籍大多是结合最高人民法院的案例对相关法律、司法解释作出的解读和适用，而结合工程知识从法律实务的角度对具体案件如何着手、如何处理进行解读，这方面并未系统成书。故此，本书的出版具有重要的阶段性意义。既是本人纵横工程、法律事务江湖三十年的知识梳理和经验总结，也为工程法律实务界的后来人提供一条学习成长的捷径。经过大量的前期准备工作，以及长时间的理论分析和研究，凝聚众多行业精英的智慧，方完成本书。

　　本书在很大程度上可视为工程类法律纠纷实务指导书，分为建设工程施工合同效力实务解读、建设工程价款实务解读、建设工程质量实务解读、建设工程工期实务解读、建设工程司法鉴定实务解读五篇律师手记，从建设工程常识、法律实务操作等方面，阐述了工程类纠纷的处理思路及原则、证据的收集和整理、诉讼中的应对及技巧等法律实务操作攻略。本书的特点在于，从工程法律知识点入手，在工程常识的基础上，结合处理工程法律纠纷的法律实务经验，并有每个案件的办案感悟和律师手记。旨在从一个相对全面的角度去完整解析工程类法律纠纷案件，是一本工程类法律实务操作指南。此能成书，特别感谢我的团队成员，感谢大家为此付出的辛苦和努力。

　　是为自序。

张庆亮

| 目　录 |

第二篇　建设工程工程价款实务解读

第 一 篇

建设工程施工合同效力实务解读

一、无资质的个人所签订的施工合同无效

实例1 个人不具备建筑业企业资质，所签订的施工合同无效

【案情简介】

上诉人（原审被告）：陕西建工安装集团有限公司（以下简称陕西建工）

被上诉人（原审原告）：赵甲

2012年10月9日陕西建工中标了武警医院门诊大楼项目安装工程。2012年12月25日陕西建工与武警医院签订了《施工合同》。该合同约定：本合同采用固定单价，签约合同价为10 752 732元，承包人项目经理为张乙；按工程进度付款，施工进场后支付合同总价的20%，安装工程施工到正负0.000时，支付合同总价扣除暂列金后的15%，安装工程施工至五层封顶时，支付合同总价扣除暂列金后的15%，安装工程施工至主体封顶时，支付合同总价扣除暂列金后的15%，安装工程竣工验收合格后，支付合同总价扣除暂列金后的15%，办理完安装工程竣工审计结算后付至结算价的95%，剩余工程结算价的5%作为质量保证金。所有增加工程量及新增工程项目的工程价款，待结算审计后支付；缺陷责任期自实际竣工日期起计算，在全部工程竣工验收前，已经发包人提前验收的单位工程，其缺陷责任期的起算日期相应提前，缺陷责任期最长不超过2年；责任期满时，承包人向发包人申请到期应返还承包人的质量保证金，发包人应在14天内核实。

2012年12月12日赵甲与陕西建工的项目部签订了《消防工程施工协议》，陕西建工将其承包的武警医院门诊大楼水电安装工程（消防分项工程）分包给赵甲，工程造价按照总承包方中标价及清单执行，该组价中包括所有的税费、规费、措施费及合理的利润，被告按工程量结算总额的12%提取费

003

用；工程量以结算时实际完成的工程量为准，付款方式按照被告与建设单位签订的合同执行，在第一次付款时暂扣履行保证金 300 000 元，履行保证金在建设单位退还时同期退还给赵甲；赵甲向陕西建工支付 25 000 元的水电费等。协议上甲方处有陕西建工项目部印章及其代表张乙的签名，乙方有赵甲的签名等。赵甲、陕西建工均认可武警医院门诊大楼项目安装工程已于 2014 年 6 月交付业主使用。赵甲认可已收取工程款 1 490 000 元。2015 年 6 月 10 日云南云岭审计事务所出具了《对武警医院门诊大楼工程竣工结算审计情况的报告》，其中消防工程的价款为 3 080 575.84 元。

2016 年 7 月 1 日，赵甲以陕西建工为被告向一审法院提起诉讼［案号：(2016) 川 1102 民初 1501 号民事判决，以下简称 1501 号案件］，要求陕西建工支付赵甲工程款 1 195 906 元及逾期付款利息（以所欠款项为基数，从 2016 年 7 月 1 日起至付清之日止，按中国人民银行规定的同期同类贷款基准利率计算）。

【审理结果】

一审法院认为：由于赵甲无相应的施工资质，依照《最高人民法院关于审理建设工程施工合同纠纷案件适用法律问题的解释》①（以下简称《施工合同司法解释》）第 1 条规定，"建设工程施工合同具有下列情形之一的，应当根据合同法第五十二条第（五）项的规定，认定无效：（一）承包人未取得建筑施工企业资质或者超越资质等级的；（二）没有资质的实际施工人借用有资质的建筑施工企业名义的；（三）建设工程必须进行招标而未招标或者中标无效的"。故原告、被告签订的《消防工程施工协议》无效。

双方均认可武警医院门诊大楼项目安装工程已于 2014 年 6 月交付业主使用，被告并未提供证据证明该工程质量不符合合同约定，依照《施工合同司法解释》第 2 条 "建设工程施工合同无效，但建设工程经竣工验收合格，承包人请求参照合同约定支付工程价款的，应予支持" 的规定，赵甲要求支付工程款的请求成立。工程总价款为 3 080 575.84 元，扣除赵甲应支付陕西建工的总价款的 12% 及水电费 25 000 元，以及赵甲认可已收取的 1 490 000

---

① 该司法解释现已失效，全书余同。

元，陕西建工尚欠赵甲1 195 906.74元，故赵甲要求陕西建工支付工程款1 195 906元的请求成立。

陕西建工未按约定支付赵甲工程款的行为系违约行为，依法应承担违约责任，依照《施工合同司法解释》第17条规定，"当事人对欠付工程价款利息计付标准有约定的，按照约定处理；没有约定的，按照中国人民银行发布的同期同类贷款利率计息"。故原告请求以所欠款项为计算基数，从2016年7月1日起至付清之日止按中国人民银行规定的同期同类贷款基准利率计付逾期付款违约金的请求成立。

一审法院判决如下：①自本判决生效之日起10日内，陕西建工支付赵甲工程款1 195 906元及逾期付款利息（以所欠款项为计算基数，从2016年7月1日起至付清之日止按中国人民银行规定的同期同类贷款基准利率计算）。②如果未按本判决指定的期间履行给付金钱义务，应当依照《中华人民共和国民事诉讼法》（以下简称《民事诉讼法》）第253条之规定，加倍支付迟延履行期间的债务利息。

二审法院认为：关于涉案合同的合同相对人，工程发包人武警医院与上诉人陕西建工就"武警医院门诊大楼项目安装工程"签订《施工合同》，陕西建工又将其中的消防工程分包给赵甲，并签订《消防工程施工协议》，2016年2月2日武警医院出具证明，证明消防工程的承包方为赵甲。后该工程经竣工结算审计，工程价为3 080 575.84元。通过对上述合同的签订以及履行过程的判断，涉案《消防工程施工协议》虽属无效合同，但合同相对人系陕西建工与赵甲，陕西建工认为案外人曹丙系合同相对人的主张没有法律依据和事实依据，二审法院不予支持。另外，《施工合同司法解释》第2条规定，"建设工程施工合同无效，但建设工程经竣工验收合格，承包人请求参照合同约定支付工程价款的，应予支持"。双方均认可武警医院门诊大楼项目安装工程已于2014年6月交付业主使用，陕西建工亦未提供证据证明该工程质量不符合合同约定，故赵甲要求支付工程款的请求成立。陕西建工认为由于赵甲无资质导致合同无效，而陕西建工作为合同相对人且为法人企业，订约的审慎义务高于赵甲，陕西建工亦明知赵甲无资质仍然与其签订合同，双方签订涉案合同均有过错，对陕西建工的该项主张二审法院不予支持。

最后，涉案工程总价款为 3 080 575.84 元，扣除 12% 的管理员及水电费 25 000 元，以及被上诉人认可已收取的 1 490 000 元，上诉人尚欠 1 195 906.74 元，上诉人主张其已向被上诉人付款 239 万元的主张没有充分的证据予以证明，法院不予支持，根据合同相对性，上诉人主张另向案外人曹丙或向四川易安地产置业有限公司转账付款与本案无关，可另案起诉主张权利。一审法院对上诉人尚欠工程款的认定准确，二审法院予以维持。

综上所述，一审认定事实清楚，适用法律正确，应予维持。

再审裁定：双方均认可涉案工程审计价 3 080 575.84 元，扣除 12% 的管理费以及水电费25 000 元，陕西建工应向赵甲付款 2 685 906.74 元。庭审中，赵甲自认收到工程款 1 490 000 元，一审、二审对此予以确认。陕西建工称实际付款 2 390 000 元，对此，应由陕西建工提供证据证明。针对双方争议的几笔款项，评述如下：第一，关于庭审中赵甲自认收款 1 490 000 元还是 1 690 000 元的问题。在审理期间，赵甲自认收款 1 490 000 元而非 1 690 000 元，并对收款时间和付款人进行了说明，陕西建工主张赵甲自认收款 1 690 000 元的理由不能成立。第二，陕西建工提出 2013 年 3 月 25 日向曹丙转账 150 000 元的问题。陕西建工只提供了一条手机短信，并未提供转账凭证等证据证明。第三，陕西建工提出 2013 年 8 月 25 日赵甲书写收条一份，载明收到 350 000 元的问题。经查，该收条载明"该款由甲方（即陕西建工）采取银行汇款方式办理"，陕西建工并未提供银行转账凭证证明已付款的事实存在。第四，陕西建工提出 2013 年 9 月 23 日通过其广西公司转账 200 000 元的问题。陕西建工未提供任何证据证明该主张。综上所述，因陕西建工没有证据证明以上 4 项中涉及的 900 000 元已经支付给赵甲，因此，涉案工程实际付款 1 490 000 元，并非陕西建工主张的 2 390 000 元。据此，二审判决陕西建工尚欠工程款 1 195 906.74 元正确。

经审查，本案不存在适用法律错误和程序违法的问题。驳回陕西建工的再审申请。

【工程知识】

1. 发包人：根据《建设工程施工合同（示范文本）》（GF—2017—0201）

第二部分通用合同条款第 1.1.2.2 条，发包人是指与承包人签订合同协议书的当事人及取得该当事人资格的合法继承人。

2. 承包人：根据《建设工程施工合同（示范文本）》（GF—2017—0201）第二部分通用合同条款第 1.1.2.3 条，承包人是指与发包人签订合同协议书的，具有相应工程施工承包资质的当事人及取得该当事人资格的合法继承人。

3. 建筑业企业资质：依法取得市场监督管理部门颁发的企业法人营业执照的企业，在中华人民共和国境内从事土木工程、建筑工程、线路管道设备安装工程及装修工程的新建、扩建、改建等活动，应当申请建筑业企业资质。

4. 建筑业企业资质等级标准：是指建筑业企业资质的一个分级标准。《建筑业企业资质标准》规定，建筑业的企业资质分为施工总承包、专业承包和施工劳务三个序列。其中施工总承包序列设有 12 个类别，一般分为四个等级（特级、一级、二级、三级）；专业承包序列设有 36 个类别，一般分为三个等级（一级、二级、三级）；施工劳务序列不分类别与等级。

5. 建筑业企业资质证书：根据《建筑业企业资质管理规定》，企业应当按照其拥有的资产、主要人员、已完成的工程业绩和技术装备等条件申请建筑业企业资质，经审查合格，取得建筑业企业资质证书后，方可在资质许可的范围内从事建筑施工活动。

【工程管理实务解读】

1. 建筑业企业资质以其证书记载为准。

《中华人民共和国建筑法》（以下简称《建筑法》）和现行建筑业企业资质管理制度，均明确规定建筑业企业的资质应以其获得的建筑业企业资质证书记载的资质为准。如《建筑法》第 13 条规定，"从事建筑活动的建筑施工企业、勘察单位设计单位和工程监理单位，按照其拥有的注册资本、专业技术人员、技术装备和已完成的建筑工程业绩等资质条件，划分为不同的资质等级，经资质审查合格，取得相应等级的资质证书后，方可在其资质等级许可的范围内从事建筑活动"。第 26 条规定，"承包建筑工程的单位应当持有依法取得的资质证书，并在其资质等级许可的业务范围内承揽工程。禁止建筑施工企业超越本企业资质等级许可的业务范围或者以任何形式用其他建筑施工企业的名义承揽工程。禁止建筑施工企业以任何形式允许其他单位或者个人使用本企业的资质证书、营业执照，以本企业的名义承揽工程。"由此，在以主体资格为由认定建设施工合同效力之时，《施工企业资质等级标准》《建筑业企业资质管理规定》以及《工程总承包企业资质管理暂行规定》（试行）等规定均可作为参照标准。无施工资质的单位或个人，属于既无民事权利能力也无民事行为能力，不具备签订建设施工合同的主体资格，其签订的合同依据《中华人民共和国民法典》（以下简称《民法典》）第144条的规定，应属于无效合同。因此有无相应的资质决定建筑企业承包相应工程的合法性以及施工合同的效力。

2. 建设工程施工合同无效对结算的影响。

《民法典》第157条规定："民事法律行为无效、被撤销或者确定不发生效力后，行为人因该行为取得的财产，应当予以返还；不能返还或者没有必要返还的，应当折价补偿。有过错的一方应当赔偿对方由此所受到的损失；各方都有过错的，应当各自承担相应的责任。法律另有规定的，依照其规定。"由于建设施工合同本身的特点，对无效建设施工合同的处理，应根据《建筑法》及相关司法解释，并结合工程的进行情况及造成无效的原因来具体处理。

（1）合同订立后尚未履行。当事人双方均不得继续履行，可按照缔约过失原则处理。一方在订立合同过程中，故意隐瞒重要事实或者提供虚假情况，给对方造成损失的，应当承担赔偿责任，双方均有过错的，按照过错大小承担相应的责任。

（2）合同已开始履行，但尚未完工。如已完成部分工程质量合格，发包方应该按照完成的比例参照合同约定的价款折价支付工程款。如已完成部分工程质量低劣，无法补救，已完成部分应拆除，承包方无权要求支付工程款。已完成部分质量不合格但经修复后可满足质量要求的，由承包人承担修复费用，发包人向承包人支付已完成部分的工程款。

（3）合同履行完毕。根据《最高人民法院关于审理建设工程施工合同纠纷案件适用法律问题的解释（一）》（以下简称《施工合同司法解释（一）》）

第 24 条第 1 款规定，当事人就同一建设工程订立的数份建设工程施工合同均无效，但建设工程质量合格，一方当事人请求参照实际履行的合同关于工程价款的约定折价补偿承包人的，人民法院应予支持。按照通常的观点，建设工程施工合同无效，其价格条款没有法律约束力，应适用国家价格标准，根据承包人的实际资质适用国家工程造价定额计算，由司法鉴定部门重新计算价款。

在本案中双方均认可武警医院门诊大楼项目安装工程已于 2014 年 6 月交付业主使用，被告并未提供证据证明该工程质量不符合合同约定，依照《施工合同司法解释（一）》第 24 条规定，建设工程施工合同无效，但建设工程经竣工验收合格，承包人请求参照合同约定支付工程价款的，人民法院应予支持。最高人民法院的司法解释实际上是赋予无效合同一定的法律效力，在一定意义上突破了有关处理无效合同的规定。但这种处理方式有利于案件的审理，以及平衡当事人之间的利益关系，取得了很好的社会效果，比较符合实际。

3. 建设工程施工合同无效后过错责任的认定。

在合同无效后，处理的原则是从无效合同当事人订立合同的过错、履行真实意思表示的合同过程对诚实信用原则的违反程度、无效合同当事人的过错与损失之间的因果关系等角度综合分析。在本案中，承包方无资质施工导致施工合同无效，应当承担相应责任，但是作为合同相对人且为法人企业的发包方，在审查上未尽到合理注意义务，订约审慎义务应高于赵甲，陕西建工亦明知赵甲无资质仍然与其签订合同，双方签订涉案合同均有过错，因此，发包方陕西建工要求赵甲承担过错责任不成立。

【法律依据】

《施工合同司法解释（一）》第 1 条、第 6 条、第 24 条。

实例2 农村房屋住宅三层（含三层）以上的，承包人须具备施工资质，否则施工合同无效

【案情简介】

上诉人（原审被告）：熊甲

被上诉人（原审原告）：刘乙

2011年10月22日，发包方熊甲与承包方刘乙签订《工程承包协议》，约定发包方熊甲将其住房交由承包方刘乙施工，建筑范围是三楼一底，楼梯间1平方米算2平方米。包工单价按每平方米180元计算，每层做完后发包方支付给承包方60%工程款，工程完工后百分之百付清，扣押2 000元三个月之后再付；施工从地圈梁开始，如有质量问题，由承包方赔偿发包方全部损失，地基如有问题与承包方无关。房屋修建过程中，双方约定加盖第五层，并由承包方修建。承包方刘乙将房屋修建完成后交予发包方居住。发包方先后支付承包方建房费115 000元。

2013年3月，承包方刘乙以发包方熊甲为被告，以其未支付其余工程款为由，向法院提起诉讼。

诉讼中，原告向法院申请对涉案房屋的建筑面积进行测量。一审法院委托贵州省高原测绘资源开发工程有限公司进行测量，经测量确认：①一至四楼的房屋面积为602.2平方米（以屋顶面积为准）；②五楼的房屋面积为105.89平方米（以屋顶面积为准）；③楼梯间面积46.3平方米（以空间占地面积为准）；④地板的面积（二至五楼）481.69平方米；⑤卫生间地板、内墙砖面积149.27平方米；⑥厨房内墙砖面积87.82平方米；⑦一楼左侧外墙

面积 59.75 平方米，房屋右侧的外墙面积 209.63 平方米；⑧二至五楼踢角线的长度为 341.37 米；⑨正面外墙面积 154.11 平方米；⑩楼顶水池容积 4.45 立方米。上述④~⑩项系本房屋附属设施，未在原告、被告双方签订的《工程承包协议》中进行约定，现均已由原告刘乙组织修建完毕。原告刘乙向前述测绘公司支付测量费用 3 000 元。

【审理结果】

　　一审法院认为：建设工程合同是约定承包人进行工程建设，发包人支付价款的合同。关于原告所承包修建的房屋工程款数额的计算，经过贵州省高原测绘资源开发工程有限公司的测量，根据双方签订的合同约定，主体工程部分，发包人熊甲尚欠承包人刘乙工程款 29 124.2 元未支付；关于房屋附属设施的工程款，本案中争议的房屋附属设施工程包含内、外清水墙和地板砖、内墙砖、外墙刮瓷粉、油漆和楼顶水池，被告辩称上述附属设施的施工费用包含在合同约定的单价内，并提供两份同时期刘乙签订的合同相佐证。但根据合同的相对性，被告提供的两份合同并不能说明原告、被告双方已对附属设施的修建进行了约定，被告的抗辩理由不予采信，综合考虑附属设施修建面积、当地同行业人工工资支付情况等因素，酌定由被告支付原告附属设施工程款 24 000 元。原告主张应由被告承担测量费 3 000 元，因双方当事人对于房屋面积的确认均负有义务，酌定由原告、被告各负担测量费 1 500 元。被告熊甲辩称原告刘乙所修建的房屋存在质量问题，因熊甲已自行居住使用了该房屋，根据《施工合同司法解释》第 13 条"建设工程未经竣工验收，发包人擅自使用后，又以使用部分质量不符合约定为由主张权利的，不予支持……"之规定，且被告未在法院要求的时间内申请房屋质量评估，被告的抗辩理由不成立。被告熊甲要求原告刘乙赔偿因两次开庭造成的损失 3 800 元，无事实和法律依据，不予支持。

　　一审法院判决：①被告熊甲于本判决生效之日起 20 日内支付原告刘乙 53 124.2 元；②驳回原告刘乙的其他诉讼请求。

二审法院认为：上诉人熊甲将其自建的农房以包工的方式发包给刘乙施工，施工内容涉及房屋整个主体建设。根据国务院《村庄和集镇规划建设管理条例》第21条"在村庄、集镇规划区内，凡建筑跨度、跨径或者高度超出规定范围的……以及二层（含二层）以上的住宅，必须由取得相应的设计资质证书的单位进行设计，或者选用通用设计、标准设计"，第23条"承担村庄、集镇规划区内建筑工程施工任务的单位，必须具有相应的施工资质等级证书或者资质审查证书，并按照规定的经营范围承担施工任务。在村庄、集镇规划区内从事建筑施工的个体工匠，除承担房屋修缮外，须按有关规定办理施工资质审批手续"的规定，刘乙承接本案工程应当具备相应的资质。因刘乙没有相应施工资质，故双方签订的《工程承包协议》违反法律规定，为无效合同。但因刘乙已履行了该建房合同义务，且该房已由发包人熊甲居住使用，根据法律规定，熊甲仍应按照合同约定支付相应的施工费用。因双方对建筑主体面积为708.09平方米无争议，法院予以确认。对楼梯间面积，因测量时房屋面积系按照屋顶面积计算，而楼梯间的面积系按照所占地面面积计算，其屋顶面积又包括地面面积，故在计算房屋面积时已包括了楼梯间的面积，因合同中约定楼梯间的面积按照两倍计算，故计算工程面积时只应将房屋面积加上楼梯间的面积即可，原判将楼梯间的面积另行计算两倍系重复计算，法院予以纠正。对上诉人熊甲提出由被上诉人刘乙承担返工材料费12 550元以及房屋漏水责任的主张，根据《施工合同司法解释》第13条"建设工程未经竣工验收，发包人擅自使用后，又以使用部分质量不符合约定为由主张权利的，不予支持；但是承包人应当在建设工程的合理使用寿命内对地基基础工程和主体结构质量承担民事责任"之规定，上诉人已实际使用涉案房屋，其又未能举证证明刘乙施工的房屋基础和主体结构存在质量问题，故法院对该主张不予支持。对于房屋建筑面积测量的测量费负担问题，因双方对施工面积存在争议，而施工面积的计算、计价方式在合同中又约定不明，故需第三方测定，该责任不可单独归责于任何一方当事人，故原判确定测量费由双方共同负担并无不当。

二审法院判决变更一审判决的第一项为：熊甲于本判决生效之日起20日内支付刘乙20 790.2元。

【工程知识】

1. 建筑主体工程：指基于地基基础之上，接受、承担和传递建设工程所有上部荷载，维持结构整体性、稳定性和安全性的承重结构体系。建筑主体工程的组成部分包括混凝土工程、砌体工程、钢结构工程。

2. 附属设施工程：指与楼房不可分割的各种附属设备或一般不单独计价的配套设施。主要有附房、地下室、水电暖气、外清水墙和地板砖、内墙砖、外墙刮瓷粉、油漆和楼顶水池等设备项。

3. 房屋建筑面积：指房屋外墙（柱）勒脚以上各层的外围水平投影面积，包括阳台、挑廊、地下室、室外楼梯等，且该建筑具备上盖、结构牢固，为2.20米以上（含2.20米）的永久性建筑。

4. 房屋面积测绘费：根据《房产测绘管理办法》第10条规定，"房产测绘所需费用由委托人支付。房产测绘收费标准按照国家有关规定执行。"

【工程管理实务解读】

1. 对于农村房屋建造，应当进行两个层次的区分。

第一个层次是区分住宅与非住宅。如果是非住宅，受《建筑法》调整，承包人须具备相应的建筑资质，否则施工合同无效。第二个层次是区分住宅的建设规模。如果是两层（含两层）以下的住宅，则属于"低层住宅"，不受《建筑法》调整，不要求承包人具有建筑资质，不能以承包人不具有相应资质认定施工合同无效，也不能以承包人未取得"村镇建筑工匠资格证书"认定施工合同无效；如果是三层（含三层）以上的住宅，则不属于"低层住宅"，应受《建筑法》调整，承包人必须具备相应建筑资质，否则施工合同无效。根据《建筑法》第2条的规定："在中华人民共和国境内从事建筑活动，实施对建筑活动的监督管理，应当遵守本法。"第83条第3款规定："……农民自建低层住宅的建筑活动，不适用本法。"参照《建设部关于加强村镇建设工程质量安全管理的若干意见》第3条第3项"对于村庄建设规划范围内的农民自建两层（含两层）以下住宅（以下简称农民自建低层住宅）的建设活动"的规定可知，"农民自建低层住宅"是指农民自建的两层（含两层）以下的住宅。反之，建盖三层（含三层）以上房屋的，则应适用《建筑法》。

这也与《建设部关于加强农民住房建设技术服务和管理的通知》第6点"三层（含三层）以上的农民住房建设管理要严格执行《建筑法》《建设工程质量管理条例》等法律法规的有关规定"相符。本案中农村房屋住宅是五层，应认定为建设工程合同纠纷。

2. 无建筑资质承建农村三层（含三层）以上住房建设，应认定建设工程合同无效。

根据《建筑法》第12条、第13条的规定，从事建筑施工工作的承包方应当具备相应的从业资质。《建设工程安全生产管理条例》第20条规定："施工单位从事建设工程的新建、扩建、改建和拆除等活动，应当具备国家规定的注册资本、专业技术人员、技术装备和安全生产等条件，依法取得相应等级的资质证书，并在其资质等级许可的范围内承揽工程。"《村庄和集镇规划建设管理条例》第23条规定："承担村庄、集镇规划区内建筑工程施工任务的单位，必须具有相应的施工资质等级证书或者资质审查证书，并按照规定的经营范围承担施工任务。在村庄、集镇规划区内从事建筑施工的个体工匠，除承担房屋修缮外，须按有关规定办理施工资质审批手续。"因此，承建农村三层（含三层）以上住宅，应当适用《建筑法》，无资质承建人不能成为订立建筑承包合同的合格主体，双方订立的建筑承包合同违反《民法典》第144条的规定而无效。

根据《施工合同司法解释（一）》第1条的规定，承包人未取得建筑业企业资质或者超越资质等级的应当依据《民法典》第153条第1款以及第791条第2、3款的规定，认定无效。本案中刘乙承建的建筑范围为三楼一底、楼顶套房两间，其应具备相应的建筑从业资质，但其未能提交证据证实其具有相应资质，故发包方熊甲与承包方刘乙于2011年10月22日签订的《工程承包协议》无效。

3. 建设工程施工合同确认无效后，工程价款如何结算。

《民法典》第157条规定："民事法律行为无效、被撤销或者确定不发生效力后，行为人因该行为取得的财产，应当予以返还；不能返还或者没有必要返还的，应当折价补偿。有过错的一方应当赔偿对方由此所受到的损失；各方都有过错的，应当各自承担相应的责任。法律另有规定的，依照其规定。"由于建设工程合同的特殊性，尽管合同被确认无效，但已经履行的内容不能适用返还的方式使合同恢复到签约前的状态，故只能按折价补偿的方式处理。

《施工合同司法解释（一）》第 24 条第 1 款规定，当事人就同一建设工程订立的数份建设工程施工合同均无效，但建设工程质量合格，一方当事人请求参照实际履行的合同关于工程价款的约定折价补偿承包人的，人民法院应予支持。第 14 条规定，建设工程未经竣工验收，发包人擅自使用后，又以使用部分质量不符合约定为由主张权利的，人民法院不予支持。因此，承包方刘乙虽然无资质承建房屋，但发包方熊甲已实际使用，根据上述法律规定，发包方熊甲应根据合同约定向承包方刘乙支付剩余工程款。

【法律依据】

1. 《建筑法》第 12 条。

2. 《建设工程安全生产管理条例》第 20 条。

3. 《施工合同司法解释（一）》第 1 条、第 6 条、第 24 条。

二、超越资质等级签订的施工合同无效

实例3　承包人既要符合资质类别，又要符合资质等级

【案情简介】

上诉人（原审被告）：定远县住房和城乡建设局（以下简称定远县建设局）

被上诉人（原审原告）：铸信公司

原审被告：定远县人民政府

原审被告：定远县财政局

2009年1月13日，铸信公司（代建人）与定远县政府（委托人）、定远县建设局（项目法人）签订《定远县合蚌路改造安置楼及附属工程代建协议》（以下简称《代建协议》），其中第2条约定：委托人授权定远县建设局（由定远县政府出具书面委托书）作为合蚌路改造安置楼及附属工程建设项目法人，依法履行本协议约定的各项权利和义务。第3条约定：委托人与项目法人、代建人对合蚌路改造安置楼及附属工程进行融资、建设及施工管理。第4条约定：项目资金由代建人负责筹集，委托人以国有固定资产为代建人融资提供抵押担保；委托人应及时为代建人提供有效的抵押资产。第5条约定：代建人同意代建部分合蚌路改造工程安置楼及相关辅助性工程，代建范围以双方确认的图纸为准。安置楼及附属工程规划在合蚌路5号、7号和13号地块，安置楼总面积约140 623.67平方米，概算总投资约为1.5亿元（以最终实际决算为准）。第7条约定：委托人在代建工程竣工验收合格后六个月内，支付工程中标总价的20%，自验收合格之日起12个月内再支付工程中标总价的20%，自验收合格之日起18个月内再支付工程中标总价的40%，剩余部分（以审计决算为准）自验收合格之日起24个月内全部付清。第12条约

定：委托人应会同项目法人及时拨付安置楼及附属工程建设资金；委托人支付代建人工程总造价3%的代建管理费，代建管理费在工程决算后十日内支付；委托人为代建人承担银行同期贷款利息（依据银行出具的利息单进行结算）。第13条约定项目法人享有如下的权利和义务：①负责施工场地范围内的"三通一平"工作（所需费用由代建人先行垫付）；②负责办理项目报建、规划审批、施工许可、质量监督、安全监督、消防、环保、监理等工程实施中的相关手续，办理过程中所发生的前期相关费用，属于行政事业性收费的，由委托人办理减免手续，不能减免的，由代建人先行垫付，属于服务性收费的由代建人先行垫付；③委托有资质的工程造价咨询单位对施工项目进行跟踪审核；④委托监理单位对工程施工实施监理；⑤委托代表（由项目法人出具书面委托书，并明确授权范围）对工程建设过程进行监督，并对涉及的工程变更、主要材料、设备价格及工程量变化及时进行签证，一般变更应当当日办理完成，较大的变更在三个工作日内完成，如不能及时办理，工期相应顺延，工程变更作为工程决算造价调整的必备要件；⑥项目法人提出的工程设计变更应当提前十日书面通知代建人，并完善相应的变更手续；⑦负责提供项目施工图纸；⑧负责为代建人协调与承建项目相关的外部关系，为工程建设创造良好的施工环境；非因代建人原因造成的工程进度延误或停工，工期相应顺延。第15条约定：因不可抗力或连续阴雨、发现地下文物等因素导致协议不能全部或分别履行，双方协商解决。第18条约定：委托人应当按照本协议约定支付工程建设资金，委托人迟延支付，依据迟延时间按日向代建人支付应付款3‰的违约金；代建人未按照本协议约定迟延交付安置房，超过20天，代建人应向委托人支付200万元的违约金并支付由委托人承担的过渡房租等。

2009年5月11日，经招标投标，铸信公司中标涉案工程，中标价为9 768万元。2009年5月20日，铸信公司（承包人）与定远县建设局（发包人）签订了一份《建设工程施工合同》，约定承包范围为合蚌路安置房5号、7号、13号地块。开工日期：以最后开工的单体开工令为准。合同工期总日历天数365天。工程质量标准：合格。合同价款：暂定价9 768万元。专用条款中关于工程款（进度款）支付的规定：双方约定的工程款（进度款）支付的方式和时间为，工程竣工验收合格后六个月内支付工程中标总价的20%，自验收合格之日起12个月内再支付工程中标总价的20%，自验收合格之日起18个月内再支付工程中标总价的40%，剩余部分（以审计决算为准）自验收合格之日起24个月内全部付清，每次支付发包人应同期支付该部分工程款的银行同期贷款利息，利息计算时间为自开工之日至付款日期（依据银行提供的利息单据结算）。竣工验收与结算：验收合格后1个月内，承包人向发包人提供完整的结算资料，发包人在接到承包人提交的结算资料后二个月内未完成结算，视同认可承包人递交的竣工结算资料。结算价款组成为（图纸工程造价±变更价款±人材机调差）×1.03，土建、装饰、安装工程结算依据2000年《全国统一建筑工程基础定额安徽省综合估价表》及其配套的费用定额、2003年《安徽省建筑工程补充定额估价表》，园林工程以2000年《安徽省仿古建筑及园林工程预算定额》执行，配套使用定额及招标时已执行的政策性调整文件等。建设合同签订后，铸信公司对涉案工程进行施工，其中5号地块于2009年8月29日开工，2010年11月28日竣工验收；7号地块于2009年12月23日开工，2011年4月5日竣工验收；13号地块于2009年7月16日开工，2010年11月28日竣工验收。

2010年至2012年，某工程项目管理咨询有限公司受定远县建设局的委托对涉案工程造价进行审核，并出具13份审核结论，明确总造价为107 652 085元，定远县建设局与铸信公司均在审核结论表上签字盖章。

2012年4月23日，定远县建设局给定远县政府的《关于要求拨付铸信代建合蚌路二期安置房工程款的请示》，内容为：合蚌路二期5号、7号、13号地块安置房工程由铸信公司代建，工程已于2011年4月竣工交付使用。该工程建筑面积12.246万平方米，代建合同价款9 768万元，室外配电、附属工程、水电施工等决算价款1 603万元，合计11 371万元。按代建合同约定，截至2012年3月31日，政府应付代建工程款7 671万元，政府已付3 862.6万元，尚缺3 808.4万元，请予以拨付。2012年11月5日，定远县建设局给定远县政府的《关于要求拨付合蚌路二期安置房工程款的请示》，内容为：合蚌路二期安置房建设项目（5号、7号、13号地块）由铸信公司代建，该工程已于2011年年初全部竣工验收并交付使用。工程决算价款10 766万元，政府已付7 063万元。根据《代建协议》《关于对安徽铸信建筑工程公司代建合蚌路改造安置房建设项目本息及担保费支付的承诺函》的相关约定，2012年4月25日前应付第六期工程款2 002万元，5月25日应付第七期工程款1 152万元，10月25日应付第八期工程款1 324万元，共计应付工程款11 323万元，已付工程价款7 063万元，合计本期应付工程款4 260万元，恳请县政府予以拨付。

自2011年1月28日至2013年2月1日，定远县政府共支付铸信公司款项8 822.6万元。

一审法院查明，2009年1月22日，定远县财政局向铸信公司出具的《财政承诺函》写明：根据定远县人大常委会2009年1月21日第18次会议通过的《关于批准合蚌路改造工程预算的决定》，经定远县政府与你公司共同协商，由你公司代建合蚌路5号、7号、13号地块的安置楼及附属工程，安置楼总面积约140 623.67平方米，概算总投资约为1.5亿元（以最终实际决算为准），双方已签订了代建协议。为此，县财政局承诺：①安置楼代建工程建设资金由定远县政府按照合同约定条款分期付清。②承担合同约定的银行同期贷款利息（依据银行出具的利息单进行结算）。

2009年7月22日，定远县财政局向某信用担保集团有限公司出具的《关于对安徽铸信建筑工程公司代建合蚌路改造安置房建设项目本息及担保费支付的承诺函》，内容为：根据定远县人大常委会通过的《关于批准合蚌路改造工程预算的决定》和县政府《关于要求批准合蚌路改造工程预算的请示》精神，为确保合蚌路改造安置房建设项目顺利实施，我局同意对你集团对该项目担保贷款9 000万元的担保费用在2009~2012年度财政预算支出中给予全额补贴保证，同时承担借款合同约定的银行同期贷款利息（依据银行提供的利息单据结算）。对该项目的年度本金归还、利息和担保费用支付在2009~2012年度的财政预算中作出安排，并在作下一年度的财政预算时报请县人大作出决议。

2009年7月，铸信公司向某银行合肥分行借款5 000万元，2009年8月、11月分别向合肥某商业银行股份有限公司蜀山支行借款5 000万元、1 500万元。其中9 000万元贷款由某信用担保集团有限公司提供信用担保，铸信公司向某信用担保集团有限公司支付担保费 5 521 500 元。剩余 2 500 万元贷款由定远县甲公司以资产提供抵押担保，铸信公司将该款交给定远县甲公司使用。

铸信公司在履行《代建协议》和《建设工程施工合同》的过程中，应定远县建设局的要求垫付变压器设备及安装费 1 397 621 元，监理、审计费用 850 397.10 元。

2011 年 8 月 16 日，定远县建设局出具给铸信公司的《合蚌路二期安置房 7 号地块继续施工的通知》，内容为：你公司代建的合蚌路二期安置房 7 号地块 4 号楼、5 号楼建设工程，因拆迁安置、苗木补偿等造成临时停建的矛盾现已全部解决，两楼近日即可放线开工，望贵公司尽快落实施工队伍，做好开工准备。

2011 年 8 月 18 日，铸信公司与定远县建设局、乙公司签订的《定远县合蚌路二期安置房 7 号地块 4 号楼、5 号楼代建（施工）变更协议》，内容为：定远县合蚌路二期安置房 7 号地块 18 栋楼由铸信公司代建施工，除 4 号楼、5 号楼外，其他楼栋安置房皆于 2011 年 4 月竣工交付使用。因 4 号楼、5 号楼建设场地拆迁迟迟不能完成，无法进行施工，原代建人定远项目部人员随即转至凤阳县政务新区开发工程项目。2011 年 8 月 16 日，接发包人给原代建人下发的《合蚌路二期安置房 7 号地块继续施工的通知》后，原代建人为保证代建工程顺利进行，与发包人和代建人（承包人）协商一致签订本协议。第一，项目法人定远县建设局同意定远县合蚌路 7 号地块安置房 4 号楼、5 号楼变更为乙公司代建施工。第二，乙公司同意承担履行原由铸信公司代建施工 7 号地块 4 号楼、5 号楼应承担的所有责任和义务。第三，乙公司全权享有铸信公司代建施工 7 号地块 4 号楼、5 号楼应享有的所有权利。第四，凡涉及 7 号地块 4 号楼、5 号楼的代建、施工、验收、结算、付款、维修，全由项目法人与乙公司双方完成。第五，项目法人与铸信公司签订的《代建协议》及《建设工程施工合同》其他内容不变，乙公司按原条款履行。7 号地块 4 号楼、5 号楼工程未列入某工程项目管理咨询有限公司审核造价 107 652 085 元中。

一审法院还查明，2009 年 4 月 29 日，定远县甲公司制作的投标邀请书记载：合蚌路 5 号、7 号和 13 号地块工程，总建筑面积约 131 200 平方米，投标单位须是房屋建筑工程施工总承包三级及以上企业。铸信公司于 2009 年 6 月 15 日取得了房屋建筑工程施工总承包企业二级资质，可承担单项建安合同额不超过企业注册资本金 5 倍的下列房屋建筑工程的施工：建筑面积 12 万平方米及以下的住宅小区或建筑工程。在建设工程施工过程中，铸信公司与定远县建设局将 7 号地块 4 号楼、5 号楼交由第三方施工。

二审法院查明：铸信公司在起诉状中称，"《代建协议》签订后，为严格履行合同义务，铸信公司积极筹措资金，代建的 5 号、7 号、13 号地块的安置工程分别在 2009 年 4 月 12 日至 2010 年 3 月 18 日陆续开工建设"。

法院二审查明的其他事实与一审法院查明的事实相同。

【审理结果】

一审法院判决：定远县建设局于判决生效之日起 10 日内给付铸信公司欠付的工程款 36 198 350.57 元及贷款利息 2 564 763.05 元。定远县财政局对定远县建设局欠付的贷款利息 2 564 763.05 元承担连带给付责任。

定远县建设局于判决生效之日起 10 日内给付欠付铸信公司代垫担保费 5 521 500 元、代垫费用 2 248 018.10 元以及代建管理费 3 229 567.55 元，合计 10 999 085.65 元。

定远县建设局于判决生效之日起 10 日内给付铸信公司上述工程款及利息的违约金 5 200 668.77 元（计至 2013 年 8 月 31 日）及之后的违约金（以 38 763 113.62 元为基数，自 2013 年 9 月 1 日起至判决确认给付之日止，按中国人民银行发布的同期银行贷款利率 2 倍计算）。

定远县建设局于判决生效之日起 10 日内给付欠付铸信公司上述欠款担保费、代垫费用、代建管理费的违约金 2 704 272.21 元（计至 2013 年 8 月 31 日）及之后违约金（以 10 999 085.65 元为基数，自 2013 年 9 月 1 日起至判决确认给付之日止，按中国人民银行发布的同期银行贷款利率的 2 倍计算）。

定远县政府对定远县建设局的上述四项债务承担连带清偿责任。

【工程知识】

1. 建筑业企业资质：从事土木工程、建筑工程、线路管道设备安装工程的新建、扩建、改建等施工活动的企业，应当申请建筑业企业资质。

我国对建筑业企业资质实施监督管理。建筑业企业资质分为施工总承包资质、专业承包资质、施工劳务资质三个序列。

施工总承包资质、专业承包资质按照工程性质和技术特点分别划分为若干资质类别，各资质类别按照规定的条件划分为若干资质等级。施工劳务资质不分类别与等级。

2. 施工总承包资质：由国务院住房城乡建设主管部门许可的，施工总承包资质序列特级资质、一级资质及铁路工程施工总承包二级资质。

由企业工商注册所在地省、自治区、直辖市人民政府住房城乡建设主管部门许可的，施工总承包资质序列二级资质及铁路、通信工程施工总承包三级资质。

由企业工商注册所在地设区的市人民政府住房城乡建设主管部门许可的，施工总承包资质序列三级资质（不含铁路、通信工程施工总承包三级资质）。

3. 专业承包资质：由国务院住房城乡建设主管部门许可的，专业承包资质序列公路、水运、水利、铁路、民航方面的专业承包一级资质及铁路、民航方面的专业承包二级资质；涉及多个专业的专业承包一级资质。

由企业工商注册所在地省、自治区、直辖市人民政府住房城乡建设主管部门许可的，专业承包资质序列一级资质（不含公路、水运、水利、铁路、民航方面的专业承包一级资质及涉及多个专业的专业承包一级资质）；专业承包资质序列二级资质（不含铁路、民航方面的专业承包二级资质）；铁路方面专业承包三级资质；特种工程专业承包资质。

由企业工商注册所在地设区的市人民政府住房城乡建设主管部门许可的，专业承包资质序列三级资质（不含铁路方面专业承包资质）及预拌混凝土、模板脚手架专业承包资质。

4. 资质等级划分：施工总承包资质有的分为特级和一级、二级、三级，另外的通信工程和机电工程不设特级，只有一级、二级、三级资质；专业承包资质的等级划分比较复杂，有的设为三个等级，有的只有两个，有的不设等级；施工劳务资质没有等级之分。

5. 资质类别划分：施工总承包资质有 12 个类别，如公路工程、建筑工程、水利水电工程、市政工程等；专业承包资质有 36 个类别，如钢结构工程、桥梁工程、环保工程、建筑幕墙工程、输变电工程、城市及道路照明工程等；施工劳务资质不分类别。

【工程管理实务解读】

1. 承包人超越资质等级许可的业务范围签订的建设工程施工合同无效。

建设工程施工合同中，对承包人资质的要求，不仅要求承包人须符合承包工程所需的资质类别，而且要求符合相应的资质等级。本案中，涉案工程对于建筑业企业资质的要求应为一级，而铸信公司在招标投标时仅具有三级资质。铸信公司超越资质等级承包工程，签订施工合同，违反了《施工合同司法解释》第 1 条第 1 项、《建筑法》第 13 条之规定，应为无效。一审法院虽然认定铸信公司超越资质等级施工，但以实际履行过程中铸信公司分三地块分别进行施工为由，认定合同有效是错误的，应予纠正。二审法院认为，一审判决虽在合同效力的认定上存在错误，但在实体处理上并无不当之处，故维持了一审判决。

需要说明的是，《施工合同司法解释》于 2021 年 1 月 1 日被废止，《施工合同司法解释（一）》同时于 2021 年 1 月 1 日生效施行，虽然《施工合同司法解释》现已失效，但本案所涉因承包人超越资质等级签订建设工程施工合同导致合同无效的法律依据在 2021 年 1 月 1 日施行的《施工合同司法解释（一）》第 1 条第 1 项中亦有相应规定。

2. 承包人在建设工程竣工前取得相应资质等级的，认定合同有效。

在建设工程领域，市场准入规则是非常严格的，必须具有法定的资质等级才可以承接与资质等级相符的项目。承包人在签订建设工程施工合同时如果超越资质等级许可的范围，就违反了《建筑法》中的效力性强制性规定，依照《民法典》第 153 条第 1 款［原《中华人民共和国合同法》（以下简称《合同法》）第 52 条第 5 项］的规定，应当认定合同无效。

但最高人民法院又在《施工合同司法解释（一）》第 4 条（《施工合同司法解释》第 5 条）中作出了合同效力可以补正的规定，即如果承包人在建设工程竣工前取得相应资质等级的，认定合同有效。

在民法理论上，合同效力补正指的是当事人所签订的合同因违反了法律或行政法规的效力性强制性规定导致合同不具备有效条件，但在某些特殊情况下允许当事人通过事后补正或者实际履行来使得该合同具备有效条件，促使合同有效。

《最高人民法院建设工程施工合同司法解释的理解与适用》一书对作出该条规定的主要理由作出了详细解释，该书认为，从建设行政主管部门对建设施工企业资质施行动态管理的现状来看，建筑施工企业超越资质等级承揽工程，但是在工程竣工前取得与承揽工程相适应的资质等级，表明其已经具备对承揽工程进行建设的施工能力。此种情况下认定合同有效，与《建筑法》通过对建筑施工企业资质的管理来达到保证建设工程质量的目的并不矛盾。如果把补正时间确定在当事人提起诉讼之前，或者在一审诉讼期间，由于建设工程合同履行期限较长，可能在工程竣工后的很长一段时间内，实践中有的距工程竣工几年之后，双方当事人因各种原因，诉至法院。由于建设工程施工合同本身的复杂性，人民法院审理的时间相对较长，这样，当事人起诉或一审诉讼期间距离竣工时间已经很长，此时取得的资质已经与竣工工程的建设没有技术上的关系，对已竣工工程的质量没有任何保证，以此时取得的资质来认定合同效力与《建筑法》的立法目的相违背。因此，最高人民法院在起草《施工合同司法解释》时借鉴了原《最高人民法院关于适用〈中华人民共和国合同法〉若干问题的解释（一）》及《最高人民法院关于审理商品房买卖合同纠纷案件适用法律若干问题的解释》的相关规定，在建设工程领域规定承包人在签订建设工程施工合同时超越资质等级许可的业务范围，但是在建设工程竣工前取得相应资质等级的，发包人以承包人超越资质等级为由主张建设工程施工合同无效的，不予支持。

《施工合同司法解释》虽已失效，但2021年1月1日施行的《施工合同司法解释（一）》第4条仍保留了上述合同效力补正后应认定为合同有效的立法精神。

在实践当中，建筑业企业应注意，要成立施工合同效力补正必须同时具备以下三个要件：第一，进行合同效力补正的范围只限于超越资质等级签订的施工合同；第二，承包人在签订施工合同时其已经具备承接项目的施工能力且已经向有关行政主管部门申报相应的资质等级；第三，在工程竣工前承包人取得了相应的资质等级。在上述三个要件同时具备的情况下，施工合同可以进行效力补正。

【法律依据】

1. 《施工合同司法解释（一）》第 1 条第 1 款、第 4 条。

2. 《建筑法》第 13 条。

3. 《建筑业企业资质管理规定》第 3 条。

实例4 特殊行业需要具备特定的资质要求

【案情简介】

上诉人（原审被告）：大韩继村委会

被上诉人（原审原告）：马甲

被上诉人（原审被告）：皮乙

2007年10月18日，大韩继村委会（甲方）与王丙（乙方）签订《合同书》。《合同书》约定：甲方委托乙方负责香光寺的恢复建设和香光寺恢复后的日常管理；甲方无偿提供香光寺旧址所在土地约20亩给乙方用于建设香光寺，对该土地不收任何费用，甲方为恢复香光寺工程提供一切方便，并负责办理修复建设香光寺的各种报批手续及恢复后的香光寺成为宗教活动场所的相关手续；乙方负责募集香光寺恢复建设的所有资金，并全权负责管理建设；恢复后的香光寺的所有收入全部由乙方管理和支配使用，甲方不享有任何权益；由于建设工程质量所造成的任何后果与甲方无关，由乙方全部承担。

2009年，大韩继村委会与马甲口头协商，由马甲对香光寺的修复建设工程进行施工。达成协议后，马甲开始组织人员进行施工。因香光寺为区级文物保护单位，其修复建设工程未经相关文物主管部门审批，工程被勒令停工。大韩继村委会与马甲协商，确定已施工部分的工程款为280万元。

2010年12月27日，大韩继村委会（甲方）与皮乙（乙方）签订《合同书》。该《合同书》前13条的内容与上述大韩继村委会与王丙签订的《合同书》基本一致。该《合同书》第14条确认："至2010年12月25日止，护国香光寺在大韩继村委会指定委托的原施工单位（某古建集团有限公司，施工负责人马甲）建设下已完成部分古建文物的修复（本次修缮的主要是山门、钟楼、鼓楼、天王殿、大佛殿、东配殿、西配殿、妙经殿、塔基及部分围墙等施工项目，其中山门、天王殿、东配殿及妙经殿为新建）……由于修缮单位没有文物主管部门的审批手续，也没有文物主管部门指定的有文物修缮设计资质的设计单位的设计图纸和文物施工单位的施工资质，因此甲方和文委出于保护文物和对香光寺负责的态度，果断令原修缮单位停工撤出工地。"该第14条同时约定：乙方自愿出一部分费用作为施工补偿，经甲乙双方协商该部分的施工总造价为280万元，乙方同意协议签订后乙方先支付给甲方工程总造价的50%即140万元，其余按月付款至2011年10月月底付清。《合同书》第18条约定，原大韩继村委会与王丙于2007年10月18日签订的关于香光寺筹款、修复建设及管理香光寺的合同取消作废。该《合同书》还对其他事项作了约定。

上述《合同书》签订后，大韩继村委会将香光寺交由皮乙管理。皮乙分三次共向马甲付款共计190万元。

【审理结果】

一审法院认为：对于已施工工程的工程款数额，马甲与大韩继村委会均认可经双方协商后确定为280万元。法院参照当事人的约定，确定大韩继村委会应向马甲给付的工程损失赔偿为280万元，大韩继村委会在已付款的基础上，还应向马甲给付90万元。马甲主张的利息，法院依据相关法律规定予以确定。

二审法院认为：大韩继村委会的上诉请求没有事实和法律依据，不予支持。一审判决适用法律正确，认定结果无误，应予维持。

【工程知识】

1. 施工总承包企业资质等级标准：包括12个类别，一般分为4个等级（特级、一级、二级、三级）。

施工总承包企业资质等级标准有：建筑工程施工总承包企业资质等级标准、公路工程施工总承包企业资质等级标准、铁路工程施工总承包企业资质等级标准、港口与航道工程施工总承包企业资质等级标准、水利水电工程施工总承包企业资质等级标准、电力工程施工总承包企业资质等级标准、矿山工程施工总承包企业资质等级标准、冶金工程施工总承包企业资质等级标准、石油化工工程施工总承包企业资质等级标准、市政公用工程施工总承包企业资质等级标准、通信工程施工总承包企业资质等级标准、机电工程施工总承包企业资质等级标准。

2. 专业承包企业资质等级标准：包括 36 个类别，一般分为三个等级（一级、二级、三级）。

专业承包企业资质等级标准包括：地基基础工程专业承包企业资质等级标准、起重设备安装工程专业承包企业资质等级标准、预拌混凝土专业承包企业资质等级标准、电子与智能化工程专业承包企业资质等级标准、消防设施工程专业承包企业资质等级标准、防水防腐保温工程专业承包企业资质等级标准、桥梁工程专业承包企业资质等级标准、隧道工程专业承包企业资质等级标准、钢结构工程专业承包企业资质等级标准、模板脚手架专业承包企业资质等级标准、建筑装修装饰工程专业承包企业资质等级标准、建筑机电安装工程专业承包企业资质等级标准、建筑幕墙工程专业承包企业资质等级标准、古建筑工程专业承包企业资质等级标准、城市及道路照明工程专业承包企业资质等级标准、公路路面工程专业承包企业资质等级标准、公路路基工程专业承包企业资质等级标准、公路交通工程专业承包企业资质等级标准、铁路电务工程专业承包企业资质等级标准、铁路铺轨架梁工程专业承包企业资质等级标准、铁路电气化工程专业承包企业资质等级标准、机场场道工程专业承包企业资质等级标准、民航空管工程及机场弱电系统工程专业承包企业资质等级标准、机场目视助航工程专业承包企业资质等级标准、港口与海岸工程专业承包企业资质等级标准、航道工程专业承包企业资质等级标准、通航建筑物工程专业承包企业资质等级标准、港航设备安装及水上交管工程专业承包企业资质等级标准、水工金属结构制作与安装工程专业承包企业资质等级标准、水利水电机电安装工程专业承包企业资质等级标准、河湖整治工程专业承包企业资质等级标准、输变电工程专业承包企业资质等级标准、核工程专业承包企业资质等级标准、海洋石油工程专业承包企业资质等级标准、环保工程专业承包企业资质等级标准、特种工程专业承包企业资质等级标准。

3. 具有古建筑工程专业承包资质的企业能承担的工程主要包括两类。

第一类是仿古建筑工程，是指以传统结构为主（木结构、砖石结构）利用传统建筑材料（砖、木、石、土、瓦等）建造的房屋建筑工程、构筑物（含亭、台、塔等）工程，以及部分利用传统建筑材料建造的建筑工程。第二类是古建筑修缮工程，是指利用传统建筑材料和现代建筑材料，在特定范围内对古建筑的复原、加固及修补工程。

4. 古建筑工程专业承包资质分为三个级别（一级、二级、三级）。

每个级别所承担的上述两种工程的范围不同。企业取得古建筑工程专业承包三级资质，可承担建筑面积 400 平方米以下的单体仿古建筑工程、省级 100 平方米以下重点文物保护单位的古建筑修缮工程的施工。升级二级和一级资质之后，工程范围相应增加。

【工程管理实务解读】

1. 承包方不具备相应的特定资质要求，签订的建设工程施工合同因违反相关法律规定，应为无效。

《建筑业企业资质标准》明确规定古建筑工程的承包方需具备专业承包企业资质等级，本案中涉案工程香光寺为区级文物保护单位，承包方马甲并不具备相应的施工资质，也没有文物主管部门指定的有文物修缮设计资质的设计单位的设计图纸，因此，双方签订的施工合同，因违反相关法律、法规的强制性规定，应为无效。

2. 合同无效的民事法律后果。

施工过程中，因合同无效，发包方随时有权解除合同，将施工方清理出场。本案中，因施工方不具备相应的古建筑工程专业承包企业资质，因此未能完成全部工程，在施工过程中即被甲方清理出场。

施工完毕：因合同无效，质量不合格，施工方无权要求支付工程款。如因不具备相应资质，导致工程质量不合格，则施工方无权要求支付工程款。

验收合格：虽然合同无效，但是可以参照合同支付工程款。本案中，虽然双方签订的合同因施工方不具备相应的古建筑工程专业承包企业资质而无效，但是大韩继村委会与马甲均对合同无效存在过错。马甲对工程施工进行了投入，大韩继村委会应在其过错范围内对马甲的损失承担缔约过失责任。依据原《合同法》第 58 条、《施工合同司法解释》第 2 条之规定，可以参照合同支付工程款。

需要说明的是，《合同法》《施工合同司法解释》已于 2021 年 1 月 1 日被废止，《民法典》同时于 2021 年 1 月 1 日生效施行，虽然《合同法》《施工合同司法解释》现已失效，但本案所涉合同无效情形下如何处理的法律依据在 2021 年 1 月 1 日施行的《民法典》第 793 条中亦有相应规定。

3. 建设工程主体资质的法律风险防控。

从发包人的角度而言，必须严格审查承包人的资质。发包人主要审核资质证书是否真实、有效，资质等级是否符合要求，承包人的从业人员是否具有相应的从业资格。必要时，发包人还应到政府主管部门进行查询。在审核无误后，应要求承包人提供有关资质、资格证书的复印件，要求承包人盖章留存。在实务中，政府工程实行公开招标和邀请招标，对投标人的主体资格审查较为严格，不容易出现问题。但是，对于其他一些发包人平行发包、指定分包的采购合同、设备安装合同、市政施工合同等，一般不会公开招标投标、进行合同备案，往往容易忽视对承包人资质及其从业人员资格的审查。因此，除了万不得已办理招标投标、合同备案手续的总包合同、监理合同外，承包人还应特别重视加强采购合同、设备安装合同、市政施工合同等承包人资质的审核。

还需要提到的一点是，合同无效带来的法律后果相对承包方来讲，对发包方更为不利。合同无效，则合同约定的违约条款无效，如承包方出现工期违约等违约情形，发包方无法依据无效的违约条款要求承包方承担违约责任。而主张损失赔偿，会加重发包方的举证责任。因此，发包方更应重视对施工方资质的审查。

从承包人角度而言，必须严格按照法律的规定取得相应的资质，并在资质等级允许的范围内承包建设工程，尽可能规避违法分包、非法转包、工程挂靠的法律风险。承包人在进行专业分包和劳务分包时，首先，应严格审查分包工程承包人是否具有资质、资质等级是否符合要求。其次，应加强对专业分包和劳务分包的规范化管理，以避免相关法律风险。再次，承包人也可以采用法律所允许的内部承包、专业分包、劳务分包等形式合理转移法律风险。最后，承包人应规范对从业人员的管理，除了严格审核工程、造价从业人员的从业资格外，还应规范对从业人员的劳动关系、工资发放、社会保险缴纳的管理，避免被认定为违法分包、非法转包、工程挂靠。

【法律依据】

1. 《建筑法》第22条、第26条。

2. 《建设工程质量管理条例》第7条第1款，第25条第1款、第2款。

三、借用施工企业资质签订的施工合同无效

实例 5　自然人借用建筑施工企业资质
签订的施工合同无效

【案情简介】

原告（实际施工人）：王甲

被告（借用资质的企业）：国基公司

第三人（借用资质的自然人）：于乙

2005 年年初，王甲借用国基公司的名义投标许昌学院东校区教学楼及其他工程，并由该公司编制了施工图预算书，其中教学楼工程造价为 6 106 993.56 元。同年 3 月 1 日国基公司与许昌学院签订了《建设工程施工合同》，建筑面积 7 307 平方米，合同价款采用固定价格合同方式确定，总价款为 5 286 000 元，合同约定了开工日期、竣工日期；质量保证金 5%；为达到国家对项目经理的要求，国基公司又任命杨丙为教学楼工程的项目经理，但实际负责人为于乙。同年 3 月 5 日，国基公司与于乙就该工程签订《建设工程项目承包协议书》一份，约定了双方的权利义务，其中第 9 条第 1 项约定：该工程建设是以甲方（国基公司）为法人代表，乙方（于乙）受甲方委托代表甲方对该工程进行现场施工项目管理，独立核算，并承担全部责任；第 3 项约定：乙方在施工过程中应按时向甲方缴纳工程总造价 2% 的管理费及国家和地方规定的相关税费。2005 年 3 月 9 日，于乙以国基公司许昌分公司（甲方）的名义，又与原告即王甲（乙方）签订《建筑工程施工承包合同》，约定将教学楼工程以大包的形式交付乙方组织承建施工，乙方自负盈亏，独立核算；建设单位拨款到甲方总账后，甲方根据逐次拨款总额提取 5.3% 的管理费（含营业税，其他税费由乙方自行缴纳）；该合同还约定了双方的其

他权利义务。合同有于乙、王甲的签字，没有加盖国基公司的印章。

合同签订后，王甲即按约组织施工，购买建筑施工材料，并按规定缴纳或垫交各项费用。其中2005年2月28日垫交农民工押金45 000元，由许昌市建设工程交易中心开具收据，同年8月27日缴纳安全保证金50 000元，由于乙出具收条。因工程款结算不及时，王甲离开工地，离开时实际完成的工程有脚手架工程、垂直运输工程等。工程其他部分的施工由于乙另行组织他人完成。2005年10月教学楼工程竣工并经验收合格。2007年7月11日，因追要工程款王甲曾到许昌市清欠办反映要求解决欠款问题，但未能解决到位。王甲便将国基公司列为被告、于乙列为第三人一并起诉到法院要求支付工程款并支付农民工押金、安全保证金以及相应利息。

【审理结果】

一审法院认为：当事人订立、履行合同应当遵守法律、行政法规，违反法律、行政法规强制性规定的合同无效。于乙在无相关资质的情形下借用国基公司的名义承揽工程的挂靠行为违法，国基公司出借建筑资质，允许无资质的自然人于乙借用其名义与他人签订建设工程施工合同，亦违反法律规定，根据法律规定应为共同诉讼人。王甲作为实际施工人，因工程已经竣工验收合格，有向国基公司和于乙追索工程款的权利。根据王甲实际完成的工程量应计算的工程价款为3 531 730.86元，其中应扣除已付的工程款1 585 800元和于乙代王甲对外支付的材料款、工资等220 000元，同时扣除国基公司向许昌某混凝土有限公司支付的商品混凝土货款395 000元，国基公司还欠王甲工程款1 330 930.86元。依据公平原则，国基公司和于乙已承担了代缴营业税的义务，且有其他管理费用支出，由王甲承担约定的3.5%的费用103 134.34元较为合适；扣除上述各种款项后，国基公司仍下欠王甲工程款1 227 796.52元未付，王甲要求支付该款的请求正当合法，应予支持。关于王甲垫交的农民工押金45 000元和安全保证金50 000元，于乙称已被没收，但未提供相关证据，该款应退还王甲。关于王甲要求支付逾期利息的请求，利息从应付工程价款之日计算，2005年8月17日于乙即签字同意支付工程款，安全保证金和农民工押金在工程竣工后也应当返还，工程于2005年10月竣工后至今未支付。王甲在庭审中要求自2006年3月6日开始支付计息的请求合法，应予以支持；但确定应付款项时应先扣除总工程款3 531 730.86元的5%即176 586.54元为质量保证金，质量保证金的支付时间为工程竣工满两年，即从2007年11月1日起计算质量保证金利息。关于国基公司的责任承担问题，该企业因违法出借建筑资质、合同专用章，应与于乙作为共同诉讼人，王甲可以要求两者共同承担连带责任，也可以要求任何一方承担民事责任，国基公司承担责任后依法可向于乙行使追偿权。

二审判决结果为：驳回上诉，维持原判。

国基公司仍不服该二审判决书，便向河南省高级人民法院申请再审。河南省高级人民法院提审后认为，国基公司在许昌学院教学楼招标中中标，与许昌学院签订《建设工程施工合同》后，又同于乙签订《建设工程项目承包协议书》，将工程承包给于乙，于乙之后再次以许昌分公司的名义与王甲签订《建筑工程施工承包合同》，将该工程转包给王甲。在于乙、王甲均没有相应建筑资质的情况下，国基公司与于乙之间、于乙与王甲之间就许昌学院建设工程所签订的协议、合同，因违反法律的相关规定，均应为无效合同，国基公司、于乙、王甲均为无效合同的当事人。王甲已实际进行了大部分的工程施工，该工程经验收合格且已交付使用，根据权利义务对等原则，王甲可据其在工程建设中的实际投入，向其合同相对人请求支付相应的工程款。遂撤销了原一审、二审判决书，驳回了实际施工人王甲的诉讼请求。

王甲二次起诉时，将于乙和国基公司一并列为被告，法院只认定相关合同是无效的，但并未明确是借用资质还是转包，遂判决如下：①被告于乙于本判决生效后3日内向原告王甲支付工程款1 562 618.70元，返还农民工押金45 000元及安全保证金50 000元，共计1 657 618.70元，并赔偿逾期付款的利息损失（自2005年8月18日起至2006年3月5日止按本金1 001 168.40元计算；自2006年3月6日起至2007年10月31日按本金1 096 168.40元计算；自2007年11月1日起按本金1 657 618.70元计算，利息均按中国人民银行公布的同期同类贷款利率计算）。②驳回原告王甲的其他诉讼请求。

二次起诉的二审判决结果为：①维持第一项；②撤销第二项；③国基公

司对判决第一项于乙所承担的义务承担补充赔偿责任。上述二审判决结果生
效后，国基公司账户上的款项被执行法院进行了扣划。于是国基公司起诉到
法院要求于乙赔偿包括工程款、利息、诉讼费等在内的一切损失。一审法院
判决仅支持了被执行法院直接扣划了的款项及其相应利息。于乙不服上述一
审判决，便上诉到了郑州市中级人民法院。二审法院经审理后，判决驳回上
诉，维持原判。

【工程知识】

1. 借用建筑企业资质：是指单位或个人以其他有资质的施工单位的名
义，承揽工程的行为。所谓承揽工程，包括参与投标、订立合同、办理有关
施工手续、从事施工等活动。实践中又称为挂靠，通常以内部承包合同的名
义并设立"项目部"等类似机构予以实施。

2. 转包：是指施工单位承包工程后，不履行合同约定的责任和义务，将
其承包的全部工程或者将其承包的全部工程肢解后以分包的名义分别转给其
他单位或个人施工的行为。

3. 工程监理单位：是依法成立并取得建设主管部门颁发的工程监理企业
资质证书，从事建设工程监理与相关服务活动的服务机构。

4. 建设工程监理：是工程监理单位受建设单位委托，根据法律法规、工
程建设标准、勘察设计文件及合同，在施工阶段对建设工程质量、造价、进
度进行控制，对合同、信息进行管理，对工程建设相对方的关系进行协调，
并履行建设工程安全生产管理法定职责的服务活动。

5. 固定价格合同：是相对于可调价合同、成本加酬金合同而言的，是合
同当事人约定以施工图、已标价工程量清单或预算书及有关条件进行合同价
格计算，调整和确认的建设工程施工合同，在约定的范围内合同总价不作调
整。合同当事人应在合同专用条款中约定总价包含的风险范围和风险费用的
计算方法，并约定风险范围之外的合同价格的调整方法。

6. 项目经理：是指由承包人任命并派驻施工现场，在承包人授权范围内
负责合同履行，且按照法律规定具有相应资格的项目负责人。一般由取得国
家注册建造师资格的人员担任。我国的施工企业在进行施工项目管理时，实

行项目经理责任制度。项目经理必须在取得建筑工程施工项目经理资格证书之后才能上岗。

【工程管理实务解读】

1. 建筑施工企业一定要严格管理自身的资质证书等相关材料，尽量避免被他人使用。

工程质量是建筑工程的生命，因此我国《建筑业企业资质管理规定》等相关规定均规定了建筑施工企业需要取得相应资质后才可以进行建筑活动。并且，不允许建筑施工企业外借其资质，否则要承担相应法律责任，包括民事责任、行政责任，甚至刑事责任。

《建筑法》及相关行政法规，均将保证工程质量作为立法的主要出发点和主要目的。

2. 如何认定"借用资质"。

《1999 年整顿和规范建设市场的意见》的附件《关于若干违法违规行为的判定》确认了挂靠行为的判定条件：①有无资产的产权（包括所有权、使用权、处分权、受益权等）联系，即其资产是否以股份等方式划转现单位，并经公证；②有无统一的财务管理，不能以"承包"等名义搞变相的独立核算；③有无严格、规范的人事任免和调动、聘用手续。凡不具备上述条件之一的，定为挂靠行为。

3. 因借用资质被法院认定建设施工合同无效后，由谁向实际施工人承担付款责任。

在司法实践中，法院一般认为：债权的基础是合同相对性，按照该原理，原则上不允许实际施工人提起以不具备合同关系的发包人、总承包人为被告的诉讼，而应当向与其有合同关系的承包人主张权利。但为了保护农民工的合法权益，《施工合同司法解释（一）》第 43 条规定："实际施工人以转包人、违法分包人为被告起诉的，人民法院应当依法受理。实际施工人以发包人为被告主张权利的，人民法院应当追加转包人或者违法分包人为本案第三人，在查明发包人欠付转包人或者违法分包人建设工程价款的数额后，判决发包人在欠付建设工程价款范围内对实际施工人承担责任。"本条规定虽然突破了合同相对性，但是受严格的条件限制：对于总承包人而言，只有在其怠于行使合同权利，不进行工程结算或者对工程结算不主张权利，导致与发包人没有直接合同关系的实际施工人无法得到工程款；或者实际施工人的合同相对人由于下落不明、破产等原因导致其缺乏支付能力时，才可以适用。

4. 借用资质的自然人与第三人发生材料买卖、设备租赁，应该如何确定买单人，控制风险。

这个要具体情况具体分析，主要有以下几种情形：第一种情形，合同盖有施工企业公章或有法定代表人签字的，属于法人行为，由施工企业承担民事责任。第二种情形，盖有施工企业合同专用章或项目部章的，虽然与上述情况有所区别，但由于实践中公司用章比较混乱而做不到专章专用，因此通常被认定为施工企业的法人行为，由施工企业承担民事责任。第三种情形，盖有项目部技术章、资料章（且表明"此章仅限于工程技术联系或资料专用"字样）及有借用资质的自然人的签字的，这种情况下，法院往往以职务行为或表见代理行为认定由被借用资质的建筑施工企业承担责任。

因此，建筑施工企业一定要加强印章管理、合同签署管理，完善企业内部的合同签订流程、印章使用流程等程序，避免出现这些问题。

5. 被借用资质的建筑施工企业承担责任后，能否向借用资质的自然人追偿。

我国法律并未明确规定被借用资质的建筑施工企业在承担支付材料款等责任后能否向借用资质的自然人追偿。即使他们之间的内部承包合同等协议明确约定了可以追偿，但该类协议很有可能被法院认定为无效合同，如此情况下，追偿的约定是无效的。但相关企业可以依据《民法典》第157条的规定处理：民事法律行为无效、被撤销或者确定不发生效力后，行为人因该行为取得的财产，应当予以返还；不能返还或者没有必要返还的，应当折价补偿，要求赔偿损失。

另外，为保险起见，我们建议被借用资质的建筑施工企业承担责任后，在条件许可的情况下，及时要求借用资质的自然人做出同意支付的承诺。

【法律依据】

1. 《建筑法》第 26 条、第 66 条。

2. 《建设工程质量管理条例》第 25 条。

3. 《建筑业企业资质管理规定》第 2 条、第 3 条。

4. 《建筑工程施工发包与承包违法行为认定查处管理办法》第 9 条、第 10 条。

5. 《施工合同司法解释（一）》第 1 条、第 7 条、第 24 条、第 43 条。

实例6　为了逃避违约责任恶意签订并未实际履行的挂靠施工合同无效

【案情简介】

申请再审人（一审原告、反诉被告、二审上诉人）：莫甲

被申请人（一审被告、反诉原告、二审被上诉人）：长富公司

一审原告：东深公司

2003年1月30日，莫甲与东深公司订立《长富商贸广场工程合作协议书》，协议由莫甲以东深公司的名义与建设单位签订，为大朗商贸广场工程施工合同，东深公司的权利义务由莫甲实际享有和承担，莫甲向东深公司缴纳工程造价的1.5%的费用作为东深公司的工程管理费。

2003年5月13日，东深公司与长富公司订立《长富广场工程初步协议》。2003年5月19日，东深公司与长富公司签订《东莞市建设工程施工合同》。2003年5月21日，东深公司与长富公司订立《大朗长富商贸广场工程施工合同》，合同约定了工程范围及建筑总面积（80 523平方米）、工程总量。合同确定工程造价为5 480万元。合同工期为420天并约定了工期方面的违约责任。对于双方签订的《东莞市建设工程施工合同》，双方确定只是给东深公司作办理报建等手续使用，一切合同条款的履行均以《大朗长富商贸广场工程施工合同》为准。

上述协议签订后，莫甲于2003年6月23日开始施工，长富公司中途变更设计，增加了部分工程。在工程施工过程中，由于材料涨价等原因，莫甲、东深公司与长富公司多次协商未果，在协调下，东深公司承诺退场。由于对已完成工程的造价产生争议，莫甲、东深公司遂提起诉讼。

【审理结果】

一审法院认为，综合本案案情及需判决的事项可以归纳出以下几个焦点

问题：一是本案的合同效力问题；二是本案工程款如何确定；三是莫甲、东深公司关于支付工程款的请求应否支持；四是莫甲已缴纳的履约保证金270万元应否由长富公司返还；五是东深公司的诉讼请求应否支持；六是长富公司的反诉请求应否支持。

关于本案合同的效力问题，莫甲作为自然人，不具有承包建筑工程的资质，莫甲挂靠有资质的建筑施工企业东深公司承包工程，违反了相关法律的强制性规定。东深公司与长富公司签订的《长富广场工程初步协议》《东莞市建设工程施工合同》《大朗长富商贸广场工程施工合同》依法应认定为无效。在合同的签订和履行过程中与长富公司发生法律关系的是东深公司，同时莫甲与东深公司未能提供充分的证据证明长富公司对于莫甲与东深公司之间的挂靠关系知情。因此，本案导致合同无效的根本原因在于东深公司明知莫甲无建筑资质而仍让其挂靠承建工程违法，故应承担全部过错责任。

本案工程款如何确定的问题，本案莫甲与东深公司的要求是请求长富公司支付工程款，而长富公司取得的是莫甲与东深公司将劳动和建筑材料物化的建筑物。鉴于建设工程合同的特殊性，尽管合同被确认无效，但已经履行的内容不能适用返还的方式使合同恢复到签约前的状态，故只能按折价补偿的方式处理。但如何执行，各方当事人未能达成一致意见。如前所述，导致本案合同无效的原因在于莫甲与东深公司，莫甲、东深公司不应因由其过错而导致合同无效反而获得比如期履行有效合同还要多的利益。同时，鉴于长富公司对于已完成工程的质量未提出异议，因此，本案虽然合同无效，但仍应按照实际完成的工程量以合同约定的结算办法来计算工程造价，增加、减少或变更的工程造价应参考合同约定及鉴定单位的通常做法来计算，一审法院只能参照合同约定和参考专业机构鉴定结论来确定。

关于莫甲、东深公司关于支付工程款的请求应否支持。《施工合同司法解释》规定支付工程款的前提条件是工程经竣工验收合格。涉案工程作为公共产品，其质量是否合格不能仅仅依据各方当事人的确认，需要经过建设行政主管部门依法验收方能确定。由于莫甲拒绝提供施工资料，涉案工程无法进入竣工验收程序，同时，莫甲请求支付工程款，就负有证明其所建工程经竣工验收合格的责任，现莫甲不配合竣工验收，对其要求支付工程款的诉讼请求，依法予以驳回。

莫甲已缴纳的履约保证金270万元应否由长富公司返还？由于合同无效，长富公司依据合同取得的履约保证金应当返还莫甲，对莫甲要求长富公司返还履约保证金270万元的请求，一审法院予以支持。关于履约保证金的利息，由于合同中并无约定，故长富公司应从莫甲请求之日即莫甲起诉之日开始支付，利率为中国人民银行规定的同期同类贷款利率。

关于东深公司的诉讼请求应否支持。对于东深公司请求长富公司支付工程款及其利息和退还履约保证金270万元及其利息的问题，由于东深公司出借资质给莫甲承建涉案工程的行为同样违反国家禁止性规定，为无效民事行为，同时东深公司并未承建涉案工程且履约保证金实为莫甲所支付，故对东深公司的诉讼请求，一审法院不予支持。

关于长富公司的反诉请求应否支持的问题，长富公司已付工程款为57 860 815.68元，莫甲、东深公司应当返还长富公司多支付的工程款4 871 657.84元。虽然合同无效，但长富公司实际上已垫付了上述的工程款，莫甲、东深公司实际占用了资金，根据公平原则，莫甲、东深公司应向长富公司支付垫付工程款的利息。长富公司请求莫甲、东深公司返还其多支付的工程款的利息，起算时间为合同约定的竣工日期的第二日即2004年8月1日。由于涉案工程在莫甲、东深公司起诉时并未竣工且合同无效，故应从莫甲、东深公司起诉时即2005年4月20日开始计算上述利息，即莫甲、东深公司应从2005年4月20日起至清偿日止按中国人民银行规定的同期同类贷款利率计付长富公司多支付的工程款的利息。长富公司反诉要求莫甲、东深公司支付逾期完工的违约金，因合同无效，不存在违约的问题，故对长富公司的这一反诉请求，一审法院不予支持。

二审法院认为：　审判决认定事实清楚，适用法律正确，依法应予维持。

莫甲不服二审判决，向最高人民法院申请再审。最高人民法院经审理后维持了一审判决，认可了东深公司与长富公司签订的《长富广场工程初步协议》《东莞市建设工程施工合同》《大朗长富商贸广场工程施工合同》无效及长富公司返还莫甲支付的履约保证金270万元及该款利息的判决结果，撤销了莫甲、东深公司返还长富公司多支付的工程款及利息的判决结果。

【工程知识】

1. 工程管理费：在建设工程领域，企业管理费一般是指建筑安装企业组织施工生产和经营管理所需的费用，包括以下内容，即管理人员工资、办公费、差旅交通费、固定资产使用费、工具用具使用费、劳动保险费、工会经费、职工教育经费、财产保险费、财务费、税金及其他。本案中的工程管理费指的是被挂靠企业收取挂靠人的挂靠费用，不是指上述企业管理费。

2. 挂靠：即所谓"企业挂靠经营"，就建筑业而言，是指一个施工企业允许他人在一定期间内使用自己的企业的名义对外承接工程的行为。允许他人使用自己名义的企业为被挂靠企业，使用被挂靠企业的名义从事经营活动的企业或个人（个体工商户和其他有经营行为的自然人）为挂靠人。

《施工合同司法解释（一）》中并没有直接将该行为定义为"挂靠"，而是表述为"借用"，即没有资质的实际施工人借用有资质的建筑施工企业名义从事施工，"挂靠"与"借用"实际上系同一概念。

3. 建筑工程司法鉴定：是指依法取得有关建筑工程司法鉴定资格的鉴定机构和鉴定人受司法机关或当事人委托，运用建筑学理论和技术，对涉及诉讼活动的建筑工程质量、材料和安全等与建筑工程相关的专业性问题进行鉴定与判定，并提供鉴定意见的活动。其主要内容包括：建筑工程质量评定、工程质量事故鉴定、工程造价纠纷鉴定等。

4. 工程建设定额：是一个综合概念，是工程建设中各类定额的总称。它包括许多种类的定额。在建筑安装工程施工生产过程中，为完成某项工程或某项结构构件，都必须消耗一定数量的劳动力、材料和机具。在社会平均的生产条件下，把科学的方法和实践经验相结合，生产质量合格的单位工程产品所必需的人工、材料、机具的数量标准，就称为工程建设定额。

【工程管理实务解读】

1. 建设工程施工合同因挂靠被认定无效后，由谁承担责任。

《民法典》第157条规定，有过错的一方应当赔偿对方由此所受到的损失；各方都有过错的，应当各自承担相应的责任。法律另有规定的，依照其规定。因此，在建设工程施工合同被认定无效后，应首先分析合同当事人双方的过错。若双方均有过错，则各自承担相应的责任。若是一方当事人的原因造成的，则由该当事人承担全部责任。

在建设工程施工合同因挂靠被认定无效的情形中，通常来说，承包方是知道其建筑资质被人挂靠的。如果在签订合同或者履行合同过程中，发包人明知实际施工人是挂靠承包人的资质进行施工的，则由发包人、承包人分别承担相应的责任。如果发包人自始至终都不知道挂靠事实的存在，则不应由发包人来承担责任。

本案中，法院经过分析双方的证据认定发包人对于挂靠事宜并不知情，因此判决由承包方的挂靠人和被挂靠人来承担全部责任。

2. 被挂靠人以自己的名义起诉要求发包方支付工程款的，法院是否应予以受理，是否支持被挂靠人的诉讼请求。

在挂靠情形下，被挂靠人通常是作为建设工程施工合同的一方当事人而出现的，就像本案中的东深公司。因此，作为合同当事人的被挂靠人起诉要求发包人支付工程款的，法院应当予以受理。但是，考虑到被挂靠人往往并不真实参与施工，其不了解工程实际情况。同时，依照法律的规定，实际施工人也有权要求支付工程款。因此，在受理被挂靠人（出借资质人）以自己的名义向法院起诉要求发包人支付工程款的案件时，法院应当通知实际施工人参加诉讼。这样不仅可以全面了解工程情况，也可以一次性解决各方当事人有关工程款的争议。如此一来，不仅可以高效率维护当事人利益，还可以节省司法资源。

但是，受理不代表法院会支持被挂靠人的诉讼请求。正如本案判决，法院在查明了双方是挂靠关系，被挂靠人东深公司并未实际履行合同进行施工而是由挂靠人莫甲缴纳前期相关费用并组织施工的，因此一审、二审法院均判决驳回了被挂靠人东深公司要求支付工程款的诉讼请求。法院认为挂靠人莫甲有权要求支付工程款，但其要求支付工程款就负有证明其所建工程经竣工验收合格的责任，现莫甲不配合竣工验收，因此对其要求支付工程款的诉讼请求，法院予以驳回。

3. 被挂靠的建筑施工企业要求按照合同约定支付管理费的，如何处理。

建筑领域的挂靠施工属于我国法律明确禁止的行为，这是违反法律规定的，任何人不得从其违法行为中获利。因此被挂靠的建筑施工企业要求按照合同约定支付管理费的，不予支持。

4. 建设工程施工合同无效，合同中有哪些条款可以继续适用。

建设工程施工合同无效的，并不是所有条款都当然失去法律效力。通常情况下，违约责任无法适用了。因为只有在合同有效的前提下，有关违约责任才可以依照合同执行。如本案中，合同约定的承包方在工期、质量等方面的违约责任就无法适用了。

实务中一般认为，建设工程施工合同无效，建设工程经竣工验收合格的，合同中约定的工程造价、工程款支付期限、工期和进度、工程质量、竣工验收、质量保修等条款仍可参照适用。

【法律依据】

1. 《建筑法》第 12 条。

3. 《施工合同司法解释（一）》第 1 条、第 6 条、第 24 条。

实例7　工程总承包施工企业将资质等级出借给单位或个人的，将面临高度合同风险

【案情简介】

顾问单位法务人员咨询：我们单位有工程施工总承包资质，现有一长期合作单位（具备专业承包资质）在承包某项工程时受到限制而想借用我公司的施工总承包资质，法律上是否可行？我公司是否会有风险？有的话，具体哪方面风险？你们是否遇到过类似案例？

具体情况是：该合作单位可以提前和我公司签订一份《合作协议》，明确约定他们只借用我公司营业执照、资质证书等相关证照办理行政手续，由他们自行组织施工，所有施工风险由他们承担而与我公司无关。另外，他们还支付我们一笔可观的挂靠费用。

我们律师团队经过法律研究、案例搜索分析后答复如下：

贵公司的上述操作在法律上是严格禁止的，会面临诸多法律风险，实践中有不少这样的司法案例，以下详细解答。

【有关禁止借用营业执照、建筑业资质的法律规定】

1. 《建筑法》

第13条　从事建筑活动的建筑施工企业、勘察单位、设计单位和工程监理单位，按照其拥有的注册资本、专业技术人员、技术装备和已完成的建筑工程业绩等资质条件，划分为不同的资质等级，经资质审查合格，取得相应等级的资质证书后，方可在其资质等级许可的范围内从事建筑活动。

第26条　承包建筑工程的单位应当持有依法取得的资质证书，并在其资质等级许可的业务范围内承揽工程。

禁止建筑施工企业超越本企业资质等级许可的业务范围或者以任何形式

用其他建筑施工企业的名义承揽工程。禁止建筑施工企业以任何形式允许其他单位或者个人使用本企业的资质证书、营业执照，以本企业的名义承揽工程。

第66条 建筑施工企业转让、出借资质证书或者以其他方式允许他人以本企业的名义承揽工程的，责令改正，没收违法所得，并处罚款，可以责令停业整顿，降低资质等级；情节严重的，吊销资质证书。对因该项承揽工程不符合规定的质量标准造成的损失，建筑施工企业与使用本企业名义的单位或者个人承担连带赔偿责任。

2.《中华人民共和国招标投标法》①

第33条 投标人不得以低于成本的报价竞标，也不得以他人名义投标或者以其他方式弄虚作假，骗取中标。

3.《中华人民共和国企业法人登记管理条例》

第25条第3款 《企业法人营业执照》、《企业法人营业执照》副本，不得伪造、涂改、出租、出借、转让或者出卖。

第30条 企业法人有下列情形之一的，登记主管机关可以根据情况分别给予警告、罚款、没收非法所得、停业整顿、扣缴、吊销《企业法人营业执照》的处罚：

…………

（四）伪造、涂改、出租、出借、转让或者出卖《企业法人营业执照》、《企业法人营业执照》副本的；

…………

对企业法人按照上述规定进行处罚时，应当根据违法行为的情节，追究法定代表人的行政责任、经济责任；触犯刑律的，由司法机关依法追究刑事责任。

4.《建筑业企业资质管理规定》

第3条 企业应当按照其拥有的资产、主要人员、已完成的工程业绩和技术装备等条件申请建筑业企业资质，经审查合格，取得建筑业企业资质证

---

① 下文简称《招标投标法》。

书后，方可在资质许可的范围内从事建筑施工活动。

第5条 建筑业企业资质分为施工总承包资质、专业承包资质、施工劳务资质三个序列。

施工总承包资质、专业承包资质按照工程性质和技术特点分别划分为若干资质类别，各资质类别按照规定的条件划分为若干资质等级。施工劳务资质不分类别与等级。

第23条 企业申请建筑业企业资质升级、资质增项，在申请之日起前一年至资质许可决定作出前，有下列情形之一的，资质许可机关不予批准其建筑业企业资质升级申请和增项申请：

（一）超越本企业资质等级或以其他企业的名义承揽工程，或允许其他企业或个人以本企业的名义承揽工程的；

（二）与建设单位或企业之间相互串通投标，或以行贿等不正当手段谋取中标的；

（三）未取得施工许可证擅自施工的；

（四）将承包的工程转包或违法分包的；

（五）违反国家工程建设强制性标准施工的；

（六）恶意拖欠分包企业工程款或者劳务人员工资的；

（七）隐瞒或谎报、拖延报告工程质量安全事故，破坏事故现场、阻碍对事故调查的；

（八）按照国家法律、法规和标准规定需要持证上岗的现场管理人员和技术工种作业人员未取得证书上岗的；

（九）未依法履行工程质量保修义务或拖延履行保修义务的；

（十）伪造、变造、倒卖、出租、出借或者以其他形式非法转让建筑业企业资质证书的；

（十一）发生过较大以上质量安全事故或者发生过两起以上一般质量安全事故的；

（十二）其他违反法律、法规的行为。

第37条 企业有本规定第二十三条行为之一，《中华人民共和国建筑法》《建设工程质量管理条例》和其他有关法律、法规对处罚机关和处罚方式有规定的，依照法律、法规的规定执行；法律、法规未作规定的，由县级以上地方人民政府住房城乡建设主管部门或者其他有关部门给予警告，责令改正，并处 1 万元以上 3 万元以下的罚款。

5.《建设领域农民工工资支付管理暂行办法》

七、企业应将工资直接发放给农民工本人，严禁发放给"包工头"或其他不具备用工主体资格的组织和个人。

企业可委托银行发放农民工工资。

6.《施工合同司法解释（一）》

第 1 条　建设工程施工合同具有下列情形之一的，应当依据民法典第一百五十三条第一款的规定，认定无效：

（一）承包人未取得建筑业企业资质或者超越资质等级的；

（二）没有资质的实际施工人借用有资质的建筑施工企业名义的；

（三）建设工程必须进行招标而未招标或者中标无效的。

承包人因转包、违法分包建设工程与他人签订的建设工程施工合同，应当依据民法典第一百五十三条第一款及第七百九十一条第二款、第三款的规定，认定无效。

第 6 条　建设工程施工合同无效，一方当事人请求对方赔偿损失的，应当就对方过错、损失大小、过错与损失之间的因果关系承担举证责任。

损失大小无法确定，一方当事人请求参照合同约定的质量标准、建设工期、工程价款支付时间等内容确定损失大小的，人民法院可以结合双方过错程度、过错与损失之间的因果关系等因素作出裁判。

7.《建筑工程施工发包与承包违法行为认定查处管理办法》

第 8 条　存在下列情形之一的，应当认定为转包，但有证据证明属于挂靠或者其他违法行为的除外：

（一）承包单位将其承包的全部工程转给其他单位（包括母公司承接建筑工程后将所承接工程交由具有独立法人资格的子公司施工的情形）或个人施工的；

（二）承包单位将其承包的全部工程肢解以后，以分包的名义分别转给其他单位或个人施工的；

（三）施工总承包单位或专业承包单位未派驻项目负责人、技术负责人、质量管理负责人、安全管理负责人等主要管理人员，或派驻的项目负责人、技术负责人、质量管理负责人、安全管理负责人中一人及以上与施工单位没有订立劳动合同且没有建立劳动工资和社会养老保险关系，或派驻的项目负责人未对该工程的施工活动进行组织管理，又不能进行合理解释并提供相应证明的；

（四）合同约定由承包单位负责采购的主要建筑材料、构配件及工程设备或租赁的施工机械设备，由其他单位或个人采购、租赁，或施工单位不能提供有关采购、租赁合同及发票等证明，又不能进行合理解释并提供相应证明的；

（五）专业作业承包人承包的范围是承包单位承包的全部工程，专业作业承包人计取的是除上缴给承包单位"管理费"之外的全部工程价款的；

（六）承包单位通过采取合作、联营、个人承包等形式或名义，直接或变相将其承包的全部工程转给其他单位或个人施工的；

（七）专业工程的发包单位不是该工程的施工总承包或专业承包单位的，但建设单位依约作为发包单位的除外；

（八）专业作业的发包单位不是该工程承包单位的；

（九）施工合同主体之间没有工程款收付关系，或者承包单位收到款项后又将款项转拨给其他单位和个人，又不能进行合理解释并提供材料证明的。

两个以上的单位组成联合体承包工程，在联合体分工协议中约定或者在项目实际实施过程中，联合体一方不进行施工也未对施工活动进行组织管理的，并且向联合体其他方收取管理费或者其他类似费用的，视为联合体一方将承包的工程转包给联合体其他方。

第9条　本办法所称挂靠，是指单位或个人以其他有资质的施工单位的名义承揽工程的行为。

前款所称承揽工程，包括参与投标、订立合同、办理有关施工手续、从事施工等活动。

第10条　存在下列情形之一的，属于挂靠：

（一）没有资质的单位或个人借用其他施工单位的资质承揽工程的；

（二）有资质的施工单位相互借用资质承揽工程的，包括资质等级低的借用资质等级高的，资质等级高的借用资质等级低的，相同资质等级相互借用的；

（三）本办法第八条第一款第（三）至（九）项规定的情形，有证据证明属于挂靠的。

第15条 县级以上人民政府住房和城乡建设主管部门对本行政区域内发现的违法发包、转包、违法分包及挂靠等违法行为，应当依法进行调查，按照本办法进行认定，并依法予以行政处罚。

…………

（三）对认定有挂靠行为的施工单位或个人，依据《中华人民共和国招标投标法》第五十四条、《中华人民共和国建筑法》第六十五条和《建设工程质量管理条例》第六十条规定进行处罚。

（四）对认定有转让、出借资质证书或者以其他方式允许他人以本单位的名义承揽工程的施工单位，依据《中华人民共和国建筑法》第六十六条、《建设工程质量管理条例》第六十一条规定进行处罚。

（五）对建设单位、施工单位给予单位罚款处罚的，依据《建设工程质量管理条例》第七十三条、《中华人民共和国招标投标法》第四十九条、《中华人民共和国招标投标法实施条例》第六十四条规定，对单位直接负责的主管人员和其他直接责任人员进行处罚。

（六）对认定有转包、违法分包、挂靠、转让出借资质证书或者以其他方式允许他人以本单位的名义承揽工程等违法行为的施工单位，可依法限制其参加工程投标活动、承揽新的工程项目，并对其企业资质是否满足资质标准条件进行核查，对达不到资质标准要求的限期整改，整改后仍达不到要求的，资质审批机关撤回其资质证书。

对2年内发生2次及以上转包、违法分包、挂靠、转让出借资质证书或者以其他方式允许他人以本单位的名义承揽工程的施工单位，应当依法按照情节严重情形给予处罚。

（七）因违法发包、转包、违法分包、挂靠等违法行为导致发生质量安全事故的，应当依法按照情节严重情形给予处罚。

第16条　对于违法发包、转包、违法分包、挂靠等违法行为的行政处罚追溯期限，应当按照法工办发〔2017〕223号文件的规定，从存在违法发包、转包、违法分包、挂靠的建筑工程竣工验收之日起计算；合同工程量未全部完成而解除或终止履行合同的，自合同解除或终止之日起计算。

第17条　县级以上人民政府住房和城乡建设主管部门应将查处的违法发包、转包、违法分包、挂靠等违法行为和处罚结果记入相关单位或个人信用档案，同时向社会公示，并逐级上报至住房和城乡建设部，在全国建筑市场监管公共服务平台公示。

8.《建筑业企业资质管理规定和资质标准实施意见》

四、监督管理

（三十）对于发生违法违规行为的企业，违法行为发生地县级以上住房城乡建设主管部门应当依法查处，将违法事实、处罚结果或处理建议告知资质许可机关，并逐级上报至住房城乡建设部，同时将处罚结果记入建筑业企业信用档案，在全国建筑市场监管与诚信平台公布。企业工商注册地不在本省区域的，违法行为发生地县级以上住房城乡建设主管部门应通过省级住房城乡建设主管部门告知该企业的资质许可机关。

（三十一）对住房城乡建设部许可资质的建筑业企业，需处以停业整顿、降低资质等级、吊销资质证书等行政处罚的，省级及以下地方人民政府住房城乡建设主管部门或者其他有关部门，在违法事实查实认定后30个工作日内，应通过省级住房城乡建设主管部门或国务院有关部门，将违法事实、处理建议报送住房城乡建设部；住房城乡建设部依法作出相应行政处罚。

（三十二）各级住房城乡建设主管部门应及时将有关处罚信息向社会公布，并报上一级住房城乡建设主管部门备案。

【具体风险】

1. 民事责任风险。

（1）出借资质企业面临承担建设工程施工合同的风险。虽然挂靠协议或合作协议通常约定建筑施工合同的风险和所有责任都由挂靠方来承担，但建筑施工合同对外是以被挂靠企业的名义来签订的。也就是说，对外来说，出借营业执照和公司资质的被挂靠的企业，是施工合同的承包方，是法律意义上的合同当事人。因此，一旦挂靠方发生合同违约，如工程质量问题、工期延误等，发包方就有权要求出借营业执照和公司资质的被挂靠的企业来承担违约责任。

（2）出借资质企业面临承担实际施工人所拖欠人工费、材料款和机械设备租赁费的风险。对于挂靠的实际施工人，出借资质企业通常都会允许他使用项目部的公章，委托他作为项目的负责人。这样一来，对于挂靠方签订的分包合同、材料买卖合同、设备租赁合同和用工合同，挂靠方和被挂靠方之间就构成了职务行为或者代理关系。这种情况依据《民法典》第61条第1款"依照法律或者法人章程的规定，代表法人从事民事活动的负责人，为法人的法定代表人"的规定，一旦挂靠方与材料商、机械设备出租商等形成债权债务关系，法院通常判决由被挂靠单位直接承担责任。之后被挂靠单位再依据挂靠协议或合作协议的约定，追究挂靠方的责任。但是往往由于挂靠方没有经济能力，被挂靠企业经常是空拿一纸判决书，无法兑现。

（3）因劳动、工伤争议损害经济利益和社会形象。在施工过程中，挂靠方往往会大量招聘建筑工人。虽然挂靠方与被挂靠企业之间可能会在协议中明确约定建筑工人的工资以及一切工伤事故均由挂靠方承担，但是此约定会因为违反劳动法相关规定而归于无效，最后被挂靠企业仍然要承担用工责任。

另外，现实中挂靠方与建筑工人常常不签任何合同。工人只知道自己在这个工地（工地往往有显示被挂靠企业名称的宣传牌或其他文件）上班，直接招聘他的人是谁都不知道，一旦拿不到工资，就只有找登记备案的工程承包人也就是被挂靠企业，要求被挂靠企业承担用人单位应承担的所有责任。民工的过激讨薪等行为还会损害被挂靠企业的社会形象。尤其在临近春节时，全国各地会出现这样的新闻报道。一旦出现这种情况，会大大损害被挂靠方的社会形象，从而影响到其经济利益。

（4）存在管理费可能拿不到或被没收的风险。司法实践中，出借资质的企业起诉要求支付管理费的，往往得不到法院的支持。

（5）安全生产管理责任。同时，由于挂靠协议是典型的无效合同，合同中约定的由挂靠方负责安全生产的约定也就无效。依据总承包单位对施工现场负有管理责任的一般原则，被挂靠企业对施工中出现的安全事故也脱不了干系。

2. 行政处罚的风险。

我国法律明确规定，发现建筑施工企业出借资质给他人的，可以责令改正，没收违法所得，并处工程合同价款 2% 以上 4% 以下的罚款；可以责令停业整顿，降低资质等级；情节严重的，吊销资质证书。另外，对单位直接负责的主管人员和其他直接责任人员处单位罚款数额 5% 以上 10% 以下的罚款。

3. 重大安全生产事故方面的刑事责任。

《中华人民共和国刑法》第 134 条、第 135 条等均明确规定了安全生产管理方面的刑事责任。若挂靠方在实际施工过程中发生重大安全生产事故的，建筑施工企业及其直接负责的主管人员等都是要承担刑事责任的。这不是简单的经济责任，而是涉及限制人身自由的刑事责任，所以一定要高度重视。

【相关案例】

1. 莫甲、东深公司与长富公司建设工程合同纠纷最高人民法院再审案［（2011）民提字第 235 号］。

案件要点：2003 年 4 月 30 日，莫甲与东深公司订立《长富商贸广场工程合作协议书》，协议由莫甲以东深公司的名义与建设单位签订大朗商贸广场工程施工合同，东深公司的权利义务由莫甲实际享有和承担，莫甲向东深公司缴纳工程造价的 1.5% 的费用作为东深公司工程管理费。2003 年 5 月 13 日，东深公司与长富公司订立《长富广场工程初步协议》。2003 年 5 月 19 日，东深公司与长富公司签订《东莞市建设工程施工合同》。2003 年 5 月 21 日，东深公司与长富公司订立《大朗长富商贸广场工程施工合同》。该案中，与建设单位相关的施工合同均被认定为无效合同，且无效责任全部由莫甲与东深公司来承担。同时，因任何人不能从违法行为中获利，法院并不支持施工方的按定额鉴定支付价款的要求，而是判决仍然参照合同约定的标准确定工程价款。另外，法院还查明，东深公司并未实际施工，所以驳回了其全部诉讼请求，因此东深公司还承担了一大笔诉讼费用。

2. 双格公司与宝都公司建设工程施工合同纠纷最高人民法院申诉、申请民事裁定［（2016）最高法民申 1360 号］。

案件要点：宝都公司为了涉案工程顺利完成，向双格公司出具《惠利园小区一期工程款情况说明》，认可潘甲系挂靠双格公司承包施工，潘甲施工产生的债务与双格公司无关，并承诺解决潘甲就涉案工程施工涉及双格公司的债务。可见，宝都公司认可双格公司仅是出借资质，不承担涉案工程款支付义务，并承诺负责解决工程款事宜。该说明中载明的"决算之前"，应解释为涉案工程的最终决算之前，而非宝都公司与潘甲之间的结算之前。根据本案查明事实，宝都公司直接向潘甲支付工程款，并未经过双格公司的认可，宝都公司以工程款已向潘甲结算完毕为由，拒绝履行其对双格公司的承诺，与约定不符。因此，法院判决宝都公司承担双格公司偿还的涉案工程欠款以及相关费用。

3. 宏鑫公司、宋甲等建设工程施工合同纠纷最高人民法院再审案［（2015）民申字第 2727 号］。

案件要点：夏乙系涉案工程发包方宇泰公司的法定代表人，又是该工程监理公司大鹏公司的法定代表人。吴丙系承包方宏鑫公司的法定代表人，与夏乙系夫妻关系。2005 年 9 月 22 日，宋甲代表宏鑫公司、夏乙代表宇泰公司签订《郑州文博公寓一号住宅楼施工承包合同书》，约定由宏鑫公司承建宇泰公司的郑州文博公寓一号住宅楼工程。同日，夏乙代表宏鑫公司、宋甲代表宏鑫公司第六项目部签订《合同书》，约定宋甲自愿加入宏鑫公司，编为第六项目部，项目经理为宋甲，第六项目部实行自主管理、独立核算、自负盈亏，并独立承担法律责任；第六项目部承担郑州文博公寓一号住宅楼工程，宏鑫公司委托第六项目部全权独立组织施工，由建设单位直接向第六项目部拨付工程款，第六项目部按工程总造价的 3% 向宏鑫公司缴纳管理费，第六项目部所欠内、外债均自行承担，宏鑫公司不负任何连带责任。2005 年 9 月 25 日，宋甲代表宏鑫公司、夏乙代表宇泰公司又签订了一份《建设工程施工合同》，其约定与 9 月 22 日签订的《郑州文博公寓一号住宅楼施工承包合同书》内容基本相同。2007 年 6 月 15 日，夏乙代表宇泰公司、宋甲代表宏鑫公司第六项目部签订《关于文博公寓一号楼施工中有关事宜的补充合同书》。前述四份合同中，《郑州文博公寓一号住宅楼施工承包合同书》《建设工程施工合同》《关于文博公寓一号楼施工中有关事宜的补充合同书》由宋甲代表宏鑫公司与宇泰公司签订，约定了郑州文博公寓一号住宅楼工程的承建事宜；《合同书》由宋甲代表宏鑫公司第六项目部与宏鑫公司签订，约定了宋甲挂靠宏鑫公司承建涉案工程的内部权利义务问题。从这四份合同的签字人及合同内容来看，其实质为没有资质的实际施工人宋甲借用有资质的建筑施工企业宏鑫公司名义签订的建设工程施工合同。二审法院根据《施工合同司法解释》第1条第2项之规定，认定相关协议无效，具有事实和法律依据。

4. 河南省高级人民法院程甲与弘韵公司、路乙等建设工程施工合同纠纷审判监督民事判决书〔（2014）豫法民提字第237号〕。

案件要点： 2010年9月3日，贞元公司（后来更名为弘韵公司）与路乙签订挂靠协议书一份，协议约定贞元公司同意路乙挂靠，以贞元公司名义对外自行承揽或者承揽公司直接联系的工程项目。后双方又签订补充协议，约定路乙挂靠公司名称为贞元公司第三项目部，路乙为项目部负责人，同时授权第三项目部使用"贞元公司工程部"和"贞元公司财务专用章"两枚印章，随后，弘韵公司向路乙提供授权使用的两枚印章的印模。2010年9月4日贞元公司为路乙出具法人授权委托书，授权第三项目部路乙为贞元公司合法代理人，其从事承揽工程的一切业务事宜，公司均认可。再查明，程甲出具证明：关于路乙、侯丙二人使用贞元公司第三项目部手续承揽安然工程项目，从所见所闻及现场实际情况来看，路乙和侯丙二人为合作关系。

2010年12月22日，程甲与贞元公司第三项目部签订内部承包协议一份，协议有双方签字，没有加盖单位公章。双方在协议中约定贞元公司承揽安然公司的建厂施工任务给程甲承建施工，同时约定工程承包方式为包工包料、独立核算、自负盈亏；工程结算由双方协商按固定价每平方米建筑面积630元计算；工程变更须依据安然公司签章确认的书面签证为依据，以实结算。协议签订后，程甲即组织人员施工，工程结束后程甲多次催要工程款未果，引起双方纠纷，程甲诉至法院。

河南省高级人民法院再审归纳争议焦点是，原审判决本案工程款由路乙和弘韵公司承担连带责任有无事实和法律依据。

河南省高级人民法院再审认为：关于本案债务的责任主体。首先，原审认定路乙为本案债务的责任主体正确，法院予以确认。其次，从本案查明事实看，弘韵公司和路乙的挂靠协议虽然约定路乙必须以贞元公司名义对外签订协议，但贞元公司第三项目部是弘韵公司因为路乙挂靠而非依法设立的下属经营部门，路乙为该项目部负责人，公司同时授权该项目部使用"贞元公司工程部"和"贞元公司财务专用章"两枚印章，并向路乙提供了该两枚印章的印模。2010 年 9 月 4 日，贞元公司又为路乙出具法人授权委托书，授权路乙为贞元公司合法代理人，其从事承揽工程的一切业务事宜，公司均认可。路乙以贞元公司工程部名义和安然公司签订承包合同，并在合同上签名后加盖印章，该印章与弘韵公司授权使用的印章相符。路乙和程甲签订的内部承包协议虽只有路乙签名没有加盖公司印章，但路乙是弘韵公司授权的合法代理人。综上，原审认定弘韵公司是本案债务的责任主体之一并无不妥，检察机关的抗诉理由不能成立。弘韵公司主张印章是路乙私刻，未提供证据予以证明，路乙对此亦不予认可，法院不予采信。

关于本案债务的责任方式。《建筑法》第 66 条规定：建筑施工企业转让、出借资质证书或者以其他方式允许他人以本企业的名义承揽工程的，责令改正，没收违法所得，并处罚款，可以责令停业整顿，降低资质等级；情节严重的，吊销资质证书。对因该项承揽工程不符合规定的质量标准造成的损失，建筑施工企业与使用本企业名义的单位或者个人承担连带赔偿责任。从该法律规定看，建筑施工企业与使用本企业名义的单位或者个人对因该项承揽工程不符合规定的质量标准造成的损失承担的是连带赔偿责任，就本案来讲，实际施工人程甲诉的是拖欠的工程款，并非是因该工程不符合规定的质量标准造成的损失，故原审适用该条法律规定认定弘韵公司和路乙承担连带责任不当，应予纠正。根据本案查明的事实，程甲和路乙签订的内部承包协议虽是以贞元公司第三项目部的名义，但合同的实际交易人是路乙。路乙在违规借用资质承揽工程后又将工程违法转包给程甲，而程甲亦在明知路乙是借用资质的情况下仍与其签订内部承包协议，程甲主观上存在过错。路乙自认将安然公司支付的工程款领走，其在领取工程款后未向程甲支付全部工程款是产生本案纠纷的主要原因。另外，路乙向弘韵公司出具保证书，保证对外签订合同时加盖公司印章或者合同章并经公司同意，否则，其个人承担责任。综上，路乙对本案债务应负直接偿还责任。弘韵公司在明知挂靠行为违反法律规定的情况下却出借建筑资质，同意路乙挂靠在公司名下对外承揽工程，主观上亦存在过错。故弘韵公司在路乙不能支付工程款范围内承担补充赔偿责任，原审判决弘韵公司和路乙共同承担连带赔偿责任不妥，应予纠正。

【律师建议】

鉴于建筑企业出借资质具有以上风险，因此，慎重操作，尽量避免风险，就是企业不能不考虑的问题。笔者总结近年来处理挂靠纠纷案件的情况，认为筑企业可以从以下方面加以控制。

1. 尽可能完善挂靠协议。

在挂靠协议中要考虑以下条款的约定：担保条款、劳动保险、安全管理、资金管理控制、公章管理控制、项目经理的授权控制、项目的技术管理控制等。还要注意直接将工资发到农民工手中，避免实际施工人携款逃走后遭遇农民工讨要工资的现象出现。

2. 要求挂靠方缴纳适当风险金。

建设工程施工合同工期长、风险大，即使设计再好的合同也不能百分百避免风险。所以在签订挂靠协议或合作协议时，要让挂靠方缴纳适当的风险金。如此一来，出借资质的建筑施工企业对外承担责任后，还有追偿余地。

3. 出借资质企业应当加强施工管理。

出借资质企业应加强对工程质量、工期、安全生产等方面的管理，不可放任不管。因为，一旦施工合同发生纠纷，出借资质的企业往往脱不了干系，所以，与其事后承担责任，不如提前做好预防工作。

主要的管理手段就是加强合同管理，对于挂靠方对外签订的分包合同、建筑材料买卖合同、机械设备租赁合同、劳动合同等要进行备案、跟踪管理。最重要的是，企业与建设单位签订的施工合同，要充分考虑合同实施中可能发生的各种情况，在合同中要详细地、具体地约定；使风险型条款合理化，力争对权责利不平衡条款、单方面约束性条款作修改或限定，防止由施工单位独立承担风险；将一些风险较大的合同责任约定由建设单位承担，以减少风险。

4. 要加强施工现场和工程款监管。

出借资质企业不能对工程放任不管，要监督挂靠方确保工程质量和施工安全，保证工期，防止出现事故和施工违约行为。关键要加强财务监督管理，要求挂靠方定期汇报工程进度及债务情况，并派人员到现场核对大宗建材和机械设备的购买、保管、使用、付款等情况，发现问题及时纠正。

同时，应对建设单位的工程进度款支付及工程款的结算进行履约跟踪。可以考虑设立建设单位、被挂靠方、挂靠方三方共管的银行专用账户，对工程款的流向、数额、支付时间做到心中有数。

5. 在施工过程中加强索赔管理，用索赔来弥补或减少损失。

要监督、督促挂靠方在出现索赔事宜时，及时收集证据、与建设单位形成有效的签证，并在合同约定的期限内将相关文件送达给建设单位。

而对于建设单位有关索赔的签证，要进行详细审查确保无误后再加盖公章，切不可把公章交给挂靠方随意使用。这方面不严格管理的话，到后期可能会面临巨额索赔请求。

四、必须招标未招标

实例8 必须招标未招标导致合同无效

【案情简介】

上诉人（一审原告、反诉被告）：陕西省咸阳市建筑安装工程总公司（以下简称咸阳建筑公司）

被上诉人（一审被告、反诉原告）：宁夏台建房地产开发有限公司（以下简称台建房地产公司）

2012年8月19日，台建房地产公司（甲方）与咸阳建筑公司（乙方）签订《浙商大厦建设施工承包协议》（以下简称《意向书》），约定工程内容：公寓写字楼、地下车库的土建工程；承包范围：浙商大厦金融商业区，总建筑面积约为16万平方米（一期面积约为5万平方米），乙方承包的工作范围和内容以双方签订的正式合同约定为准；承包方式为包工包料；开工和竣工时间：以正式施工合同载明工期及甲方开工报告为准；合同价款：按甲方提供的图纸和现场签字的工程价款确认结算；合同约定乙方完成主体工程第五层，甲方支付第一笔进度款；保证金收取与返还：乙方已缴纳保证金500万元，本《意向书》签订后15日内，乙方缴纳剩余金额，1 000万元保证金分三次返还，并约定了返还时间。

2012年8月24日，台建房地产公司向咸阳建筑公司发出宁台房字（2012）第1号函，要求咸阳建筑公司尽快进入施工现场并于2012年9月4日前将500万元保证金打入台建房地产公司指定的账户。2012年9月22日，咸阳建筑公司向台建房地产公司发送《工作联系函》，就咸阳建筑公司进入工地后发现的问题，如土方开挖未完成、设计图纸不到位、基坑支护方案未解决、施工变压器未安装等问题，要求台建房地产公司答复。2012年9月24日，台建房地产公司向咸阳建筑公司发出宁台房字（2012）第2号函，载明

"你公司浙商大厦项目部2012年9月22日工作联系单提出的六个问题，我公司正在想法（方）设法积极解决，望你公司按我公司2012年1号函中的第二项、第四项落实相关问题"。

2013年7月11日咸阳建筑公司就急需解决的半幅施工存在地基基础不均匀、沉降斜拉裂缝安全隐患，甲方在未取得任何开工手续情况下加快施工进度，甲方承诺未提供有利施工平台所产生停工待料等一切经济损失由甲方承担是否属实，因甲方未办理施工手续造成停工待料损失如何赔付等问题，向台建房地产公司发送《工作联系函》，台建房地产公司在该《工作联系函》上签字：严格按照2012年8月19日签订的《意向书》执行，结算方法按中标合同执行。

2013年7月24日，双方签订《会议纪要》，就先半幅施工至5层、剩余500万元保证金的缴纳、人工工资支付等问题达成一致意见。

2015年7月6日，台建房地产公司向咸阳建筑公司出具《承诺书》，承诺向咸阳建筑公司支付工人补助。工人总数55人、工资200元/天、生活费50元/天、住宿费75元/天，计算至工人工资支付结束后为止，并在7日内把工程所有相关款项结算完毕。2015年9月2日，咸阳建筑公司与台建房地产公司对已完工工程进行结算，双方确定最终造价为9 234 770元。2015年9月30日，台建房地产公司向咸阳建筑公司出具《承诺书》，承诺因台建房地产公司原因导致的停工，对确定的工程款9 234 770元，在扣除商品混凝土及已拨工程款后按每月三分利息计算，向咸阳建筑公司支付，从2014年3月份算起，直到付清为止。应付工程款9 234 770元，扣除商砼款215万元，以宁A×××××号车辆抵顶37万元，以宁A×××××号车辆抵顶28万元，咸阳建筑公司现场拉走的钢筋价值142 154元，下欠工程款6 292 616元未付。另，咸阳建筑公司向台建房地产公司缴纳的保证金500万元已经退还。该工程台建房地产公司未办理建设用地规划许可证等相关施工手续，也未进行招标投标，双方在签订《意向书》后未再另行签订合同。工程从2013年11月停工至今。

【审理结果】

一审法院认为：该案的争议焦点一是涉案双方签订的《意向书》是否有

效；二是台建房地产公司出具的《承诺书》是否有效；三是咸阳建筑公司请求台建房地产公司支付工程款 6 434 770 元及利息能否成立；四是咸阳建筑公司请求台建房地产公司支付设备租赁费、误工损失费、现场材料损失费、违约损失能否成立。

1. 关于涉案双方签订的《意向书》的效力问题。

根据相关法律法规的规定，建设工程项目必须具备建设用地规划许可证、建设工程规划许可证、土地使用权证。涉案工程未履行任何建设审批手续即进行施工，《意向书》违反了法律、法规强制性规定。涉案工程系公寓写字楼建设工程。《招标投标法》第 3 条第 1 款、第 2 款规定，"在中华人民共和国境内进行下列工程建设项目包括项目的勘察、设计、施工、监理以及与工程建设有关的重要设备、材料等的采购，必须进行招标：（一）大型基础设施、公用事业等关系社会公共利益、公众安全的项目……前款所列项目的具体范围和规模标准，由国务院发展计划部门会同国务院有关部门制订，报国务院批准。"《工程建设项目招标范围和规模标准规定》（2018 年 6 月 1 日《必须招标的工程项目规定》施行时已废止）第 3 条规定，"关系社会公共利益、公众安全的公用事业项目的范围包括……（五）商品住宅，包括经济适用住房"；第 7 条规定，"本规定第二条至第六条规定范围内的各类工程建设项目，包括项目的勘察、设计、施工、监理以及与工程建设有关的重要设备、材料等的采购，达到下列标准之一的，必须进行招标：（一）施工单项合同估算价在 200 万元人民币以上的……"《施工合同司法解释》第 1 条规定，"建设工程施工合同具有下列情形之一的，应当根据合同法第五十二条第（五）项的规定，认定无效……（三）建设工程必须进行招标而未招标或者中标无效的。"根据以上法律法规的规定，涉案工程项目属于必须进行招标的项目，双方当事人未履行法律规定的招标投标程序，违反了法律的强制性规定，双方签订的《意向书》为无效合同。

2. 关于台建房地产公司出具的《承诺书》是否有效的问题。

一审法院认为，法定代表人以公司名义从事民事活动时代表公司，其签字对公司具有约束力，该行为的一切经济利益及法律后果均由公司承担。台建房地产公司于 2015 年 7 月 6 日、2015 年 9 月 30 日出具的《承诺书》在形式上为《意向书》的补充，但该两份《承诺书》具有独立性。2015年7月6日的《承诺书》是确认双方对已完的工程进行结算并支付人工补助；2015年9月30日的《承诺书》是确认咸阳建筑公司已完的工程价值、明确欠款数额及台建房地产公司所应承担的逾期付款利息，《承诺书》中载明的工程款数额与双方2015年9月2日签字确认的工程结算定案单、工程量结算单中的工程款数额一致。《承诺书》在性质上属于台建房地产公司和咸阳建筑公司对双方之间既存债权债务关系的结算和清理，不违反法律、行政法规的效力性强制性规定，故该两份《承诺书》合法有效。

3. 关于咸阳建筑公司请求台建房地产公司支付工程款6 434 770元及利息能否成立的问题。

关于台建房地产公司欠付咸阳建筑公司工程款的数额问题。《合同法》第58条规定："合同无效或者被撤销后，因该合同取得的财产，应当予以返还；不能返还或者没有必要返还的，应当折价补偿……"涉案工程系未完工程，且因工程未办理施工手续，合同已经不可能继续履行。对于咸阳建筑公司而言，已经进行了工程施工，投入了相当的劳力和物力，2015年9月30日，台建房地产公司与咸阳建筑公司对已经完成的工程量对应的价款进行了结算，确认应付工程款的数额为9 234 770元，扣除商砼款2 150 000元、宁A××××号车辆抵顶款370 000元、宁A××××号车辆抵顶款280 000元、钢筋款142 154元，欠付工程款的数额为6 292 616元。

关于咸阳建筑公司主张的工程款利息能否成立的问题。利息属于法定孳息，从应付工程价款之日计付。台建房地产公司在2015年9月30日的《承诺书》中载明工程款利息计付标准为："现我公司自动承诺该工程款扣除商品混凝土及已拨工程款后余额总款按每月3分的利息计算。利息支付给你方，作为你方的资金占用费，从2014年3月份算起，直到付清为止。"因当事人约定的利率不能违反国家规定，超出部分不受保护。咸阳建筑公司主张月利率3%过高，一审法院对涉案欠付工程款利息调整为按照月利率2%予以计算。

4. 关于咸阳建筑公司请求台建房地产公司支付设备租赁费、误工损失费、现场材料损失费、违约损失能否成立的问题。

一审法院认为，不论合同是否有效，合同当事人对履行合同过程中发生的纠纷应本着诚实信用的原则协商处理。对于因故导致建设工程停工的，停工时间及停工后的处理等事项应当按照合同约定执行。未约定停工事项的，双方当事人应当本着诚实信用的原则进行协商，当事人之间达不成协议的，发包方对于何时停工、是否撤场应当有明确的意见，并应当给予承包方合理的赔偿；承包方也不应盲目等待而放任停工损失的扩大，应当采取适当措施如做好人员、机械的撤离等工作，以减少自身的损失。咸阳建筑公司提交的双方往来函件等证据可以证明停工的原因为台建房地产公司未完成拆迁工作、未办理工程施工手续导致不完全具备施工条件。工程停工造成了咸阳建筑公司的人工误工损失，但咸阳建筑公司在停工后未采取积极措施阻止损失的扩大，也应承担相应的责任。涉案工程从 2013 年 11 月停工至今，咸阳建筑公司主张人工误工损失费 13 163 500 元。法院认为，承包方不应由于停工的发生而额外受益，咸阳建筑公司主张的误工损失费过高，对于人工误工损失费，可酌情按照台建房地产公司 2015 年 7 月 6 日出具的《承诺书》中载明的标准，计付 3 个月。

关于设备租赁费的损失，因咸阳建筑公司提交的证据系复印件，没有其他证据佐证其受到的实际损失，在 2013 年 11 月之前发生的租赁费系其履行合同的正常支出，2013 年 11 月停工之后，咸阳建筑公司应采取积极措施阻止损失的扩大，而不是盲目等待放任损失的扩大，故对其该项诉讼请求不予支持。

关于现场材料损失费，因咸阳建筑公司仅提交了其单方制作的损失明细表，未提供其他证据佐证，且台建房地产公司不予认可，故对其要求台建房地产公司支付材料损失费 1 467 500 元的诉讼请求不予支持。关于违约金，咸阳建筑公司主张因台建房地产公司迟延返还 500 万元保证金导致咸阳建筑公司迟延支付了涉案工程钢材款造成损失 40 万元。因涉案双方签订的《意向书》无效，咸阳建筑公司基于合同有效主张台建房地产公司支付违约金 40 万元没有依据，对其该项诉请，一审法院不予支持。

二审法院认为：

1. 关于咸阳建筑公司的上诉理由。

（1）关于咸阳建筑公司主张的设备租赁费及现场材料损失费的问题。首先，一审判决认为，在 2013 年 11 月停工之前发生的租赁费系咸阳建筑公司履行合同的正常支出，2013 年 11 月停工之后，其应采取积极措施阻止损失的扩大，该论述并无不当。其次，从咸阳建筑公司提交的设备租赁费损失及现场材料损失费的证据复印件看，大部分合同签订于停工前一个月左右，双方结算发生在此之后，对于为何在结算时计算了钢筋等费用，却未将此部分费用计算在内，咸阳建筑公司未给予充分合理的解释。因此，咸阳建筑公司该项上诉理由不能成立。

（2）关于人工误工损失费的问题。首先，按照咸阳建筑公司的主张，其组织的工人自 2013 年 11 月月底至 2015 年年底，一直在工地等待开工，不符合常理。其次，在工程实际停工后，咸阳建筑公司应积极采取措施阻止损失的扩大。一审判决酌情认定支持三个月的人工误工损失，在一审法院的裁量范围之内。咸阳建筑公司该项上诉理由不能成立。

（3）关于车辆抵顶款项的问题。2015 年 9 月 30 日双方在对已完成工程量对应价款结算时，已经确认宁 A×××××号车辆抵顶工程款 37 万元，且该车辆已实际交付咸阳建筑公司使用，还办理了按揭手续。对于车辆未过户至咸阳建筑公司名下，咸阳建筑公司支付的 5 万元由谁承担，不属于二审审理内容。咸阳建筑公司该项上诉理由不能成立。

2. 关于台建房地产公司的上诉理由。

（1）关于两份《承诺书》的效力问题。台建房地产公司未提交充分证据证明其公司法定代表人张甲系因受胁迫签署了 2015 年 7 月 6 日及 2015 年 9 月 30 日的两份《承诺书》。且《承诺书》中载明的款项数额与双方在 2015 年 9 月 2 日签字确认的工程结算定案单、工程量结算单中的工程款数额相一致，可以相互印证。法院组织询问时，台建房地产公司亦承认其未对两份《承诺书》主张过撤销。双方虽未在《承诺书》上加盖公司公章，但对台建房地产公司法定代表人在承诺书上签字并捺指印无异议。此外，《承诺书》中载明的工程款利息为每月 3%，一审法院调整为月利率 2%，在一审法院的裁量范围之内。台建房地产公司该项上诉理由不能成立。

（2）关于台建房地产公司主张涉案工程款不具备支付条件的问题。因一审中台建房地产公司并未就涉案工程的质量问题提出反诉，故该问题不属于二审审理范围。

（3）关于涉案工程结算价款的范围问题。台建房地产公司二审期间提交的《行政处罚决定书》为复印件，且该决定书为行政处罚的依据，与本案关联性不足。台建房地产公司在 2015 年 7 月 6 日出具的《承诺书》中明确载明需向咸阳建筑公司支付工人补贴，一审法院认定台建房地产公司在工程结算款范围外支付咸阳建筑公司三个月的人工损失费用，并无不当。台建房地产公司此项上诉理由不能成立。

【工程知识】

1. 建设用地规划许可证：是政府部门为完善城乡交通基础建设、用地规划和消防安全管理，满足公民的生产、生活、生存等长期需要，按照《中华人民共和国土地管理法》（以下简称《土地管理法》）和《中华人民共和国城乡规划法》（以下简称《城乡规划法》），合理地设置建设用地所设置的。凡在城市规划区内进行建设需要申请用地的，必须持国家批准建设项目的有关文件，向城市规划行政主管部门提出定点申请；城市规划行政主管部门根据用地项目的性质、规模等，按照城市规划的要求，初步选定用地项目的具体位置和界限，经过一系列程序，核发建设用地规划许可证。建设用地规划许可证是城乡规划行政主管部门确认拟建项目的位置和范围与城乡规划相符的法定凭证，是拟建单位使用建设用地的法律凭证。没有此证的用地责任人或单位属非法用地，房地产商的售房行为也属非法，不能领取房地产权属证件。

2. 建设工程规划许可证：经城乡规划主管部门依法审核，建设工程符合城乡规划要求的法律凭证。凡在城市规划区内新建、扩建和改建建筑物、构筑物、道路、管线和其他工程设施的单位与个人，必须持有关批准文件向城市规划行政主管部门提出建设申请；城市规划行政主管部门根据城市规划提出建设工程规划设计要求，征求并综合协调有关行政主管部门对建设工程设计方案的意见，审核建设单位或个人提供的工程施工图后，核发建设工程规划许可证。没有此证的工程建筑不能领取房地产权属证件。

3. 违法建筑：违法建筑是指违反《土地管理法》《城乡规划法》《村庄

和集镇规划建设管理条例》等相关法律法规的规定，在城市规划区内，未取得建设工程规划许可证或者违反建设工程规划许可证的规定建设，严重影响城市规划的建筑。违法建筑因违反了法律的禁止性规定，原则上不能依法进行产权登记。

【工程管理实务解读】

1. 依法必须招标投标的工程，在未经招标投标前，进场施工可能导致施工合同无效。

2. 因发包人原因导致工程停工，承包人也应当采取适当的措施避免损失的进一步扩大，否则扩大部分将不受法律保护。

3. 涉案工程系公寓写字楼建设工程是否属于依法必须招标投标工程。

《工程建设项目招标范围和规模标准规定》废止前，公寓写字楼建设工程属于必须进行招标的项目，双方当事人未履行法律规定的招标投标程序，违反了法律的强制性规定，双方签订的《施工合同》应为无效合同。《招标投标法》第3条第1款、第2款规定，"在中华人民共和国境内进行下列工程建设项目包括项目的勘察、设计、施工、监理以及与工程建设有关的重要设备、材料等的采购，必须进行招标：（一）大型基础设施、公用事业等关系社会公共利益、公众安全的项目……前款所列项目的具体范围和规模标准，由国务院发展计划部门会同国务院有关部门制订，报国务院批准。"《工程建设项目招标范围和规模标准规定》第3条规定，"关系社会公共利益、公众安全的公用事业项目的范围包括……（五）商品住宅，包括经济适用住房……"第7条规定，"本规定第二条至第六条规定范围内的各类工程建设项目，包括项目的勘察、设计、施工、监理以及与工程建设有关的重要设备、材料等的采购，达到下列标准之一的，必须进行招标：（一）施工单项合同估算价在200万元人民币以上的……"《施工合同司法解释（一）》第1条第1款规定，"建设工程施工合同具有下列情形之一的，应当依据民法典第一百五十三条第一款的规定，认定无效……（三）建设工程必须进行招标而未招标或者中标无效的。"

2018年3月8日国务院批准了国家发展改革委报批的《必须招标的工程

项目规定》并授权国家发展改革委发布，该规定施行之日《工程建设项目招标范围和规模标准规定》同时废止。

《必须招标的工程项目规定》仅规定全部或者部分使用国有资金投资或者国家融资的项目和使用国际组织或者外国政府贷款、援助资金的项目属于必须进行招标的情形。而对于民企投资的项目没有作出必须进行招标的规定。故对于民企投资项目是否需要进行招标投标，法律不做规定，由企业自主决定。

4. 未取得建设工程规划许可证、建筑工程施工许可证的工程，能否参照合同约定支付工程款。

关于该问题目前主要有以下三种观点：

观点1，违法建筑无论工程质量是否合格，都不作为支付工程价款的依据。

（1）《江苏省高级人民法院关于建设工程施工合同案件审理指南（2010）》第5点第7小点规定了施工合同约定的建设工程是"三无"工程或被行政主管部门认定为违法建筑工程价款的结算。"因违法建筑或'三无'工程严重违反了《土地管理法》《城乡规划法》，这样的建设工程无论工程质量是否合格，都不作为支付工程价款的依据，均应立即拆除和返还所支付的工程款。发包人或承包人的损失，是发包人的过错，发包人对自己的损失自负，同时应赔偿承包人在施工中支付的人工费、材料费等实际损失；是承包人的过错，承包人对自己的损失自负，同时应赔偿发包人材料费等实际损失。双方都有过错，按过错大小各自承担相应的赔偿责任。"

（2）当事人之间约定修建未取得建设工程规划许可的建筑属于无效合同，因该建筑在法律层面不具有可利用性，不能适用《施工合同司法解释》第2条所确立的折价补偿规则，应适用缔约过失规则对施工人的利益予以赔偿。①

---

① 《四川恒升钢构公司诉四川国际标榜学院建设工程施工合同纠纷案——施工人因修建违法建筑请求给付工程款，不适用〈施工合同司法解释〉第2条的规定》，载杜万华主编：《民事审判指导与参考》总第69辑，人民法院出版社2017年版。

观点2，违法建筑如工程质量合格，可作为支付工程价款的依据。

（1）违章工程按质完工后，施工企业是否有权要求建设单位支付工程款？这个问题的答案应该是肯定的，如果施工单位按照建设施工合同的约定完成了建筑工程，可以要求建设单位支付工程价款。无论建设工程施工合同无效还是有效，按照《施工合同司法解释》第2条、第3条和第16条确定的原则，只要建设工程质量合格，施工单位都可以要求发包人支付工程价款。[①]

（2）江苏省高级人民法院民一庭《建设工程施工合同纠纷案件司法鉴定操作规程》第31条规定，建设工程施工合同无效，但建设工程经竣工验收合格的，应当参照合同约定的结算方法进行鉴定。对于发包人未领取建设用地规划许可证、建设工程规划许可证、国有土地使用权证的"三无工程"，经竣工验收合格，应当参照合同约定的结算方法进行鉴定。

观点3，缺乏建设用地规划许可证、建设工程规划许可证、国有土地使用权证的"三无工程"，仅需对人工费、机械费、材料费委托鉴定。

《徐州市中级人民法院关于进一步规范审理建设工程施工合同纠纷案件的若干问题》规定，施工合同无效情形下，鉴定怎样进行？建设工程施工合同无效，但建设工程经竣工验收合格的，应当参照实际履行的合同约定的计价标准进行鉴定。对于因缺乏建设用地规划许可证、建设工程规划许可证、国有土地使用权证的"三无工程"，承包人主张工程价款申请鉴定的，仅需对人工费、机械费、材料费委托鉴定。

笔者认为，承包人施工的违法建筑工程质量合格，从理论上讲是不成立的，因为按照《建筑工程施工质量验收统一标准》（GB 50300—2013）的规定，工程质量的验收不仅包括工程实体、工程观感等还包括工程资料，因违法建筑违反法律的强制性规定，无法取得行政审批的工程资料，必然导致工程资料不合格，最终致使工程不符合验收标准，质量被评定为不合格。这里的工程质量合格仅指工程实体符合技术标准而不是验收标准，未把工程资料作为评判标准。

[①] 朱树英著：《工程合同实务问答》（修订版），法律出版社2007年版，第222页。

5. 施工合同无效情形下，利息能否支持。

（1）《施工合同司法解释（一）》第 26 条规定："当事人对欠付工程价款利息计付标准有约定的，按照约定处理。没有约定的，按照同期同类贷款利率或者同期贷款市场报价利率计息。"该条款关于利息的计付并未区分合同效力，因利息属法定孳息，即使合同无效、利息约定条款也无效的情形下，当事人一方依然能够主张按照同期同类贷款利率或者同期贷款市场报价利率计息。

（2）当无效合同中对利息计付标准进行了约定，应以何种标准计付利息。《民法典》第 793 条第 1 款规定："建设工程施工合同无效，但是建设工程经验收合格的，可以参照合同关于工程价款的约定折价补偿承包人。"这里不是指无效施工合同中所有与工程款相关的内容均可参照，对该条所确定的"工程价款的约定"的范围在法律法规没有明确规定的情况下不应盲目做扩张性解释，故无效施工合同的利息计付标准不应再适用《施工合同司法解释（一）》第 26 条"当事人对欠付工程价款利息计付标准有约定的，按照约定处理"。

（3）如承发包双方签订的施工合同无效，但承包人在工程竣工验收合格的情况下与发包人签署了结算协议并作出了高于同期同类银行贷款利率的利息计付标准之意思表示，则应视同承包人同发包人就工程价款折价补偿达成了合意，该结算协议在性质上属于承发包双方之间就既存债权债务关系的结算和清理，在法律效力上具有独立性和约束力。该结算协议本身在没有违反《民法典》第 153 条"违反法律、行政法规的强制性规定的民事法律行为无效。但是，该强制性规定不导致该民事法律行为无效的除外。违背公序良俗的民事法律行为无效"，以及《民法典》第 154 条"行为人与相对人恶意串通，损害他人合法权益的民事法律行为无效"的情况下应属有效，该协议中关于工程欠款的利息计付标准亦属有效，即"有约定从约定"。

6. 施工合同无效情形下，承包人请求发包人支付设备租赁费、误工损失费、现场材料损失费、违约损失能否成立的问题。

虽然施工合同无效，但对迟延付款损失、停窝工损失、迟延竣工损失，承包人、发包人仍应承担相应的损失赔偿责任，但该责任的承担有别于有效合同。以迟延竣工损失为例，《民法典》合同编确立的一般归责原则是严格责任，只要承包人未能按期完工，并且不存在法定（如不可抗力）或约定的免责事由，无论承包人是否有过错，都应承担违约责任，也就是应承担全部的工期延误损失。但在施工合同无效的情况下，《民法典》第157条规定："民事法律行为无效、被撤销或者确定不发生效力后，行为人因该行为取得的财产，应当予以返还；不能返还或者没有必要返还的，应当折价补偿。有过错的一方应当赔偿对方由此所受到的损失；各方都有过错的，应当各自承担相应的责任。法律另有规定的，依照其规定。"也就是说，无效施工合同的承包人虽然应当承担工期延误的赔偿责任，但该责任不是严格责任，而是过错责任，应当按照承发包双方过错的大小，在双方之间进行分担。

【法律依据】

1. 《施工合同司法解释（一）》第1条、第6条。

2. 《招标投标法》第3条第1款、第2款。

3. 《必须招标的基础设施和公用事业项目范围规定》第1条、第2条、第3条。

4. 《必须招标的工程项目规定》第1条、第2条、第3条、第4条、第5条、第6条。

五、中标无效

实例 9　因招标代理机构泄密而影响
中标结果的，中标无效

【案情简介】

抗诉机关：绵阳市人民检察院

申诉人（本诉原告、反诉被告）：绵阳利奥房地产开发有限公司（以下简称利奥公司）

被申诉人（本诉被告、反诉原告）：四川嘉屹建筑工程有限公司（原绵阳市方园建筑有限公司，以下简称方园公司）

原告利奥公司为建设利奥璟都商住楼的项目与方园公司进行协商，此后方园公司先期于 2010 年 12 月左右进场对该项目的土方工程进行了施工。2010 年 12 月 22 日利奥公司与四川鼎立建设项目管理有限公司签订了《委托招标代理合同》一份，约定由四川鼎立建设项目管理有限公司代理利奥璟都商住楼工程的对外招标。合同签订后，四川鼎立建设项目管理有限公司遂就该工程启动了邀请招标程序，并邀请了方园公司、江油市军魂建筑工程有限公司、重庆国豪建设有限公司三家单位参与投标，并定于 2011 年 1 月 12 日上午 10 时开标。2011 年 1 月 6 日，利奥公司与方园公司经过协商签订了《利奥璟都工程施工补充协议》一份，该合同对工程承包范围及形式、工程工期、工程计价（取费）标准、双方的职责和义务、工程款的拨付及条件、违约责任等进行了详细的约定。双方在该补充协议上签字盖章。此后方园公司于 2011 年 1 月 10 日通过银行转账向利奥公司缴纳了履约保证金 300 万元。2011 年 1 月 12 日，四川鼎立建设项目管理有限公司通过组织评标后，向方园公司发出了中标通知书。2011 年 1 月 13 日，利奥公司与方园公司签订了

《建设工程施工合同》一份。双方又于 2011 年 1 月 16 日重新签署了《利奥璟都工程施工补充协议》一份，该协议的内容与双方于 2011 年 1 月 6 日签订的《利奥璟都工程施工补充协议》完全一样，仅将签署日期从 2011 年 1 月 6 日改为 2011 年 1 月 16 日。同日双方还签署《说明》一份，确认双方于 2011 年 1 月 6 日签订的《利奥璟都工程施工补充协议》在双方于 2011 年 1 月 16 日签订《利奥璟都工程施工补充协议》后自动失效，一切合同条款按照 2011 年 1 月 16 日签订的协议执行。此后，方园公司遂对利奥璟都商住楼工程进行施工，因在施工过程中双方发生争议，利奥公司遂于 2013 年 3 月 27 日向方园公司公证送达《解除合同通知书》，解除与方园公司签订的《建设工程施工合同》《利奥璟都工程施工补充协议》。原审法院判决认定原告、被告之间订立的施工合同及施工补充协议无效后，绵阳市人民检察院提起抗诉。

【审理结果】

法院认为，本案的争议焦点是：①本案涉案工程是否应当招标。②利奥公司与方园公司是否就投标价格、投标方案等实质性内容进行了谈判，方园公司的中标是否合法，双方所签订的《建设工程施工合同》及相关的补充协议是否合法有效。③抗诉机关的抗诉理由是否成立。

首先，对于本案涉案工程是否应当招标的问题，由于本案涉案的利奥璟都建设工程，系商品房开发项目，属关系社会公共安全、公众安全的工程项目，依法必须进行招标。

其次，在本案涉案工程招标前，双方当事人已就涉案工程由方园公司承建达成合意，并就工程项目的开工时间、工程造价、取费标准、工程款的拨付、工程款结算以及其他的权利义务进行了协商，并为了规避法律以工程施工补充协议的方式对双方所形成的合意予以确认。同时方园公司也在招标前进场进行施工，并且按照双方的约定全额向利奥公司缴纳了履约保证金。双方当事人的这些行为，客观上就是对投标价格、投标方案等实质性内容进行了谈判的结果。故方园公司的中标结果依法无效，双方当事人所签订的相关建筑施工合同及其他相关协议也应当依法认定无效。

最后，关于抗诉机关的抗诉理由是否成立的问题。本案中，抗诉机关主要抗诉理由是原审判决认定的基本事实（即招标前进行实质性谈判，影响中标结果）缺乏证据证明，原审判决适用法律错误，利奥公司和方园公司签订的《建设工程施工合同》和相关补充协议不违反效力性强制性规定，合法有效。但依据本案的有效证据以及双方当事人在招标前所实施的一系列民事行为，足以认定双方当事人在涉案工程招标前客观上已经进行了实质性谈判，违反了相关法律的禁止性规定，方园公司的中标结果依法无效。双方当事人因此而签订的《建设工程施工合同》和相关的补充协议，按照相关的法律规定也必然无效。

【工程知识】

1. 招标代理机构：指受招标人委托，代为从事招标组织活动的中介机构。从事工程招标代理业务的机构，应当依法取得国务院建设主管部门或者省、自治区、直辖市人民政府建设主管部门认定的工程招标代理机构资格，并在其资格许可的范围内从事相应的工程招标代理业务。

2. 串通投标：指投标者之间串通投标，抬高或压低标价，以及投标者为排挤竞争对手而与招标者相互勾结的行为。

3. 实质性内容：经过招标的工程，招标人和中标人另行签订的建设工程施工合同约定的工程范围、建设工期、工程质量、工程价款等与中标合同约定不一致的，应按照中标合同确定的工程范围、建设工期、工程质量、工程价款等确定承发包双方的权利义务，此处的工程范围、建设工期、工程质量、工程价款等就属于实质性内容。

4. 中标无效：中标无效是指招标人最终作出的中标决定没有法律约束力。在招标人尚未与中标人签订书面合同的情况下，招标人发出的中标通知书失去了法律约束力。招标人没有与中标人签订合同的义务，中标人失去了与招标人签订合同的权利。

【工程管理实务解读】

1. 招标代理机构泄露应当保密的与招标投标活动有关的情况和资料，或者与招标人、投标人串通损害国家利益、社会公共利益或者他人合法权益，影响中标结果的，中标无效。

2.《工程建设项目招标范围和规模标准规定》废止前，商品房住宅项目属于依法必须招标投标项目。对于依法必须招标投标工程，在未经招标投标前，就投标价格、投标方案等实质性内容进行谈判的，中标无效，中标后所签订的施工合同亦无效。

3. 建设工程必须进行招标而未招标或者中标无效的，所签订的施工合同也无效。

4. 建设单位自筹资金建设的商品房住宅项目是否属于依法必须招标投标工程。

（1）《工程建设项目招标范围和规模标准规定》废止前，建设单位自筹资金建设的商品房住宅项目属于必须进行招标的项目，双方当事人在履行法律规定的招标投标程序前，就投标价格、投标方案等实质性内容进行谈判的，中标无效，双方签订的施工合同应为无效合同。《招标投标法》第3条第1款、第2款规定，"在中华人民共和国境内进行下列工程建设项目包括项目的勘察、设计、施工、监理以及与工程建设有关的重要设备、材料等的采购，必须进行招标：（一）大型基础设施、公用事业等关系社会公共利益、公众安全的项目……前款所列项目的具体范围和规模标准，由国务院发展计划部门会同国务院有关部门制订，报国务院批准"。《工程建设项目招标范围和规模标准规定》第3条规定，"关系社会公共利益、公众安全的公用事业项目的范围包括……（五）商品住宅，包括经济适用住房……"第7条规定，"本规定第二条至第六条规定范围内的各类工程建设项目，包括项目的勘察、设计、施工、监理以及与工程建设有关的重要设备、材料等的采购，达到下列标准之一的，必须进行招标：（一）施工单项合同估算价在200万元人民币以上的……"《施工合同司法解释（一）》第1条第1款规定，"建设工程施工合同具有下列情形之一的，应当依据民法典第一百五十三条第一款的规定，认定无效……（三）建设工程必须进行招标而未招标或者中标无效的。"

（2）2018年3月8日国务院批准了国家发展改革委报批的《必须招标的工程项目规定》并授权国家发展改革委发布，发布注明"经国务院批准"。同时，国务院也明确于该规定施行之日废止《工程建设项目招标范围和规模标准规定》。

（3）《施工合同司法解释（一）》第 1 条第 3 项规定，建设工程必须进行招标而未招标的，施工合同无效。所以《必须招标的工程项目规定》中关于必须招标的项目的规定需和《施工合同司法解释（一）》配套使用，用以确定施工合同的效力问题。《必须招标的工程项目规定》相比《工程建设项目招标范围和规模标准规定》而言，在实际上缩小了必须招标的范围。《工程建设项目招标范围和规模标准规定》明确了大型基础设施、公用事业等关系社会公共利益、公众安全的项目，必须招标的具体范围。尤其是明确了商品房和经济适用房属于事关公共利益和公众安全的项目，如果投资规模或合同金额达到《工程建设项目招标范围和规模标准规定》规定的标准，就属于必须招标的范畴，就此不论投资主体是国企或民企。而《必须招标的工程项目规定》仅规定全部或者部分使用国有资金投资或者国家融资的项目和使用国际组织或者外国政府贷款、援助资金的项目属于必须进行招标的情形。而对于民企投资的项目没有作出必须进行招标的规定。

5. 最高人民法院及各省高级人民法院关于"实质性内容"的指导意见。

（1）《施工合同司法解释（一）》。第 23 条规定，发包人将依法不属于必须招标的建设工程进行招标后，与承包人另行订立的建设工程施工合同背离中标合同的实质性内容，当事人请求以中标合同作为结算建设工程价款依据的，人民法院应予支持，但发包人与承包人因客观情况发生了在招标投标时难以预见的变化而另行订立建设工程施工合同的除外。

（2）《北京市高级人民法院关于审理建设工程施工合同纠纷案件若干疑难问题的解答》。第 15 点"'黑白合同'中如何结算工程价款"规定，法律、行政法规规定必须进行招标的建设工程，或者未规定必须进行招标的建设工程，但依法经过招标投标程序并进行了备案，当事人实际履行的施工合同与备案的中标合同实质性内容不一致的，应当以备案的中标合同作为结算工程价款的依据。法律、行政法规规定不是必须进行招标的建设工程，实际也未依法进行招标投标，当事人将签订的建设工程施工合同在当地建设行政管理部门进行了备案，备案的合同与实际履行的合同实质性内容不一致的，应当以当事人实际履行的合同作为结算工程价款的依据。备案的中标合同与当事人实际履行的施工合同均因违反法律、行政法规的强制性规定被认定为无效的，可以参照当事人实际履行的合同结算工程价款。

第 16 点 "'黑白合同'中如何认定实质性内容变更？"规定，招投标双方在同一工程范围下另行签订的变更工程价款、计价方式、施工工期、质量标准等中标结果的协议，应当认定为《解释》[①] 第 21 条规定的实质性内容变更。中标人作出的以明显高于市场的价格购买承建房产、无偿建设住房配套设施、让利、向建设方捐款等承诺，亦应认定为变更中标合同的实质性内容。

备案的中标合同实际履行过程中，工程因设计变更、规划调整等客观原因导致工程量增减、质量标准或施工工期发生变化，当事人签订补充协议、会谈纪要等书面文件对中标合同的实质性内容进行变更和补充的，属于正常的合同变更，应以上述文件作为确定当事人权利义务的依据。

（3）《江苏省高级人民法院关于审理建设工程施工合同纠纷案件若干问题的意见》第 11 条规定，法律、行政法规规定必须要经过招标投标的建设工程，当事人实际履行的建设工程施工合同与备案的中标合同实质性内容不一致的，应当以备案的中标合同作为工程价款的结算根据；未经过招标投标的，该建设工程施工合同为无效合同，应当参照实际履行的合同作为工程价款的结算根据。法律、行政法规未规定必须进行招标投标的建设工程，应当以当事人实际履行的合同作为工程价款的结算根据；经过招标投标的，当事人实际履行的建设工程施工合同与中标合同实质性内容不一致的，应当以中标合同作为工程价款的结算根据。

6. 在招标投标前已签订补充协议，在确定中标人后又签订施工合同，则补充协议及施工合同均应当认定无效。

发包人与承包人在通过招标投标程序确定中标人之前已经签订了补充协议，在确定中标人之后又签订了施工合同。对于双方在招标投标程序完成之前签订补充协议的行为，根据《招标投标法》第 43 条 "在确定中标人前，招标人不得与投标人就投标价格、投标方案等实质性内容进行谈判"及《施

---

① 指《施工合同司法解释》。

工合同司法解释（一）》第 1 条"建设工程施工合同具有下列情形之一的，应当依据民法典第一百五十三条第一款的规定，认定无效……（三）建设工程必须进行招标而未招标或者中标无效的"的规定，在确定中标人之前，发包人与承包人已经签订的补充协议应认定无效。对于中标后签订的中标合同，虽然从时间上看签订于确定中标人之后，表面上似乎符合法律规定的程序要件，但因在确定中标人前，发包人与承包人之间已经就工程的工期、工程价款及支付方式等进行了实质性谈判，其行为在实质上违反了《招标投标法》第 55 条"依法必须进行招标的项目，招标人违反本法规定，与投标人就投标价格、投标方案等实质性内容进行谈判的，给予警告，对单位直接负责的主管人员和其他直接责任人员依法给予处分。前款所列行为影响中标结果的，中标无效"的强制性规定，故中标后签订的施工合同亦应认定为无效。

【法律依据】

1. 《施工合同司法解释（一）》第 2 条。

2. 《招标投标法》关于"实质性内容"的法律规定：第 43 条、第 46 条第 1 款、第 55 条、第 59 条。

3. 《中华人民共和国招标投标法实施条例》（以下简称《招标投标法实施条例》）关于"实质性内容"的法律规定：第 39 条、第 52 条、第 57 条第 1 款、第 75 条。

4. 《招标投标法》关于中标无效，所签订的建设工程合同应当认定无效的规定：第 33 条、第 50 条、第 52 条、第 53 条、第 54 条第 1 款、第 55 条、第 57 条。

5. 《招标投标法实施条例》关于中标无效，所签订的建设工程合同应当认定无效的规定：第 39 条、第 40 条、第 41 条、第 42 条。

实例 10 招标过程中，招标方与中标方先行签署了补充协议，中标无效

【案情简介】

再审申请人（一审原告、反诉被告、二审上诉人）：四川星星建设集团有限公司（以下简称星星公司）

被申请人（一审被告、反诉原告、二审被上诉人）：长春永信集团汽车贸易有限公司（以下简称永信公司）

2008 年 8 月 3 日，永信公司与星星公司签订《建设工程施工合同》（以下简称《施工合同》），约定星星公司承建嘉柏湾小区 1 号楼工程，工程内容为剪力墙结构 27 层，承包范围为土建、电气、水暖。开工日期为 2008 年 9 月 21 日，竣工日期为 2009 年 12 月 30 日。合同采用固定价格合同，价款为 37 154 068 元。合同未尽事宜双方以补充协议形式加以修改和补充，合同内容与补充协议不一致的，按补充协议执行。同时约定地下室按每平方米 700 元结算。2008 年 8 月 15 日，双方签订《长春嘉柏湾小区 1 号楼工程承包补充协议》（以下简称《补充协议》），详细约定了各项承包内容："①工程承包内容为施工图纸上标明的土建、水暖、电气所有设计内容。②承包形式为包工包料，实行平方米一次性包干，建筑面积固定单价。③承包价格按建筑面积 1 480 元/平方米计算，地下夹层单独计算，价格为 700 元/平方米。④开工日期为 2008 年 8 月 15 日，竣工日期为 2009 年 11 月 20 日，以相关质检部门验收合格为准……⑥结算方式为按实际建筑面积结算，地下夹层部分单独结算，增加和减少项目的工程量均不另行计算。⑦余款 10% 在竣工后一年内付清。在质保期满后，无质量问题的话，质保金付清。⑧施工要求本项目楼层高度为 2.85 米……⑩违约责任：逾期完工每延误一天，罚款 5 000 元……⑫为达到小区整体统一，部分材料由永信公司提供，超过合同限价由

永信公司承担。"合同签订后，星星公司于 2008 年 8 月 15 日开始施工，2009 年 11 月 3 日提出工程竣工验收申请，2010 年 2 月 1 日永信公司及有关部门出具了验收报告，该工程为合格工程。在施工期间，施工单位与监理公司分别签署了砼浇检查记录、检验批质量验收记录、主体检测报告、分部分项工程质量验收记录，证明主体工程、分部、分项工程质量合格。其中主体结构实体质量抽样检测报告显示，抽检构件钢筋配置情况符合设计要求。2010 年 3 月 15 日，双方签订嘉柏湾小区 1 号楼建筑面积结算单，确认 1 号楼总价 36 543 352 元，双方对此均无异议。永信公司已给付星星公司工程款 30 674 688 元（含永信公司供材及扣款）。至此，尚欠工程款 5 868 664 元未付。在一审法院审理期间，星星公司申请先予执行，永信公司已给付星星公司工程款 100 万元。该工程除主体外的质保期为二至五年，质保金共计为 1 827 167.60 元。现除防水工程外，其他工程的保修期均已届满。星星公司称防水工程总价款为 297 056 元，其质保金应为 14 852.80 元（297 056 元 × 5%），永信公司对此不予认可，并称本工程是平方米单价，无法单独计算防水工程的质保金。

一审另查明，2008 年 9 月 21 日，招标代理机构向星星公司发出中标通知书，永信公司认可施工合同属于倒签日期，但认为合同内容与中标通知书的内容是相符合的，与备案合同内容也是相符合的，属于双方认可的行为。2008 年 9 月 30 日，吉林省建设工程咨询有限公司出具房屋建筑工程设计文件审查报告。2009 年 3 月 30 日，双方及设计单位、监理单位共同签署了图纸会审记录。图纸会审记录记载："13. 内墙体煤矸石空心砖可否改为陶粒或炉渣空心砖，答复可以。14. 卫生间墙底 200mmC10 砼可否取消，答复改为砖砌。"

经永信公司申请，一审法院委托鉴定机构分别作出《司法鉴定意见书》《1 号楼局部加固图》《1 号楼局部加固方案修复费用》及修复费用的《补充说明》，证明星星公司所施工的 1 号楼工程存在质量问题，并确定了修复方案及各项工程所需要的修复费用。

【审理结果】

一审法院认为：双方签订的《施工合同》及《补充协议》系双方当事人

的真实意思表示，且不违反法律、行政法规的强制性规定，合法有效。

二审法院未就双方签订的《施工合同》及《补充协议》效力作出论述。

最高人民法院认为，本案的争议焦点是：①永信公司欠付星星公司工程款的金额。②防水工程的质保金能否单独计算，永信公司收取的工程质保金1 827 167.60元是否应在扣除防水工程的质保金后退还给星星公司。③星星公司是否应当对《司法鉴定意见书》第四项和第六项之外的其他四项隐蔽工程承担修复义务。

1. 永信公司欠付星星公司工程款的金额。

最高人民法院认为，首先，永信公司与星星公司在通过招标投标程序确定中标人之前已经签订了《补充协议》，在确定中标人之后又签订了《施工合同》。对于双方在招标投标程序完成之前签订《补充协议》的行为，《招标投标法》虽没有明确规定此种行为是否属于禁止行为，但该法第43条规定，"在确定中标人前，招标人不得与投标人就投标价格、投标方案等实质性内容进行谈判"。与该条禁止的行为相比，在进行招标投标之前就在实质上先行确定了中标人，无疑是对《招标投标法》强制性规定更为严重的违反。而《施工合同司法解释》第1条第1款规定，"建设工程施工合同具有下列情形之一的，应当根据合同法第五十二条第（五）项的规定，认定无效：……（三）建设工程必须进行招标而未招标或者中标无效的。"因此，涉案《补充协议》应认定为无效。对于《施工合同》，虽然从时间上看签订于确定中标人之后，表面上似乎符合法律规定的程序要件，但如前所述，在确定中标人前，永信公司与星星公司之间已经就涉案工程的工期、工程价款数额及支付方式等达成了合意，双方当事人的行为在实质上违反了《招标投标法》的强制性规定，故该《施工合同》亦应认定为无效。综上，一审、二审判决对上述合同效力的认定错误，法院予以纠正。

其次，虽然涉案《施工合同》及《补充协议》无效，但根据《施工合同司法解释》第2条的规定，涉案工程价款的结算和支付仍应参照上述合同的约定进行。而本案中，《施工合同》与《补充协议》约定的计价方法不尽一致：《施工合同》约定采用固定价格合同，价款为37 154 068元，地下室按每平方米 700 元结算；《补充协议》约定采用固定单价，按建筑面积 1 480 元/平方米计算，地下夹层单独计算，价格为 700 元/平方米，增加和减少项目的工程量均不另行计算。由于《施工合同》与《补充协议》均为无效，故本案并不适用《施工合同司法解释》第 21 条的规定。而且，由前述可知，《施工合同》系双方当事人为在形式上具备法律规定的工程招标投标程序之目的而签订，《施工合同》亦明确约定"合同未尽事宜双方以补充协议形式加以修改和补充，原合同如与补充协议相抵触，按补充协议执行"，因此，虽然按照《补充协议》约定计算的总价款比《施工合同》约定的略低（约低 1.64%），《补充协议》并约定增加和减少项目的工程量均不另行结算工程款，但考虑到这是双方当事人基于对涉案工程成本利润的核算，建设工程施工过程复杂性的认识，权利义务对等的原则以及提高工程结算效率等因素的考量作出的意思表示，双方当事人在涉案工程施工过程中实际履行的也是《补充协议》，故一审、二审判决以《补充协议》的约定作为结算工程价款的依据并无不当。此外，星星公司对其主张的涉案工程因设计变更导致工程量增加和合同外工程款的问题，未能提供充分证据予以证明，故应承担举证不能的法律后果。综上，一审、二审判决对于结算工程价款的认定和处理并无不当，星星公司的再审申请理由不能成立。

2. 防水工程的质保金能否单独计算，永信公司收取的工程质保金 1 827 167.60 元是否应在扣除防水工程的质保金后退还给星星公司。

法院认为，虽然除防水工程外，目前其他工程的保修期均已届满，但《补充协议》确定的单价中未就防水工程的工程款单独列明，星星公司提供了其自行根据签订合同时当地建设行政主管部门发布的计价方法或者计价标准乘以实际面积计算的防水工程价款，并进一步按比例计算出对应的防水工程质保金，但并不符合当事人约定的计价方法，故星星公司单独计算防水工程质保金的依据不充分，并且永信公司对此亦不认可，因此，二审法院判决星星公司可待防水工程质保期届满时对全部工程质保金一并主张并无不当，法院予以维持。综上，对星星公司要求返还除防水工程质保金以外的剩余质保金的请求，法院不予支持。

3. 星星公司是否应当对《司法鉴定意见书》第四项和第六项之外的其他四项隐蔽工程承担修复义务。

法院认为，工程竣工验收合格并不当然导致修复责任的免除。本案中，涉案工程虽然已经竣工验收合格，但根据一审法院委托司法鉴定机构作出的鉴定结论，该四项隐蔽工程存在与设计图纸不符合的问题，星星公司亦未能就此提供经永信公司和监理机构同意或者确认变更的相关证据，故星星公司应当对上述四项隐蔽工程承担与设计图纸不符的修复义务，星星公司主张其不应承担修复义务的理由不能成立，二审判决星星公司对该四项隐蔽工程进行修复，否则扣除修复费用 624 123 元正确，法院予以维持。

【工程知识】

1. 固定单价合同：是指合同的价格计算是以图纸及规定、规范为基础，工程任务和内容明确，业主的要求和条件清楚，合同单价一次包死，固定不变，即不再因为环境的变化和工程量的增减而变化的一类合同。在这类合同中，承包商承担价格的风险，发包方承担量的风险。在国际贸易当中的工程承包里，固定单价合同是指根据单位工程量的固定价格与实际完成的工程量计算合同的实际总价的工程承包合同。

2. 中标通知书：指招标人在确定中标人后，向中标人发出通知，通知其中标的书面凭证。中标通知书主要内容应包括：中标工程名称、中标价格、工程范围、工期、开工及竣工日期、质量等级等。对所有未中标的投标人也应当通知。投标人提交投标保证金的，招标人还应退还这些投标人的投标保证金。

3. 图纸会审：是指工程各参建单位（建设单位、监理单位、施工单位等相关单位）在收到施工图审查机构审查合格的施工图设计文件后，在设计交底前进行全面细致的熟悉和审查施工图纸的活动。各单位相关人员应熟悉工程设计文件，并应参加建设单位主持的图纸会审会议，建设单位应及时主持召开图纸会审会议，组织监理单位、施工单位等相关人员进行图纸会审，并整理成会审问题清单，由建设单位在设计交底前约定的时间提交设计单位。图纸会审由施工单位整理会议纪要，与会各方会签。

【工程管理实务解读】

1. 《招标投标法》第43条系效力性强制规范，非管理性强制性规范。

2. 平方米包干价系固定单价的一种价格形式，固定单价合同包括平方米单价固定合同及工程量清单固定单价合同。

3. 承包人对其主张的涉案工程因设计变更导致工程量增加和合同外工程款的问题，负有举证责任，否则应承担举证不能的法律后果。

4. 在招标投标前已签订《补充协议》，在确定中标人后又签订《施工合同》，则《补充协议》及《施工合同》均无效。

《招标投标法》第43条规定，"在确定中标人前，招标人不得与投标人就投标价格、投标方案等实质性内容进行谈判"，与该条禁止的行为相比，在进行招标投标之前就在实质上先行确定了中标人，无疑是对《招标投标法》强制性规定更为严重的违反。而《施工合同司法解释（一）》第1条第1款规定，"建设工程施工合同具有下列情形之一的，应当依据民法典第一百五十三条第一款的规定，认定无效……（三）建设工程必须进行招标而未招标或者中标无效的。"因此，涉案《补充协议》应认定为无效。对于《施工合同》，虽然从时间上看签订于确定中标人之后，表面上似乎符合法律规定的程序要件，但如前所述，在确定中标人前，发包人与中标人之间已经就涉案工程的工期、工程价款数额及支付方式等达成了合意，双方当事人的行为在实质上违反了《招标投标法》的强制性规定，中标无效，基于该中标签订的《施工合同》亦应认定为无效。

5. 《施工合同司法解释（一）》第2条规定的以中标合同确定权利义务的，是以中标合同有效为前提，如中标合同无效，则应当按照实际履行的施工合同结算。

《施工合同司法解释（一）》第2条第1款规定："招标人和中标人另行签订的建设工程施工合同约定的工程范围、建设工期、工程质量、工程价款等实质性内容，与中标合同不一致，一方当事人请求按照中标合同确定权利义务的，人民法院应予支持。"上述条款并没有涉及合同效力问题，即是否要求中标合同必须是有效的合同，还是不论中标合同有效无效均应适用。在上述案例中，最高人民法院明确认定按照《施工合同司法解释》第 21 条规定，应以备案的中标合同即《建设工程施工合同》作为结算依据。然而，上述《施工合同司法解释》第 21 条的适用，是建立在备案的中标合同有效的前提之下，如果因招标、投标违法导致中标无效，即使中标的合同经过有关部门备案，该合同仍然不能作为结算工程价款的法定依据。

6. 工程竣工验收合格并不当然导致承包人修复责任的免除。

建设工程施工合同无效，但建设工程经竣工验收合格，发包人仍应参照合同约定向承包人支付工程价款。在支付了工程价款后，如何解决工程质量的保修问题？在正常情况下，建设工程经竣工验收后，在保修期限内出现的质量问题，由承包人依照法律规定或合同约定予以修复。我国的建设工程实行质量保修制度，这也是《建筑法》确立的一项基本法律制度。对此，《建筑法》第 62 条第 1 款规定："建筑工程实行质量保修制度。"《建设工程质量管理条例》则在建设工程的保修范围、保修期限和保修责任等方面，对该项制度做出了更具体的规定。该条例第 40 条规定，"在正常使用条件下，建设工程的最低保修期限为：（一）基础设施工程、房屋建筑的地基基础工程和主体结构工程，为设计文件规定的该工程的合理使用年限；（二）屋面防水工程、有防水要求的卫生间、房间和外墙面的防渗漏，为 5 年；（三）供热与供冷系统，为 2 个采暖期、供冷期；（四）电气管线、给排水管道、设备安装和装修工程，为 2 年。其他项目的保修期限由发包方与承包方约定。建设工程的保修期，自竣工验收合格之日起计算。"由此可见，保修期限的规定是强制性的规定。在建设工程施工合同被确认无效后，合同关系不再存在，该合同对当事人不再具有任何拘束力。发包人不得要求承包人承担约定的保修责任，是不是承包人可以不承担保修责任呢？显然不是。承包人仍应在《建设工程质量管理条例》第 40 条规定的最低保修期限内承担法定的保修责任。解决这个问题后，在履行保修责任的方式上，如果施工合同不是因为承包人没有相应的资质而被确认无效的，则仍由承包人承担质量瑕疵的维修义务。若施工合同是由于承包人没有相应的资质而被确认无效的，则不能由承包人自己来承担质量瑕疵的维修义务。可由承包人自行委托具有相应资质的施工队伍，来替代承包人承担质量瑕疵的维修义务，也可由发包人自行维修，修复的费用由承包人承担。

【法律依据】

1.《招标投标法》第 43 条、第 46 条第 1 款、第 55 条、第 59 条。

2.《招标投标法实施条例》第 39 条、第 52 条、第 57 条第 1 款、第 75 条。

3.《施工合同司法解释（一）》第 1 条、第 2 条、第 23 条。

实例 11　工程招标投标前存在串通投标行为，工程招标投标及《施工合同》《补充协议》均无效

【案情简介】

再审申请人（一审被告、反诉原告，二审上诉人）：黄山市金太阳置业投资集团有限公司（以下简称金太阳公司）

被申请人（一审原告、反诉被告，二审上诉人）：黄山市安华联合建筑装饰工程有限公司（以下简称安华公司）

2008 年，金太阳公司与安华公司签订一份《建设工程施工合同》约定由金太阳公司将金太阳大厦二期工程发包给安华公司进行施工。工程地点位于屯溪市屯光大道金太阳家具广场西侧。工程内容包括土建、水电（招标发包内容）。工程承包范围：招标工程量范围内文件规定的土建、水电安装。开工日期为 2008 年 12 月 8 日，竣工时间是 2010 年 11 月 28 日，合同工期总日历天数为 720 天。合同价款为 3 248 万元。合同订立时间：2009 年 4 月 18日。该合同附件 3 签订时间注明为"2008 年 12 月 8 日"。2009 年 3 月 5 日，安华公司向金太阳公司出具《承诺函》，载明：金太阳大厦项目因规范要求，需在市建委进行招标程序，招标中的事项及费用由我公司负责，今后实际施工以双方签订的正式合同和补充协议为准，特此承诺。2009 年 3 月 20 日，金太阳公司将金太阳大厦二期工程对外进行招标，其中投标报价方式为只报唯一的综合取费率。2009 年 4 月 10 日，安华公司提交投标函，载明：本单位自愿以现行安徽省建筑定额为基础，按综合费率 16% 进行投标报价，按照招标文件、设计图纸、技术规范承接黄山市金太阳大厦工程的施工、竣工、保修任务。后经专家组评定和业主确定安华公司为中标单位。黄山市恒平公

证处对此次招标活动进行了现场监督公证，并于 2009 年 4 月 10 日出具（2009）皖黄恒公证字第 4194 号《公证书》，证明本次招标投标活动及评标结果真实、合法、有效。同日中标结果进行了公示。

安华公司与金太阳公司另行签订一份《补充协议》，约定：工程总造价为 3 248 万元，一次性包干。该《补充协议》还对工程款的计价依据、工程进度款的支付、工期、保证金的支付与退还等进行了约定。双方在《补充协议》标注的签订时间均为 2009 年 4 月 28 日。后双方实际按《建设工程施工合同》和《补充协议》履行。2009 年 8 月 3 日，金太阳公司将其持有的《建设工程施工合同》提交黄山市建管处备案。2009 年 9 月 15 日，金太阳公司向安华公司发出《中标通知书》，载明中标价款，中标工期 720 天。同日，该《中标通知书》在黄山市建设工程招标投标管理办公室进行了备案。金太阳大厦二期工程于 2010 年 11 月 28 日竣工，2011 年 1 月 25 日经验收合格。金太阳大厦二期工程竣工验收后，安华公司对金太阳公司提出的部分工程质量问题进行了维修。

【审理结果】

法院认为，本案的焦点问题有两个：

1. 关于质量修复方案鉴定机构及鉴定人的资质、资格问题。

根据《建设工程勘察设计管理条例》第 8 条第 1 款"建设工程勘察、设计单位应当在其资质等级许可的范围内承揽建设工程勘察、设计业务"之规定，建设工程存在质量问题，应当由法院依法委托具有鉴定资质的鉴定机构进行鉴定。本案一审中，针对金太阳公司对涉案工程提出的质量问题，黄山市价格认证中心接受一审法院的委托，根据安徽省建筑工程质量第二监督检测站鉴定出具的质量瑕疵鉴定意见，作出工程质量瑕疵修复方案和费用鉴定技术报告并据此出具鉴定结论，核定涉案工程质量瑕疵修复总价为 202 457.78 元（其中地下室地面修复费用为 172 795.21 元）。然而，经法院调卷审查发现，黄山市价格认证中心"价格鉴定机构资质证"上核准的资质范围仅为价格鉴定，鉴定人员凌某、汪某的鉴定资格为价格鉴证师。由此说明，无论是该价格认证中心还是两鉴定人均不具有进行瑕疵修复的资质和资格，该中心的鉴定结论不能作为定案依据。原审法院在金太阳公司一审、二审均对此明确提出异议并申请重新鉴定的情况下，本应另行委托鉴定，却以"质量问题的认定及修复方案交由有资质的安徽省建筑工程质量第二监督检测站作出，黄山市价格认证中心只是对瑕疵修复的费用进行了鉴定，该鉴定并未超出其资质范围，应为有效"为由，驳回金太阳公司要求重新鉴定的请求，并采信该中心的鉴定意见，认定涉案工程质量瑕疵修复总价为202 457.78元，认定事实有误，程序存在严重瑕疵。

2. 关于工程价款的酌定问题。

因涉案双方在涉案工程招标投标前存在串通投标行为，故原审法院认定涉案工程招标投标及双方所签的《建设工程施工合同》及《补充协议》无效正确。鉴于安华公司已经完成施工任务，所施工工程已经竣工验收并交付使用。根据《施工合同司法解释》第2条"建设工程施工合同无效，但建设工程经竣工验收合格，承包人请求参照合同约定支付工程价款的，应予支持"的规定，原审法院在认定涉案双方实际履行的是《建设工程施工合同》及《补充协议》，且已就设计变更、工程签证部分委托中国建设银行安徽省分行建设工程咨询审价中心进行鉴定得出造价为311 720.81元结论后，本应按照双方所签《建设工程施工合同》"合同价款为3 248万元"及《补充协议》"工程价款按设计图纸中的一切工程量和所有费用及人工费用一次性总价包干3 248万元（含税）为最后结算价，图纸变更增减的工程量另行计算，除此不再计取任何费用"的约定，确定涉案工程价款，即3 248万元。然而，原审法院却以"综合考虑施工人对涉案工程的实际承包范围、合同履行过程中市场材料及人工费价格的变化，以及当事人对无效合同的过错程度等因素，按照公平原则和诚实信用原则"为由，再另行酌定判决金太阳公司承担上述工程价款32 791 720.81元与按招标文件及《中标通知书》进行计算的工程造价37 864 170.86元之差价5 072 450.05元的20%，作为金太阳公司对安华公司的补偿，事实根据和法律依据不足，系自由裁量权的不当行使，应当予以纠正。

【工程知识】

1. 鉴定人：指受鉴定机构指派，负责鉴定项目工程造价的注册造价工程师。原建设部《关于对工程造价司法鉴定有关问题的复函》第 2 条规定："从事工程造价司法鉴定的人员，必须具备注册造价工程师执业资格，并只得在其注册的机构从事工程造价司法鉴定工作，否则不具有在该机构的工程造价成果文件上签字的权力。"

2. 鉴定机构：指接受委托从事工程造价鉴定的工程造价咨询企业。依据《工程造价咨询企业管理办法》第 20 条规定，进行工程造价鉴定，属于具有资质的工程造价咨询企业的业务范围。同时，原建设部《关于对工程造价司法鉴定有关问题的复函》第 1 条规定："从事工程造价司法鉴定，必须取得工程造价咨询资质，并在其资质许可范围内从事工程造价咨询活动。工程造价成果文件，应当由造价工程师签字，加盖执业专用章和单位公章后有效。"

3. 设计变更：合同工程实施过程中由发包人提出或由承包人提出经发包人批准的合同工程任何一项工作的增、减、取消或施工工艺、顺序、时间的改变，设计图纸的修改，施工条件的改变，招标工程量清单的错、漏从而引起合同条件的改变或工程量的增减变化。

【工程管理实务解读】

1. 价格鉴定中心及鉴定人不具有工程质量瑕疵修复的资质和资格，所做出的工程质量瑕疵修复方案和费用鉴定报告不能作为认定案件事实的依据。

2. 对建设工程施工质量进行司法鉴定，不应做出合格或不合格的鉴定意见，而应做出工程质量是否符合施工图设计文件、相关标准、技术文件要求的鉴定意见。

3. 施工合同解除，已完工程存在质量问题，但经鉴定可修复，发包方不得拒绝付款，但可请求承包方承担修复费用。

4. 工程招标投标前存在串通投标行为，故涉案工程招标投标及《建设工程施工合同》及《补充协议》均无效。

串通投标包括投标者之间串标和投标人与招标人串通投标。

投标者之间串标：投标人之间相互约定抬高或压低投标报价；投标人之间相互约定，在招标项目中分别以高、中、低价位报价；投标人之间先进行内部"竞价"，内定中标人，然后再参加投标；某一投标人给予其他投标人以适当的经济补偿后，这些投标人的投标均由其组织，不论谁中标，均由其承包。

《招标投标法实施条例》第 39 条规定了五种投标人之间串通投标的情形，包括：①投标人之间协商投标报价等投标文件的实质性内容；②投标人之间约定中标人；③投标人之间约定部分投标人放弃投标或者中标；④属于同一集团、协会、商会等组织成员的投标人按照该组织要求协同投标；⑤投标人之间为中标或者排斥特定投标人而采取的其他联合行动。

投标人与招标人串通投标：招标人与特定投标人在招标投标活动中，以不正当手段从事私下交易，使招标投标流于形式，共同损害招标人和其他投标人乃至国家利益的行为。《招标投标法实施条例》第 41 条规定了以下几种情形：①招标人在开标前开启投标文件并将有关信息泄露给其他投标人；②招标人直接或者间接向投标人泄露标底、评标委员会成员等信息；③招标人明示或者暗示投标人压低或者抬高投标报价；④招标人授意投标人撤换、修改投标文件；⑤招标人明示或者暗示投标人为特定投标人中标提供方便；⑥招标人与投标人为谋求特定投标人中标而采取的其他串通行为。

工程招标投标前存在串通投标行为，违反了《招标投标法》第 32 条等规定，应认定无效。

5. 施工合同均无效，酌定发包人承担鉴定工程款与按招标文件及中标通知书计算的工程造价之差价的 20% 无依据。

《施工合同司法解释（一）》第 24 条规定："当事人就同一建设工程订立的数份建设工程施工合同均无效，但建设工程质量合格，一方当事人请求参照实际履行的合同关于工程价款的约定折价补偿承包人的，人民法院应予支持。实际履行的合同难以确定，当事人请求参照最后签订的合同关于工程价款的约定折价补偿承包人的，人民法院应予支持。"故在多份施工合同均无效的情形下，如果能够认定实际履行的施工合同，应当按照实际履行施工合同关于工程价款的约定折价补偿承包人；如果实际履行的合同难以确定，应当按照最后签订的合同关于工程价款的约定折价补偿承包人。

【法律依据】

1. 《招标投标法》第 32 条。

2. 《招标投标法实施条例》第 39 条、第 40 条、第 41 条。

3. 《施工合同司法解释（一）》第 1 条、第 24 条。

六、低于成本价中标

实例 12　低于成本价中标的施工合同的效力

【案情简介】

再审申请人（一审被告、反诉原告，二审上诉人）：佛山华丰纺织有限公司（以下简称华丰公司）

再审被申请人（一审原告、反诉被告，二审被上诉人）：佛山市南海第二建筑工程有限公司（以下简称南海二建）

华丰公司位于佛山市普君北路的旧厂区地块，为佛山市政府规划的广佛地铁普君北路站区域内，依照规划应拆迁搬离。华丰公司决定在佛山市南海区西樵镇河岗百西"西樵科技工业园"兴建新厂区，2006 年 4 月 12 日通过佛山市南海区发展和改革局核准，可通过直接发包方式将所需兴建厂房发包出去。对此，华丰公司就西樵新厂区（第一标段）印花类成品加工车间、后整理印花车间、织造修补车间、五车间、漂染化工车间及空压机电房、综合楼、宿舍楼共七个工程项目的建筑、装饰、市政、安装及配套工程向多家施工单位邀请招标。上述项目工程用地、规划、报建已取得国有土地使用权证、建设工程规划许可证、建筑工程施工许可证。针对上述工程规格、招标投标等要求，华丰公司于 2006 年 3 月 17 日作出《施工总承包招标方案》，其中招标须知第 44.1 款注明：新厂区施工总平面图划分为两个标段（具体划分见施工总平面图），各标段内的道路及排水由各标段负责。第 44.2 款注明：主干道临时道路的平面位置应按设计图纸修建在 12 米宽的永久主路上，供两个标段施工单位共同使用。临时道路的修建费用和施工过程中的日常维护、保养费用均由第二标段负责，并保证该临时道路在施工期间的运输安全及道路畅通。

2006 年 4 月 13 日，华丰公司确定第一标段即涉案工程投标报价最高限价为 2 915 万元，第二标段投标报价最高限价为 1 820 万元。2006 年 4 月 14 日，南海二建对涉案工程投标编制的《工程量清单报价表》，确定对涉案工程投标总价为 29 134 105.62 元，并于同日预交了 80 万元投标保证金。南海二建在该报价表中将各项工程的夜间施工费、脚手架、环境保护费等措施项目费调整为零。同年 4 月 15 日，南海二建在编制的《华丰公司西樵新厂区（第一标段）投标文件之一》其中的投标函中表示，愿意以 29 134 105.62 元投标报价并按华丰公司对涉案工程施工总承包方案提出的要求承包，承担工程施工、竣工、任何质量缺陷保险责任。2006 年 4 月 20 日，华丰公司向南海二建出具《中标通知书》，确认将涉案工程发包给南海二建。

2006 年 5 月 23 日，华丰公司与南海二建签订《建设工程施工合同》，双方确认合同协议书、招标文件及补充文件、中标通知书、招标书及附件、合同专用条款、通用条款、标准及规范与有关技术文件、图纸、工程量清单（仅供参考）、工程报价单或预算书，以及双方有关工程的洽商、变更等书面补充协议或文件为《建设工程施工合同》的组成部分。

上述工程确定监理单位为佛山市建城监理有限公司（以下简称建城公司），设计单位为广东启源建筑工程设计院有限公司（以下简称启源设计院）。

2006 年 7 月 15 日，南海二建正式开工。施工过程中，因华丰公司设计变更，增加了工程量，以及因台风工业园将主要道路挖断增加临时道路等，致使南海二建实际施工工期与计划相比出现延误。

2006 年 11 月 25 日，建城公司以南海二建承建涉案工程进度滞后为由向南海二建出具联系函，要求南海二建采取有效措施将延误工期补回。2006 年 12 月 1 日，建城公司又向南海二建出具《关于工程进度严重滞后问题必须尽快解决的函》，内容为："从完成报建之日起截至 2006 年 11 月 30 日，施工日历天数 136 天，扣除监理签证顺延工期 56 天（其中，道路挖断进料受阻 5 天、桩检测影响 45 天、停电 1 天、台风影响 5 天），实际施工天数为 80 天。按照合同进度要求，应完成总工程量 44% 左右。经核算，截至 2006 年 11 月 30 日，工程的实际进度仅为总工程量的 34.543% 左右……工程进度严重滞后，预计比原计划进度拖延一个半月左右。工程付款方面，以工程总价，按照工程进度计算为 7 044 700 元（29 134 105.62 元×34.543%×70%），华丰公司已付进度款为 10 044 700 元（含 11 月份付款），对比合同已多付 300 万元。"2007 年 3 月 22 日，建城公司项目部再次发函南海二建，要求采取有效措施将工期赶回。2007 年 6 月 28 日，建城公司项目部发函称：一标段 5 月份开始因无材料进场，工程处于半停工状态，工程进度极其缓慢，特别是从 6 月 15 日起，因工地无材料开工，施工工人逐步撤场，到 6 月 24 日最后一批外墙工人也全部撤走，工地处于完全停工状态，建议华丰公司与施工单位协商补偿或采取法律途径解决，以避免损失扩大。

南海二建认为华丰公司低于成本价招标，承诺以后工程结算，保证南海二建应有 5% 利润引诱其中标，后中标施工中，拖欠工程进度款且未履行上述承诺，拒绝对工程款作出调整。而后双方于 2007 年 7 月 13 日达成共识：工程款根据施工图纸、设计变更、工程签证等，按定额计价结算；双方共同委托造价咨询机构对实际完成工程的造价进行鉴定，并调整工程款；南海二建编制施工进度、材料采纳及资金支付计划，报送华丰公司及监理公司审批后，进行赶工等。2007 年 8 月 2 日南海二建以华丰公司未履行上述共识，未依约支付进度款、拒绝调整工程款、不配合工程施工等导致严重窝工、正常生产经营无法进行为由致函华丰公司，决定与华丰公司解除施工关系，停止施工并依法追讨工程款。

【审理结果】

一审法院认为：根据《招标投标法》第 41 条第 2 项规定，中标人的投标应当"能够满足招标文件的实质性要求，并且经评审的投标价格最低；但是投标价格低于成本的除外"，华丰公司将自身需建造的工程发包亦受此强制性规定约束。因《工程造价鉴定书》效力已予以确认，而南海二建与华丰公司签订的《建设工程施工合同》约定的中标价远低于《工程造价鉴定书》认定的造价，违反了法律规定，依照《合同法》第 52 条第 5 项规定的"违反法律、行政法规的强制性规定的合同无效"，据此南海二建请求确认与华丰公司就涉案工程所签订的《建设工程施工合同》无效正当合法，予以支持。

二审法院认为：根据粤辉造价公司对涉案工程出具的不含利润的《工程造价鉴定书》的分析，即使不考虑南海二建应获得的人工利润，该工程造价成本亦需 37 886 958.71 元，相对双方签订的《建设工程施工合同》约定的 29 134 105.62 元，差额比例超过 20%，即涉案工程的投标价远低于成本价，不符合《招标投标法》第 41 条第 2 项的规定。鉴于南海二建与华丰公司签订的《建设工程施工合同》约定的中标价远低于《工程造价鉴定书》认定的造价，违反了法律规定，依照《合同法》第 52 条第 5 项规定的"违反法律、行政法规的强制性规定的合同无效"，南海二建与华丰公司就涉案工程所签订的《建设工程施工合同》应属无效，一审法院依法予以确认并无不当。华丰公司认为《建设工程施工合同》合法有效的上诉理由不能成立。

【工程知识】

1. 成本价：如何认定"成本价"，实践中存在争议。观点一认为应以"社会平均成本"为标准认定，即按照社会平均水平，将根据当地定额核算的工程造价认定为成本价；观点二认为应以"企业个别成本"为标准认定，即按照企业自身的成本认定成本价。目前主流观点认为成本价指的是企业个别成本。国家发展和改革委员会法规司也赞成第二种观点，其主编的《中华人民共和国招标投标法实施条例释义》载明："成本指的是投标人的个别成本，而不是社会平均成本，也不是行业平均成本。"

2. 企业定额：是施工企业内部生产管理、投标报价和工程分包的依据，反映了企业的施工生产与生产消费之间的数量关系，是施工企业生产力水平的体现。企业的技术和管理水平不同，企业定额的定额水平也就不同，它是企业参与市场竞争的核心竞争能力的具体表现。企业定额水平一般应高于国家定额水平，才能满足生产技术发展、企业管理和市场竞争的需要。[①]

---

① 摘自《工程造价术语标准》（GB/T 50875—2013）。

3. 工程计价定额：是工程定额的重要组成部分，包括预算定额、概算定额、概算书指标和投资估算指标，工程计价定额直接用于工程计价。①

4. 施工定额：是定额子目划分最细的基础性定额，它以同一性质的施工过程或基本工序作为研究对象，表示生产产品数量与生产要素消耗的关系，它是预算定额的编制基础，可以直接用于施工企业组织生产和施工管理。施工定额由劳动消耗定额、材料消耗定额和施工机械台班消耗定额组成。②

5. 预算定额：是一种计价性定额，基本反映完成分项工程或结构构件的人、材、机消耗量及其相应费用，以施工定额为基础综合扩大编制而成，主要用于施工图预算的编制，也可用于工程量清单计价中综合单价的计算，是施工发承包阶段工程计价的基础。③

【工程管理实务解读】

1. 低于成本价投标的，应当依法确认中标无效，并相应认定建设工程施工合同无效。

2. 所谓"投标人不得以低于成本的报价竞标"应指投标人投标报价不得低于其为完成投标项目所需支出的企业个别成本。

3. 原判决根据定额标准所作鉴定结论为基础据以推定投标价低于成本价，依据不充分。

4. 关于低于成本价不能通过鉴定来确定。

对施工单位而言，提出这一要求是一个两难的主张。因为工程造价的司法鉴定一般只能依据定额进行，而定额是社会成本价，以社会成本价的鉴定结果认定施工单位的报价是否低于自己的成本价不具操作性。从证明责任承担者的角度看，承包人如果采用这个主张，就应当提供自己以低于企业成本价进行投标的证据，而通常情况下承包人很难提供这样的证据。结合本案的事实，笔者认为，法院会要求承包人自行提供证据来证明自己的报价低于本

---

① 摘自《工程造价术语标准》（GB/T 50875—2013）。
② 摘自《工程造价术语标准》（GB/T 50875—2013）。
③ 摘自《工程造价术语标准》（GB/T 50875—2013）。

企业的成本价，法院只须对此进行审查。即使承包人提出司法鉴定要求，此鉴定的目的不是工程造价是多少而是承包人的报价是否低于其企业成本价，此时的司法鉴定应是评估，应通过会计师事务所审计企业财务确定，而不是由工程造价鉴定来确定。一般认为，所谓的成本价是指无利润的价格。施工企业的成本价可以分为三种：社会平均成本价、相同资质等级平均成本价和个别企业成本价。个别企业成本价的确定，只能遵循以下两个原则：一是其价格与相同资质等级企业的平均成本价相差不大；二是其价格与本企业近期的成本价相差不大。所以，在本案中如果评估的价格与社会平均成本价或相同资质等级平均成本价不存在显著的差异，就不能认定为低于其企业的成本价。本案如果实施司法鉴定，其结果不外有两种：鉴定单位作出的评估结论认为承包人实施了以低于企业成本价骗标，从而导致合同无效，其法律后果由承包人承担；鉴定单位也可能因资料不全无法评估，其结果是承包人举证不能，应承担败诉责任。即使评估的结果是证明承包人以低于企业成本报价构成骗取中标而导致合同无效，其结果也对承包人毫无好处，因为评估确认承包人的报价低于其企业成本而导致中标无效，此时的无效过错责任应完全属于承包人，承包人应承担相应的损失赔偿，其范围恰恰应是合同价与承包人低于成本的骗标的价差。因此笔者认为本案承包人的主张完全不可取也毫无操作性，既不能成立也不能得到法院的支持。[1]

5. 根据定额标准所作鉴定结论为基础据以推定投标价低于成本价，依据不充分。

最高人民法院在审理南海二建与华丰公司建设工程施工合同纠纷一案［案号（2015）民提字第142号］时认为：第一，关于涉案施工合同效力应如何认定的问题。根据已经查明的案件事实，华丰公司系采用邀请招标的方式发包涉案工程，虽然在具体实施中不符合邀请招标的相关程序规定，但考虑到佛山市南海区发展和改革局对工程发包方式已予核准，可以认定涉案工程履行了招标投标程序，应当适用《招标投标法》的相关规定。第二，对于本案是否存在《招标投标法》第33条规定的以低于成本价竞标的问题。法

---

[1]　朱树英著：《工程合同实务问答》（修订版），法律出版社2007年版，第180页。

院认为，法律禁止投标人以低于成本的报价竞标，主要目的是规范招标投标活动，避免不正当竞争，保证项目质量，维护社会公共利益，如果确实存在低于成本价投标的，应当依法确认中标无效，并相应认定建设工程施工合同无效。但是，对何为"成本价"应作正确理解，所谓"投标人不得以低于成本的报价竞标"应指投标人投标报价不得低于其为完成投标项目所需支出的企业个别成本。《招标投标法》并不妨碍企业通过提高管理水平和经济效益降低个别成本以提升其市场竞争力。原判决根据定额标准所作鉴定结论为基础据以推定投标价低于成本价，依据不充分。南海二建未能提供证据证明对涉案项目的投标报价低于其企业的个别成本，其以此为由主张《建设工程施工合同》无效，无事实依据。涉案《建设工程施工合同》是双方当事人真实意思表示，不违反法律和行政法规的强制性规定，合法有效。原判决认定合同无效，事实和法律依据不充分，法院予以纠正。

6. 低于成本价中标的施工合同是无效的。

投标人低于成本价投标无效。《招标投标法》第 41 条规定，"中标人的投标应当符合下列条件之一：（一）能够最大限度地满足招标文件中规定的各项综合评价标准；（二）能够满足招标文件的实质性要求，并且经评审的投标价格最低；但是投标价格低于成本的除外。"同时其第 33 条规定："投标人不得以低于成本的报价竞标，也不得以他人名义投标或者以其他方式弄虚作假，骗取中标。"由此说明低于成本价中标为法律所禁止，低于成本价不得中标是现行法律法规的强制性规定，在此情况下让低于成本价中标的施工合同有效化，违反了《招标投标法》的立法本意。

由于低于成本价中标施工合同的存在，给施工合同履行造成了极大的隐患。由于施工企业缺少相关的投入，造成我国现阶段质量与安全事故相对高发，给人民的生命与财产安全造成了威胁，基于我国目前建筑施工企业综合素质普遍不高的基本国情，让低于成本价中标的施工合同有效化，侵害了社会公共利益。

【法律依据】

1. 《招标投标法》第 33 条、第 41 条。

2.《招标投标法实施条例》第 51 条第 1 款第 5 项。

3.《建筑工程施工发包与承包计价管理办法》第 10 条第 1 款。

4. 最高人民法院 2011 年的《全国民事审判工作会议纪要》第 24 点。

5.《江苏省高级人民法院关于审理建设工程施工合同纠纷案件若干问题的意见》第 3 条、第 7 条。

6.《广东省高级人民法院关于印发〈全省民事审判工作会议纪要〉的通知》第 17 点。

七、转包

实例13 转包导致建设工程施工合同无效

【案情简介】

抗诉机关：最高人民检察院

申诉人（一审原告、二审上诉人）：盐城市华为照明工程有限公司（以下简称盐城华为公司）

被申诉人（一审被告、二审被上诉人）：江苏建兴建工集团有限公司（以下简称建兴建工集团）

被申诉人（一审被告、二审被上诉人）：中国核工业华兴建设有限公司（以下简称华兴建设公司）

被申诉人（一审被告、二审被上诉人）：山东核电有限公司（以下简称山东核电公司）

2007年7月13日，经过招标投标程序，山东核电公司与华兴建设公司签订《山东核电有限公司海阳核电厂厂内建设办公区工程建安施工合同》，合同暂定金额为5 399.836 5万元，暂定金额中含如缓建项目取消需增加的费用95万元。

2007年7月，华兴建设公司田湾项目部（甲方）与建兴建工集团（乙方）签订《山东核电有限公司海阳核电厂厂内建设办公区工程建安施工合同》，约定工程建设规模为2栋监理办公楼和1栋现场办公楼，建筑面积29 108平方米，还有货物运输大门和室外00工程。

2007年8月8日，建兴建工集团第四建筑公司（甲方）与盐城华为公司（乙方）签订《山东海阳核电厂厂区内建设办公楼等工程项目承包合同》，将山东省海阳市核电厂建设办公楼，1号、2号监理办公楼工程及附属工程委托给盐城华为公司全权负责施工；合同造价1 936万元；乙方必须对工程的竣工验收、工程结算负责，乙方按工程竣工结算总价的2%上交甲方管理费；乙方负责工程竣工决算的编制，工程所有签证以及资料的完善均由乙方负责，如果由于工程资料平时收集不齐或在施工过程中未做工程资料影响工程竣工决算的，其责任由乙方承担。甲方的集团公司与总承包方签订的有关该工程施工的所有条款，本合同未涉及的部分全部适用于乙方。

2008年12月31日，厂内办公区工程通过竣工验收。2009年8月25日，厂内污水处理站建安工程及变电站北侧管网和道路工程通过竣工验收。

【审理结果】

最高人民法院对原审查明的事实予以确认。

法院认为，从本案已查明的事实来看，华兴建设公司与山东核电公司签订施工合同后，其将承包的工程部分分包给建兴建工集团。建兴建工集团分包后又将涉案工程转包给无施工资质的盐城华为公司，故原审认定盐城华为公司与建兴建工集团之间的转包合同、建兴建工集团与华兴建设公司之间的分包合同，违反了《建筑法》禁止转包、分包的强制性规定，转包、分包合同无效正确。

关于盐城华为公司申诉主张涉案工程款的数额以及是否结算完毕的问题。法院认为，原审已查明，2008年6月12日，盐城华为公司出具了《承诺书》，明确载明"董某成、施某青及董某三人在山东核电海阳核电厂厂区内项目建设过程中以冠有建兴建工集团名义签署的所有文件和协议、处理的所有事务、对内外的所有承诺等由此产生的所有法律后果及经济纠纷均由盐城华为公司和董某成同志个人承担其所有法律责任"。从上述《承诺书》的内容可知，盐城华为公司承诺对董某成、施某青、董某三人在山东核电海阳核电厂厂区内项目中以建兴建工集团名义签署的文件及协议、处理的事务、对内对外的承诺所产生的法律后果，均由盐城华为公司及其法定代表人董某成承担。而该《承诺书》出具后，董某又于2011年1月19日以建兴建工集团的名义与华兴建设公司海阳核电项目部签订了《山东海阳核电厂厂内建设办公区工程竣工结算书》《山东海阳核电厂厂内污水处理站及变电站北侧管网和道路竣工结算书》，确认涉案工程价款合计为29 901 391元，扣除2%质保金后为 29 303 363.18 元。该结算书作出后,董某成于 2012 年 5 月 18 日再次出具《承诺书》,对董某收到的工程款予以认可,且对结算书未提出异议。2012 年 5 月 14 日,董某成领取了 58 200 元后,并再次出具《承诺书》,承诺在收到尾款 58 200 元后与建兴建工集团的所有工程账务全部结清。而原审也已查明,盐城华为公司认可华兴建设公司系依据两份结算书而支付工程款且也已收取了工程款,数额总计 29 326 461.6 元。因此,本案查明的上述事实证明董某成和董某有权代表盐城华为公司签署所有文件和协议、处理所有事务和作出承诺。董某以建兴建工集团名义与华兴建设公司海阳核电项目前期工程项目部签订结算书效力应及于建兴建工集团和华兴建设公司。此外,原审还查明,盐城华为公司作为实际施工人,完全可待华兴建设公司与业主结算后再与华兴建设公司结算,但其代表建兴建工集团与华兴建设公司自行结算并不违反法律规定。综上,盐城华为公司的工程款的数额已经确定并已结算完毕,在其已经结算完毕的情况下,其再行主张涉案工程应依照山东核电公司出具的天工基审字(2011)580 号、582 号工程结算审核报告进行结算并根据结算结果支付工程款的申诉主张,既缺乏相应的证据支持,也缺乏事实和法律依据,更与其已经结算的行为相悖,原审对此的认定并无不当,法院对盐城华为公司的该项请求予以驳回。

对于盐城华为公司申诉所称董某无权代表其进行涉案工程的结算的理由。法院认为,盐城华为公司的该项申诉理由亦不能成立。首先,董某签署的两份竣工结算书的编制单位虽显示为盐城华为公司,但盐城华为公司在项目通过竣工验收后已上报完整的结算资料,董某在该两份竣工结算书初审栏上签字,应认定竣工结算书系依据盐城华为公司报送的工程结算资料进行编制。其次,从建兴建工集团、盐城华为公司的工作人员分别在竣工结算书的审核栏签字的情况来看,董某在竣工结算书的初审栏签字,并非表示该结算仅系初审结算,而是盐城华为公司作为实际施工人先签字确认结算数额后,再由建兴建工集团、华兴建设公司进行审核确认,且该两份竣工结算书经建兴建工集团、华兴建设公司审核确认后,均对签字各方产生法律约束力。最后,从已付款的情况来看,华兴建设公司依据前述两份结算书已完成支付,盐城华为公司的授权代表董某对两份竣工结算书亦签字确认,表明盐城华为公司对结算数额并无异议。所以，盐城华为公司主张董某无权代表公司进行结算的理由，既与《承诺书》载明内容和本案已查明的事实相悖，也缺乏法律依据，不能成立。对盐城华为公司申诉所称该《承诺书》亦是被迫出具的理由，因其在原审及法院再审中并未提供相应的证据予以证明，法院亦不能支持。

对于盐城华为公司提出的，依据该《承诺书》中"中核华兴海阳核电项目部尚未支付的工程款及与中核华兴海阳核电站项目部发生的争议请江苏建兴建工集团有限公司协助解决，在解决过程中发生的一切费用均由我董某成及盐城华为照明工程有限公司承担"的表述，表明涉案工程仍存在尚未支付工程款的申诉理由。法院认为，《承诺书》系董某成单方出具的承诺，并不表明华兴建设公司确实欠付盐城华为公司工程款，或者除了尚未支付的质保金外华兴建设公司还存在其他欠款，而其内容也仅限于建兴建工集团有协调争议、纠纷的义务，不能得出其欠付工程款的结论。

综上，盐城华为公司的申诉理由缺乏相应的证据支持和事实及法律依据，均不能成立。原审判决认定事实清楚，适用法律正确，应予维持。法院依照《民事诉讼法》第 170 条第 1 款第 1 项、第 207 条第 1 款的规定，判决如下：驳回盐城市华为照明工程有限公司申诉请求，维持江苏省高级人民法院（2014）苏民终字第 0029 号民事判决。本判决为终审判决。

【工程知识】

1. 安全文明施工费：全称是安全防护、文明施工措施费，是指按照国家现行的建筑施工安全、施工现场环境与卫生标准和有关规定，购置和更新施工防护用具及设施、改善安全生产条件和作业环境所需要的费用。

2. 赶工措施费：指当发包方要求的工期少于合理工期或者工程项目由于自然地质以及外部环境的影响导致工期延误，承包方为满足发包方的工期要求，通过采取相应的技术及组织措施所发生的，应由发包方负担的费用，包括为赶工所额外增加的人工费、材料费、机械费、劳务损失、加班班次奖金以及相应的规费和税金等。

3. 非法转包：指承包人在承包工程后，又将其承包的工程建设任务转让给第三人，转让人退出现场承包关系，受让人成为承包合同的另一方当事人的行为。由于转包容易使不具有相应资质的承包者进行工程建设，以致造成工程质量低下、建设市场混乱，所以法律、行政法规均作了禁止转包的规定。

4. 建筑业挂靠：指一个施工企业允许他人在一定期间内使用自己企业名义对外承接工程的行为。允许他人使用自己名义的企业为被挂靠企业，使用被挂靠企业名义从事经营活动的企业或个人（个体工商户和其他有经营行为的自然人）为挂靠人。最高人民法院在制定《施工合同司法解释》时并没有直接将该行为定义为"挂靠"，而是表述为"借用"，即没有资质的实际施工人借用有资质的建筑施工企业名义从事施工，"挂靠"与"借用"实际上系同一概念。

5. 企业管理费：指企业范围内所发生的各项管理费和经营费，包括企业行政人员的工资，办公费，仓库管理费，试验研究费，固定资产的折旧、维修和占用费，流动资金的利息支出、税金等。

6. 竣工结算：指建筑企业与建设单位办理工程价款结算的一种方法，是指工程项目竣工以后承发包双方对该工程发生的应付、应收款项作最后清理结算。

7. 建筑业企业资质：指从事土木工程、建筑工程、线路管道设备安装工程的新建、扩建、改建等施工活动的企业应当按照其拥有的资产、主要人员、已完成的工程业绩和技术装备等条件申请建筑业企业资质，经审查合格，取得建筑业企业资质证书后，方可在资质许可的范围内从事建筑施工活动。建筑业企业资质分为施工总承包资质、专业承包资质、施工劳务资质三个序列。

【工程管理实务解读】

司法实践中，常见的转包形式有三种。第一种，直接转包，是指承包单位承包建设工程后，不履行合同约定的责任和义务，将其承包的全部工程转给他人完成的情形。第二种，肢解转包，是指承包单位将其承包的建设工程肢解以后以分包的名义分转给其他单位承包的情形。第三种，视为转包，是指总包单位将工程依法分包后，未在施工现场设立项目管理机构和管理人员，未对该工程的施工活动进行组织管理的情形。

关于转包合同的效力问题，根据《民法典》《建筑法》《施工合同司法解释（一）》的相关规定，转包合同依法应确认为无效。

承包人非法转包、违法分包建设工程或者没有资质的实际施工人借用有资质的建筑施工企业的名义与他人签订建设工程施工合同的行为无效。据法律规定，施工合同无效，但建设工程经竣工验收合格的，承包人请求参照合同约定支付工程价款的，应予支持。

如果工程质量不合格，资质出借方和借用方、违法发包方和施工方要向业主承担连带赔偿责任。

【法律依据】

1. 《建筑法》第 12 条、第 13 条、第 28 条。

2. 《施工合同司法解释（一）》第 1 条、第 6 条、第 7 条。

实例14　施工单位承包工程后，将全部工程肢解后以分包的名义转包给第三方，转包合同无效

【案情简介】

上诉人（原审原告）：扬州市安装防腐工程有限公司新疆分公司（以下简称扬州防腐公司）

上诉人（原审被告）：新疆生产建设兵团第五建筑安装工程公司（以下简称兵团五建）

原审被告：中国能源建设集团新疆电力建设公司（以下简称新疆电建公司）

原审被告：新疆天山电力股份有限公司（以下简称天山电力公司）

原审被告：新疆天山电力股份有限公司玛纳斯发电分公司（以下简称天山电力公司玛纳斯发电分公司）

2006年10月13日，扬州防腐公司与兵团五建签订了一份建筑工程施工合同。

扬州防腐公司以包工包料的形式承包了兵团五建承建的新疆玛纳斯发电厂三期扩建工程冷却塔防腐项目。2008年7月20日，扬州防腐公司自行核算工程总造价为7 882 840.29元。兵团五建对该造价不认可。经扬州防腐公司申请，一审法院委托新疆天丰建设工程项目管理有限公司对涉案工程进行评估造价，扬州防腐公司施工工程造价为7 248 908.03元，材料差价552 537.96元，合计7 801 445.99元。兵团五建对鉴定报告不认可，认为该鉴定机构不在国家司法鉴定人和司法鉴定机构名册中，其不具有司法鉴定资格。另查明，本案工程的发包方是天山电力公司，总承包方是新疆电建公司，

分包人是兵团五建。天山电力公司玛纳斯发电分公司是代表股份公司行使现场管理。实际施工人是扬州防腐公司。发包方天山电力公司与总承包方新疆电建公司在 2012 年 1 月 18 日已将新疆玛纳斯发电厂三期扩建工程款全部结清。总承包人新疆电建公司与分包人兵团五建至今未进行工程款结算，导致兵团五建无法支付扬州防腐公司的工程款。

【审理结果】

一审判决：第一，扬州防腐公司与兵团五建的建设工程施工合同无效；第二，兵团五建支付扬州防腐公司工程欠款 5 888 801.99 元；第三，兵团五建支付扬州防腐公司工程欠款利息 1 958 026.66 元；第四，新疆电建公司、天山电力公司、天山电力公司玛纳斯发电分公司在本案中不承担责任；第五，鉴定费 74 590 元，由兵团五建承担；第六，驳回扬州防腐公司的其他诉讼请求。案件受理费 24 047.28 元，扬州防腐公司负担 4 047.28 元，兵团五建负担 20 000 元。

一审宣判后，原告扬州防腐公司不服上诉，二审法院审理后维持原判，驳回其上诉。

【工程知识】

肢解分包：指建设工程承包人，违反法律、法规的规定，将其承包的全部建设工程肢解以后以分包的名义分别转包给第三人的行为。

【工程实务解读】

根据相关法律规定，承包方承接工程后将工程肢解分包，分包施工合同因违反法律法规强制性规定而无效。分包施工单位可以向合同相对方即违法分包方、建设单位（仅在欠付工程款范围内承担连带付款责任）主张权利及诉讼。

虽然分包施工合同无效，但建设工程经竣工验收合格的，分包施工单位请求参照合同约定支付工程价款的，人民法院应予支持。

违法肢解分包工程经查属实的，建设行政主管部门可依据《建筑法》第 67 条、《建设工程质量管理条例》第 62 条及《建筑工程施工转包违法分包等违法行为认定查处管理办法（试行）》第 13 条规定对施工单位进行相应的行政处罚,具体包括:责令改正,没收违法所得,并对施工单位处工程合同价款 0.5% 以上 1% 以下的罚款;责令停业整顿,降低资质等级;情节严重的,吊销资质证书。

除上述行政处罚外,建设行政主管部门还可依据《建筑工程施工转包违法分包等违法行为认定查处管理办法(试行)》第 14 条规定对施工单位采取相应的行政管理措施;依据第 15 条规定将施工单位的违法行为和处罚结果记入单位或个人信用档案,同时向社会公示,并逐级上报至住房和城乡建设部,在全国建筑市场监管与诚信信息发布平台公示。

施工合同无效会导致施工单位在主张权利时面临诸如价款确定、质量责任承担、工期索赔、违约责任承担等多方面的障碍,笔者在此建议施工单位在承接工程前一定要调查合同相对方的资信和项目建设手续,遵守招标投标相关法律法规,依法签订施工合同,诚信履行合同义务,从而避免此类风险发生。

【法律依据】

1. 《建筑法》第 12 条、第 13 条、第 28 条。

2. 《建设工程质量管理条例》第 62 条。

3. 《施工合同司法解释(一)》第 1 条、第 6 条、第 7 条。

4. 《建筑工程施工转包违法分包等违法行为认定查处管理办法(试行)》第 13 条、第 14 条、第 15 条。

八、违法分包

实例 15　施工单位将工程分包给个人的，
分包合同无效

【案情简介】

申诉人（一审被告、二审上诉人，承包人）：北方建筑公司

被申诉人（一审原告、二审被上诉人，分包人）：张甲

1996 年 6 月 20 日，北方建筑公司与案外人韩国村公司签订了《建设工程施工合同》，约定由北方建筑公司承建韩国村公司开发的位于长春市前进大街 88 号的长春韩国（工业）村建筑工程（以下简称韩国村工程）。1996 年 6 月 30 日，北方建筑公司将其承包的韩国村工程中的 A 栋厂房分包给了张甲进行施工，张甲向北方建筑公司缴纳了质保金 30 万元。施工过程中，除发包方（甲方）韩国村公司投入了部分建筑材料和人工费外，其余工程全部由张甲自行垫付资金完成。当时，北方建筑公司从案外人吉林省呈安国际房地产开发有限公司及长春铁路机砖厂等单位赊购了部分建筑材料，但并未用于张甲所施工的工程（用在了案外人李乙的工地上）。当张甲以自有资金垫付施工至土建三层时，由于案外人韩国村公司没有及时按合同约定拨付工程款，致使工程陷入停工状态。北方建筑公司于 1996 年 10 月 21 日向吉林省高级人民法院提起诉讼，请求判令韩国村公司承担违约责任，偿还北方建筑公司垫资款、借款并赔偿损失、给付违约金等共计 5 500 万元。吉林省高级人民法院、最高人民法院对此案进行了一审、二审审理，最高人民法院最终判决韩国村公司偿还北方建筑公司工程款及机械停工损失 21 160 640 元，人工停工损失 8 931 478 元，借款 435 万元及利息 426 535.20 元。该判决已执行。

【审理结果】

一审法院判决：第一，北方建筑公司于判决生效后给付张甲 1996 年和 1997 年的工程款及机械、人工停工损失合计人民币 3 289 494.35 元并支付相应的利息（其中：1996 年工程款 1 875 386.35 元的利息，自 1999 年 5 月 13 日起至给付之日止；1997 年工程款 1 414 108 元的利息，自 1999 年 12 月 13 日起至给付之日止。利息均按中国人民银行同期同类贷款利率计算）。第二，北方建筑公司于判决生效后返还张甲质保金 30 万元并支付相应利息（自 2000 年 8 月 15 日起至给付之日止，按中国人民银行同期同类贷款利率计算）。第三，驳回张甲的其他诉讼请求。本案一审受理费 27 060 元、鉴定费 25 141 元，合计 52 201 元，由张甲负担 15 301 元，北方建筑公司负担 36 900 元。二审法院判决驳回上诉，维持原判。再审亦维持上述判决。

【工程知识】

1. 发包人：是指与承包人签订合同协议书的具有工程发包主体资格和支付工程价款能力的当事人及取得该当事人资格的合法继承人。发包人也称发包单位、建设单位或业主、项目法人。

2. 承包人：是指与发包人签订合同协议书的，具有相应工程施工承包资质的当事人及取得该当事人资格的合法继承人。承包人也称承包单位、施工企业。施工合同的承包人必须具有企业法人资格，同时持有工商行政管理机关核发的营业执照和建设行政主管部门颁发的资质证书，在核准的资质等级许可范围内承揽工程。

3. 分包人：是指按照法律规定和合同约定，分包部分工程或工作，并与承包人签订分包合同的具有相应资质的法人。

4. 违法分包：是指施工单位承包工程后违反法律法规规定或者施工合同关于工程分包的约定，把单位工程或分部、分项工程分包给其他单位或个人施工的行为。

5. 合法分包：是指建筑业企业将其所承包的房屋建筑和市政基础设施工程中的专业工程或者劳务作业发包给其他建筑业企业完成的活动。工程施工分包分为专业工程分包和劳务作业分包。根据《民法典》《建筑法》《房屋建筑和市政基础设施工程施工分包管理办法》的规定，合法的分包行为应包含以下要素：①承包人将部分工作进行分包应经发包人同意；②可以分包的范围不包括建设工程主体结构的施工（钢结构部分除外）；③分包人必须具备相应资质条件；④分包单位不得将其承包的工程再分包。

6. 建设工程内部承包合同：是指施工企业作为发包方与其内部的生产职能部门、分支机构或职工之间，为实现一定的经济目的，就特定业务及相关经营管理达成的权利义务关系，这是一种企业的内部经营方式和激励机制。而通常所说的内部承包合同特指项目经理内部承包合同，其含义是施工企业与企业内部职工之间签订承包协议，约定许可内部职工完成一定的工程项目施工、独立核算，自负盈亏，向施工企业缴纳管理费等。故，内部承包合同具有如下特征：第一，内部承包合同主体之一的内部承包人必须是施工企业的内部人员；第二，内部承包合同约定的权利义务关系特点是内部承包人需要向施工企业缴纳管理费，施工企业则需要对内部承包人进行一定的管理；第三，内部承包合同的内部承包人在经济上可以独立核算，自负盈亏。

【工程管理实务解读】

1. 建设工程施工合同中对违法分包的实际施工人在实践中的认定。

首先，从法律规定看，《施工合同司法解释（一）》第 43 条规定："实际施工人以转包人、违法分包人为被告起诉的，人民法院应当依法受理。实际施工人以发包人为被告主张权利的，人民法院应当追加转包人或者违法分包人为本案第三人，在查明发包人欠付转包人或者违法分包人建设工程价款的数额后，判决发包人在欠付建设工程价款范围内对实际施工人承担责任。"该规定中的实际施工人是订立非法转包或违法分包等无效施工合同的相对人，不是指合法的建设工程施工合同、承包合同的相对人，也不是指具体从事施工劳务的建筑工人。本案中韩国村公司将涉案工程承包给北方建筑公司，北方建筑公司属于承包人。之后，北方建筑公司将该工程违法分包给张甲等人，不仅导致涉案内部承包协议、补充协议无效，而且也使张甲成为该工程的实际施工人。因此，北方建筑公司仅是涉案工程的承包人，并非实际施工人。

其次，从合同履行看，张甲持有涉案工程的全套技术资料、财务账簿、工程预决算资料、施工签证及项外签证等，并提供了购买建筑材料的协议、欠据、收据等，证明了其对涉案工程进行了施工。原韩国村公司的董事长、白丙、林丁，北方建筑公司韩国村工程的全权代表李戊、驻工地代表常己及该工程的监理公司也证实张甲是涉案工程实际施工人。因此，张甲已经实际履行了该工程的部分施工义务，法院认定其系违法分包的实际施工人。

2. 违法进行转包、分包导致合同无效情况下，当事人之间对工程款的责任承担。

承包人与发包人签订施工合同后，违反《建筑法》禁止转包、分包的强制性规定，其将承包的工程部分分包给第三人，第三人分包后又将涉案工程转包给无施工资质的施工人，故转包、分包合同依法无效。

根据法律规定，建筑工程施工合同无效，但建设工程经竣工验收合格的，承包人请求参照合同约定支付工程价款的，应予支持；实际施工人要求转包人、违法分包人和发包人对工程款承担连带责任的，应予支持，但发包人只在欠付工程款范围内承担连带责任。

3. 关于建设工程内部承包合同效力认定及责任承担问题。

（1）内部承包合同的效力认定问题。通常从以下两个方面来判断内部承包合同的效力：一是内部承包人是否与施工企业存在合法的劳动关系。内部承包人必须是施工企业的员工，与施工企业存在合法的劳动法律关系，从而保证内部承包合同的主体适格，这是内部承包合同有效的前提条件。如果内部承包人与施工企业不存在劳动关系，接受公司的管理就无从谈起，这种情况在司法实践中会被认定成内部承包合同因涉嫌违法分包、转包或挂靠而导致合同无效。

法院在认定劳动关系时，会结合双方提供的证据，如劳动合同、工资单、社保缴纳情况、考勤记录、人事管理档案等综合认定。当事人若不能提供签订劳动合同或支付过工资等能直接证明双方存在劳动关系的证据，法院将不予支持劳动关系存在的主张，内部承包合同将因主体不适格，涉嫌违法分包、转包或挂靠而归于无效。

二是内部承包人是否接受施工企业的管理。根据《施工合同司法解释
（一）》第 1 条关于建设工程施工合同无效的认定的规定，可以看出我国法律
法规在对建设工程施工合同无效的认定中已明确提出了对承包人资质的管理
问题。因而，在确定了内部承包人确实为施工企业员工的基础上，内部承包
合同的效力认定还要考虑施工企业是否对内部承包人资质进行管理。资质管
理，一方面是指施工企业对内部承包人的人员管理，即施工企业为内部承包
人配备了足够的专业人才，如建造师、造价师、设计人员和监理人员等，组
建专业团队保障工程项目顺利推进。另一方面是指施工企业对内部承包人的
财务管理，即施工企业严格按照与发包人签订的建设工程施工合同的付款时
间、付款条件的约定来向内部承包人付款。例如，只有在相应工程竣工验收
合格后，施工企业才向内部承包人支付相应的工程价款。

（2）内部承包合同的责任承担问题。第一，名为内部承包实为违法分
包、转包或挂靠，则合同无效，但可主张折价补偿工程价款。建设工程施工
合同无效后，根据《民法典》第 157 条规定，承包人与发包人之间主要产生
两项法律后果：一是返还依据合同取得的财产，或者在不能返还或者没有必
要返还财产情况下，折价补偿；二是如果当事人因建设工程施工合同无效遭
受损失，有过错的一方赔偿对方因此所受到的损失，如果双方都有过错，则
应各自承担相应的赔偿责任。虽然当事人之间的行为是因法律禁止的违法分
包、转包或挂靠而无效，但承包人施工的工程已竣工并交付使用，承包人可
以要求对方参照合同约定支付所欠工程款。

第二，内部承包合同无效情形下，发包人在欠付工程价款范围内对实际
施工人承担责任。根据《施工合同司法解释（一）》第 43 条的规定，如果内
部承包合同无效，内部承包人作为实际施工人，可以发包人为被告，要求其
在欠付工程价款范围内承担责任。

第三，内部承包合同有效，内部承包人对外承担责任的，对本属于施工
企业的责任可向其追偿。内部承包人将工程项目分包或转包给实际施工人，
在向实际施工人支付工程款后，可以依据施工企业与内部承包人有效的内部
承包合同的约定，要求施工企业对内部承包人在履行职务过程中垫付的工程

款承担相应的责任。

第四，内部承包合同有效，实际施工人要求施工企业承担责任的，施工企业对外承担责任后，可向内部承包人追偿。内部承包的性质具有双重性，对外，内部承包人系代表施工企业履行职务行为，其法律后果应当直接由施工企业来承担；对内，由于承包的性质决定了工程最终的盈亏均由内部承包人来承担，故施工企业在对外承担责任后，可以依据内部承包合同向内部承包人进行追偿。

【法律依据】

1. 《建筑法》第 28 条、第 29 条。
2. 《施工合同司法解释（一）》第 43 条。

实例 16　分包内容对合同效力的影响

【案情简介】

原告（反诉被告）：民德劳务公司

被告（反诉原告）：军海公司

第二人：金锦公司

2013 年 5 月 30 日，第三人（作为发包人）与被告（作为承包人）签订了《建筑工程施工承包协议书》，协议约定了承包范围、合同工期、合同价款、支付方式等内容。2013 年 6 月 28 日，被告与第三人为了向建设局办理开工许可证，又签订了《建筑工程施工合同》，该合同约定第三人将位于织金县官塘桥的金玉龙城小区 4 栋、5 栋（12 号、13 号、14 号、15 号）建筑面积为 15 000 平方米的商品住宅发包给被告承建。承包范围包括土建、水电、通风、消防、室内工程（室内精装修除外）。合同工期为 2013 年 8 月 1 日至 2014 年 1 月 31 日。合同价款暂定为 1 200 万元。合同还对双方的其他权利义务进行了约定。

被告在承包织金县官塘桥金玉龙城小区 11 栋商住楼建设工程后，于 2013 年 7 月 31 日，与原告签订了《建筑施工大清包合同》，合同约定被告将其向第三人承建的位于织金县官塘桥的金玉龙城小区商住楼 4 栋、5 栋、6 栋、7 栋、8 栋、9 栋、10 栋、11 栋、12 栋、13 栋、15 栋（共计 11 栋），每栋 6 层（4 层商铺 2 层住房），建筑面积约 10 万平方米的建筑工程中的劳务部分和除钢筋混凝土及砌体砖以外的材料采购部分承包给原告。承包范围包括基础土方工程施工阶段增加工程部位，混凝土工程、钢筋工程、模块工程、脚手架工程、砌体及装修工程、机械设备及临时用水用电。承包方式为：原告负责工程设计施工图承包范围内的人工用工，负责除被告供材外的全部建筑用材料并承担费用。对于双方的权利义务、工程量签证、履约保证金、违约责任等方面也进行了约定。

《建筑施工大清包合同》签订后，原告进场施工。原告在进行织金县官塘桥金玉龙城小区 12 号、13 号、14 号、15 号商住楼施工过程中，因涉案工程的监理单位重庆建新建设工程监理咨询有限公司指出工程中存在个别柱子混凝土振捣不密实、临时防护不到位、外架未搭设、施工现场有施工人员居住等问题并要求施工单位整改，因施工单位未按要求进行整改，第三人即于 2014 年 5 月 31 日与被告签订了《协议书》。协议内容为：解除第三人与被告的《建设工程施工合同》，第三人付给被告 1 680 万元作为被告前期投入的工程款、材料款等全部款项费用。被告因该工程所欠工人工资由第三人全额支付，按同一工地的市场价核算支付，所付的工人工资计入应支付工程总款之内。随后被告与原告就被第三人从涉案工地清理出场。

2014 年 6 月 17 日，原告、被告双方就原告已实际完成的工作量进行结算，双方确认原告完成的工程为金玉龙城 12 号、13 号、14 号、15 号楼，总面积为 20 040.17 平方米。次日再经结算，双方确认工程价款为 6 450 559.42 元。

另查明：2013 年 7 月 15 日，原告依照《建筑施工大清包合同》的约定向被告缴纳 100 万元履约保证金。2014 年 6 月 13 日、2014 年 7 月 15 日，被告分两次退还了原告履约保证金 100 万元。根据 2014 年 5 月 31 日第三人与被告签订的《协议书》，第三人应支付被告 1 680 万元作为被告前期投入的工程款、材料款等全部款项费用，第三人实际支付给被告工程款（部分款项表现为第三人代被告向原告支付的工人工资）2 727 534.80 元，尚余 14 072 465.20 元工程款未予支付。2014 年 6 月 18 日经原被告结算，被告应支付原告的工程总价款为 6 450 559.42 元，被告实际已支付给原告的工程款（部分款项表现为第三人代被告向原告支付的工人工资）为 3 196 836.76 元，被告尚余 3 253 722.66 元工程款未予支付。被告至今未因已完工程部分的质量问题及修复费用向第三人作出赔偿。原告的工商营业执照上的经营范围为劳务分包、销售、建材、建筑设备租赁等。原被告被第三人清理出场后，第三人另行委托其他公司对涉案工程继续施工。

【审理结果】

一审判决如下：解除原告民德劳务公司与被告军海公司于 2013 年 7 月 31

日签订的《金玉龙城小区商住楼建筑施工劳务大清包合同》。

由被告军海公司和第三人金锦公司在本判决生效之日起 30 内连带支付原告民德劳务公司工程款 3 253 722.66 元及利息，利息计算为：从 2014 年 9 月 25 日起，以欠款3 253 722.66 元为本金，按照同期中国人民银行基准贷款利率的 130% 计算至本案实际履行完毕之日止。

驳回原告民德劳务公司的其他诉讼请求，驳回被告军海公司的其他反诉请求。

【工程知识】

1. 劳务作业分包：依据《房屋建筑和市政基础设施工程施工分包管理办法》第 5 条第 3 款的规定，劳务作业分包，又称劳务分包，是指施工总承包企业或者专业承包企业将其承包工程中的劳务作业发包给劳务分包企业完成的活动。

2. 专业工程分包：依据《房屋建筑和市政基础设施工程施工分包管理办法》第 5 条第 2 款的规定，专业工程分包，又称专业分包，是指施工总承包企业将其所承包工程中的专业工程发包给具有相应资质的其他建筑业企业完成的活动。依照专业承包企业资质等级标准，专业分包包括地基与基础工程、土石方工程、建筑装修装饰工程等 60 种方式的专业承包，每种专业承包对承包人都有相应资质标准的要求。

3. 周转性材料：周转性材料亦称周转使用材料，是指建筑安装工程施工过程中，能多次使用并基本保持其原来的实物形态，其价值逐渐转移到工程成本中去，但不构成工程实体的工具性材料。按其用途不同，可以分为以下几类：①模板，指浇制混凝土用的竹、木、钢或钢木组合的模型板，配合模板使用的支撑料和滑模材料等。②挡板，指土方工程用的挡土板以及撑料等。③架料，指搭脚手架用的竹、木杆和跳板，及列作流动资产的钢管脚手架等。④其他，指以流动资金购置的其他周转材料，如塔吊使用的轻轨、枕木等。

4. 劳务分包的常见形式有三种：

（1）自带劳务。自带劳务承包，指企业内部正式职工经过企业培训考核合格成为工长，劳务人员原则上由工长招募，人员的住宿、饮食、交通等由企业统一管理，工资由企业监督工长发放或由工长编制工资发放表由企业直接发放。

（2）零散劳务。零散的劳务承包，指企业临时用工，往往是为了一个工程项目而临时招用工人。

（3）成建制劳务。成建制的劳务承包，指以企业的形态从施工总承包企业或专业承包企业处分项、分部或单位工程地承包劳务作业。

【工程管理实务解读】

1. 司法实践中如何从劳务分包内容以及履行情况来认定合同效力。

合法分包包括两种情形：一是专业分包，二是劳务分包。关于分包合同的效力认定，《建设工程质量管理条例》《建筑工程施工发包与承包违法行为认定查处管理办法》《河北省高级人民法院建设工程施工合同案件审理指南》均有相关规定，其规定虽不尽相同，但均是从分包单位是否具备相应资质、是否存在再分包情形、分包工程内容是否超越劳务分包范围三个方面来认定。本案中，我们主要来分析一下分包工程内容对合同效力的影响。

分包合同约定的工程内容具有以下情形的，因违法可能认定为无效：①施工总承包单位将施工总承包合同范围内工程主体结构的施工分包给其他单位的，钢结构工程除外（《建筑工程施工发包与承包违法行为认定查处管理办法》第12条第3项）。②专业作业承包人除计取劳务作业费用外，还计取主要建筑材料款和大中型施工机械设备、主要周转材料费用的（《建筑工程施工发包与承包违法行为认定查处管理办法》第12条第6项）。③专业分包单位将其承包的专业工程中非劳务作业部分再分包的（《建筑工程施工发包与承包违法行为认定查处管理办法》第12条第4项）。④施工总承包单位将建设工程主体结构的施工分包给其他单位的（《建设工程质量管理条例》第78条第2款第3项）。⑤总承包人、专业分包企业将建筑工程的劳务作业分包给具备相应资质条件的企业，但分包的内容包括提供大型机械、周转性材料租赁和主要材料、设备采购等（《河北省高级人民法院建设工程施工合同案件审理指南》第5点）。

本案中，从原告、被告于2013年7月31日签订的《建筑施工大清包合同》约定的内容来看，承包范围包括基础土方工程施工阶段增加的工程部位、混凝土工程、钢筋工程、模块工程、脚手架工程、砌体及装修工程、机械设备及临时用水用电。从合同履行情况来看，双方约定承包范围内（基础地圈梁以上）的工作量以每平方米 340 元的价格结算，然而实际结算时双方以每平方米 300 元的价格计算主体工程，双方约定及履行的价格远低于建设工程施工合同中一般工程量的单价，可以确认被告系将涉案工程的劳务部分及除钢筋混凝土及砌体砖主要建材以外的材料供应分包给原告，《建筑施工大清包合同》应认定为劳务分包合同。

湖北省高级人民法院（2018）鄂民终 226 号"辽宁省路桥建设集团有限公司、贵州旭泰商贸有限公司建设工程合同纠纷案"则是一则情况相反的案例。湖北省高级人民法院通过案件查明的事实，对专业工程分包与劳务分包在涵盖的范围及合同标的指向上的区别的分析，并结合辽宁路桥集团与绅达建设公司之间劳务合同的实际履行情况，确认绅达建设公司不仅自行采购了隧道工程施工所需的各型设备，还对外承担了征地补偿费用，辽宁路桥集团在施工过程中不仅与绅达建设公司逐次核对主材领料量并形成领料价款汇总，而且还在劳务分包合同约定的价款明确的情况下多支付了 300 余万元，也进一步证明双方并非实际履行劳务分包合同，从而认定辽宁路桥集团与绅达建设公司之间形成建设工程分包合同关系，该合同因违反建设工程相关法律行政法规关于分包的内容而无效。法院因而认定双方实际形成的是建设工程分包合同关系，属于违法分包。

2. 劳务分包与转包的区别。

（1）对象不同。转包的对象是工程或分部分项的工程，而劳务分包仅指向工程中的劳务。在转包的情况下，转包人是将承包的全部建设工程任务转让给转承包人，包括建设工程任务中的经济技术责任、管理责任及劳务作业任务；而劳务分包的情况下，劳务作业发包人仅将其承包的建设工程任务中的劳务作业任务分包给劳务作业承包人。

（2）合同效力不同。转包属于法律法规所明确禁止的无效行为，而劳务分包属合法行为，法律对劳务分包并不禁止。

（3）法律后果不同。转包的双方对因此造成的质量或其他问题要对发包人承担连带责任；劳务分包双方按合同承担相应责任，并不共同向发包人承担连带责任。

3. 专业工程分包与劳务分包的区别。

（1）对象指向不同。专业工程分包的对象是工程，包含完成专业工程的所有工作，包括专业技术、管理、材料采购工作等，还包含劳务内容，计取的是直接费、间接费、税金和利润，其对价属于法律上的"工程款"；劳务分包的对象仅为工程施工中剥离出来的劳务作业部分，计取的是直接费中的人工费和一定的管理费，其对价属于法律上的"劳务报酬"。

可以说，专业工程分包与劳务分包的区别之一就是是否包工包料，包工包料为专业工程分包，包工不包料为劳务分包。《北京市高级人民法院关于审理建设工程施工合同纠纷案件若干疑难问题的解答》第4点认为，合同约定劳务作业承包人负责与工程有关的大型机械、周转性材料租赁和主要材料、设备采购等内容的，不属于劳务分包。

（2）主体不同。专业工程分包发生在总承包人与专业分包人之间，而《最高人民法院建设工程施工合同司法解释的理解与适用》指出，劳务分包人既可以是总承包人，也可以是专业分包的承包人，即劳务分包可能发生在总承包人与劳务分包人之间，也有可能发生在专业分包人与劳务分包人之间。

分包主体的资质要求也不同，根据《建筑业企业资质管理规定》，建筑业企业资质分为施工总承包资质、专业承包资质、施工劳务资质三个序列，因此承接专业工程分包的单位应具有专业承包资质，承接劳务分包的单位应具有施工劳务资质；且因为专业承包资质比施工劳务资质高一等级，具有专业承包资质的单位亦可承接劳务分包，而具有施工劳务资质的单位却不能承接专业工程分包，否则属于《建设工程质量管理条例》第78条第2款第1项规定的将建设工程分包给不具备资质条件的单位的行为，属于违法分包行为。

（3）相关禁止性规定不同。专业工程分包必须先经过发包人的同意，在施工总承包合同中有约定的除外，专业工程分包若未取得发包人同意则属于法律法规所禁止的无效行为；而劳务分包是将工程中的劳务作业部分交由第三人完成，为法律所允许，且无须经发包人同意，除非发包人与承包人另有约定。

专业工程分包的承包人不得将承包的建设工程再次分包给第三人，但可以将其中的劳务作业部分交由第三人完成，即发生在专业分包人与劳务分包人之间的劳务分包；劳务分包的承包人不得将承包的劳务作业再次分包给第三人。

（4）责任的范围不同。专业工程分包条件下，总分包双方要对分包工程及其质量向发包人负责；劳务分包条件下，劳务分包人对发包人不直接承担责任。

（5）管理的内容不同。专业分包条件下，总承包方履行的职责主要是专业分包项目（分部分项）施工过程、施工资料、进场材料设备质量状况的监督检查，即符合性管理；劳务分包管理，则是施工期间的全方位管理，包括提供临设，提供测量放线、施工技术和安全技术交底，检查施工作业与交底的符合性，提供工程施工和防护材料及施工机具设备，组织分部分项工程验收，编制质量控制记录，收集质量保证资料，编制竣工资料等，即实施性管理。

4. 分包合同无效后的责任承担。

（1）工程竣工验收合格的，承包人可以要求参照无效合同的约定支付工程价款；但经修复而验收合格的，修复费用应当由承包人承担。

（2）未能竣工验收合格的工程，可不予支付工程款。

（3）发包人有过错的也应当承担相应的民事责任。

（4）人民法院可收缴当事人已经取得的非法所得。

（5）合同无效，但工程经竣工验收合格或已交付使用，合同价款约定不明的，应当按工程定额、工程量对工程造价进行鉴定，以鉴定结果确定工程价款。

（6）合同无效，工程竣工验收合格，发包人要求扣除工程折价款中所含利润的，人民法院不予支持。

【法律依据】

1.《建设工程质量管理条例》第78条。

2.《房屋建筑和市政基础设施工程施工分包管理办法》第14条。

3. 《建筑工程施工发包与承包违法行为认定查处管理办法》第 12 条。

4. 《河北省高级人民法院建设工程施工合同案件审理指南》第 5 点。

5. 《北京市高级人民法院关于审理建设工程施工合同纠纷案件若干疑难问题的解答》第 4 点。

6. 《施工合同司法解释（一）》第 5 条。

7. 《施工合同司法解释》（现已失效）第 3 条、第 7 条。

九、未取得相关的行政许可手续

实例 17 未取得建筑工程规划许可证的，施工合同无效，未取得建筑工程施工许可证的，不影响合同效力

【案情简介】

上诉人（原审被告）：内乡旅游公司

被上诉人（原审原告）：安阳建设公司

安阳建设公司与内乡旅游公司于 2012 年 12 月 18 日签订某酒店工程施工合同，约定由安阳建设公司承建内乡旅游公司甲酒店建筑、安装等工程。合同约定，资金来源为自筹；工程实行总承包方式。合同对工期及竣工日期没有约定，开工日期以监理下发的开工令为准。合同价款及支付：工程按照《河南省建设工程量清单综合单价》（2008）及相关配套文件计价，材料价格按照施工同期南阳工程造价信息计取。该工程无预付款，合同签订后 7 日内安阳建设公司缴纳 20 万元履约保证金，并开始进场临建搭设；若未按合同约定的进场时间进场，则不退履约保证金。合同详细约定了结算方式。

合同签订后，安阳建设公司依约缴纳了履约保证金，并组织人员入场施工。由于甲酒店项目相关规划建设手续不完善，当地规划部门要求立即停工。内乡旅游公司对安阳建设公司下发了工程暂停令。后安阳建设公司询问何时复工，并请求解决在此期间的农民工工资、机械设备租赁费用等问题，希望内乡旅游公司能妥善解决农民工问题。内乡旅游公司随后作出《关于甲酒店项目停工补偿问题的处理意见即附件》，对停工期间的补偿进行了约定。安阳建设公司于 2014 年 5 月 23 日申请南阳市智圣公证处对甲酒店工地停工现场进行保全证据公证。

至二审法院开庭之时，内乡旅游公司仍未取得涉案项目的建设用地审批手续、建设工程规划审批手续，未取得建筑工程施工许可证。

【审理结果】

一审法院认为：安阳建设公司与内乡旅游公司签订的工程施工合同，是双方当事人的真实意思表示，其内容不违反国家法律和行政法规的强制性规定，合法有效。安阳建设公司为该工程的建设积极地作前期准备并进行施工，由于内乡旅游公司未能及时办理相关的建设规划手续，致使工程停工。安阳建设公司请求解除双方所签订的合同，内乡旅游公司也同意解除，故该合同予以解除，安阳建设公司缴纳的 20 万元履约保证金应予以返还。

该工程由安阳建设公司全垫资施工，双方对工程造价无法达成一致，根据安阳建设公司的申请，法院委托南阳信威工程造价咨询有限责任公司对涉案工程进行工程造价鉴定，内乡旅游公司对该鉴定报告虽有异议，但未在指定的期间内提出重新鉴定申请，故对该鉴定结果予以采信。内乡旅游公司应当支付安阳建设公司工程价款 2 272 854.23 元、现场堆放的钢筋价款 881 121.02 元、租赁费 276 690.06 元。安阳建设公司请求的租赁费用损失部分超出鉴定费用范围的，法院不予支持。安阳建设公司为履行合同，搭建工地项目部的彩板房费用 32 000 元，内乡旅游公司应予承担。内乡旅游公司已经支付劳务费 1 200 000 元，余下应当支付的工程款为 3 430 665.31 元 + 32 000 元 - 1 200 000 元 = 2 262 665.31 元。

内乡旅游公司于 2013 年 8 月 26 日向安阳建设公司下发工程暂停令，暂停该项目的施工。内乡旅游公司的行为已构成违约，应承担相应的违约责任。双方在 2013 年 11 月 12 日的《关于甲酒店项目停工补偿问题的处理意见即附件》中约定，内乡旅游公司同意将停工期间自 2013 年 8 月 26 日起对安阳建设公司的补偿标准从 3 万元/月提高至 6 万元/月。安阳建设公司在该附件第 3 条后加注"以上补偿费用直接补给宏旺劳务公司"，并加盖有安阳建设公司南阳分公司印章，应当能够认定双方就停工损失达成一致意见。安阳建设公司称双方未能就停工补偿问题达成一致意见的理由缺乏证据支持，原审法院不予采信。关于停工的期限，从内乡旅游公司 2013 年 8 月 26 日下发停工通知到安阳建设公司 2014 年 7 月起诉主张权利,法院酌定按照 10 个月计算,即 6 万元/月×10 个月 = 60 万元,内乡旅游公司应支付给安阳建设公司。

二审法院认为:内乡旅游公司与安阳建设公司于 2012 年 12 月 18 日签订工程施工合同时,涉案项目未办理建设用地及建设工程规划审批手续,未取得建筑工程施工许可证,至本案二审开庭时,涉案项目仍未取得上述手续,工程不具备建设条件,双方签订的工程施工合同应确认无效,原审法院认定合同有效并判决解除不当。根据《合同法》第 58 条规定的"合同无效或者被撤销后,因该合同取得的财产,应当予以返还;不能返还或者没有必要返还的,应当折价补偿。有过错的一方应当赔偿对方因此所受到的损失,双方都有过错的,应当各自承担相应的责任",办理建设用地及建设工程规划审批手续和建筑工程施工许可证的主体是建设单位内乡旅游公司,故内乡旅游公司是导致合同无效的责任方,其应赔偿安阳建设公司因此所受到的损失。原审法院认定的工程款实为安阳建设公司的损失,法院予以纠正。

综上,内乡旅游公司与安阳建设公司签订的工程施工合同无效,原审法院认定合同有效并判决解除不当。原审法院认定的工程款实为安阳建设公司的损失,扣减原审法院多计取的租赁费 276 690.06 元后,安阳建设公司的损失数额为 1 985 975.25 元(2 262 665.31 元 - 276 690.06 元),内乡旅游公司应予赔偿。

【工程知识】

1. 建设用地使用权证:指国家确认建设用地使用权人享有建设用地使用权利的法律凭证和证明。[①] 该证载明的使用权人依法对国家所有的土地享有占有、使用和收益的权利,有权利用该土地建造建筑物、构筑物及其附属设施。

2. 建筑工程施工许可证:是指建筑工程开始施工前建设单位向建设行政主管部门申请的可以施工的证明。[②] 需要说明的是,并非所有建设工程都需要领取施工许可证。我国法律规定,按照国务院规定的权限和程序批准开工

---

① 杨家学:《房地产开发流程》,法律出版社 2010 年版,第 172 页。
② 同上,第 353 页。

报告的建筑工程，不再领取施工许可证。

3. 垫资施工承包：是长期以来在中国建设工程施工领域存在的一种承包方式，是指在工程项目建设过程中，承包人利用自有资金为发包人垫资进行工程项目建设，直至工程施工至约定条件或全部工程施工完毕后，再由发包人按照约定支付工程价款的施工承包方式。

4. 工程造价鉴定：又称工程造价司法鉴定，指依法取得有关工程造价司法鉴定资格的鉴定机构和鉴定人受司法机关或当事人委托，依据国家的法律、法规以及中央和省、自治区及直辖市等地方政府颁布的工程造价定额标准，针对某一特定建设项目的施工图纸及竣工资料来计算和确定某一工程价值并提供鉴定结论的活动。

5. 履约保证金：是工程发包人为防止承包人在合同执行过程中违反合同规定或违约给其造成经济损失而要求承包人提供一定的财产作为担保。在法律上其性质相当于定金，但它只单方面对承包人具有法律约束力，旨在对发包人提供合理保护，发包人可在招标文件中直接规定履约保证金。

6. 造价工程师：是通过全国造价工程师执业资格统一考试或者资格认定、资格互认，取得我国造价工程师执业资格，并按照《注册造价工程师管理办法》注册，取得我国造价工程师注册执业证书和执业印章，从事工程造价活动的专业人员。

【工程管理实务解读】

1. 建设工程施工合同纠纷中，合同效力问题是首先要研究、解决的重要问题。

律师作为建设工程施工合同纠纷当事人的代理人，拿到案件后首先要分析、研究的就是合同效力问题，否则会使整个诉讼策略出现战略性错误。

另外，实践中，即使诉讼双方均未针对合同效力提出任何观点，法院一般情况下也会主动审查合同效力问题。法院只有在作出合同是否有效的判断后，才可以正确地适用法律并依法作出合法、合理的判决。从各法院民事判决书中"法院认为"部分的内容可以清晰地看出法院的上述思路。

2. 在建设工程施工过程中的众多行政许可程序中，哪些影响合同效力，哪些又不影响合同效力呢？

关于建设工程施工需要完备的建设工程土地规划手续，需要具备的国有土地使用权证及建设工程规划许可证，我国法律诸如《土地管理法》《城乡规划法》等均作出了明确规定。但是在未办理相关手续的情况下，签订的施工合同是否必然无效，对此法律没有作出直接的规定。正因为如此，在司法实践中，法院作出了截然不同的判决。

目前的主流观点是，尚未取得建设用地规划许可证或建筑工程规划许可证等行政审批手续的工程的建设施工合同无效，但一审法庭辩论终结前或庭审结束前取得相应审批手续或者经主管部门批准建设的，认定合同有效。而未取得建筑工程施工许可证的并不当然认定施工合同无效。① 最新公布的自 2021 年 1 月 1 日起施行的《施工合同司法解释（一）》明确肯定了上述观点，其第 3 条规定："当事人以发包人未取得建设工程规划许可证等规划审批手续为由，请求确认建设工程施工合同无效的，人民法院应予支持，但发包人在起诉前取得建设工程规划许可证等规划审批手续的除外。发包人能够办理审批手续而未办理，并以未办理审批手续为由请求确认建设工程施工合同无效的，人民法院不予支持。"

3. 因未取得相关行政许可手续被法院认定为无效的建设施工合同后，由谁承担过错责任呢？

在建设工程施工过程中，办理建设用地、建设工程规划审批手续及建筑工程施工许可证的主体是建设单位。因此，通常情况下，法院认定建设单位是导致建设工程施工合同无效的责任方，由建设单位赔偿施工单位因此所受到的损失。这些损失包括农民工工资等劳务费用、材料设备购置费以及租赁费、误工费等实际发生的费用及造成的损失。

4. 在建设工程施工合同无效的情形下，要充分重视工程造价鉴定。

在建设工程施工合同无效的情形下，除建设工程施工完毕且经验收合格的情形可以参照合同约定的价款外，其他情形下，原合同约定的价款已基本上失去了其原有的意义。

---

① 朱树英主编：《法院审理建设工程案件观点集成》，中国法制出版社 2015 年版，第 133 页。

一旦进入诉讼程序，当事人又很难对工程造价达成一致意见，因此诉讼实践中一般是通过申请司法鉴定的方式来确定工程造价。所以说，无论是建设单位还是施工单位，从选择鉴定机构到确定鉴定范围再到配合鉴定机构到现场勘验，都要给予充分的注意。否则，一旦司法鉴定结果出来后，再试图改变是有很大难度的。

由于司法鉴定的专业性非常强，其不仅涉及法律意义上的司法鉴定程序，而且涉及工程造价知识，如工程折价款是否包含间接费和利润，实践中有多种理论观点和司法案例。[1] 因此诉讼当事人需要结合律师及造价员的意见充分地与承办法官、鉴定机构进行沟通，甚至提供书面意见。

5. 因未取得相关行政许可手续被法院认定建设施工合同无效后，施工单位的举证责任很重。

如前所述，因未取得相关行政许可手续被法院认定建设施工合同无效后，建设单位依法应向施工单位赔偿损失，而且损失通常需要借助建设工程造价鉴定来确定数额。所以施工单位要想充分维护其合法权益，从工程建设过程到诉讼过程中，都需要搜集并保存相关证据尤其是由建设单位签证的书面证据来证明其主张的损失，否则其损失诉求很难得到法院支持。

【法律依据】

1.《中华人民共和国行政许可法》第 2 条、第 12 条、第 39 条、第 81 条。

2.《土地管理法》第 43 条[2]、第 83 条。

3.《中华人民共和国城市房地产管理法》（以下简称《城市房地产管理法》）第 26 条、第 60 条、第 61 条第 1 款。

4.《城乡规划法》第 37 条、第 38 条、第 39 条、第 40 条。

5.《建筑工程施工许可管理办法》第 2 条、第 3 条。

6.《施工合同司法解释（一）》第 3 条。

---

[1] 朱树英主编：《法院审理建设工程案件观点集成》，中国法制出版社 2015 年版，第 748~758 页。

[2] 注：2020 年 1 月施行的修订后的《土地管理法》删除了此条。

第 二 篇

建设工程
工程价款实务解读

一、建筑安装工程费用项目组成

实例1　人工费调整引发的工程造价结算纠纷

【案情简介】

上诉人（原审原告）：国安公司

上诉人（原审被告）：舞钢房地产公司

2011年4月，国安公司中标恒大华府拆迁安置房工程项目，4月28日，舞钢房地产公司（发包人）与国安公司（承包人）就该工程签订了《建设工程施工合同》，工程名称为恒大华府拆迁安置房工程，地点为舞钢市钢城路东侧、庙上中路北侧，规模为地上32层、地下1层，剪力墙结构，建筑面积39 874.51平方米，资金来源为财政投资，工期为645天（2011年5月7日至2013年2月9日），合同价款为62 269 886.29元，采用固定价款方式确定。风险范围：合同期限内除钢材、水泥（不含商品砼中的水泥）和商品砼外的其他材料物价变化，工程竣工结算时钢材、水泥（不含商品砼中的水泥）和商品砼价格涨降幅度在10%（含10%）以内，政策性调整，国安公司可以预见的因素。风险范围以外的合同价款调整方法为：工程竣工结算时，由舞钢市财政投资评审中心（以下简称评审中心）根据合同文件和舞政〔2008〕28号文进行竣工结算，所涉及的材料价格为国安公司和舞钢房地产公司双方认可价。

本案主要争议焦点之一是人工费调整问题，发包人认为根据合同专用条款第6条的约定，本合同采用固定价款，人工费属于政策性调整范围，包含在风险范围内，投标方在投标报价承诺书中已书面承诺，政策性调整不再调整合同价款，所以该项人工费不应调整。国安公司认为根据河南省住房和城乡建设厅豫建设标〔2011〕45号文件《关于进一步明确建设工程人工费计价问题的通知》（以下简称河南省住房和城乡建设厅〔2011〕45号文件）第3

条、第 4 条规定，严禁在招标文件中强行要求单方承担无限风险，明文规定人工费的风险幅度为正负 10%。本案工程在 2011 年 5 月施工时人工的价格为 55 元/工日，其间经多次调整，到 2013 年 7 月已经涨到 68 元/工日，但是评审中心按照 2008 年的 43 元/工日计算，违反了法律的强制性规定。国安公司关于人工费调整的报价（5 109 091 元）是根据政府文件发布的价格按照定额计算得来的。

【审理结果】

二审法院审理认为： 关于人工费调整应否支付的问题。第一，双方签订的《建设工程施工合同》约定合同价款中包括的风险范围为"……政策性调整、国安公司可以预见的因素"。河南省住房和城乡建设厅〔2011〕45 号文件规定的人工费调整属于政策性调整，故依据双方的合同约定，该项人工费调整不应当在合同价款中扣减。第二，河南省住房和城乡建设厅〔2011〕45 号文件规定：本通知自 2011 年 10 月 15 日起执行，执行之日前已签订合同的在建工程，可以按本通知的精神，约定未完工程量人工费的调整办法。因双方于 2011 年 4 月 28 日签订《建设工程施工合同》，签订时间早于河南省住房和城乡建设厅〔2011〕45 号文件颁布时间，《建设工程施工合同》未约定未完工程量人工费的调整办法，故不适用河南省住房和城乡建设厅〔2011〕45 号文件。综合以上两点，舞钢房地产公司主张不应支付人工费调整 4 426 945.09 元的上诉请求成立，法院予以支持。综上，原审判决关于人工费调整适用法律不当，法院予以纠正。

【工程知识】

1. 人工费的定义及构成：根据《建筑安装工程费用项目组成》（建标〔2013〕44 号），人工费是指按工资总额构成规定，支付给从事建筑安装工程施工的生产工人和附属生产单位工人的各项费用，内容包括下面几项。

（1）计时工资或计件工资：是指按计时工资标准和工作时间或对已做工作按计件单价支付给个人的劳动报酬。

（2）奖金：是指对超额劳动和增收节支支付给个人的劳动报酬。如节约奖、劳动竞赛奖等。

（3）津贴补贴：是指为了补偿职工特殊或额外的劳动消耗和因其他特殊原因支付给个人的津贴，以及为了保证职工工资水平不受物价影响支付给个人的物价补贴。如流动施工津贴、特殊地区施工津贴、高温（寒）作业临时津贴、高空津贴等。

（4）加班加点工资：是指按规定支付的在法定节假日工作的加班工资和在法定日工作时间外延时工作的加点工资。

（5）特殊情况下支付的工资：是指根据国家法律、法规和政策规定，因病、工伤、产假、计划生育假、婚丧假、事假、探亲假、定期休假、停工学习、执行国家或社会义务等原因按计时工资标准或计时工资标准的一定比例支付的工资。

2. 人工费的计算：计算人工费的基本要素有两个，即人工工日消耗量和人工日工资单价。人工工日消耗量是指在正常施工生产条件下，完成规定计量单位的建筑安装产品所消耗的生产工人的工日数量。人工日工资单价是指直接从事建筑安装工程施工的生产工人在每个法定工作日的工资、津贴及奖金等。人工费的基本计算公式为：人工费 = $\sum$（工日消耗量 × 日工资单价）。

3. 人工费单价的不同表现形式及区别。

（1）定额人工单价。定额人工单价也叫综合工日单价，是指在国家规定的工作日制度下，在正常的施工条件下，一个建筑安装生产工人一个工作日的全部人工费用。定额人工单价基本上反映了定额编制期建筑安装生产工人的工资水平和一个工作日中可以得到的工资报酬。其价格是根据正常施工条件及现有的技术条件、技术装备，正常的劳动强度和技术熟练程度，按照国家规定的日工作时间（8 小时）、月计薪天数（20.83 天）、年工作日（250天）等因素进行确定的。现行定额人工一般不分工种、级别，均以综合工日表示。

（2）市场人工单价。市场人工单价是建筑劳务市场建筑企业聘用建筑工人，支付给劳动者的工资。市场人工单价一般按照不同的工种划分，不同工种的工资水平不同。市场人工单价与综合工日单价有以下几点区别：①定额人工单价按照国家规定的工作时间（8 小时）测定，而市场人工单价中包含的工作时间往往超过国家规定的工作时间。②工效不同，定额人工单价中的工效是按照一般劳动强度和技术熟练程度测定的，而市场人工单价中人工工效往往高于定额人工单价中的工效。③从数值上看，市场人工单价要高于定额人工单价。④两者的作用不同，定额人工单价是定额人工费的构成要素，是构成工程造价的组成部分，用于发承包双方的结算；市场人工单价形成于劳动力市场，主要用于建筑企业与劳动者之间工资的结算。

（3）劳务人工单价。劳务人工单价是指劳务分包时的劳务价格，以完成一定单位实物量的建筑产品为计算基础。比如钢筋劳务作业中劳务单价为450元/吨，是指按实际绑扎钢筋长度乘以单位理论质量计算，完成每吨钢筋绑扎工作的劳务价格是450元。这种人工单价形式适用于施工总承包企业与劳务分包企业之间的结算。

4. 建设行政主管部门对于人工费调整的相关政策性文件。

建设工程合同结算中人工费的结算往往涉及建筑业企业劳动者的切身利益，为维护建筑业企业劳动者的利益，人工费单价组成及其调整一直处于建设行政主管部门的监管和引导之中。相关政策性文件主要有两类，一类是涉及人工费单价构成的，比如原建设部和财政部于2003年发布了《建筑安装工程费用项目组成》（建标〔2003〕206号），随着经济社会的发展和建筑市场的变化，住房和城乡建设部、财政部于2013年修订发布了《建筑安装工程费用项目组成》（建标〔2013〕44号）；以及省级建设行政主管部门发布的相关文件，比如河南省住房和城乡建设厅〔2011〕45号文件。另一类是建设行政主管部门定期发布的人工费指导价格文件，比如河南省建筑工程标准定额站定期发布的人工费指导价、各工种信息价、实物工程量人工成本信息价。

【工程管理实务解读】

建设工程施工周期一般较长，在我国目前的经济环境下，施工期间建筑材料费用和人工费用出现大幅涨价是大概率事件。2018年后半年，四川、河南、广东、山东、山西等多省集中大幅度上调人工单价，其中河南调整后的普工日工资单价达到95元/天，相比2017年同期上涨6.6%。因此，降低建设工程中的人工费成本，控制人工费上涨的风险，对于建设工程发承包双方来说都是非常重要的一件事。

对于发包人而言可以从以下两个方面控制人工费成本。

一是明确人工费的边界，已计入人工费的费用不重复计费。人工费等于人工费单价和数量的乘积，发包人在审核承包人报送的结算文件时除审核量的计算是否有误外，也要从人工费的构成分析，看是否存在已包含人工费的项目另行计价的情况。例如，有些项目的人工费已计入工程造价，承包人又在计日工中重复计算。

二是在签订合同时，明确约定人工单价涨价的风险范围。正如本案例中可以在合同中约定人工单价的上涨不调整工程款。但是由于建筑市场的规范和健康发展，关系到相关从业人员以及公众的人身财产安全，因此我国从法律到行政法规以及地方性法规和规章都对建筑市场的安全生产、质量、造价等方面进行管理。对于建筑市场的快速变化以及复杂性，地方性法规和规章在建筑市场的管理中的作用更加突出。比如我国建筑市场中建筑产品的价格及结算，很大程度上受省市建设行政主管部门的监管和影响。无论是建筑工程造价的构成上，还是计价方式、计价定额、造价信息等，都依赖于地方建设行政主管部门出台的规章和政策性文件。这些规章和政策性文件对规范建筑市场，促进建筑市场健康发展起到了很大的作用。那么，当发承包双方当事人签订的建设工程施工合同与这些规章、政策性文件发生冲突时，合同中的约定是否有效呢？通过本判决可以看到，由于地方规章和政策性文件的法律位阶较低，而发承包双方当事人约定依托原《合同法》，法律位阶相较于地方规章和政策性文件高，因此，法院在判决时往往认定当事人的约定有效。我国的各种法律渊源形成了一个由上至下、处于不同位阶、具有不同效力的体系，即法律渊源体系。按照《中华人民共和国宪法》和《中华人民共和国立法法》规定的立法体制，法律效力位阶共分六级，它们从高到低依次是：根本法、基本法、普通法、行政法规、地方性法规和行政规章。在法的位阶中处于不同或相同的位置和等级，其效力也是不同或相同的。司法审判与行政管理在建筑市场行政管理上出现了不一致，这种不一致短时间内恐怕难以改变。

因此，发包人在签订施工合同时可利用自身优势地位约定合同中人工单价涨价风险由承包人承担，也可以约定人工单价风险比例小于当地建设行政主管部门政策性文件中的固定比例，但这种约定同时要考虑承包人的履约能力，毕竟承包人违约往往会造成发包人的损失。

承包人可以从以下两个方面控制人工费成本。

一是加强项目管理，合理安排以减少因自身原因产生的窝工，做好相关施工记录，对于非自身原因导致的窝工及时向发包人提出索赔。

二是发包人参与建设工程的次数和深度往往不如承包人，对于建设工程施工合同的起草和履约管理能力也稍逊于承包人。承包人应根据自身以往工程实践经验争取合同的起草权，在起草合同时把《建设工程工程量清单计价规范》及当地建设行政主管部门颁布的人工费调整文件加入合同里面合适的条款中。如果无法争取到合同起草权，可以用当地建设行政主管部门颁布的人工费调整文件中的规定争取人工单价风险的分配比例约定的主动权。

律师在办理建设工程案件时遇到人工费调整引发的争议时，要根据案件纠纷发生的时间正确地选用人工费单价构成文件，并熟悉人工费单价的构成。结合建设工程施工合同的约定和当地建设行政主管部门的调价文件综合判断，寻找争议解决的途径。

【法律依据】

1. 《建筑安装工程费用项目组成》（建标〔2003〕206号）。
2. 《建筑安装工程费用项目组成》（建标〔2013〕44号）。

实例 2　是否计取安全文明措施费引发的工程造价结算纠纷

【案情简介】

原告：金色广场房地产开发公司

被告：泰州市建工局

第三人：启东建筑公司

对于"世纪新城"A区3号、4号楼及裙房工程，2011年11月18日，启东建筑公司向泰州市建工局提交了"泰州市文明工地申报表"。2013年1月5日，泰州市建工局在其网站上发布了《关于泰州市2012年建筑施工市级文明工地项目名单的公示》，于2013年1月30日再次在其网站上发布了《关于表彰2012年度泰州市建筑施工文明工地的决定》。2014年4月14日，泰州市建筑安全监管站、泰州市工程造价管理处对承建的上述工程作出"现场安全文明施工措施费测定表"。泰州市住房和城乡建设局在其网站上公布了2014年4月份已完成的工程现场安全文明施工措施费测定情况，其中启东建筑公司承建的上述工程土建部分的基本费率为2.2%，现场考评分为93分，综合评价等级为较好，综合评价修正比例为95%，现场考评费率为0.972%，奖励费率为0.7%，总费率为3.87%；安装部分的基本费率为0.8%，现场考评分为92分，综合评价等级为较好，综合评价修正比例为95%，现场考评费率为0.35%，奖励费率为0.4%，总费率为1.55%。2014年7月22日，启东建筑公司向金色广场房地产开发公司送达竣工结算书。2014年8月21日，送达竣工结算补充材料通知，其中第3项补充内容为"建设项目安全文明施工申报资料表"和"建设项目安全文明施工评价得分表"。2014年8月23日，金色广场房地产开发公司向启东建筑公司作出回复函，其中第3项内容为"建设项目安全文明施工评价得分表"已提供在竣工结算资料中，请贵公司在竣工结算资料中自行查找。2014年9月11日，金色广场房地产开发公司向启东建筑公司作出工作联系函，其中第3项内容为"建设项目安全文明施工评价得分表"在竣工结算资料中已提交，你单位未提供"建设项目安全文明施工申报资料表"，则不能形成整体，请你公司提供完整的申报表。2014年9月17日，启东建筑公司复函，其第3项载明：关于"建设项目安全文明施工评价得分表"已提供在竣工结算资料中，审计方要求的是评定的结果，而不是过程。如果贵方需辨别此评分表的真假，则需贵方受累到泰州相关核准部门去咨询去复核。2014年9月23日，金色广场房地产开发公司向启东建筑公司作出工作联系函，其中第3项载明："建设项目安全文明施工评价得分表"在竣工结算资料中已看到，你单位为何不提供"建设项目安全文明施工申报资料表"，如你单位不能提供此表，则"建设项目安全文明施工申报资料表"和"建设项目安全文明施工评价得分表"不能形成整体，并不能作为竣工决算的依据，请你公司尽快提供完整的申报表，同时请贵司慎重考虑在施工期间发生安全事故的事实，是否能达到安全文明工地的评定要求。

而后金色广场房地产开发有限公司遂提起了诉泰州市建工局、第三人启东建筑公司的行政撤销纠纷案。要求泰州市建工局撤销其对启东建筑安全文明施工措施费的评定及测定行为。

【审理结果】

一审法院认为：安全文明施工措施费的支付、计算方式均是基于金色广场房地产开发公司与启东建筑公司之间建设工程施工合同的约定，泰州市建工局所作的文明工地评定行为是双方工程结算的参考依据，该行为不能对金色广场房地产开发公司与启东建筑公司权利义务独立发生影响，故其起诉应予驳回。

【工程知识】

1. 安全文明措施费的构成。

（1）安全文明措施费计费的法律依据。安全生产至关重要，实现安全生产的前提是制定一系列安全法规，使之有法可依。安全生产是国民经济运行的基本保障，保护所有劳动者在工作中的安全与健康既是政府义不容辞的责任，也是现代文明的基本内容，对建筑业来说，完善我国建筑安全卫生的立法、建立健全建筑安全卫生保障体系，提高我国的建筑安全卫生水平是我们的目标和要求。国家相继出台了一系列法律、法规及部门规章、施工安全技术标准，为建设工程行业的安全生产起到了保驾护航的作用。《建筑法》第五章专门就建筑安全生产管理进行了详细规定。

《中华人民共和国安全生产法》是安全生产领域的综合性基本法，它是我国第一部全面规范安全生产的专门法律，是我国安全生产法律体系的主体法，是各类生产经营单位及其从业人员实现安全生产所必须遵循的行为准则，也是各级人民政府及其有关单位进行监督管理和行政执法的法律依据，是制裁各种安全生产违法犯罪行为的有力武器。《中华人民共和国环境保护法》《中华人民共和国大气污染防治法》《中华人民共和国固体废物污染环境防治法》《中华人民共和国环境噪声污染防治法》等法律对施工单位保护环境的义务和法律责任作出了具体规定。

《建设工程安全生产管理条例》是我国建设工程领域安全生产的行政法规，该条例详细地规定了建设单位、勘察、设计、工程监理、其他有关单位的安全责任和施工单位的安全责任，以及政府部门对建设工程安全生产实施监督管理的责任等。其中第8条明确规定："建设单位在编制工程概算时，应当确定建设工程安全作业环境及安全施工措施所需费用。"这是安全文明措施费计取的法律依据。

（2）安全文明措施费包括的内容。根据《建筑工程安全防护、文明施工措施费用及使用管理规定》第3条、第4条、第5条的规定，安全文明施工措施费由文明施工费、环境保护费、临时设施费、安全施工费四部分组成。

2. 安全文明措施费的计算方法。

《建设工程工程量清单计价规范》（下文简称13清单）第3.1.5条中规定，措施项目中的安全文明施工费必须按国家或省级、行业建设主管部门的规定计算，不得作为竞争性费用。《建筑工程安全防护、文明施工措施费用及使用管理规定》第6条规定，"依法进行工程招投标的项目，招标方或具有资质的中介机构编制招标文件时，应当按照有关规定并结合工程实际单独列出安全防护、文明施工措施项目清单。投标方应当根据现行标准规范，结合工程特点、工期进度和作业环境要求，在施工组织设计文件中制定相应的安全防护、文明施工措施，并按照招标文件要求结合自身的施工技术水平、管理水平对工程安全防护、文明施工措施项目单独报价。投标方安全防护、文明施工措施的报价，不得低于依据工程所在地工程造价管理机构测定费率计算所需费用总额的90%。"

河南省建设行政主管部门根据《建筑法》《建设工程安全生产管理条例》《建筑工程安全防护、文明施工措施费用及使用管理规定》等法律法规及有关技术标准，制定了《河南省建设工程安全文明施工措施费计价管理办法》，根据该管理办法的规定，安全文明施工措施费由环境保护费、文明施工费、安全施工费、临时设施费组成，且安全文明施工措施费设为三部分计价，即基本费、现场考评费、奖励费。基本费指为保障施工现场安全生产与文明施工措施所必须投入的基本费用。现场考评费指需经考评组考评，工程造价管理机构按规定测算核定的安全文明施工措施增加费。奖励费指承包方创建省、市文明工地称号后，发包方应当支付承包方的奖励费用。安全文明施工措施费实行单项工程测算制度，现场考评费实行动态管理，未经考评、测算的工程不计取现场考评费。安全文明施工措施费列入不可竞争费用，不参加商务标评分。有关单位在编制工程预算、拦标价及投标报价时，应按规定的费率足额计取安全文明施工措施全部费用，在工程造价结算以及审核时，按工程造价管理机构核发的"安全文明施工措施费费率核定表"对造价进行调整。关于安全文明施工措施费的测算核定，承包单位应在工程施工进行70%时，向项目所在地市级和市级以上工程造价管理机构申报"安全文明施工措施费投入情况表"，工程造价管理机构测算后，向申报人发"安全文明施工措施费费率核定表"，作为发包单位支付专项资金的标准。关于奖励费用，获得省级以上安全文明工地称号的全额奖励，市级按70%奖励，县区按照50%奖励。

安全文明施工措施费用的项目核算，采用清单计价的工程，基本费列入其他项目费用中的投标人部分并单独核算；现场考评费和奖励费列入其他项目费用中的招标人部分并单独核算。采用综合计价的工程，基本费、现场考评费、奖励费三项费用，在施工措施费下单独列项，只计税金。

安全文明施工措施费费率的计费基础是不同的，建筑专业是按照综合计价为基数计取，其他工程都是按照工程价款中的人工费为基数计取安全文明施工措施费。

随着国家相关政策的变化，安全文明施工措施费的计取办法也发生了相应的改变。例如，2014 年 9 月 5 日，河南省建设厅出台的《河南省建设工程安全文明施工措施费计取办法》规定，安全文明施工措施费简称安文费，是不可竞争费，并从文件发布之日起，不再进行安文费的现场考评与核定工作，同时取消了安全文明施工费分类。安全文明施工措施费的取费除机械土石方按照人材机费用进行取费外，其他统一按照综合计价分析出来的综合工日进行取费。

2014 年以后，由于各级政府加大对大气污染的防治力度，增强了扬尘污染防治工作的管理力度，施工单位环境保护费的投入大大增加，原安全文明施工措施费已经无法满足要求，各省市先后进行了安全文明施工措施费的费率调整，将扬尘污染防治费纳入建筑安装工程费用的安全文明施工费中，作为建设工程造价的一部分，是不可竞争费用。

【工程管理实务解读】

1. 13 清单中的规定。

自从 2003 年发布第一版工程量清单计价规范，到目前为止已经出台了2008 清单、2013 清单。13 清单对规范建设工程发承包双方的责任和义务起到了重要作用，但是由于工程量清单计价规范只是规定了工程量的计取规则，将工程量计价的风险和权利交给了投标人或者承包人，而目前我国的建设工程市场还没有成熟的市场价和各个建设施工企业自身的企业定额，所以，整个建设工程行业仍然采用的是工程量清单加各省市定额的模式计算招标投标控制价、投标报价、工程结算的模式进行合同的履行。但是，清单计价和定额计价是两种完全不同的计价模式，在二者结合的过程中，产生的很多问题导致在合同履行过程中引发了发承包双方的争议。

2. 2017 版施工合同示范文本中关于安全文明施工费的规定。

2017 版施工合同示范文本中安全文明施工费和 13 清单中的名称是一致

的，都称为"安全文明施工费"，没有"措施"二字。2017版施工合同示范文本中对工程价款条款的设计是以13清单为依据，无论是13清单的总价合同还是单价合同，均可以按照2017版施工合同示范文本的格式进行合同文件的签署。示范文本第一部分合同协议书第4条"签约合同价与合同价格形式"中约定了签约合同价，并且单列了安全文明施工费。

第二部分合同通用条款第6条对"安全文明施工与环境保护"进行了约定，并且在第6.1.6项专门约定了安全文明施工费的管理、计取办法和流程以及风险承担问题："安全文明施工费由发包人承担，发包人不得以任何形式扣减该部分费用。因基准日期后合同所适用的法律或政府有关规定发生变化，增加的安全文明施工费由发包人承担。承包人经发包人同意采取合同约定以外的安全措施所产生的费用，由发包人承担。未经发包人同意的，如果该措施避免了发包人的损失，则发包人在避免损失的额度内承担该措施费。如果该措施避免了承包人的损失，由承包人承担该措施费……"

3. 安全文明措施费不可竞争的理解（费率不竞争）。

安全文明措施费（或安全文明施工费）无论是在清单计价模式中还是定额计价模式中，均是不可竞争费用，不能参与优惠。

13清单中第2.0.22条对安全文明施工费的定义是在合同履行过程中，承包人按照国家法律、法规、标准等规定，为保证安全施工、文明施工，保护现场内外环境和搭拆临时设施等所采取的措施发生的费用。

13清单第3.1.5条规定措施项目中的安全文明施工费必须按国家或省级、行业建设主管部门的规定计算，不得作为竞争性费用。

13清单第10.2.1条规定安全文明施工费的内容和使用范围，应符合国家有关文件和计量规范的规定。

但是，在实际的招标投标过程中，几乎所有的投标报价都是在招标控制价的基础上进行下浮，优惠后才取得中标资格，得到承包工程的权利，那么在投标报价中，安全文明施工费作为总价的一个组成部分，在整个实体造价优惠的前提下，以工程实体项目为计费基础的安全文明施工措施费也是随着实体价款而下降的，所以安全文明施工费不可竞争是指其费率不可竞争，不能随意调整费率进行投标报价，而不是安全文明施工费的金额不能调整。

4. 税前让利中关于安全文明措施费的处理的合同条款的效力问题。

在清单和定额中都有规定安全文明施工措施费是不可竞争费用，不能参与让利。但是在实务中合同约定了安全文明施工措施费的让利，该条款是否有效？在司法实践中，法院支持有效和无效的案例都有。按照法律位阶，原《合同法》是法律，而 13 清单是部门规章，各省市定额是地方规章，所以，无论是 13 清单还是各省市定额的位阶均在原《合同法》之下。当事人双方在合同中约定的内容不违反国家法律法规的强制性条款，没有损害国家和第三人利益，是双方当事人真实意思的表示，应当认定为有效。

5. 未按约定及时支付安全文明措施费的法律风险提示。

2017 版施工合同示范文本合同通用条款第 6 条第 6.1.6 项："……除专用合同条款另有约定外，发包人应在开工后 28 天内预付安全文明施工费总额的 50%，其余部分与进度款同期支付。发包人逾期支付安全文明施工费超过 7 天的，承包人有权向发包人发出要求预付的催告通知，发包人收到通知后 7 天内仍未支付的，承包人有权暂停施工，并按第 16.1.1 项（发包人违约的情形）执行。承包人对安全文明施工费应专款专用，承包人应在财务账目中单独列项备查，不得挪作他用，否则发包人有权责令其限期改正；逾期未改正的，可以责令其暂停施工，由此增加的费用和（或）延误的工期由承包人承担。"

13 清单第 10.2.2 条规定发包人应在工程开工后的 28 天内预付不低于当年施工进度计划的安全文明施工费总额的 60%，其余部分与进度款同期支付。

13 清单第 10.2.3 条规定发包人没有按时支付安全文明施工费的，承包人可催告发包人支付；发包人在付款期满后的 7 天内仍未支付的，若发生安全事故，发包人应承担相应责任。

【法律依据】

《建筑工程安全防护、文明施工措施费用及使用管理规定》。

实例3　社保费计取引起的工程造价结算纠纷

【案情简介】

上诉人（原审被告）：宝丰一高

被上诉人（原审原告）：科兴公司

2011年4月27日，科兴公司在宝丰一高新校区实验艺术楼工程招标投标中中标。2011年5月4日，宝丰一高（发包人）与科兴公司（承包人）签订《建设工程施工合同》一份，合同约定如下。①工程名称：宝丰一高新校区实验艺术楼；工程内容：设计施工图内的所有内容；资金来源：县财政拨款。②工程承包范围：按招标范围。③开工日期：2011年5月24日；竣工日期：2011年9月30日。④工程质量标准为合格。⑤合同价款为11 102 823.42元。⑥合同价款采用固定价格合同方式确定，包含：中标价+设计变更+现场签证。⑦工程竣工验收合格后，按审计部门结果支付工程竣工结算价款，留合同价款的3%作为质量保修金，待缺陷责任期满后无问题，且达到投标质量等级后一次付清。合同签订后，科兴公司于2011年5月24日开工建设，宝丰一高新校区实验艺术楼工程于2014年4月18日竣工验收。2014年8月12日，科兴公司向宝丰一高提交了《竣工结算报告》。

双方的争议焦点之一是发包人是否应向承包人支付社保费。

【审理结果】

法院认为：关于社会保障费的支付问题。建筑工程社会保障费是为保证建筑工程施工企业的劳动人员得到社会保障而设立的，由建设方缴纳，经相关社会保障管理部门统一管理、统一调剂再拨付给施工企业。依据住房和城乡建设部、财政部下发的《建筑安装工程费用项目组成》（建标〔2013〕44号），建筑安装工程费按照费用构成要素划分包括人工费、材料费、施工机具使用费、企业管理费、利润、规费和税金，其中规费为按国家法律、法规规定，由省级政府和省级有关权力部门规定必须缴纳或计取的费用。规费第一项为社会保险费，包括养老保险费、失业保险费、医疗保险费、生育保险费、工伤保险费五部分。因此，建设工程社会保障费是建设工程款的组成部分，科兴公司将其作为工程款的组成部分予以请求于法有据，应予支持，宝丰一高所称科兴公司一审没有主张社会保障费并以此主张原审法院程序违法、违背"不告不理"原则的上诉理由不能成立。为规范建筑安装工程劳动保险费用的管理，《建筑安装工程劳动保险费用管理办法》（建人〔1996〕512号）、《河南省人民政府关于加快建筑业发展的意见》（豫政〔2006〕3号）、《河南省住房和城乡建设厅关于加强建设工程费用计价项目中社会保障费管理的意见》（豫建建〔2012〕76号）以及《平顶山市人民政府关于进一步加强建设工程费用计价项目中社会保障费用管理的通知》（平政〔2011〕17号）等一系列政府文件均明确建设工程费用计价项目中的社会保障费系施工企业为劳动者缴纳的社会保障专项费用，作为不可竞争费用实行建设行政主管部门统一管理，即由建设工程所在地社会保障管理机构统一向建设单位收取，统一向建筑业企业调剂、拨付，确保社会保障费专款专用。尽管社会保障费由建设单位按规定向政府管理部门缴纳，再由政府管理部门向施工企业调整、拨付，更有利于社会保障费的社会化管理，但宝丰一高既认可其应当承担本案的社会保障费且同意向政府行政主管部门缴纳，却迟迟不按承诺履行，明知且违反政府的管理规定，所称"原审法院直接把社会保障费判归科兴公司没有法律依据且与政府行政管理部门的规章、行政决定、政府文件相违背"，法院不予采信。

综上，原审判决认定事实清楚，但适用法律有误，法院予以纠正。判令宝丰县第一高级中学于本判决生效之日起十日内支付河南科兴建设有限公司余下工程款 7 393 393.47 元、社会保障费 354 562.11 元。

【工程知识】

1. 建筑安装工程费用的构成。

建筑安装工程费是指为完成工程项目建造、生产性设备及配套工程安装所需的费用。我国不同时期建筑安装工程费用的构成内容不尽相同，距今时间较久远的建筑安装工程费用构成在此不再讲述，对时间距今较近，在办理案件时可能用到的两种建筑安装工程费用构成在此略作陈述。

（1）建标〔2003〕206 号文，生效时间自 2004 年 1 月 1 日至 2013 年 7 月 1 日。该文件中建筑安装工程费由直接费、间接费、利润和税金组成。构成内容见图1。

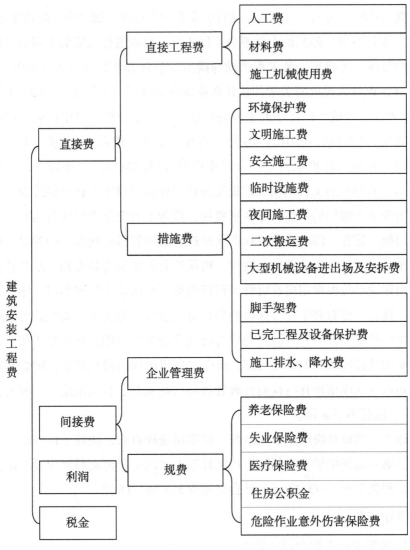

图1

（2）建标〔2013〕44 号文，生效时间为 2013 年 7 月 1 日至今。该文件中建筑安装工程费按照两种不同的方式划分，分别是按照构成要素划分和按照工程造价形成划分。

建筑安装工程费按照费用构成要素划分，由人工费、材料费（包含工程设备，下同）、施工机具使用费、企业管理费、利润、规费和税金组成。构成内容见图2。

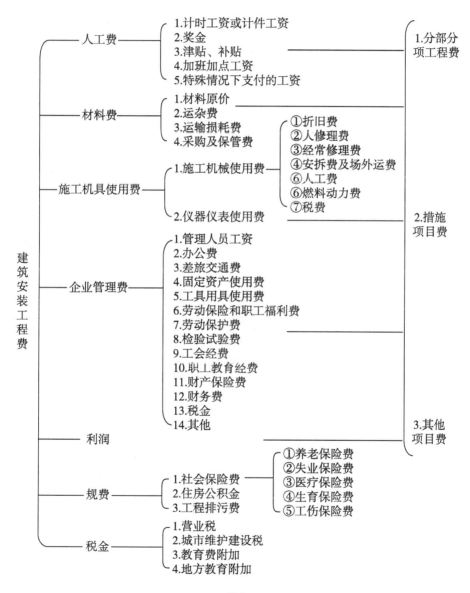

图2

　　建筑安装工程费按照工程造价形成划分，由分部分项工程费、措施项目费、其他项目费、规费、税金组成，分部分项工程费、措施项目费、其他项目费包含人工费、材料费、施工机具使用费、企业管理费和利润。构成内容见图3。

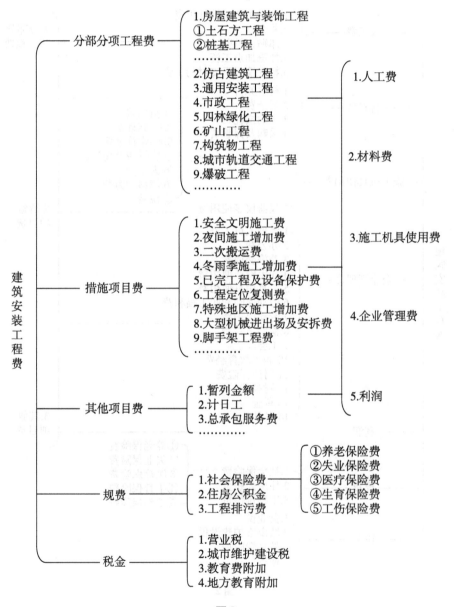

图3

2. 社会保障费（社会保险费）的构成。

社会保障费也称作社会保险费，根据所依据的《建筑安装工程费用项目组成》版本的不同，相应的构成内容也不同。

根据《建筑安装工程费用项目组成》（建标〔2003〕206 号），社会保障费是规费的一部分，由养老保险费、失业保险费和医疗保险费构成。

根据《建筑安装工程费用项目组成》（建标〔2013〕44 号），社会保险费是规费的一部分，由养老保险费、失业保险费、医疗保险费、生育保险费和工伤保险费构成。

社会保险费应以定额人工费为计算基础，根据工程所在地省、自治区、直辖市或行业建设主管部门规定费率计算即社会保险费 = Σ（工程定额人工费 × 社会保险费费率）。

3. 社会保障费的结算方式。

社会保障费目前主要存在两种结算方式。一种是实行统一管理，另一种是由发包、承包双方在编制工程预结算时直接计取计价项目中的社会保障费，并由发包人直接支付给承包人，建设行政主管部门不再统一收缴，统一拨付、调剂。

在办理具体建设工程案件时，要根据建设工程的时间节点，正确选用相关配套文件的规定。

【工程管理实务解读】

本案主要争议焦点之一是发包人是否应向承包人支付社保费，社保费是规费的一部分。根据《建设工程工程量清单计价规范》（GB 50500—2013）第3.1.5 条、第3.1.6 条，规费、税金和安全文明措施费都不得作为竞争性费用。第一，从工程造价的角度理解，不可竞争的意思是在投标报价或结算工程款时，应当按照建设行政主管部门规定的费率计算规费、税金和安全文明措施费。第二，不是说规费、税金和安全文明措施费本身是固定值，因为规费、税金和安全文明措施费是按照计费基础乘以相应费率计算出来的，每个投标人或承包人的计费基础不同，计算得出的规费、税金和安全文明措施费也就不同。

在签订建设工程施工合同时，经常会遇到"工程造价税前让利百分之几"或"工程造价优惠率百分之几"的约定，这种约定中往往包含对规费、安全文明措施费甚至是税金的优惠，那么这种约定有效吗？目前主流裁判观点认为《建设工程工程量清单计价规范》主要用来规范建设工程发承包及实施阶段的计价活动，并非法律法规的效力性强制性规定，不替代双方当事人对自身权利处分达成的合意。因此，作为承包人签订建设工程施工合同时，要注意在让利或优惠条款中明确优惠范围。如果双方确实没有对规费、税金和安全文明措施费这些不可竞争费用让利的意思表示，也要在合同中列明。

更进一步，如果合同中关于工程款的结算条款中没有包含规费和税金，发包人也有理由不支付相应费用。合同中可以约定规费和税金，也可以不约定，均不影响合同效力。

关于社保费，建筑企业需要注意的另一个问题是社保费新政下建筑企业管理问题。《国税地税征管体制改革方案》《关于促进建筑业持续健康发展的意见》《建筑工人实名制管理办法（试行）》等多个政策性文件对建筑企业用工成本造成较大的影响，尤其是对社会保障费的缴纳问题。

《国税地税征管体制改革方案》中提到，要明确从 2019 年 1 月 1 日起，将基本养老保险费、基本医疗保险费、失业保险费、工伤保险费、生育保险费等各项社会保险费交由税务部门统一征收。按照便民、高效的原则，合理确定非税收入征管职责划转到税务部门的范围，对依法保留、适宜划转的非税收入项目成熟一批划转一批，逐步推进。要求整合纳税服务和税收征管等方面业务，优化完善税收和缴费管理信息系统，更好便利纳税人和缴费人。

《关于促进建筑业持续健康发展的意见》第 6 条第 12 项提出："……建立全国建筑工人管理服务信息平台，开展建筑工人实名制管理，记录建筑工人的身份信息、培训情况、职业技能、从业记录等信息，逐步实现全覆盖。"第 6 条第 13 项提出："全面落实劳动合同制度，加大监察力度，督促施工单位与招用的建筑工人依法签订劳动合同，到 2020 年基本实现劳动合同全覆盖……建立健全与建筑业相适应的社会保险参保缴费方式，大力推进建筑施工单位参加工伤保险……"

随后住房和城乡建设部出台了《建筑工人实名制管理办法（试行）》和

《全国建筑工人管理服务信息平台数据标准（征求意见稿）》，对《关于促进建筑业持续健康发展的意见》提到的"改革建筑用工制度"和"保护工人合法权益"进行了落实。多省市也针对《建筑工人实名制管理办法（试行）》出台了具体的措施。

两项制度对建筑企业的用工将产生重大影响，对建筑企业用工制度进行规范是必然的趋势，这必将增加建筑企业的用工成本。

目前，社保费占企业用工成本的30%。建筑劳务企业往往通过不缴社保（如要求劳务工人放弃缴纳社保等违法手段）、少缴社保（如即便工资高于缴纳基本养老保险费的基数，也按最低缴纳标准缴纳）等方式降低企业成本。以上政策落实后，建筑企业在社保费缴纳上将逐步规范，从而进一步增加用工成本。施工总承包企业在签订建设工程施工合同时，应慎重对待有关社保费的条款，对包括社保费的计算标准、税前让利是否包含社保费在内的问题应当作出明确的约定。在选择分包企业时，优先选择管理规范的企业。

【法律依据】

1. 《建筑安装工程劳动保险费用管理办法》（建人〔1996〕512号）。

2. 《河南省人民政府关于加快建筑业发展的意见》（豫政〔2006〕3号）。

3. 《河南省住房和城乡建设厅关于加强建设工程费用计价项目中社会保障费管理的意见》（豫建建〔2012〕76号）。

4. 《平顶山市人民政府关于进一步加强建设工程费用计价项目中社会保障费用管理的通知》（平政〔2011〕17号）。

5. 《建筑安装工程费用项目组成》（建标〔2003〕206号）。

6. 《建筑安装工程费用项目组成》（建标〔2013〕44号）。

实例4　总承包服务费计取引发的
工程造价结算纠纷

【案情简介】

原告：宁波园林公司

被告：宁波电业局

2013年4月24日，宁波园林公司与宁波电业局签订《合同书》一份，约定宁波电业局将位于宁波市海曙区丽园北路（新星路以南、丽园北路以东、河道以西）的宁波电网生产调度中心景观绿化及市政设施工程承包给宁波园林公司施工。承包范围包括施工图及工程量清单范围内景观绿化及市政设施工程，不允许分包，具体工作界面划分由宁波电业局决定，合同工期120天，工程价款5 988 897元。付款方式为每个月支付额度为经核准后完成工程量的应付工程价款的70%，工程竣工验收合格并完成工程移交、结算，经第三方审计完毕，付款至结算总价款的80%，经复审或政府部门审计完毕，付款至结算审定额的90%，剩余10%的价款作为质量保修金，保修金在工程竣工验收合格满1年后无息退还40%，满2年后无息退还50%，余额作为防水保修金待竣工验收满5年后无息退还等。

合同签订后，宁波园林公司按约于2013年11月1日开工，2014年6月20日完工，实际施工工期232天。工程竣工验收后，宁波园林公司向宁波电业局提交工程结算资料，工程送审结算金额为14 586 475元。宁波电业局委托宁波中成工程造价咨询有限公司（以下简称中成公司）进行工程结算审核。2016年3月16日，中成公司出具审核报告，审定工程金额为10 857 266元，核减3 924 789元，核增195 580元，净核减3 729 209元。宁波电业局认可该审核报告，并按该报告向宁波园林公司结清工程款；宁波园林公司不认可该审核报告。双方经多次协调，未达成一致意见。

【审理结果】

一审法院认为：宁波园林公司与宁波电业局签订的《合同书》是双方当事人真实意思表示，不违反法律规定，依法有效，双方应当按照合同的约定履行各自的义务。本案争议焦点是宁波园林公司施工工程量的确定。一审法院为此委托三江咨询公司进行了鉴定，依据该鉴定报告，关于总包服务费，法院认为根据合同约定宁波园林公司须向总包方支付合同结算价 2% 的总承包服务费，若中标单位与总包单位为同一单位，结算时该费用扣除。根据该约定，总包服务费应以实际发生为准。现总承包单位承诺已收取宁波园林公司总承包服务费 100 000 元，结算后不再向宁波园林公司收取，故一审法院确定总承包服务费为 100 000 元，鉴定结论中重新组价部分总承包服务费 122 242 元应予以扣减。

二审法院认为：宁波园林公司与宁波电业局订立的涉案建设工程合同，合法有效，双方当事人都应恪守约定，诚信履行合同，正确对待工程建设中的商业风险。关于总包服务费。宁波园林公司要求宁波电业局支付总承包服务费，但根据涉案施工合同第 9.1.12 条，承包人须向总包方支付合同结算价 2% 的总承包服务费，该费用包含在投标报价中。既然当事人双方已对总承包服务费的结算进行了明确约定，宁波园林公司主张该笔费用缺乏事实和法律依据。

【工程知识】

1. 总承包服务费的构成。

总承包服务费是为了配合工程施工总发包、承包而出现的一项费用。《河南省建设工程工程量清单综合单价（2008）》总说明部分第 21 条规定，总承包服务费在以下工程中计取：①实行总发包、承包的工程。②业务单独发包的专业工程施工与主体施工交叉进行或虽未交叉进行，但业主要求主体承包单位履行总包责任（现场协调、竣工验收资料整理等）的工程。③总承包管理费由业主承担。其标准为单独发包专业工程造价的 2%~4%，总包责任和具体费率应在招标文件或合同中明示。

《河南省房屋建筑与装饰工程预算定额（2016）》总说明部分第 14 条规

定：①实行总发包、承包的工程，可另外计取总承包服务费。②业主单独发包的专业施工与主体施工交叉进行或虽未交叉进行，但业主要求主体承包单位履行总包责任（现场协调、竣工验收资料整理等）的工程，可另外计取总承包服务费。③总承包服务费由业主承担。其费用可约定，或按单独发包专业工程含税工程价的1.5%计价（不含工程设备）。

《建设工程工程量清单计价规范》（GB 50500—2013）第2.0.9条中约定，总承包服务费是总承包人为配合协调发包人进行的专业工程发包，发包人自行采购的设备、材料等进行保管以及施工现场管理、竣工资料汇总整理等服务所需的费用。该定义主要包括以下含义。第一，总承包服务费的性质是在工程建设的施工阶段实行施工总承包时，由发包人支付给总承包人的一笔费用。承包人进行的专业分包或劳务分包不在此列。第二，总承包服务费的用途：①当招标人在法律、法规允许的范围内对专业工程进行发包时，要求总承包人协调服务；②发包人自行采购供应部分材料、工程设备，要求总承包人提供保管等相关服务；③总承包人对施工现场进行协调和统一管理、对竣工资料进行统一汇总整理等。

2. 计算方法。

《河南省建设工程工程量清单综合单价（2008）》总说明部分第21条规定："……3. 总承包管理费由业主承担。其标准为单独发包专业工程造价的2%~4%，总包责任和具体费率应在招标文件或合同中明示。"

《河南省房屋建筑与装饰工程预算定额（2016）》总说明部分第14条规定："……总承包服务费由业主承担。其费用可约定，或按单独发包专业工程含税工程造价的1.5%计价（不含工程设备）。服务内容：配合协调发包人进行的专业工程发包，对发包人自行采购的材料、工程设备等进行保管，以及施工现场管理、竣工验收资料整理……"

【工程管理实务解读】

1. 总承包服务费与总承包管理费。

《河南省建设工程工程量清单综合单价（2008）》的总说明第21条总承包服务费的解释中将总承包服务费称为总承包管理费，二者是一个概念，只是不同的说法。

2. 总承包服务费与施工配合费的关系。

与总承包服务费比较容易混淆的概念是施工配合费。《河南省建设工程工程量清单综合单价（2008）》总说明第 22 条对施工配合费是如此定义的："施工配合费是指专业分包单位要求总承包单位为其提供脚手架、垂直运输和水电设施等所发生的费用。该费用数额经双方共同协商，由专业分包单位承担，并可计入专业分包工程造价。"

《河南省房屋建筑与装饰工程预算定额（2016）》总说明第 14 条对施工配合费是如此定义的："……4. 另外，施工配合费是指专业分包单位要求总承包单位为其提供脚手架、垂直运输和水电设施等所发生的费用。发生时当事方可约定，或按专业分包工程含税工程造价的 1.5% ~ 3.5% 计价（不含工程设备）。"

【法律依据】

《建设工程工程量清单计价规范》。

实例 5 税金（营改增）计取引发的工程造价结算纠纷及营改增对建筑企业的影响

【案情简介】

上诉人（原审被告、反诉原告）：仙女湖城投公司

被上诉人（原审原告、反诉被告）：三建公司

2010 年 7 月 30 日，清宜公路仙女湖区段改建工程指挥部（以下简称指挥部）向三建公司发出中标通知书，通知三建公司评标委员会经评审后已决定清宜公路仙女湖区段路基改建工程由三建公司中标承建。之后，三建公司为保质保量完成中标工程施工任务，便于异地开展工作，内部组建设立了清宜公路改造项目经理部（以下简称项目部）。工程于 2011 年 4 月 12 日开工，于 2012 年 6 月 17 日竣工验收交付。

双方的争议焦点之一是实施营改增后增加的税款应当由谁承担。

【审理结果】

本案所涉工程属于 2016 年 4 月 30 日前的建筑工程项目，属于建筑工程老项目，其在营改增的过渡阶段，可以选择采用简易计税办法计税，并不确定会带来原有税负的增加，仙女湖城投公司主张由三建公司承担营改增后高出部分的税负，缺乏相应的事实基础，法院不予支持。

【工程知识】

工程上的税金是比较复杂的问题，尤其是营改增过渡期税金的一些问题，由于合同签订时双方对营改增的一些政策不是很了解，很难作出较为清晰的约定。下面对工程上涉及的税金种类，对营业税、增值税及营改增过渡期增值税的计算和处理作简单的介绍。

1. 营业税下工程造价税金的计算方法。

营业税下建筑安装工程税金是指国家税法规定的应计入建筑安装工程费用的营业税、城市维护建设税、教育费附加及地方教育费附加。

（1）营业税。营业税是按计税营业额乘以营业税税率确定。其中建筑安装企业营业税税率为3%。计算公式为

$$应纳营业税 = 计税营业额 \times 3\%$$

计税营业额是含税营业额，指从事建筑、安装、修缮、装饰及其他工程作业收取的全部收入，包括建筑、修缮、装饰工程所用原材料及其他物资的价款。当安装设备的价值作为安装工程产值时，亦包括所安装设备的价款。但建筑安装工程总承包人将工程分包或转包给他人的，其营业额中不包括付给分包方或转包方的价款。营业税的纳税地点为应税劳务的发生地。

（2）城市维护建设税。城市维护建设税是为筹集城市维护和建设资金，稳定和扩大城市、乡镇维护建设的资金来源，而对有经营收入的单位和个人征收的一种税。城市维护建设税是按应纳营业税额乘以适用税率确定，计算公式为

$$应纳税额 = 应纳营业税额 \times 适用税率$$

城市维护建设税的纳税地点在市区的，其适用税率为营业税的7%；所在地在县镇的，其适用税率为营业税的5%；所在地在农村的，其适用税率为营业税的1%。城市维护建设税的纳税地点与营业税的纳税地点相同。

（3）教育费附加。教育费附加是按应纳营业税额乘以3%确定，计算公式为

$$应纳税额 = 应纳营业税额 \times 3\%$$

（4）地方教育费附加。地方教育费附加通常是按应纳营业税额乘以2%确定，各地方有不同规定的，应遵守其规定，计算公式为

$$应纳税额 = 应纳营业税额 \times 2\%$$

（5）税金的综合计算。在工程造价的计算过程中，各项税金通常按照综合税率简化计算。计算公式为

$$应纳税额 = 税前造价 \times 综合税率（\%）$$

按照纳税地点在市区、县城、镇，和其他综合税率不同，综合税率分别

为市区 3.41% 、城镇 3.35% 、其他 3.22% 。

2. 增值税下工程造价税金的计算方法。

增值税下建筑安装工程费用中的税金是指按照国家税法规定的应计入建筑安装工程造价内的增值税额，按税前造价乘以增值税税率确定。城市维护建设税、教育费附加、地方教育费附加纳入管理费当中。增值税有两种计税方式，即一般计税方法和简易计税方法。

（1）一般计税方法下增值税的计算。

计算公式为

$$增值税 = 税前造价 \times 增值税率$$

税前造价为人工费、材料费、施工机具使用费、企业管理费、利润和规费之和，各项费用项目均以不包含增值税可抵扣进项税额的价格计算。

《住房和城乡建设部办公厅关于做好建筑业营改增建设工程计价依据调整准备工作的通知》（建办标〔2016〕4 号）第 2 条 "按照前期研究和测试的成果，工程造价可按以下公式计算：工程造价 = 税前工程造价 × （1 + 11%）。其中，11% 为建筑业拟征增值税税率，税前工程造价为人工费、材料费、施工机具使用费、企业管理费、利润和规费之和，各费用项目均以不包含增值税可抵扣进项税额的价格计算，相应计价依据按上述方法调整" 确定的增值税税率为 11% 。

《住房和城乡建设部办公厅关于调整建设工程计价依据增值税税率的通知》（建办标〔2018〕20 号）规定："按照《财政部 税务总局关于调整增值税税率的通知》（财税〔2018〕32 号）要求，现将《住房和城乡建设部办公厅关于做好建筑业营改增建设工程计价依据调整准备工作的通知》（建办标〔2016〕4 号）规定的工程造价计价依据中增值税税率由 11% 调整为 10% 。" 确定增值税调整为 10% 。

在具体办理建设工程案件时，要注意根据案件所处的时间节点正确地选取增值税税率。

（2）简易计税时增值税的计算。

第一，简易计税的适用范围。根据《营业税改征增值税试点实施办法》以及《营业税改征增值税试点有关事项的规定》的规定，简易计税方法主要适用于以下几种情况：①小规模纳税人发生应税行为适用简易计税方法计税。小规模纳税人通常是指纳税人提供的建筑服务的年应征增值税销售额未超过500万元，并且会计核算不健全，不能按规定报送有关税务资料的增值税纳税人。年应税销售额超过500万元，但不经常发生应税行为的单位也可选择按照小规模纳税人计税。②一般纳税人以清包工方式提供的建筑服务，可以选择适用简易计税方法计税。以清包工方式提供建筑服务，是指施工方不采购建筑工程所需的材料或只采购辅助材料，并收取人工费、管理费或其他费用的建筑服务。③一般纳税人为甲供工程提供的建筑服务，适用简易计税方法计税。甲供工程，是指全部或部分设备、材料、动力由工程发包方自行采购的建筑工程。〔根据《财政部　税务总局关于建筑服务等营改增试点政策的通知》（财税〔2017〕58号），建筑工程总承包单位为房屋建筑的地基与基础、主体结构提供工程服务，建设单位自行采购全部或部分钢材、混凝土、砌体材料、预制构件的，适用简易计税方法计税。〕④一般纳税人为建筑工程老项目提供的建筑服务，可以选择适用简易计税方法计税。建筑工程老项目是指：其一，建筑工程施工许可证注明的合同开工日期在2016年4月30日前的建筑工程项目；其二，未取得建筑工程施工许可证的，建筑工程承包合同注明的开工日期在2016年4月30日前的建筑工程项目。

第二，简易计税的计算方法。采用简易计税方法时，建筑业增值税税率为3%，计算公式为

$$增值税 = 税前造价 \times 3\%$$

税前造价为人工费、材料费、施工机具使用费、企业管理费、利润和规费之和，各费用项目均以包含增值税进项税额的含税价计算。

3. 营改增过渡期相关政策。

营改增过渡期由于刚刚实施增值税，很多房地产、建筑企业对涉及增值税的相关问题不知道怎么处理，因此，这个时期签订的建设工程施工合同发生此类纠纷的概率很大，就像本案例中所涉及的问题一样。因此，虽然现在已不再是过渡期，但有必要把过渡期的相关政策介绍一下。

（1）新老项目的划分。财税〔2016〕36号文件规定建筑工程老项目是指：①建筑工程施工许可证注明的合同开工日期在2016年4月30日前的建

筑工程项目；②未取得建筑工程施工许可证的，建筑工程承包合同注明的开工日期在 2016 年 4 月 30 日前的建筑工程项目。国家税务总局公告 2016 年第 17 号文件同时规定：建筑工程施工许可证未注明合同开工日期，但建筑工程承包合同注明的开工日期在 2016 年 4 月 30 日前的建筑工程项目，属于财税〔2016〕36 号文件规定的可以选择简易计税方法计税的建筑工程老项目。

（2）如何判断项目是否为老项目。判断纳税人提供的建筑分包服务是否为老项目，应以总包合同为准，如果总包合同属于老项目，分包合同也属于老项目。例如，一个项目甲方与乙方签订了合同，建筑工程施工许可证或建筑工程承包合同上注明的开工日期在 2016 年 4 月 30 日前，5 月 1 日之后，乙方又与丙方签订了分包合同，则丙方可以按照建筑工程老项目选择适用简易计税方法。

【工程管理实务解读】

1. 营改增后签订建设工程施工合同的注意事项。

（1）明确合同价格条款。增值税为价外税，应当在合同中就合同价款是否包含税金作出明确约定，避免后期产生争议。

（2）明确有关税务信息条款。在合同中，应当就纳税主体信息、应税行为种类及范围、适用税率等内容进行详细约定，确保合同主体信息与发票记载信息一致，同时明确不同种类应税行为的范围及适用税率，从而避免履约过程中产生争议。

（3）明确开具发票的义务及具体要求。在合同中，应当明确约定乙方的开票义务以及发票质量要求、开具与送达时间、发票遗失、发票记载项目变更等情形及其处置措施，通过做好前期风险防范，规避履约过程中可能发生的相关争议，切实做到防范风险于未然。

（4）明确违约情形及责任条款。违约责任的设定能够有效约束和督促乙方按时、按约提供合法合规的发票，同时也能够有效规避乙方违约情况下甲方的经济损失，降低可能产生的诉讼成本。

2. 甲供材的处理。

根据财税〔2016〕36 号文件附件 2 的规定，甲供材是指全部或部分设备、材料、动力由发包方或业主自行采购，并将自行采购的设备、材料、动力交给施工企业进行施工的一种建筑工程现象。也就是说"甲供材"中的业主或发包方自己购买的材料、设备或建筑配件在整个建筑工程造价中所占的比例，税法中没有规定具体的比例，只要业主自己有购买工程所用材料的行为，即便业主买了 1 元钱的材料那也是"甲供材"。

财税〔2016〕36 号文件附件 2 规定："一般纳税人为甲供工程提供的建筑服务，可以选择适用简易计税方法计税。"在该条规定中有个特别重要的词"可以"，具体的内涵是，只要发生"甲供材"现象，建筑施工企业在增值税计税方法上，具有一定的选择性，既可以选择增值税一般计税方法，也可以选择增值税简易计税方法。

《财政部 税务总局关于建筑服务等营改增试点政策的通知》（财税〔2017〕58 号）规定，建筑工程总承包单位为房屋建筑的地基与基础、主体结构提供工程服务，建设单位自行采购全部或部分钢材、混凝土、砌体材料、预制构件的，适用简易计税方法计税。自此之后，只要是"甲供材"，直接适用简易计税方法。

那么，发包人在发包工程时如何避免因甲供材导致的税务风险呢？主要注意以下两点。

第一，发包方与建筑企业签订包工包料的合同，且合同中不能有"施工企业向某某材料供应商采购材料的字样"。

第二，理顺材料款结算关系。建筑企业与材料供应商签订采购合同，并付款给材料供应商，材料供应商开增值税专用发票给建筑企业。发包方付款给建筑企业，建筑企业付款给材料供应商，发包方绝对不能付款给材料供应商。

【法律依据】

1. 《住房和城乡建设部办公厅关于做好建筑业营改增建设工程计价依据

调整准备工作的通知》。

2. 《住房和城乡建设部办公厅关于调整建设工程计价依据增值税税率的通知》。

3. 《财政部 税务总局关于调整增值税税率的通知》。

4. 《财政部 税务总局关于建筑服务等营改增试点政策的通知》。

二、清单计价与定额计价

实例6　清单计价模式下工程造价结算纠纷

【案情简介】

上诉人（原审原告、反诉被告）：七局公司

被上诉人（原审被告、反诉原告）：中房建谊公司

2005年8月20日七局公司与中房建谊公司签订《建设工程施工合同》，主要内容为：①由七局公司承建中房建谊公司开发的维多利亚城2~5号楼的土建安装工程。②开工日期为2005年8月30日，竣工日期为2006年6月30日，合同工期总日历天数为300天。③工程质量标准为合格。④合同价款暂定为9 000万元。⑤合同专用条款第6条合同价款与支付：采用可调价合同，合同价款调整方法为采用中标价加签证决算。

2006年1月14日七局公司与中房建谊公司签订《河南省新乡维多利亚城2~5号楼建设工程施工合同补充协议》（以下简称《补充协议》），主要内容为：①单项变更造价3 000元以内（含3 000元）不予调整，超过3 000元按实足额调整。②材料价格按新乡市定额站下发的2005年第三季度材料指导价编制（甲方提供清单），清单报价执行河南省建筑和装饰工程综合基价(2002)、河南省安装工程综合基价(2003)，按规定取费。③在施工期间，材料涨降按新乡市定额站下发的相应季度材料指导价决算，超出±3%时按时（实）调整。工程量清单超出图纸在±3%范围内（含±3%）不予调整，超过±3%时按时（实）调整，七局公司提出的材料代换不予调整。

关于涉案工程价款的结算依据问题，七局公司主张应当以双方当事人签订的《补充协议》为依据进行鉴定，中房建谊公司则认为应当以涉案工程施工合同中约定的暂定为9 000万元，作为固定价并加变更签证进行决算。

【审理结果】

二审法院认定以该施工合同确定的 9 000 万元为基础结算，变更部分以《补充协议》为结算标准。

【工程知识】

1. 工程计价。

工程计价是按照法律、法规和标准规定的程序、方法和依据，对工程项目建设的各个阶段的工程造价及其构成内容进行预测和确定的行为。工程计价依据是指在工程计价活动中，所要依据的与计价内容、计价方法和价格标准相关的工程计量计价标准、工程计价定额及工程造价信息等。

2. 清单计价。

清单计价是适用于工程发承包及合同履行阶段的一种工程造价计价方式，基于工程造价分部组合原理，通过计量和计价的过程，即通过各专业的工程量计量规范计算形成工程量清单，并通过计价规范和企业定额计算得出已标价工程量清单，从而形成建设工程的工程造价的一种计价方式。

3. 清单计价规范。

目前，工程量清单计价依据的是《建设工程工程量清单计价规范》（GB 50500—2013）和九个专业的计量规范，即《房屋建筑与装饰工程工程量计算规范》（GB 50854—2013）、《仿古建筑工程工程量计算规范》（GB 50855—2013）、《通用安装工程工程量计算规范》（GB 50856—2013）、《市政工程工程量计算规范》（GB 50857—2013）、《园林绿化工程工程量计算规范》（GB 50858—2013）、《矿山工程工程量计算规范》（GB 50859—2013）、《构筑物工程工程量计算规范》（GB 50860—2013）、《城市轨道交通工程工程量计算规范》（GB 50861—2013）、《爆破工程工程量计算规范》（GB 50862—2013）。

4. 工程量清单。

《建设工程工程量清单计价规范》第 2.0.1 条对工程量清单的定义：载明建设工程分部分项工程项目、措施项目、其他项目的名称和相应数量以及规费、税金项目等内容的明细清单。

5. 招标工程量清单。

《建设工程工程量清单计价规范》第 2.0.2 条对招标工程量清单的定义：招标人依据国家标准、招标文件、设计文件以及施工现场实际情况编制的，随招标文件发布供投标报价的工程量清单，包括其说明和表格。

6. 已标价工程量清单。

《建设工程工程量清单计价规范》第 2.0.3 条对已标价工程量清单的定义：构成合同文件组成部分的投标文件中已标明价格，经算术性错误修正（如有）且承包人已确认的工程量清单，包括其说明和表格。

7. 清单计价的适用。

（1）从建设工程的阶段来看，清单计价方式适用于发承包阶段及实施阶段的计价活动。包括招标工程量清单的编制、招标控制价的编制和投标报价文件的编制。在实施阶段包括合同价款的支付、调整和结算。

（2）从适用范围看，使用国有资金投资的建设工程发承包，必须采用工程量清单计价，非国有资金投资的建设工程，宜采用工程量清单计价。

8. 清单计价与合同的计价方式。

实行工程量清单计价的工程，应采用单价合同；建设规模较小，技术难度较低，工期较短，且施工图设计已审查批准的建设工程可采用总价合同；紧急抢险、救灾以及施工技术特别复杂的建设工程可采用成本加酬金合同。

【工程管理实务解读】

1. 正确选用合同计价方式。

对于发包人，在发包建设工程时，应根据建设工程的工程特点和发包时具备的客观条件选择合同计价方式。采用工程量清单计价方式的前提是施工图纸已经施工图审查机构审查通过，在此基础上，招标人才具备委托造价咨询机构编制招标工程量清单的条件。但实际工程建设过程中，发包人为赶进度，往往在施工图未经审查机构审查通过的情况下就急于招标，确定施工单位，开工建设。此种情况下，不建议采用工程量清单计价方式，可采用费率方式招标，通过定额计价方式签订合同。如果贸然采用工程量清单计价方式，将面临较大的工程量缺项、变更等工程造价调整的风险。

2. 工程量清单缺项、漏项对发包人、承包人的风险及应对。

2013 版《建设工程工程量清单计价规范》第 4.1.2 条中明确规定：招标工程量清单必须作为招标文件的组成部分，其准确性和完整性由招标人负责。该条为计价规范中的强制性条款，要求必须遵守。住房和城乡建设部和原国家工商总局制定的《建设工程施工合同（示范文本）》（GF—2017—0201）通用合同条款第 1.13 条"工程量清单错误的修正"中规定，除专用合同条款另有约定外，发包人提供的工程量清单，应被认为是准确的和完整的。出现下列情形之一时，发包人应予以修正，并相应调整合同价格：①工程量清单存在缺项、漏项的……

由此，当出现工程量清单出现漏项时，招标人要为此承担不利的后果。司法审判也支持这样的观点，比如辽宁省高级人民法院审理的辽宁市政公司与佟二堡市政公司、新市镇管委会建设工程施工合同纠纷一案［案号：(2016) 辽民终 216 号］，判决如下：招标清单漏项，发包人应对此负责，对于该漏项项目实际施工时已完成的工程量，可依据招标时该定额子目列项的信息价计算该部分的工程价款。关于混凝土泵送费问题，招标人在编制招标工程量清单时没有把泵送费编制进招标文件，属于招标工程量清单漏项，由于泵送费本身有定额子目列项，根据《建设工程工程量清单计价规范》第 4.1.2 条：招标工程量清单的准确性、完整性由招标人负责；第 6.1.4 条规定：投标人必须按招标工程量清单填报价格之规定，投标人投标时并未将混凝土泵送费计入投标报价中。而在实际施工过程中又必须涉及混凝土泵送问题，故该项费用应由佟二堡市政公司（发包人）承担。

那么，对此，发包人应该如何预防和化解此类风险呢？笔者认为有以下两种途径。第一，对于必须招标的工程，可在招标文件中列明"投标人应认真复核工程量清单，对于认为工程量清单存在缺项、漏项或工程量不准确的，应提请发包人明确；未复核、也未向发包人提出疑问，视为对工程量清单的认可，后期工程量清单出现的缺项、漏项、工程量的偏差均不再调整"。招标文件中这样处理，虽然与《建设工程工程量清单计价规范》相冲突，但招标投标活动受《招标投标法》的调整，违反《建设工程工程量清单计价规范》中对于招标投标的相关规定，并不能阻碍招标投标活动的进行。第二，对于由发包人直接发包的工程，可以在签订合同前要求承包人复核工程量清单，并在合同专用条款中专门约定工程量清单缺项、漏项的风险由承包人承担。为了更好地促使双方履行完毕合同，最好还是在合同中对工程量清单缺项、漏项发生后工程价款的调整作出明确的约定，这样既能达到控制工程造价的目的，又能促使双方完成合同的履行。

对承包人而言，拿到招标文件后，应该组织造价工程师复核工程量清单，重点审查是否存在缺项、漏项的情况，并结合工程特点和以往经验，对工程量清单在合同履行中可能出现的缺项、漏项情况进行预判和估计。如果工程量清单已存在缺项和漏项的情况，首先应积极主动地与发包人沟通，修正工程量清单中的缺项、漏项；如果发包人拒绝修正，承包人可利用缺项、漏项的清单项采取不平衡报价的方式争取利益。

很多工程量清单缺项、漏项的情况不是在招标投标阶段或者合同履行阶段发现的，往往在项目结束后的结算过程中才发现工程量清单的缺项、漏项。此种情况下，承包人很难就缺项、漏项清单子目进行调整。主要原因在于承包人在施工过程中对施工资料和履约证据的管理意识淡薄，在结算时拿不出对自己有利的证据。因此，在工程施工过程当中，承包人应重视施工资料和相关履约证据的搜集和保管，以便在结算阶段乃至发生诉讼后，能争取到自己应得的利益。

3. 清单项目特征不符对发包人、承包人的风险及应对。

《建设工程工程量清单计价规范》第 2.0.7 条中对项目特征的定义：构成分部分项工程项目、措施项目自身价值的本质特征。这个定义过于抽象，具体而言，项目特征是对清单项目的准确描述，包括材料的种类、规格、材质、安装方式等。分部分项工程和措施项目中的单价项目，应根据招标文件和招标工程量清单项目中的特征描述确定综合单价计算。项目特征不符是指招标工程量清单中对项目特征的描述与实际施工过程中呈现的项目特征不一致，这种不一致往往会影响该清单子目的综合单价，需要对综合单价进行调整。

《建设工程工程量清单计价规范》第 9.4.1 条规定："发包人在招标工程量清单中对项目特征的描述，应被认为是准确的和全面的，并且与实际施工要求相符合。承包人应按照发包人提供的招标工程量清单，根据项目特征描述的内容及有关要求实施合同工程，直到项目被改变为止。"第9.4.2条规定："承包人应按照发包人提供的设计图纸实施合同工程，若在合同履行期间出现设计图纸（含设计变更）与招标工程量清单任一项目的特征描述不符，且该变化引起该项目工程造价增减变化的，应按照实际施工的项目特征，按本规范第9.3节相关条款的规定重新确定相应工程量清单项目的综合单价，并调整合同价款。"这两条内容对出现项目特征不符的情形下责任划分和价款调整提供了依据。

司法案例也支持《建设工程工程量清单计价规范》中出现项目特征不符的处理方法。宁波市中级人民法院审理的浙江暨阳建设集团有限公司与慈溪市商务局建设工程施工合同纠纷一案［案号：（2012）浙甬民二终字第604号］，判决如下：工程量清单中对分部分项工程项目的特征描述不符或不清，发包人应承担主要责任，承包人未尽到审慎注意义务的，其自身亦应承担部分责任。对被上诉人提出的关于涉案拱板采用现场预制增加的工程造价应由上诉人支付的诉请，原审法院根据庭审查明的事实，结合其向宁波市建设工程造价管理处调取的相关证据，认定本案纠纷发生的主要原因系上诉人在工程招标过程中编制的工程量清单对拱板分项的项目特征描述不清的重大瑕疵所造成，并由此导致工程造价增加，因被上诉人对工程量清单中拱板分项的项目特征未尽审慎注意义务，且未按照《建设工程工程量清单计价规范》的规定与上诉人就屋面拱板项目重新确定单价或向其提出追加工程价款的要求，自身亦存在一定过错，判决由上诉人就增加的工程造价给予被上诉人70%的补偿，基本妥当。

对于发包人而言，在招标文件中或签订合同时可以要求投标人或承包人结合图纸复核工程量清单，对发现的问题积极地处理，预防在合同履行当中发生争执，影响项目进度。

对承包人而言，一是要在投标时或签订合同时复核工程量清单，发现问题及时与招标人或发包人沟通解决；二是要注重履约管理，做好相关施工资料和履约证据的搜集和保管，当问题发生时可以更好地为自己争取利益。

【法律依据】

《建设工程工程量清单计价规范》。

实例7 定额计价模式下工程造价结算纠纷

【案情简介】

原告：四建公司

被告：业欣公司

2010年6月8日，业欣公司与四建公司签订《6.8合同》，约定业欣公司将其开发的位于江苏省沭阳县上海北路业欣·城中广场项目中"1～4号楼（1号楼：31层框筒结构，2号楼：31层剪力墙结构，3号楼：4层框架结构，4号楼：3层砖混结构）的土建、安装工程"发包给四建公司。总建筑面积约为68 500平方米。承包范围为施工图纸所列范围的土建、水电安装，包括地下一层。开工日期预计为2010年6月28日（以开工报告为准），竣工日期为2012年6月18日，合同工期总日历天数为720天。工程质量标准为符合国家验收标准并达到省优（获得"扬子杯"）。合同价款金额为6 850万元（人民币），本合同价按1 000元每平方米暂定，最终决算价款依据实际工程量和本合同有关约定等编审的工程决算为准。该合同的"专用条款"第23.2条约定"本合同价款采用固定预算定额和工程造价费率让利方式确定。①工程价款结算方式：a）本工程项目采用固定预算定额和工程造价费率让利的方式进行结算，工程量按相应定额的工程量计算规则计算，并按施工图纸、设计变更、技术核定单进行计量结算。b）工程价款结算采用的预算定额及费用定额：土建工程按《江苏省建设工程综合预算定额》（2001年）、《江苏省建筑工程单位估价表》（2001年）执行；安装工程按《全国统一安装工程预算定额江苏省单位估价表》（2001年）执行；费用定额按《江苏省建设工程费用定额》（2001年）执行；人工费按现行文件执行；现场文明措施费按苏建价（2005）349号文执行。c）材料价格的确定：钢材、门窗、电缆等安装主材、设备由发包人根据市场价核定，其他材料执行当地同期材料信息价，当地同期工程造价信息价中没有的材料价格，以甲方核定价计取。d）结算时，结算总价扣除人工费、甲供、甲控材及不可竞争费用后让利7%。②赶工措施费按工程造价的1.5%计取。③总包配合费按分包总价的3%计取"等。

本案一审争议焦点为：①四建公司施工的工程款数额如何确定。②业欣公司已付的工程款数额如何确定。

本案二审争议焦点为：①本案应以哪份合同信息作为结算工程价款的依据；②一审判决对于超高费以及土方费的认定是否正确；③一审判决对于水电费的认定是否正确；④业欣公司向戴某支付的234.8万元能否作为已付工程款；⑤四建公司应否承担安全监督费、意外伤害险的费用。

后因4号楼未获批施工，双方于2011年3月2日重新签订一份《建设工程施工合同》（以下简称《3.2合同》）。次日又在《3.2合同》基础上把工程款修改为固定总价，形成2011年3月3日的《建设工程施工合同》（以下简称《3.3合同》），并将《3.3合同》进行了招标备案。其中《3.2合同》约定的结算方法和《6.8合同》相同，《3.3合同》约定合同价款采用固定价格合同。

【审理结果】

二审法院认为：涉案工程主要的争议焦点是应以《3.2合同》还是以《3.3合同》作为结算工程价款的依据的问题。

《招标投标法》第3条第1款规定，"在中华人民共和国境内进行下列工程建设项目包括项目的勘察、设计、施工、监理以及与工程建设有关的重要设备、材料等的采购，必须进行招标：（一）大型基础设施、公用事业等关系社会公共利益、公众安全的项目；（二）全部或者部分使用国有资金投资或者国家融资的项目；（三）使用国际组织或者外国政府贷款、援助资金的项目"。

涉案工程系商品住宅，并不属于上述法律规定必须招标投标的工程建设项目，且双方当事人分别于2010年6月8日，2011年3月2日、3日签订了三份合同。《6.8合同》签订后，四建公司即入场进行了施工。合同履行过程中，因 4 号楼未获批建设，且办理了招标投标手续，故双方当事人又重新签订了《3.2 合同》，该《3.2 合同》除了施工范围减少了 4 号楼，工程价款及工期相应减少，其余合同条款与《6.8 合同》一致，合同价款结算均为按定额据实结算，因此，《6.8 合同》及《3.2 合同》反映了双方当事人的真实意思表示，且内容不违反法律、行政法规的强制性规定，应认定有效。

而《3.3 合同》系双方当事人按照当地建设行政主管部门的要求，为办理招标投标备案手续所签订，并非双方当事人真实意思表示，且与《3.2 合同》的签订时间仅隔一天，在合同价款结算方式、工期等重要合同条款方面存在重大变更，业欣公司对此并不能作出合理的解释，故不能以《3.3 合同》作为结算工程价款的依据，业欣公司的该上诉理由不能成立，二审法院不予支持。

二审判决如下：①撤销江苏省宿迁市中级人民法院（2014）宿中民初字第 0123 号民事判决。②业欣公司于本判决发生法律效力之日起 15 日内支付四建公司工程款 19 591 057.04 元及利息（按中国人民银行同期同类贷款基准利率，其中 19 273 394.62 元自 2013 年 4 月 20 日起计算至本判决确定的给付之日止，317 662.42 元自 2013 年 10 月 16 日起计算至本判决确定的给付之日止）。

【工程知识】

1. 定额计价体系。

定额就是一种规定的额度，或称为数量标准。工程建设定额就是国家颁发的用于规定完成某一建筑产品所需要的人力、物力、财力的数量标准。定额是企业科学管理的产物，反映了在一定社会生产力水平的条件下，建设工程施工的管理和技术水平。根据不同的划分标准，可以将定额划分为不同类别。

（1）按照定额反映的生产要素消耗的内容分类。①劳动定额：规定了在正常施工条件下某工种、某等级的工人，生产单位合格产品所需消耗的劳动时间或是在单位时间内生产合格产品的数量。②材料消耗定额：是指在节约和合理使用材料的条件下，生产单位合格产品所必须消耗的一定品种规格的原材料、半成品、成品或结构构件的消耗量。③机械台班消耗定额：是指在正常施工条件下，利用某种机械，生产单位合格产品所必须消耗的机械工作时间，或是在单位时间内机械完成合格产品的数量。

（2）按照定额的编制程序和用途分类。①施工定额：是企业内部使用的定额，它以同一性质的施工过程为研究对象，由劳动定额、材料消耗定额、机械台班消耗定额组成。它既是企业投标报价的依据，也是企业控制施工成本的基础。②预算定额：是编制工程预结算时计算和确定一个规定计量单位的分项工程或结构构件的人工、材料、机械台班耗用量（或货币量）的数量标准。它是以施工定额为基础的综合扩大。③概算定额：是编制扩大初步设计概算或初步设计概算时计算和确定扩大分项工程的人工、材料、机械台班耗用量（或货币量）的数量标准。它是预算定额的综合扩大。④概算指标：是在初步设计阶段编制工程概算所采用的一种定额，是以整个建筑物或构筑物为对象，以平方米、立方米、座等计量单位规定人工、材料、机械台班耗用量的数量标准。它比概算定额更加综合和扩大。⑤投资估算指标：是在项目建议书和可行性研究阶段编制、计算投资需要量时使用的一种定额，一般以独立的单项工程或完整的工程项目为对象。它也是以预算定额、概算定额为基础的综合扩大。

（3）按定额的编制单位和执行范围分类。①全国统一定额：是由国家建设行政主管部门根据全国的生产技术与组织管理情况而编制的，在全国范围内执行的定额，如《全国统一安装工程预算定额》。②地区统一定额：按照国家定额分工管理的规定，由各省、自治区、直辖市建设行政主管部门根据本地区情况编制的，在其管辖的行政区域内执行的定额，如《河南省房屋建筑与装饰工程预算定额》。③行业定额：按照国家定额分工管理的规定，由各行业部门根据本行业情况编制的，只在本行业和相同专业性质行业使用的定额，如交通运输部发布的《公路工程预算定额》等。④企业定额：企业根据自身具体情况编制，在本企业实行的定额。⑤补充定额：当现行定额项目不能满足生产需要时，根据现场实际情况一次性补充定额，并报当地造价管理部门批准或备案。

2. 工程造价的不同阶段。

工程造价本质上属于价格范畴，在市场经济的条件下，工程造价的含义有狭义和广义两种解释。狭义的含义是从承包商、供应商、设计市场供给主体的角度来定义为建设某项工程，预计或实际在土地市场、设备市场、技术劳务市场、承包市场等交易活动中，形成的工程承发包（交易）价格。广义的含义为建设工程造价，是指有计划地建设某项工程，预期支出或实际支出地全部固定资产投资和流动资产投资的费用，即有计划地进行某建设工程项目的固定资产再生产建设，形成相应的固定资产、无形资产和铺底流动资金的一次性投资费用的总和。

根据以上两个含义可以得知，针对一个项目来说，项目的总投资不仅包括通常意义上所说的工程费用，还包括工程建设其他费用、预备费用、建设期利息和铺底流动资金几个部分。建设工程周期长、规模大、造价高，不能一次性确定可靠的价格。要在建设程序的各个阶段进行计价，以确保工程造价确定和控制的科学性。阶段性计价是一个逐步深化、逐步细化、逐步接近最终造价的过程。工程造价的核心内容是投资估算、设计概算、修正概算、施工图预算、竣工结算等。主要任务是根据图纸、定额以及清单计价规范，计算出工程中的工程数量以及所包含的直接费（人工费、材料费及设备、施工机具使用费）、企业管理费、措施费、规费、利润及税金等。

3. 定额计价体系中各因素的确定依据。

人工、材料、机械台班消耗量定额是以劳动定额、材料消耗定额、机械台班消耗定额的形式来表现的，它是工程计价最基础的定额，是编制地方和行业部门预算定额的基础，也是企业编制定额的基础。人工、材料、机械台班消耗量定额确定后，就需要确定人工、材料、机械台班消耗量的单价。

人工费是指按工资总额构成规定，支付给从事建筑安装工程施工的生产工人和附属生产单位工人的各项费用。

材料费是指施工过程中耗费的原材料、辅助材料、构配件、零件、半成品或成品、工程设备的费用。包括材料原价：即材料、工程设备的出厂价格或商家供应价格；运杂费：即材料、工程设备自来源地运至工地仓库或指定堆放地点所发生的全部费用；运输损耗费：即材料在运输装卸过程中不可避免的损耗；采购及保管费：即为组织采购、供应和保管材料、工程设备的过程中所需要的各项费用，包括采购费、仓储费、工地保管费、仓储损耗。

施工机械使用费以施工机械台班耗用量乘以施工机械台班单价表示。施工机械台班单价由下列七项费用组成：折旧费、大修理费、经常修理费、安拆费及场外运费、人工费、燃料动力费、税费。

企业管理费是指建筑安装企业组织施工生产和经营管理所需的费用。

4. 施工图预算。

（1）施工图预算的概念。施工图预算是指在设计施工图完成后计算设计施工图的工程量，根据施工方案，套用现行工程预算定额及费用定额、材料预算价格等，编制的单位工程或单项工程建设费用的经济文件。

（2）施工图预算的目的和作用。对设计单位而言，施工图预算的目的是检验工程设计在经济上的合理性。其作用有：①根据施工图预算进行投资控制。根据工程造价的控制要求，工程预算不得超过设计概算，设计单位完成施工图设计后一般要将施工图预算与工程概算对比，突破概算时要决定该设计方案是否实施或需要修正。②根据施工图预算进行优化设计，确定最终设计方案。

对业主而言，施工图预算的目的是控制工程投资、编制标底和控制合同价格。其作用有：①根据施工图预算修正建设投资。根据初步设计图纸所做的设计概算具有控制施工图预算的作用，但设计概算中反映不出各分部分项工程的造价。而施工图预算依据施工图编制，确定的工程造价是该工程实际的计划成本，投资方按施工图预算修正筹集建设资金，并控制资金的合理使用，才更具有实际意义。②施工图预算可作为确定招标标底的参考依据。建筑安装工程招标的标的金额，可以以施工图预算来确定。完整、正确的施工图预算是招标工程标底的依据。有合理的标底，则有利于招标工作的顺利进行。③根据施工图预算拨付和结算工程价款。以施工图预算招标的工程发包后，施工图预算是控制投资的依据，施工过程中，建设单位和施工企业依据合同规定拨付工程价款，而拨付的工程价款的数额是由依据施工图预算完成的工程数量确定的，工程的竣工结算也是依据施工图预算或修正后的施工图预算确定。

对承包商而言，施工图预算的目的是进行工程投标和控制分包工程合同价格。其作用有：根据施工图预算进行施工准备和工程分包及拟定降低成本措施。

对于工程造价管理部门而言，它是监督、检查定额标准执行，确定合理的工程造价、测算造价指数及审查招标工程标底的依据之一。

（3）施工图预算编制的原则。包括严格执行规定建设标准的原则，完整、准确地反映设计内容的原则，坚持结合拟建工程的实际，反映工程所在地当时价格水平的原则。

（4）施工图预算的内容。施工图预算有单位工程预算、单项工程预算和建设项目总预算。单位工程预算是根据设计文件、现行预算定额（或综合单价）、费用定额以及人工、材料、设备、机械等预算价格资料，编制单位工程的施工图预算；然后汇总所有单位工程施工图预算成为单项工程施工图预算；再汇总所有单项工程施工图预算，便是一个建设项目建筑安装工程总预算。

单位工程预算分为建筑工程预算和设备安装工程预算。建筑工程预算包括土建工程、给排水、电气工程、消防、采暖、空调等项目的预算。设备安装工程预算包括机械设备安装工程预算、热力设备安装工程预算、静置设备及工艺金属结构制作安装工程预算等。

（5）施工图预算编制的依据。因施工图预算编制目的的不同，其编制依据也会有所不同。设计单位以投资控制和检验设计方案为目的，要依据批准的初步设计文件及设计概算编制；而承包商在工程交易即招标投标时则要依据招标文件编制。但一般情况下，主要依据有：①法律、法规及有关规定。包括涉及预算编制的国家、地方政府、行业（企业）发布的有关政策、法律、法规、规程等。②施工图纸及说明书和有关标准图等资料。施工图和说明书、施工图会审纪要，是施工图预算的基础；同时，还应具备有关的标准图和通用图集，以备查用。因为，在施工图上不可能完整地反映局部结构的细节，进行施工和计算工程量时，往往要借助有关施工图册或标准图集、项目建设场地的工程地质勘察和地形地貌测量图纸等资料。③施工方案或施工组织设计。施工组织设计是施工企业对实施施工图的方案、进度、资料、施工方法、机械配备等作出的设计。经合同双方批准的施工组织设计，是编制施工图预算的依据。施工组织设计或施工方案对工程造价影响较大，必须根据客观实际情况，编制施工技术先进、合理的施工方案，降低工程造价。在编制招标控制价时一般没有施工方案或施工组织设计，编制单位一般按国家标准或通用的施工方案来考虑。

（6）施工图预算的编制方法。施工图预算的编制方法主要是针对单位工程施工图预算的编制方法而言，可以分为单价法和实物量法，其中单价法又分为工料单价法和综合单价法：①工料单价法，是目前施工图预算普遍采用的方法。它是根据建筑安装工程施工图和建筑安装工程预算定额（或单位估价表），按分部分项工程的顺序，先计算出单位工程的各分项工程量，然后再乘以对应的定额基价，求出各分项工程直接工程费。将各分部分项工程直接工程费汇总为单位工程直接工程费，单位工程的直接工程费汇总后另加措施费、间接费、差价（包括人工、机械、材料）、利润、税金生成单位工程施工图预算。②综合单价法是工程量清单方式计价模式出现后而有的一个新概念。它是根据建筑安装工程施工图和《建筑工程工程量清单计价规范》的规定，按分部分项工程的顺序，先计算出单位工程的各分项工程量，然后再乘以对应的综合单价，求出各分项工程的综合费用。将各分部分项工程的综合费用汇总为单位工程的综合费用，单位工程的综合费用汇总后另加措施费、其他项目费、规费和税金生成单位工程施工图预算。

综合单价是指完成工程量清单中一个规定计量单位项目所需的人工费、材料费、机械使用费、管理费和利润并考虑风险因素形成的单价。

采用工程量清单招标的工程，其各分项工程量不需要另行计算，应该直接采用工程量清单中的工程量。单位工程施工图预算的综合单价目前仍然是以预算定额为基础经过一定的组合与计算形成的。

这种方法与工料单价法的主要区别在于：将差价（包括人工、机械、材料）、间接费（应该列入措施费内的间接费用除外）和利润等分摊到各分项工程单价中，从而组成分部分项工程综合单价。分项工程综合单价乘以其工程量即为该分项工程的完全价格。

③实物量法。它一直是预算编制的方法之一，它是依据施工图纸先计算

出分项工程的工程量，然后套用预算定额的消耗量首先计算出各类人工、材料、施工机械台班的实物消耗量，然后再根据预算编制期的人工、材料机械的市场（或信息）价格分别计算由人工费、材料费和机械费组成的定额直接费，再依据定额直接费计算其他直接费、间接费、利润和税金。

【工程管理实务解读】

1. 费率合同的产生前提。

在建设工程中，费率合同的产生一般是由于施工图设计达不到预算编制的深度或还没有施工图，在这种情况下，招标人为了加快项目进度，或者由于其他原因，需要提前进行招投标时，招标人和投标人对未来的项目价款无法进行有效的核算，出于对未知风险的不确定性的预估，招标人在设计招标文件、投标人在进行投标报价时依据项目的特点和结构的复杂程度以及各个投标人参与以往类似项目的经验，作出费率让利的报价。

2. 费率合同结算的难点和重点。

以何为基数结算是费率合同的关键。在实务中，无论采用定额计价模式，还是采用工程量清单计价模式，均可以按照合同约定的费率进行结算。

由于费率合同中的工程量和工程价格在招标时均是未知，所以以费率合同结算时工程量风险和工程价款的风险是并存的。

在签订费率合同时，最终结算的工程量一般均是以设计图纸和现场实际发生工程量按照合同约定的工程量计算规则进行计算。之所以要强调在合同签订时要明确所选用的工程量计算规则，主要是由于定额计价和工程量清单计价两种模式下的工程量计算规则是不同的。在清单计价模式下，一部分工程量按照清单的工程量计算规则是不考虑的，这部分不在考虑范围内的工程量以清单单价的形式体现在综合单价内。而采用定额计价时，工作面等工程量是按照实际完成的工程量进行计算的。此二者的差别在于针对具体分项工程时会造成工程价款的巨大差距。

由于费率合同是按照费率让利的形式进行工程结算，当合同履行过程中人材机价格发生变化时，是否调整以及调整的幅度是多少，是影响合同结算价格的一个重要因素。在签订费率合同时，除了要对工程量计算规则进行约定外，对人工费、材料费、机械费等相关费用包括措施费里面的组织措施费的计取项目应该有明确的约定。

人工费单价是按照合同签订基期价格不作调整，还是在合同履行时，按照施工进度时间、建设行政主管部门颁布的人工费调整信息进行调整是要在合同中明确的。

材料费占工程总价款的 60% ~ 70%，所以材料价格的调整方式和调整范围以及调整的依据对工程结算价款的影响都是非常明显的。因此，在合同签订时将需要调整的材料明细以及调整的依据还有材料价格认定的流程均在合同条款中约定明晰，尽可能减少发承包双方在工程结算时的争议。

【法律依据】

《招标投标法》第 3 条第 1 款。

三、合同结算

实例 8　单价合同结算纠纷

【案情简介】

上诉人（原审被告）：博爱医院

被上诉人（原审原告）：省一建公司

2009 年 10 月 16 日，博爱医院与省一建公司签订的综合病房楼工程《建筑工程施工合同》第 3 条"合同工期"约定，开工日期为 2009 年 11 月 1 日，竣工日期为 2010 年 11 月 1 日，合同工期总日历天数 360 天；第 5 条"合同价款"约定，金额为 25 365 800.70 元。合同专用条款第 23.2 条约定，本合同价款采用固定单价合同方式确定，风险范围以外合同价款调整方法：执行招标文件专用合同条款第 16.1 条，合同外工程履行有关手续后参照合同价执行；第 23.3 条约定，合同价款的其他调整因素：执行招标文件合同专用条款第 16.1 条，图纸会审纪要、设计变更、现场签证、技术联络单、会议纪要、工商洽谈等按《河南省建筑和装饰工程综合基价（2008）》定额及有关文件规定，按实调整；工程验收合格后，付至已完工程总价的 90%。结算审计完成后，除了 5% 工程保修金外，半年内付清全部工程价款。另外第 47 条"补充条款"第 47.4 条约定，博爱医院认质认价的指定厂家及直接供应的材料设备，依实结算，不再让利；该合同附件 3《房屋建筑工程质量保修书》中第 2 条"质量保修期"第 2 项约定，屋面防水工程、有防水要求的卫生间、房间与外墙面的防渗漏质量保修期为 5 年。质量保修期自工程竣工验收合格之日起计算。2011 年 10 月 9 日，双方签订的综合病房楼门厅及氟碳漆工程《建筑工程施工合同》第 3 条"合同工期"约定，开工日期以开工令为准，合同工期总日历天数 60 天；第 5 条"合同价款"约定，金额为 1 185 661.99 元。合同专用条款第 23.2 条约定，合同价款采用固定价格合同方式确定，风险范围以外合同价款调整方法及第23.3条关于合同价款的其他调整因素的约定内容与上述施工合同相同；第26条约定，工程款（进度款）支付方式和时间为审计结算后，付工程总价的97%，剩余3%作为质量保证金，质保期满后一次性付清。另外第47条"补充条款"中第2项约定，所有博爱医院指定推荐认质认价的材料价格，依实计算，不再让利；第3项约定了保修金返还，工程保修金竣工1年后1个月内返还等。涉案综合病房楼工程于2012年11月16日经博爱医院、省一建公司与勘察、设计、监理单位竣工验收。

本案一审中，一审法院依据省一建公司的鉴定申请，委托河南永正工程造价咨询有限公司（以下简称永正造价公司）对博爱医院综合病房楼项目变更工程作出造价鉴定意见书 ［豫永正鉴（2015）05-1号］，鉴定意见为：该综合病房楼变更工程造价为1 296 931.79元。该鉴定意见书附件14汇总表显示：综合病房楼工程变更工程造价，其中土建部分1 081 929.11元、安装部分961 262.28元；综合病房楼门厅及外墙氟碳漆工程建设项目变更工程造价为20 228.52元，降水部分为226 316.52元。未建工程部分应扣除价款为992 804.64元，以上合计1 296 931.79元。另外，该鉴定机构对于省一建公司对博爱医院综合病房楼工程提出的几个问题作出造价鉴定意见书 ［豫永正鉴（2015）05-2号］，鉴定意见为：①材料价差及人工费调整鉴定为2 571 049.89元，其中钢筋、混凝土材料调价差为2 486 292.08元，人工费调整共计为84 757.81元；②总承包服务费，取费率为2%时鉴定为356 784.86元，取费率为3%时鉴定为535 177.29元，取费率为4%时鉴定为713 569.72元。

【审理结果】

一审法院认为： 双方签订的病房楼门厅及氟碳漆合同、病房楼基坑支护合同、病房降水合同、综合病房楼工程施工合同，系合同当事人的真实意思表示，合同当事人的权利、义务明确，依法受法律保护。关于工程款，原合同价总计26 851 462.69元，变更增加工程造价1 296 931.79元，已付工程款25 196 664.57元，双方无异议，一审法院予以确认。经鉴定，材料价差及人工费2 571 049.89元，客观真实，应计入工程造价。根据《河南省建设工程工程量清单综合单价（2008）》建筑工程总说明规定，总承包服务费费率为单独发包专业工程造价的2%～4%，鉴定意见分别按照费率2%、3%、4%计算总承包服务费，省一建公司主张按照3%计算总承包服务费为535 177.29元，符合法律规定，予以支持。

二审法院认为：省一建公司与博爱医院分别就综合病房楼工程、综合病房楼门厅及氟碳漆工程、综合病房楼基坑支护、降水工程签订的施工合同，是双方真实意思的表示，且不违反法律、行政法规的强制性规定，均应为有效合同。上述合同所涉综合病房楼工程于2012年11月16日竣工验收。双方对于上述合同的总价款共计26 851 462.69元，鉴定变更增加工程造价共计1 296 931.79元，博爱医院已付工程款共计25 196 664.57元无异议，法院予以确认。关于欠付工程款的利息，依据双方签订的综合病房楼工程、综合病房楼门厅及氟碳漆工程等施工合同关于工程款支付时间的约定，从涉案工程竣工验收之日2012年11月16日起至2013年12月16日，以4 081 035.90元（5 371 981.52元－1 254 768.90元－36 176.72元）为基数；从2013年12月17日起至实际清偿欠款之日止，以5 371 981.52元为基数，均按照中国人民银行公布的同期同类贷款利率计算。

【工程知识】

1. 单价合同。

《工程造价术语标准》（GB/T 50875—2013）第3.3.7条对单价合同的定义：发承包双方约定以工程量清单及其综合单价进行合同价款计算、调整和确认的建设工程施工合同。

《建设工程工程量清单计价规范》（GB 50500—2013）第2.0.11条对单价合同的定义：发承包双方约定以工程量清单及其综合单价进行合同价款计算、调整和确认的建设工程施工合同。

《建设工程施工合同（示范文本）》（GF—2017—0201）第12.1条对单价合同的定义：合同当事人约定以工程量清单及其综合单价进行合同价格计算、调整和确认的建设工程施工合同，在约定的范围内合同单价不作调整。

2. 单价合同的适用范围。

《工程造价术语标准》（GB/T 50875—2013）：实行工程量清单计价的工程，一般适宜采用单价合同方式，即在合同实施期间，合同中的工程量清单项目综合单价在约定的条件内是固定不变的，超过合同约定的条件时，依据合同约定进行调整；工程量清单项目及工程量依据承包人实际完成且应予计量的工程量确定。

《建设工程工程量清单计价规范》（GB 50500—2013）：实行工程量清单计价的工程，应采用单价合同。

《建筑工程施工发包与承包计价管理办法》：实行工程量清单计价的建筑工程，鼓励发承包双方采用单价方式确定合同价款。

3. 综合单价。

《工程造价术语标准》（GB/T 50875—2013）第2.2.58条对综合单价的定义：完成一个规定工程量清单项目所需的人工费、材料费和工程设备费、施工机械使用费、企业管理费、利润，以及一定范围内的风险费用。

《建设工程工程量清单计价规范》（GB 50500—2013）第2.0.8条对综合单价的定义：完成一个规定清单项目所需的人工费、材料和工程设备费、施工机具使用费和企业管理费、利润以及一定范围内的风险费用。

4. 风险费用。

《建设工程工程量清单计价规范》（GB 50500—2013）第2.0.9条对风险费用的定义：隐含于已标价工程量清单综合单价中，用于化解发承包双方在工程合同中约定内容和范围内的市场价格波动风险的费用。

5. 单价合同的计量。

《建设工程工程量清单计价规范》（GB 50500—2013）关于单价合同的计量规定：

8.2.1 工程量必须以承包人完成合同工程应予计量的工程量确定。

8.2.2 施工中进行工程计量，当发现招标工程量清单中出现缺项、工程量偏差，或因工程变更引起工程量增减时，应按承包人在履行合同义务中完成的工程量计算。

8.2.3 承包人应当按照合同约定的计量周期和时间向发包人提交当期已

完工程量报告。发包人应在收到报告后 7 天内核实，并将核实计量结果通知承包人。发包人未在约定时间内进行核实的，承包人提交的计量报告中所列的工程量应视为承包人实际完成的工程量。

8.2.4 发包人认为需要进行现场计量核实时，应在计量前 24 小时通知承包人，承包人应为计量提供便利条件并派人参加。当双方均同意核实结果时，双方应在上述记录上签字确认。承包人收到通知后不派人参加计量，视为认可发包人的计量核实结果。发包人不按照约定时间通知承包人，致使承包人未能派人参加计量，计量核实结果无效。

8.2.5 当承包人认为发包人核实后的计量结果有误时，应在收到计量结果通知后的 7 天内向发包人提出书面意见，并应附上其认为正确的计量结果和详细的计算资料。发包人收到书面意见后，应在 7 天内对承包人的计量结果进行复核后通知承包人。承包人对复核计量结果仍有异议的，按照合同约定的争议解决办法处理。

8.2.6 承包人完成已标价工程量清单中每个项目的工程量并经发包人核实无误后，发承包双方应对每个项目的历次计量报表进行汇总，以核实最终结算工程量，并应在汇总表上签字确认。

6. 单价合同中合同单价的调整。

引起合同单价调整的原因主要有：法律法规变化、项目特征不符、工程量偏差、物价变化、发承包双方约定的其他调整事项。物价变化引起的合同单价调整和工程量偏差引起的合同单价调整是最常见的合同单价调整的情形，下面简要介绍这两种情形下合同单价的调整办法。

（1）物价变化引起的合同单价调整。合同履行期间，因人工、材料、工程设备、机械台班价格波动影响合同价款时，一般有两种调整方式。一种是价格指数调整法，主要适用于材料种类不多，但每种材料用量较大的工程，如公路和市政道路项目。另一种是造价信息调整法，施工期内，因人工、材料和工程设备、施工机械台班价格波动影响合同价格时，人工、机械使用费按照国家或省、自治区、直辖市建设行政管理部门、行业建设管理部门或其授权的工程造价管理机构发布的人工成本信息、机械台班单价或机械使用费系数进行调整。需要进行价格调整的材料，其单价和采购数应由发包人复核，发包人确认需调整的材料单价及数量，作为调整合同价款差额的依据。该方法适用于材料种类较多的项目，如房屋建筑工程。具体采用哪种单价调整方式可在合同中约定，调价公式可参考《建设工程工程量清单计价规范》附录 A。

（2）工程量偏差引起的合同单价调整。对于任一招标工程量清单项目，工程量偏差超过 15% 时，可进行调整。当工程量增加 15% 以上时，增加部分的工程量的综合单价应予调低；当工程量减少 15% 以上时，减少后剩余部分的工程量的综合单价应予调高。具体工程量偏差幅度和超过幅度的调整方式可在合同中具体约定。

【工程管理实务解读】

关于单价合同风险防范措施，在目前的建设工程实际履行中，大多数发包方和施工方会在工程计价中采用固定单价报价方式，并能确立以下基本原则，即投标人在投标报价时已经充分考虑到施工期间各类建筑材料的市场风险。工程量的风险由发包人来承担，价格的风险在合同约定风险范围内的，由承包人自行承担，风险范围以外的按合同约定。竣工结算的工程量按发承包双方在合同中约定应予计量且实际完成的工程量来确定，完成发包人要求的施工合同以外的工程量，增加或发生非承包人责任事件的工程量按现场签证单确定。因此，从工程建设实际情况来看，采用固定单价合同的建设工程对于价款调整的条文要求更为严格、全面和细致。

单价合同在签订履行过程中的风险主要包括：①部分建设工程的发包方与承包方尽管已经在招标文件或施工合同中明确了单价合同的计价原则，但往往容易忽视工程价款调整的有关内容，涉及工程价款调整的条文过于简单、片面。而一般工程建设过程中都会有大量的设计变更和不可预计的各类风险，所以这种不完整的价款调整条文会有可能给采用固定单价合同的工程在进入竣工结算阶段时带来巨大的隐患，导致纠纷的发生。因此，笔者建议在签订施工合同时，应针对有关问题签订合理的合同条款，才能从根源上避免工程竣工结算时各种造价纠纷的产生。②工程风险的分担。目前实践中有些发包方利用自己的强势地位，会有把所有风险转嫁给施工单位承担的倾向，因此发包方在确定合同条款时，往往会提供格式条款，要求施工企业承担所有市场风险，并不允许施工单位对条款的内容进行修改，此种做法在建筑材料市场价格剧烈波动的工程建设行业，显然是不够公平的。在施工合同履行过程中，一旦出现建筑材料价格暴涨的情况，如钢材的价格在短短不到一年的时间从二千多元每吨暴涨到四千多元每吨，这个价格已经远远超出了施工方所能预料并可控的范围。施工成本大幅增加，施工企业往往无力承担其价格风险，有可能会采用停工等过激方式，也可能会采用偷工减料等不正当方式确保企业盈利，从而在工期质量等方面影响工程建设的顺利实施；同时市场风险的承担往往是把双刃剑，建筑材料价格有可能暴涨，也有可能暴跌，不采用合理的分担价格风险机制，对发包方和承包方都不公平。固定单价的合同发包方同样需要承担建筑价格暴跌的风险压力，即在价格高位时签订的施工合同，一旦价格暴跌，如无合理的价格风险分担机制的话，发包方则没有机会受益，导致建筑成本增加，风险无法控制。此外合同风险分担机制条款的可操作性不强，如合理分担风险的材料范围、幅度限值、价差计算方法约定不清时，也容易引起工程造价纠纷的争议。

单价合同在签订履行过程中的风险防范措施包括：①在施工合同中发包方和承包方明确工程风险的确定和分担原则。在工程施工的过程中，发包、承包双方都会面临许多风险，但不是所有的风险以及无限度的风险都应由承包人承担，而是应按风险共担的原则，对风险进行合理分摊。这就要求应在招标文件或合同中对发包、承包双方各自应承担的风险内容及其范围或幅度进行明确界定，发包人不能要求承包人承担所有的风险或无限度的风险。在施工合同订立时就工程风险的合理分担就可确定以下基本原则：双方应对于主要由市场价格波动导致的市场价格风险，包括建筑材料、周转材料、建筑机械价格等风险，由发包方和承包方双方进行合理分摊，明确约定风险的范围和调整的幅度。对于法律、法规、规章或有关政策出台导致工程税金、规费、人工发生变化的政策性风险，承包人不应承担此类风险，应由发包方承担，并按国家相关规定进行调整。对于承包人根据自身技术水平、管理、经营状况能够自主控制的风险，如承包人的管理费、利润的风险，应由承包人全部承担。因不可抗力引发的风险，主要由发包人承担所造成的相应损失和损害，承包人只承担自己的利润损失。如有工程保险，先由保险公司进行理赔，保险理赔不足的费用，谁承担责任就由谁承担该损失。②在我国目前的市场经济环境中，工程风险主要集中在建筑材料价格波动上，因此，针对材料价格风险控制、分担、计算方法等方面的内容在施工合同中均需要有详细的、可操作性强的条文与之相对应，具体包括以下内容。

（1）施工合同中应明确材料风险承担或收益的对等原则。因为材料价格有可能上涨，也有可能下跌，采用固定单价合同的工程，价格上涨时承包方承受风险压力，下跌时则由发包方承受相应风险。因此，在施工合同中应首先明确风险承担的相对等原则，即当工程施工期间建筑材料价格上涨或下降幅度在合同约定范围以内的，其差价由承包人承担或受益，上涨或下降幅度超过合同约定幅度范围的部分由发包人承担或受益。

（2）施工合同中应约定需调整价格的建筑材料范围。在工程建设过程中部分地材，如砂石、墙体材料等，受货源及运输成本影响较大，钢材、水泥、木材、电线电缆、金属管材等除上述因素外，还受到国际原材料价格波动的影响，所以均应在施工合同中明确应调整价格的建筑材料的范围。

（3）施工合同中应明确材料价格风险控制和分担的约定范围。约定属于风险分担范围内的主要材料或全部材料价格调整的界限值，而且需要明确是补超出部分的差价还是补全部的差价。

（4）施工合同中应明确材料价格因风险调整时主要建筑材料差价的取定原则。理论上应以工程所在地造价管理部门发布的材料指导价格为基准（缺指导价的材料以双方确认的市场信息价为准），差价为施工期同类材料加权平均指导价格与合同工程基准期（招标工程为递交投标文件截止日期前28天）当月的材料指导价格的差额。

综上，在固定单价的施工合同中，承包方承担的是价格风险，发包方承担的是整体工程量的风险。我国建设工程施工合同示范文本的合同条件中规定了根据确认的工程量，按照构成合同价款相应项目的单价和取费标准计算，支付工程价款。在施工过程中，承包方都会遇到建筑材料价格上涨的风险，对一些工期较长、工程量较大而且复杂的项目，准确地估计风险往往难以做到。如果承包方加大风险因素的考量，在报价阶段就缺乏竞争力，如果对风险因素的考虑过少，在施工过程中施工成本增加，严重影响项目的施工，导致因建筑材料不能及时到场工程停工延期，这也是发包方不愿意看到的结果。因此，为了使施工方因建筑原材料价格上涨和国家政策性调整（如人工、机械费用等）造成施工成本增加时，能得到合理补偿，而发包方又能合理地控制成本，在施工合同中就需要明确约定相关内容，以免将来产生纠纷引发诉累。

【法律依据】

1. 《建筑工程施工发包与承包计价管理办法》。
2. 《建设工程价款结算暂行办法》。

实例9 总价合同结算纠纷

【案情简介】

再审申请人：苏中公司

被申请人：瀚华公司

再审申请人苏中公司因与被申请人瀚华公司建设工程施工合同纠纷一案，不服天津市高级人民法院（2014）津高民一终字第0101号民事判决书，向最高人民法院申请再审。

苏中公司申请再审称：①一审、二审判决依据《天津市建设工程施工合同》（即备案合同），以固定总价计算工程款，证据不足。第一，《总包施工工程协议》（以下简称《总包协议》）无效，备案合同第47条已经否定该协议的效力。第二，备案合同第23条、投标须知第4.1条指向的工程价款为固定价格中的综合单价，不是固定总价，涉案工程款据实结算应为17 405.910 2万元，即便按被申请人回复函确认的工程款，工程最低造价也应当是11 010.008 8万元。第三，将未经质证的"投标书"作为认定"固定总价合同"的主要证据，违反《民事诉讼法》第200条第4项的规定。第四，认定备案合同为"固定总价合同"的基本事实缺乏证据证明，违反《民事诉讼法》第200条第2项规定。投标文件的编制说明（3）明确约定钢材价格按施工期的市场信息价格进行调整，证明工程总价不确定，申请人提供的证据22，证明被申请人在工程价款结算中采用综合单价结算。

②被申请人应承担违约责任。工程延期是被申请人资金不足造成的，被申请人未按合同约定的时间支付工程预付款，应承担预付款逾期责任，应支付违约金762.267 2万元；一审、二审判决申请人承担逾期竣工违约金60万元，违背公平、公正原则，应予撤销。

③一审、二审判决适用法律错误。其一，采用双重标准认定证据，偏袒

被申请人。其二，一审、二审判决以手写改动后的招标文件认定工程款结算方式，免除了招标人按照招标文件提供工程量清单以及按实际工程量进行结算的义务，违反《招标投标法》及工程价款结算的相关的规定。其三，工程造价的鉴定报告与一审法院委托鉴定的内容不一致，且遗漏了双方当事人认可的重大项目，工程造价比申请人认可的工程价款少七百余万元，申请人要求重新鉴定，一审、二审法院不予支持，违反《最高人民法院关于民事诉讼证据的若干规定》第 27 条、第 29 条规定。故苏中公司依据《民事诉讼法》第 200 条第 1 项、第 2 项、第 4 项、第 6 项的规定申请再审。

【审理结果】

再审法院认为：关于是否将未经质证的"投标书"作为认定"固定总价合同"的主要证据的问题。对于如何确定工程价款，二审判决认为，"2006年 6 月 16 日的《天津市建设工程施工合同》系瀚华公司与苏中公司依法履行招标投标程序后签订并经备案的中标合同。该备案合同约定：合同价款采用固定价格方式，合同价款中包括的风险范围执行招标文件前附表第 4 页第 4.1 款，风险费用含在合同总价中。而苏中公司作为证据提交的招标文件'投标须知'（前附表）第 4 页第 4.1 款中注明涉诉工程投标报价采用施工图预算形式，并非工程量清单计价方式，苏中公司亦认可其并未取得过招标人的工程量清单。根据备案合同的约定，苏中公司的承包范围为发包方所发施工图纸及工程做法要求。苏中公司在投标书中亦承诺愿以 103 709 828 元的总价按招标文件、图纸及相关资料的条件、要求承包涉诉工程。"由此可以看出，二审判决认定工程价款以固定总价结算的主要依据是《天津市建设工程施工合同》，苏中公司自己提交的载明其愿以一定总价承包工程的投标文件"投标书"只是作为补充证据予以证明。申请人认为其提交的证据"投标书"未经质证即可作为认定事实的主要证据无事实和法律依据。

关于一审、二审判决认定《天津市建设工程施工合同》为"固定总价合同"是否缺乏证据证明的问题。首先，一审、二审判决认定该事实的主要证据为瀚华公司与苏中公司签订的《总包协议》《天津市建设工程施工合同》以及鉴定单位出具的鉴定报告，以上证据确认工程结算造价为 10 370.722 1

万元。其次，申请人所提"投标文件约定钢材价格按施工期市场信息价进行调整"的内容，是对投标价格的相关说明，并不必然得出工程价款总价不确定的结论；申请人提供的证据为瀚华公司 2008 年 12 月 24 日致其的《工作联系函》，该函要求申请人将存在的质量问题尽快整改完毕，完成所有甩项工程，按期完成竣工验收，并无说明被申请人在工程价款结算中采用综合单价结算的内容。因此，申请人认为认定涉案合同为"固定总价合同"缺乏证据证明的理由无事实依据。

【工程知识】

1. 总价合同。

《工程造价术语标准》（GB/T 50875—2013）第 3.3.6 条中对总价合同的定义：发承包双方约定以施工图及其预算和有关条件进行合同价款计算、调整和确认的建设工程施工合同。

《建设工程工程量清单计价规范》（GB 50500—2013）第 2.0.12 条对总价合同的定义：发承包双方约定以施工图及其预算和有关条件进行合同价款计算、调整和确认的建设工程施工合同。

《建设工程施工合同（示范文本)》（GF—2017—0201）第 12.1 条对总价合同的定义：合同当事人约定以施工图、已标价工程量清单或预算书及有关条件进行合同价格计算、调整和确认的建设工程施工合同，在约定的范围内合同总价不作调整。

2. 总价合同的适用范围。

《建设工程工程量清单计价规范》（GB 50500—2013）：建设规模较小、技术难度较低、工期较短，且施工图设计已审查批准的建设工程可采用总价合同。

《建筑工程施工发包与承包计价管理办法》：建设规模较小、技术难度较低、工期较短的建筑工程，可以采用总价方式确定合同价款。

3. 总价合同中总价包含的内容。

《工程造价术语标准》（GB/T 50875—2013）条文解释中对总价合同的解释：总价合同是以施工图纸、规范为基础，在工程任务内容明确，发包人要求的条件清楚，计价依据和要求确定的条件下，发承包双方依据承包人编制的施工图预算商谈确定合同价款。当合同约定工程施工内容和有关条件不发生变化时，发包人付给承包人的工程价款总额就不发生变化。当工程施工内容和有关条件发生变化时，发承包双方根据变化情况和合同约定调整工程价款，但对工程量变化引起的合同价款调整应遵循以下原则：当合同价款是依据承包人根据施工图自行计算的工程量确定时，除工程变更造成的工程量变化外，合同约定的工程量是承包人完成的最终工程量，发承包双方不能以工程量变化作为合同价款调整的依据；当合同价款是依据发包人提供的工程量清单确定时，发承包双方应依据承包人最终实际完成的工程量（包括工程变更和工程量清单错、漏）调整确定工程价款。

通过该解释可以看出，总价合同是以施工内容和一定的条件为基础的，在一定的施工内容和一定的条件下，总价不变，施工内容和相关条件发生变化，总价的基础就发生了变化。施工内容包括两个方面，一是施工的范围，即物理边界；二是施工的规模，即数量边界。这里的"一定的条件"主要是合同缔结时明确的合同工期、地质条件等。由此看来，总价的基础条件是相当苛刻的，实际施工时往往会发生各种变化，总价合同的合同额并不是一成不变的。因此，在订立总价合同时，清楚地约定总价合同的各种基础条件及基础条件发生变化时合同价格如何调整非常有必要。《建设工程施工合同（示范文本）》通用合同条款中规定："合同当事人应在专用合同条款中约定总价包含的风险范围和风险费用的计算方法，并约定风险范围以外的合同价格的调整方法，其中因市场价格波动引起的调整按第 11.1 款（市场价格波动引起的调整）、因法律变化引起的调整按第 11.2 款（法律变化引起的调整）约定执行。"

4. 施工图预算。

《工程造价术语标准》（GB/T 50875—2013）第 3.2.8 条对施工图预算的定义：以施工图设计文件为依据，按照规定的程序、方法和依据，在工程施工前对工程项目的工程费用进行的预测与计算。

5. 总价合同的计量。

《建设工程工程量清单计价规范》（GB 50500—2013）中关于总价合同的

计量规定：

8.3.1　采用工程量清单方式招标形成的总价合同，其工程量应按照本规范第8.2节的规定计算。

8.3.2　采用经审定批准的施工图纸及其预算方式发包形成的总价合同，除按照工程变更规定的工程量增减外，总价合同各项目的工程量应为承包人用于结算的最终工程量。

8.3.3　总价合同约定的项目计量应以合同工程经审定批准的施工图纸为依据，发承包双方应在合同中约定工程计量的形象目标或时间节点进行计量。

8.3.4　承包人应在合同约定的每个计量周期内对已完成的工程进行计量，并向发包人提交达到工程形象目标完成的工程量和有关计量资料的报告。

8.3.5　发包人应在收到报告后7天内对承包人提交的上述资料进行复核，以确定实际完成的工程量和工程形象目标。对其有异议的，应通知承包人进行共同复核。

【工程管理实务解读】

关于总价合同风险防范措施，在笔者代理的众多工程案件中，固定总价合同在实践中通常适用于工程量小、工期短、工期结构和技术简单，或者是设计非常详细，图纸完整并清楚，工程任务和范围都比较明确的工程。总价合同要求项目的工作范围以及工程量的计算依据确定，在招标时已经完成施工图的设计。总价合同的特点是总价优先，最终结算按照合同总价，发包方的风险较小，施工方的风险较大。

对发包方而言，只要施工内容不改变，那么固定总价合同工程价款就是合同约定的数额，对于工程结算、审计都非常的方便，不用投入大量时间和人力，给双方节省了大量的计量、核价的工作。除了在施工过程中的设计变更和增减工程量以外，合同的价款是不可变动的，因此，施工方索赔的机会较少，发包人可以通过总价合同应对施工方的低价中标、多签证、高索赔。对承包方而言，固定总价合同一旦签订，合同履行期间的价格上涨风险均由自己承担，发包方不会给予任何补偿。如果工程的工期长、造价高，在工程实施过程中就难免会发生设计变更等情况，如果双方对此类的变更没有明确约定，就往往使得结算难以进行最终导致发生纠纷。

在工程施工过程中，市场环境和生产要素价格的变化往往会直接影响固定总价合同的价款，总价合同中常见的法律风险以及应对策略如下。

（1）工程承包范围约定不明发生争议。固定总价合同的固定价格是建立在工程合同承包范围和内容固定的基础上的，若发生合同承包范围外的工程则可以打破"固定价"，追加合同价款。正因如此，双方对合同承包范围的明确界定就显得十分重要。另外，若部分合同约定以设计单位出具的图纸范围内的工程内容为准，则双方应对图纸进行交接、签收并留存相应证据，避免双方以后因图纸本身发生争议。

发包方在招标时应尽可能将招标范围、投标人报价所包含的工作内容、费用项目在招标文件中一一明确，避免产生歧义。承包人在报价时应仔细审阅招标文件、图纸及图说，以免遗漏报价内容，要对在建工程可能发生的一切项目和费用作通盘整体考虑，对项目清单所列项内容的不妥或遗漏之处，及时通过质疑方式提出。双方应明确约定合同承包的施工范围，避免因约定不明导致发生损失只能由施工方来自行承担的结果。

（2）建筑材料的价格变动发生争议。在固定总价合同的框架内，建筑材料涨跌的风险及收益均由承包人承担。在现有市场条件下，建筑材料的价格常常会发生剧烈的波动，承包人在签订合同时应预见到此类商业风险。如在施工期内，发生建筑材料异常涨价的情形，承包人可能要承担亏损的后果。因为对于建材异常涨价属于情势变更还是商业风险，目前司法实践中也有不同的理解，各地法院对此类案件的判决也各不相同。因此，笔者建议发包方和施工方双方事先在施工合同中就建筑原材料特别是主材商品砼、钢材、水泥等的种类、价格标准、调整幅度等作出详细约定；物资、材料涨跌受市场供需等因素的影响而不依当事人的意志为转移，签约双方均无法预知合同履行过程中材料价格是涨还是跌，因此，双方将材料价差约定在风险包干范围内，能保障承发包双方的利益，也是公平原则的体现。所以，固定总价合同优先适用于履行周期短、材料市场价格相对稳定的小型工程，其价格变动的概率和幅度都较低，那么双方发生争议的概率也会大大地降低。

另外，双方可以在施工合同中约定如因发包方的原因，导致工程无法在合同约定的施工期内完成，在合同约定的施工期外，建筑原材料大幅涨价的程度已经远远超出承包人的承受能力时，承包人应和发包人共同协商调整固定总价，分担价格风险。发包人不同意的，承包人可以单方解除施工合同。

（3）工程量的变更发生争议。目前在建筑市场的招标实践中，如采用固定总价合同模式，招标时间比较短，承包方如果不能及时地根据施工图精确计算工程量，凭经验结合图纸做估算的话，漏算、错算的情况肯定会发生。也存在许多边设计、边施工的项目，由于初期施工设计深度不够，施工过程中为完善设计难免会发生大量设计变更。在施工中，很多问题都需要根据现场的实际情况予以调整变更，设计变更和施工洽商、签证不可避免地会发生相应的经济费用，也直接影响到整个工程的结算价格。对此部分影响合同固定价格的款项，在工程竣工后的结算环节往往很容易造成纠纷并引发诉讼。如出现设计变更或增减工程量的情况，若在合同中没有事先明确约定，双方会因此产生争议。所以一定要在合同中事先约定好因变更产生的费用的核算方法，尽量减少争议。

如果采用固定价格合同，发包方在招标时就应尽可能地向投标人提供详细的施工图及说明、施工要求，并给投标人留有足够的编标和询标时间，以确保投标人完全了解施工场地，理解设计意图，明确施工要求，减少投标人工程量计算失误的概率，从而避免纠纷的发生。同时，为防止承包方故意漏算、错算工程量，应事先在合同中约定允许调增的工程量范围、调增工程量时单价的确定方式以及超过此调增范围的处理方法。

我国法院的司法案例中，固定总价合同已经明确包含施工期间各类建筑材料的涨跌价和国家政策性调整等所有风险系数的，双方在工程结算时除了签证变更、设计变更等均不能作调整，应当按照固定价结算工程价款。承包人如依据情势变更原则要求据实结算或要求主材调差，因不符合双方合同约定，法院一般不予支持，依据《施工合同司法解释（一）》第28条"当事人约定按照固定价结算工程价款，一方当事人请求对建设工程造价进行鉴定的，人民法院不予支持"执行。因此，对施工方而言，将会面临发生争议后法院不予鉴定的法律风险。

综上所述，固定总价合同有一定的优点，但也有由市场波动引起的价格方面和工程量方面的风险，因此，需要在施工合同中设定风险的范围，尽可能地防范和控制固定总价合同的风险。

【**法律依据**】

1. 《工程造价术语标准》。
2. 《建设工程工程量清单计价规范》。
3. 《建筑工程施工发包与承包计价管理办法》。
4. 《建设工程价款结算暂行办法》。
5. 《施工合同司法解释（一）》。

实例 10　固定价和可调价合同结算纠纷

【案情简介】

上诉人（原审原告、反诉被告，承包人）：七局公司

被上诉人（原审被告、反诉原告，发包人）：中房建谊公司

2005 年 8 月 20 日七局公司与中房建谊公司签订《建设工程施工合同》，主要内容：①由七局公司承建中房建谊公司开发的维多利亚城 2 ~ 5 号楼的土建安装工程。②开工日期为 2005 年 8 月 30 日，竣工日期为 2006 年 6 月 30 日，合同工期总日历天数 300 天。③工程质量标准为合格。④合同价款暂定为 9 000 万元。⑤"合同专用条款"第 6 条"合同价款与支付"约定采用可调价合同，合同价款调整方法为采用中标价加签证决算。

2006 年 1 月 14 日七局公司与中房建谊公司签订《河南省新乡维多利亚城 2 ~ 5 号楼建设工程施工合同补充协议》（以下简称《补充协议》），主要内容：①单项变更造价 3 000 元以内（含 3 000 元）不予调整，超过 3 000 元按实足额调整。②材料价格按新乡市定额站下发的 2005 年第三季度材料指导价编制（甲方提供清单），清单报价执行《河南省建筑和装饰工程综合基价》（2002 版）、《河南省安装工程单位综合基价》（2003 版），按规定取费。③在施工期间，材料涨降按新乡市定额站下发的相应季度材料指导价决算，超出 ±3% 时按时（实）调整。工程量清单超出图纸在 ±3% 范围内（含 ±3%）不予调整，超过 ±3% 时按时（实）调整，七局公司提出的材料代换不予调整。

关于涉案工程价款的结算依据问题，七局公司主张应当以双方当事人签订的《补充协议》为依据进行鉴定，中房建谊公司则认为应当以涉案工程施工合同中约定的暂定为 9 000 万元作为固定价并加变更签证进行决算。

【审理结果】

二审法院认定以该施工合同确定的 9 000 万元为基础，变更部分按照《补充协议》结算工程价款为结算标准。

【工程知识】

1. 固定价合同。

原建设部、原国家工商行政管理总局《建设工程施工合同（示范文本）》（GF—1999—0201）第 23.2 条。对固定价合同的定义：双方在专用条款内约定合同价款包含的风险范围和风险费用的计算方法，在约定的风险范围内合同价款不再调整。风险范围以外的合同价款调整方法，应当在专用条款内约定。

2. 可调价合同。

原建设部、原国家工商行政管理总局《建设工程施工合同（示范文本）》（GF—1999—0201）第 23.2 条对可调价合同的定义：合同价款可根据双方的约定而调整，双方在专用条款内约定合同价款调整方法。

3. 按实结算。

在以费率方式招标签订的建设工程施工合同中或固定价格合同中，关于变更、签证部分条款的结算部分经常出现"按实结算"四个字，按实结算从工程造价上应该如何理解？按"实"的实，包括两层含义，一是指工程量按照实际施工完成的工程量计算，二是施工中的人工、材料、机械台班的价格按照同期建设行政主管部门发布的造价信息（缺少时按照双方协商一致的市场价）中的价格结算。虽然"按实结算"在建设工程施工合同中经常出现，但它并不是一个严谨的法律概念，实际操作中极易发生纠纷。因此，"按实结算"这样的用语不建议用在建设工程施工合同中，非要使用时应在合同中给予明确的定义，包括从工程量的计算规则和人工、材料、机械台班的价格确认两方面进行定义。

4. 现场签证。

发包人现场代表（或其授权的监理人、工程造价咨询人）与承包人现场代表就施工过程中涉及的责任事件所作的签认证明。

5. 工程变更。

《建设工程工程量清单计价规范》（GB 50500—2013）第 2.0.16 条对工程变更的定义：合同工程实施过程中由发包人提出或由承包人提出经发包人批准的合同工程任何一项工作的增、减、取消或施工工艺、顺序、时间的改变；设计图纸的修改；施工条件的改变；招标工程量清单的错、漏从而引起合同条件的改变或工程量的增减变化。

6. 工程造价信息。

工程造价管理机构发布的建设工程人工、材料、工程设备、施工机械台班的价格信息，以及各类工程的造价指数、指标等。

【工程管理实务解读】

无论是发包人还是承包人，都应该对建设工程的招标投标和合同签订给予足够的重视。本案之所以产生纠纷，主要原因是在招标投标和合同签订时对相关的计价条款约定不清，甚至是约定混乱、相互冲突。结合本案的纠纷，下面着重把实践中招标投标、合同与计价方式的关系介绍一下。

目前，我国工程造价实践中存在清单计价模式和定额计价模式，招标投标计价方式和合同计价方式以清单计价模式和定额计价模式为基础，分为不同的招标投标计价方式和合同计价方式。

从不同的计价模式分，我国工程实践中通行的招标投标计价方式有工程量清单招标投标计价方式、施工图预算招标投标计价方式和费率招标投标计价方式。从合同计价方式分，原建设部、原国家工商行政管理总局发布的《建设工程施工合同（示范文本）》（GF—1999—0201）给出了固定价格合同、可调价格合同、成本加酬金合同三种确定合同价款的方式；住房和城乡建设部、原国家工商行政管理总局《建设工程施工合同（示范文本）》（GF—2013—0201）中给出了总价合同、单价合同、成本加酬金合同三种确定合同价款的方式。

工程量清单招标投标计价方式适用于施工图设计已经完成乃至施工图设计已通过施工图审查机构的审查，施工图不会发生较大的变动的情况下。首先由发包人编制招标工程量清单和招标控制价（如有），投标人以工程量清单和企业定额，人工、材料、机械台班的市场价格为基础，计算形成已标价工程量清单。投标人中标后，以投标人递交的已标价工程量清单中的总价作为签约合同价，即合同价。通过工程量清单招标投标方式形成的合同计价方式，既可以是单价合同，也可以是总价合同。

施工图预算招标投标计价方式是指由招标人提供施工图设计图纸，投标人根据施工图纸编制施工图预算，投标人中标后，发承包双方以投标人编制的施工图预算价作为签约合同价，一般以该施工图预算加变更、签证的方式结算。该种合同价格方式可以约定为固定价合同，也可以约定为总价合同。

费率招标投标计价方式是指招标时施工图设计图纸尚未完成，发包人为赶工程进度，在具备清单招标的条件时采取的一种招标投标方式。该种招标投标方式只要求有明确的工程范围、建设规模、结构形式等基础条件，不必具备完成的施工图纸。发包人在招标文件中要求投标人报建筑安装工程费费率或优惠率，在合同中约定以××定额及其配套文件、施工同期建设行政主管部门发布的造价信息确定的定额价下浮××优惠率结算。费率招标投标方式下签订的合同一般为可调价合同。

本案中，一是既有关于定额计价方式的约定条款，又有清单计价方式的约定条款，两种计价方式相互冲突，导致对合同计价条款的解释出现困难；二是在约定固定价的同时又有条款约定了可调价，合同价款确定方式的混乱也是本合同发生纠纷的主要原因。

本案中另一个问题是关于固定价的风险范围。《建筑工程施工发包与承包计价管理办法》第14条规定，"发承包双方应当在合同中约定，发生下列情形时合同价款的调整方法：（一）法律、法规、规章或者国家有关政策变化影响合同价款的；（二）工程造价管理机构发布价格调整信息的；（三）经批准变更设计的；（四）发包方更改经审定批准的施工组织设计造成费用增加的；（五）双方约定的其他因素。"

当然，风险范围并不局限于上述，可根据实际情况进行约定。工程实践中，对于发包人有利的常见表述为"本合同是固定总价合同：合同价款已包含该工程项目的成本、利润、规费、保险、税金、风险费、社会保障费、安全文明施工费等所有费用。承包人经过对承包范围内工程的充分核实，在保证工期和工程质量俱优的前提下，采取新技术和科学管理，降低成本、提高效益，承包人向发包人承诺实行工程造价包干，包工包料，合同价一次包死。合同总价中已考虑材料风险费用，本合同协议书约定工程总价款包含所有施工图纸、图纸答疑及招标文件范围内的全部工程量内容，承包人无论因何种原因没有列入单价或总价款中的工程，发包人都没有增加支付的义务，并认为该项目已包含在总承包价款中。"

通常对于承包人有利的表述为"法律、行政法规和国家有关政策的变化；建设行政主管部门颁布的有关工程造价变化的相关政策文件；工程造价管理部门公布的价格调整和市场价格的变化；本款约定最终以现行清单计价规范为准"。

本案采用固定价合同，在案件审理过程中委托鉴定机构进行了鉴定，那么固定价合同能否鉴定以及注意事项有哪些呢？

《施工合同司法解释（一）》第 18 条规定："当事人约定按照固定价结算工程价款，一方当事人请求对建设工程造价进行鉴定的，人民法院不予支持。"

《施工合同司法解释》第 19 条第 2 款规定："因设计变更导致建设工程的工程量或者质量标准发生变化，当事人对该部分工程价款不能协商一致的，可以参照签订建设工程施工合同时当地建设行政主管部门发布的计价方法或者计价标准结算工程价款。"

固定价施工合同承包范围之外的设计变更、签证、索赔等情况导致工程量变化的，均可能需要通过司法鉴定来确定工程价款。

根据上述规定，在建设施工合同履行过程中，如果没有发生工程变更等情况导致工程量变化，就应该按照合同约定的固定价格结算。如果一方提出工程造价鉴定，法院依法不予以支持。例如，武汉市浩然基础工程有限责任公司与中铁二十三局集团第三工程有限公司建设工程合同纠纷申诉、申请民事裁定书［最高人民法院民事裁定书，案号：（2015）民申字第 2732 号］认为：涉案合同属按固定价格结算的合同，相关工程已施工完毕并交付，一方主张对工程造价司法鉴定，不予支持。"三、原判决未违反法定程序。涉案合同属于当事人约定按照固定价格结算工程价款的合同，因此，浩然公司在二审中主张对工程造价进行司法鉴定，二审法院不予支持并无不当。"

固定价合同原则上不予工程造价鉴定，但合同范围以外的工程价款可以鉴定的案例也是存在的，如河南省高级人民法院审理的新郑市新源污水处理有限责任公司与河南省地矿建设工程（集团）有限公司建设工程施工合同纠纷上诉案［案号：（2011）豫法民二终字第 12 号］。判决书认为，因建设工程涉及种类的不同，当事人约定的结算方式不同，会导致不同的法律后果。如果当事人约定按照固定价结算工程价款，当事人一方提出对工程造价的鉴定申请，根据法律规定，不管是基于什么理由，法院都不应予以支持。针对固定价合同外新增加的工程量、窝工、停工损失等，法院可委托鉴定单位予以认定。

【法律依据】

1. 《建设工程工程量清单计价规范》第 2.0.16 条。

2. 《施工合同司法解释（一）》第 19 条第 2 款、第 28 条。

3. 《建筑工程施工发包与承包计价管理办法》第 14 条。

第 三 篇

建设工程
工程质量实务解读

一、建设施工合同质量标准

实例 1　工程质量最低标准

【案情简介】

上诉人（一审原告）：玖龙公司

被上诉人（一审被告）：建安公司

2010年2月，海龙纸业（太仓）有限公司（后更名为玖龙公司，以下简称玖龙公司）与建安公司签订了《建设工程施工合同》，约定由建安公司施工建设PM29、30机配套污水处理土建工程。工期为150个日历日，工期延误的违约金为1万元/日。每发生一次建安公司或其雇用人员干扰玖龙公司办公和建设工地正常工作的情况，建安公司应向玖龙公司支付违约金20万元。

自2010年3月，涉案工程的各分项单体工程陆续开工，施工过程中玖龙公司基建部先后向建安公司发出《便函》《告知函》，提示、催告建安公司加快工程进度。2011年1月，玖龙公司与建安公司人员对涉案工程进行初验，抽查出质量问题若干项，并制作《工程竣工验收汇总表》，要求建安公司于15日内整改完毕。2011年4月，建安公司向玖龙公司和监理方提交《申请竣工验收报告》，该报告由监理方签收，但玖龙公司并未签收。后该工程共包括10余个单体建筑，均投入使用。

2013年，玖龙公司向苏州市中级人民法院提起诉讼，请求建安公司支付维修费1 093 060.94元，赔偿工程延期违约金、堵门违约金。

受法院委托，东南建设工程安全鉴定有限公司对涉案工程进行工程质量和修复方案司法鉴定，苏州正华工程造价咨询有限公司对工程修复方案进行造价鉴定。涉案工程存在如下质量问题：水池池壁裂缝，初沉池、二沉池、曝气池和回用水池走道板多处裂缝，二沉池外楼梯梯段梁与池壁连接处断开、梯段梁与柱连接处断裂，综合用房、脱水机房和雨水泵房外墙饰面砖接缝处填嵌不密实，雨水泵房地面面层裂缝、沉降不均匀。同时涉案工程存在与使用不当有关的质量问题。基于安全、适用、经济合理的原则，鉴定报告提出了修复方案，针对工程修复方案，鉴定机构作出的工程质量修复造价为 1 093 060.94 元。

【审理结果】

一审法院认为：玖龙公司在涉案工程整体竣工验收前即擅自使用。《施工合同司法解释》第 13 条规定："建设工程未经竣工验收，发包人擅自使用后，又以使用部分质量不符合约定为由主张权利的，不予支持；但是承包人应当在建设工程的合理使用寿命内对地基基础工程和主体结构质量承担民事责任。"

鉴于涉案工程存在的综合用房、脱水机房和雨水泵房外墙饰面砖接缝处填嵌不密实，厂区道路混凝土板面裂缝均非地基基础工程和主体结构质量方面的问题，而且厂区道路混凝土板面裂缝系因后期使用加剧了损伤程度，因此，玖龙公司主张维修或赔偿修理费的诉讼请求不能成立。

涉案工程之目的是为玖龙公司大型污水处理系统提供土建基础，初沉池、二沉池、曝气池等水池是整个污水处理系统工程的主体部分及其发挥功能的关键所在。水池走道板施工质量有问题可能缩短各水池的使用寿命，因此，是影响工程主体结构质量的问题，建安公司应承担水池走道板的修复义务。

就支付的维修费的数额，结合修复造价鉴定报告明细项目，修复方案应着眼于在现有工程的基础上进行修葺、补完，采用彻底铲除重做的方式并不合理。而且导致的过高的修复费用若全部由建安公司承担，有悖于公平原则。因此，一审法院酌定建安公司向玖龙公司支付水池走道板修复费用 25 万元。

一审法院判决：建安公司向玖龙公司支付初沉池、二沉池、曝气池和回用水池走道板修复费用 25 万元，堵门违约金 6 万元。

二审法院认为：涉案工程初沉池、二沉池、曝气池和回用水池的走道板存在裂缝，水池走道板系污水工程的主体结构。水池走道板的施工质量影响各水池的使用寿命，属于影响工程主体结构质量的问题，因此，建安公司对此应当承担修复责任。

对于走道板砼铲除费用和走道板砼浇筑修复费用的问题，因系主体结构问题导致的修复，该部分修复费用应全部由施工单位建安公司承担。虽然玖龙公司仍在继续使用涉案工程，但不影响其据此主张权利。由于涉案工程涉及主体结构问题，采用整体铲除和重做的修复方式符合工程修复惯例，建安公司主张应采用局部修复的方式没有提供相应证据予以证明，故法院对建安公司的抗辩不予支持。因此，一审法院酌定建安公司向玖龙公司支付水池走道板修复费用 25 万元不当，建安公司应当向玖龙公司支付维修费用500 140.45元。

二审法院判决：建安公司向玖龙公司支付初沉池、二沉池、曝气池和回用水池走道板修复费用 500 140.45 元。

【工程知识】

1. 建筑工程：通过对各类房屋建筑及其附属设施的建造和配套线路、管道、设备等的安装所形成的工程实体。

2. 建筑工程质量：建筑工程应满足相关标准规定和合同约定的要求，包括在安全、使用功能及在耐久性、环境保护等方面所有的明显和隐含能力的特性。

3. 工程质量缺陷：指建筑工程施工中不符合规定要求的检验项或检验点。按其程度可分为严重缺陷和一般缺陷。严重缺陷是指对结构构件的受力性能或安装使用性能有决定性影响的缺陷，一般缺陷是指对结构构件的受力性能或安装使用性能无决定性影响的缺陷。

4. 返工：对施工质量不符合规定的部位采取的更换、重新制作、重新施工等措施。

5. 返修：对施工质量不符合标准规定的部位采取的整修等措施。

6. 加固：指对可靠性不足或业主要求提高可靠度的承重结构、构件及其相关部分采取增强、局部更换或调整其内力等措施，使其具有现行设计规范及业主所要求的安全性、耐久性和适用性。

7. 检验：对被检验项目的特征、性能进行量测、检查、试验等，并将结果与标准规定的要求进行比较，以确定项目每项性能是否合格的活动。

8. 验收：在施工单位自行检查建筑工程质量合格的基础上，由工程质量验收责任方组织工程建设相关单位参加，对检验批、分项、分部、单位工程及其隐蔽工程的质量进行抽样检验，对技术文件进行审核，并根据设计文件和相关标准以书面形式对工程质量是否达到合格作出确认。

9. 保修期：是指承包人按照合同约定对工程承担保修责任的期限，从工程竣工验收合格之日起计算。

【工程管理实务解读】

建筑工程质量合格是基本的质量要求。按照《建筑法》《质量管理体系 基础和术语》与《建筑工程施工质量验收统一标准》的规定，建筑工程质量应满足相关标准规定或合同约定的要求，包括在安全、使用功能及其在耐久性、环境保护等方面所有明显和隐含能力的特性，经返修或加固处理的分项、分部工程，满足安全及使用功能要求时，可按技术处理方案和协商文件的要求予以验收。经返修或加固处理仍不能满足安全或重要使用要求的分部工程及单位工程，严禁验收。建筑工程竣工经验收合格后，方可交付使用，未经验收或者验收不合格的，不得交付使用。由此，施工企业交付的建筑工程的最低质量标准应是经返修或加固处理能够满足安全或重要使用要求，否则不能验收，不得交付使用。

建筑物在合理使用寿命内，施工单位必须确保地基基础工程和主体结构的质量。建筑工程地基基础和主体结构关系安全及重要的使用功能，出现质量问题存在重大的安全隐患，必须满足质量合格这一最低的质量标准。《建设工程质量管理条例》规定，基础设施工程、房屋建筑的地基基础工程和主体结构工程的保修期为设计文件规定的该工程的合理使用年限。即，我国对地基基础工程和主体结构工程质量实行施工单位终身负责制，施工单位对地基基础工程和主体结构工程质量负终身保修义务。

建筑工程如果经返修、加固、限制使用等方法处理后仍不能满足规定的质量要求或标准的，则必须进行报废处理。如混凝土结构表面出现的蜂窝、麻面、裂缝等表面或局部性的损伤，可以采用返修处理。如果是危及结构承载力的质量问题，通过加固处理恢复或提供承载力，重新满足结构性和可靠性的要求后，可以继续使用或改用。如果属于严重的质量问题，无法修补，必须返工重做，原有工程作报废处理。

建设工程未经验收合格，建设单位即使擅自使用，施工单位仍承担建筑工程地基基础工程和主体结构工程质量责任。修复后的建设工程经竣工验收不合格，施工单位无权请求支付工程价款。建设工程未经竣工验收，发包人擅自使用后，承包人仍应当在建设工程的合理使用寿命内对地基基础工程和主体结构工程质量承担民事责任。

总之，从技术角度来看，建筑工程需要满足安全性、可靠性、耐久性的一般要求，符合工程勘察和设计文件的要求，满足使用功能经济性、环保性的要求。

【法律依据】

1. 《建筑法》第58条第1款、第60条、第61条、第62条。

2. 《建筑工程施工质量验收统一标准》第5.0.6条、第5.0.8条。

3. 《建设工程质量管理条例》第32条、第39条、第40条、第41条。

4. 《施工合同司法解释（一）》第7条、第14条。

实例2 装饰装修合同中约定达到 "国优" 质量标准的效力

【案情简介】

上诉人（原审原告）：江西建工

被上诉人（原审被告）：吉安酒店

2013年3月13日，江西建工与吉安酒店签订了一份《建筑装饰装修及机电消防工程施工合同》，吉安酒店将装修装饰及机电消防安装工程依法发包给江西建工施工。江西建工按约定完成了该工程施工，工程于2014年12月31日验收合格。

上述合同第5.2条约定："本工程质量必须达到江西省质量评定的'杜鹃花'奖作为验收合格标准。如在工程验收后无法获取'杜鹃花'奖，甲方（吉安酒店）将在总结算价中扣除2%作为违约金。如乙方（江西建工）能获得比'杜鹃花'奖更高的奖项，即'国优'奖，甲方则以合同约定总价的2%作为奖励。"合同第6.1条约定："乙方取得'国优'奖，甲方按总造价的2%十天内支付给乙方作为奖金。"为明确奖罚金额标准，双方又于2014年6月3日与2014年6月6日各签订了一份《建筑装饰装修及机电消防工程施工合同补充协议》，均约定："原合同第5.2条所订的工程质量验收合格标准'杜鹃花'奖或'国优'奖奖励的约定，甲乙双方按工程造价68 323 656元执行原合同条款。"

2016年9月，江西省住房和城乡建设厅为江西建工颁发了吉安酒店装饰工程2015年度江西省优质建设工程"杜鹃花"奖。2016年11月，中国建筑装饰协会为江西建工颁发了该装饰工程的2015~2016年度中国建筑工程装饰奖。

2017年1月17日，江西建工将该获奖喜讯及获奖证书交给了吉安酒店法定代表人周甲，请求按合同有关获"国优"奖的约定支付奖金，吉安酒店以该中国建筑工程装饰奖不属双方在合同中约定的"国优"奖为由拒付，江西建工起诉请求吉安酒店立即向其支付工程质量奖 1 200 000 元，并从 2017 年 1 月 24 日起按中国人民银行贷款利率标准支付违约金。

【审理结果】

一审法院认为：根据双方涉案合同中将工程获得"杜鹃花"奖作为该工程质量验收合格标准的约定，双方在该合同中约定的比"杜鹃花"奖更高奖项，即"国优"奖，应指明为国家优质工程的相关奖项，如国家优质工程奖、中国建设工程鲁班奖（国家优质工程），本案合同并未约定中国建筑工程装饰奖为"国优"奖。《江西省优质建设工程奖评选办法》已标明"杜鹃花"奖为江西省优质建设工程奖，《中国建筑工程装饰奖评选办法》未将中国建筑工程装饰奖冠名"国优"。因此，江西建工称中国建筑工程装饰奖属双方在合同中约定的"国优"奖不成立。一审法院判决：驳回江西建工的诉讼请求。

二审法院认为：江西建工作为装饰装修工程一级施工企业及中国建筑装饰协会的会员，理应了解建设工程质量相关奖项的种类及性质，如果中国建筑工程装饰奖是专门针对建筑装饰工程而设立的全国唯一的优质工程奖，涉案工程只能单独参评该奖而不能参评其他奖项，则在签订合同时应明确比"杜鹃花"奖更高的奖项为中国建筑工程装饰奖，而不是将获得比"杜鹃花"奖更高奖项即"国优"奖约定为奖励的标准。

《江西省优质建设工程奖评选办法》确定了"杜鹃花"奖为江西省优质建设工程奖，但江西建工亦未提供确凿的证据证实中国建筑工程装饰奖为国家优质工程的相关奖项。因此，江西建工关于中国建筑工程装饰奖属涉案合同约定的"国优"奖的主张，依据不足，依法不予支持。二审法院判决：驳回上诉，维持原判。

【工程知识】

1. 建筑装饰装修：为保护建筑物的主体结构、完善建筑物的使用功能和美化建筑物，采用装修材料或饰物，对建筑物的内外表面及空间进行的各种处理过程。

2. 工程质量合格：指建筑工程质量符合《建筑工程施工质量验收统一标准》和相关专业验收规范的规定，符合工程勘察、设计文件的要求以及施工承包合同的约定。

3. 国家优质工程奖：是经中共中央、国务院确认设立的工程建设领域跨行业、跨专业的国家级质量奖。国家优质工程奖获奖工程应当符合国家倡导的发展方向和政策要求，综合指标应当达到同时期国内领先水平。

4. 鲁班奖：全称为中国建设工程鲁班奖（国家优质工程），是我国建筑行业工程质量的最高荣誉奖。鲁班奖工程为我国建筑业企业在境内承包并已建成投入使用的各类新建工程，工程质量应达到国内一流水平。工程施工质量除了要符合国家和行业标准外，还必须达到全国同类工程的领先水平，是省、部范围评出的质量最优工程。工程设计不仅要符合城市规划、国家标准和部颁标准，还要达到省、部范围内"先进、合理"的水平。

5. 中国建筑工程装饰奖：是经原建设部建办〔2001〕38 号文件批准设立的全国建筑装饰行业唯一的最高奖项。中国建筑工程装饰奖工程应当是设计与施工完美结合，符合国家各项标准和规范要求，设计创意和施工工艺达到国内先进水平的装饰精品，包括新建、改建、扩建的各类公共装饰工程。

【工程管理实务解读】

本案中装饰工程约定的"国优"质量标准无效。

工程质量合格是建筑工程的最基本要求，国家鼓励采用先进的科学技术和管理方法，提高建设工程质量，为此，全国和地方建设行政主管部门或行业协会设立了"中国建筑工程鲁班奖（国家优质工程）"以及"白玉兰奖""中州杯"等各种优质工程奖，都是鼓励参建单位创造更好的工程质量。1996 年建设部将"国家优质工程"与"建筑工程鲁班奖"合二为一，定名为"中国建筑工程鲁班奖（国家优质工程）"，即鲁班奖，该奖是目前我国建筑行业工程质量的最高荣誉奖，是国家优质工程。中国建筑工程装饰奖是依据原建设部建办〔2001〕38 号文件批准设立的全国建筑装饰行业唯一的最高奖项。

建设单位、施工单位如果在建设工程施工合同中有关工程质量标准的约定高于合格质量标准，符合国家政策和法律规定，该约定对建设单位、施工单位具有法律约束力。建设单位、施工单位应当以合同约定的高于工程质量合格的标准作为双方履行合同与否的评判依据，明确各方的权利义务。

在建设工程施工合同中约定高于工程质量合格的标准是国家支持和鼓励的，但如果约定不明或者获得并不属于该类工程的工程质量奖，该约定的效力如何判断，应具体问题具体分析。如果建设单位、施工单位在装饰装修合同中没有约定获得中国建筑工程装饰奖，而是约定获得鲁班奖等奖项或国家优质工程奖，作为奖励的标准，在司法实务中，审判机关倾向于认定约定无效。理由一是在我国建筑装饰行业，中国建筑工程装饰奖是全国建筑装饰行业唯一的最高奖项，如果在装饰装修合同中约定装饰装修工程不能评定的奖项，因根本不能实现，因此属于无效约定。理由二是作为装饰装修工程的施工单位，应当非常清楚中国建筑工程装饰奖及性质，在签订合同时应明确要获得的具体奖项，比如获得中国建筑工程装饰奖，而不是将获得合格以上的更高奖项如本案中约定"国优"奖为奖励的标准，明知不能以该奖项作为评定装饰装修工程的质量标准而进行约定，有违诚实信用原则。

因此，作为装饰装修工程施工单位需要注意以下四点：一是在与建设单位约定工程质量高于合格的质量标准时，要明确要评定的具体奖项，不能约定其他类工程的获评款项，否则将面临无法履行而导致约定无效，自身合法权益难以保障的结果。二是要结合工程的实际情况，提前了解具体奖项的申报条件和程序，不能在根本不符合申报条件的情况下约定获评该奖项。三是一定要提前约定获评奖项无法实现的责任分担，是施工单位的原因还是建设单位造成的，如果是建设单位的原因的情况下，施工单位如何免责。四是一定要考虑自身的施工管理能力，对比以往的类似工程案例，作出理性的决断，避免违约风险。

【法律依据】

1. 《建筑法》第 52 条第 1 款、第 58 条第 1 款。

2. 《建设工程质量管理条例》第 6 条。

3.《最高人民法院关于适用〈中华人民共和国民事诉讼法〉的解释》（以下简称《〈民事诉讼法〉司法解释》）第90条。

4.《国家优质工程奖评选办法》（2019年修订版）第2条、第4条、第5条、第10条。

5.《中国建筑工程装饰奖评选办法》第1条、第3条。

实例 3　工程质量标准达到国标未达到合同约定标准的责任承担

【案情简介】

再审申请人（承包方）：广东一建

被申请人（发包方）：广华公司

再审申请人广东一建因与被申请人广华公司、东莞市广华物业发展有限公司（以下简称广华物业公司）建设工程施工合同纠纷一案，不服广东省高级人民法院（2007）粤高法民一终字第 281 号民事判决，向最高人民法院申请再审。争议的问题：合同约定的工程质量标准为优良，但原建设部统一验收标准和广东省东莞市东建字〔2004〕14 号通知规定，工程质量标准由过去"样板、优良、合格"三个等级统一改为"合格"。二审广东省高级人民法院仍判令承包人广东一建承担质量违约金 50 万元，广东一建认为该判决不合法，向最高人民法院提出再审申请，请求按照原建设部统一验收标准，判令不承担违约责任。

【审理结果】

最高人民法院认为：关于广东一建是否应支付质量违约金的问题。广华公司与广东一建于 2002 年 7 月 11 日签订的施工合同及补充条款，意思表示真实，未违反法律和行政法规的禁止性规定，应当认定为合法有效。虽然原建设部发布文件将工程质量检验评定标准由过去"样板、优良、合格"三个等级改为"合格"一个等级，但并未禁止当事人在高于该国家标准之上另行约定工程质量标准。事实上，本案各方签署的《工程竣工验收报告》确认部分工程优良、部分工程合格、工程总体合格，该事实表明各方对涉案工程确有设定"优良"验收标准，该验收结论对各方当事人均有法律约束力。另外，本案合同签订日期在行政规章变更之前，"优良"标准系合同双方的真实意思表示，合法有效，并非因行政规章变更造成合同目的不能实现。因此，广东一建应当支付工程质量违约金。

【工程知识】

1. 建设工程质量国家标准：原建设部于2001年7月20日颁布了《建筑工程施工质量验收统一标准》（已废止，2013年11月1日发布了新版标准），该标准自2002年1月1日起实施。该验收标准取消了在此之前一直施行的建设工程质量"优良""合格"之等级标准，而统一规定为质量"合格"与"不合格"。凡工程竣工后经验收符合设计要求及技术规范的，质量便为合格，否则即为不合格。

2. 工程竣工验收：是指建设工程依照国家有关法律、法规及工程建设规范、标准的规定完成工程设计文件要求和合同约定的各项内容，建设单位已取得政府有关主管部门（或其委托机构）出具的工程施工质量、消防、规划、环保、城建等验收文件或准许使用文件后，组织工程竣工验收并编制完成《建设工程竣工验收报告》。工程项目的竣工验收是施工全过程的最后一道程序，也是工程项目管理的最后一项工作。它是建设投资成果转入生产或使用的标志，也是全面考核投资效益、检验设计和施工质量的重要环节。

3. 金匠奖：金匠奖全名叫"广东省建设工程金匠奖"，是广东省建筑行业工程质量的最高荣誉奖，每年评选一次；评选工作由广东省建筑业协会组织实施，评选活动接受广东省建设行政主管部门的监督和指导，评选结果经省建设行政主管部门备案后公布。评选对象为中国建筑施工企业在广东省境内承包施工的，并已经建成投入使用一年，其质量达到省内一流水平的各类工程，主要包括：房屋建筑工程、市政基础设施工程、工业设备安装工程及铁路、交通、水利、电力等专业工程。

【工程管理实务解读】

建设工程施工合同中约定的质量标准与国家标准不一致，合同是否有效？

建设工程质量关系到人民群众生命财产安全，关系到国家利益和社会公共安全。因此，我国对建设工程质量的要求十分严格，《建筑法》《民法典》

在立法上均对建设工程质量作出明确规定,原建设部颁布的《建筑工程施工质量验收统一标准》确定了建设工程质量的强制性国家标准。建设工程质量作为建设工程施工合同的核心内容,是建设工程施工合同履行过程中纠纷频发、争议激烈的问题。因此,对于建设工程质量争议,必须坚持质量第一的审判原则,依法通过司法手段确保建设工程质量符合国家规定的强制性安全标准。实践中存在发包方与承包方在签订的建设工程施工合同中约定的工程质量标准与国家强制性标准不一致的情况,那么,该约定是否有效?针对该问题,《北京市高级人民法院关于审理建设工程施工合同纠纷案件若干疑难问题的解答》规定建设工程施工合同中约定的建设工程质量标准低于国家规定的工程质量强制性安全标准的,该约定无效;合同约定的质量标准高于国家规定的强制性标准的,应当认定该约定有效。对于约定工程质量标准低于国家规定的工程质量强制性安全标准的,该约定无效,建设工程发生质量缺陷的,承包人应当按照国家强制性标准承担修理或者返工、改建等责任;对于当事人约定的建设工程质量标准高于国家规定的强制性安全标准的,如约定获得“鲁班奖”等,应当认定该约定有效,承包人的工程质量不符合合同约定质量标准的,应当按照合同约定承担违约责任,但合同另有约定的除外。

关于工程质量标准的划分,我国的相关规定是这样的。原建设部于2001年7月20日颁布了《建设工程施工质量验收统一标准》,新标准取消了在此之前施行的工程质量“优良”“合格”之等级标准。凡工程竣工后经验收符合设计要求及技术规范的,质量为合格,否则即为不合格。国家现行质量标准为“合格”与“不合格”两个等级,这是国家标准,双方当事人在合同中约定的工程质量标准不得低于国家标准,否则约定无效,工程仍按国家标准验收。

笔者上文中已赘述,对于当事人约定的建设工程质量标准高于国家规定的强制性安全标准的,如约定获得“鲁班奖”“金匠奖”等,应当认定该约定有效。关于“鲁班奖”“金匠奖”等奖项,从法律性质上讲,此类以工程质量为评奖对象的奖项不属于国家强制标准,而是行业鼓励标准,是在工程符合国家标准的前提下由建设单位或施工单位申报、全国或当地建筑业行业协会组织评选的奖项。因此,如果合同对工程质量达到“××奖”有明确约定，施工单位施工的工程如达不到该约定，则构成违约，应当承担违约责任。《建筑法》规定未经验收或验收不合格的工程不得使用，已验收合格但未达到"××奖"的工程仍然可以使用；验收不合格的工程必须通过整改达到合格才能交付使用，验收合格却未达到"××奖"的工程，此时双方可协商处理，既可以要求施工单位返工整改达到合同约定的质量奖项，亦可商定不再整改，由施工单位承担合同约定的违约金的方式解决。

关于合同履行中可否主张对约定达到"优良"标准的条款进行变更或撤销？对此，则需具体问题具体研究。《民法典》第151条规定："一方利用对方处于危困状态、缺乏判断能力等情形，致使民事法律行为成立时显失公平的，受损害方有权请求人民法院或者仲裁机构予以撤销。"因此，要想撤销或变更合同中关于"未达到××奖处罚××万元"的约定，应当具备如下全部条件：①证明招标文件中未要求工程质量达到"××奖"；②施工单位的投标报价中未考虑创奖的费用；③签订合同时建设单位凭借优势地位强迫施工单位承诺工程达到"××奖"，但并未就创优费用给予补偿或未规定达到"××奖"给予的奖励；④合同签订后一年内向人民法院提出变更或撤销申请。

如果招标文件中明确要求工程质量须达到"××奖"，那么施工单位应当在作出质量承诺的同时将创奖所需的费用和由此增加的工期考虑进投标总价和施工组织设计中，如果未考虑，则因创奖而增加的费用和工期应由施工单位自己承担。即便合同中未明确创奖的奖励费用，合同约定的"未达到××奖处罚××万元"的约定也是合法有效的，施工单位不能要求变更或撤销该条款。当然，"未达到××奖处罚××万元"是一种违约责任形式，如果施工单位能够证明该违约责任过分高于实际损失的，则可以依据《民法典》第585条规定请求人民法院适当减少。

关于"工程质量不合格"的认定，是以合同约定的标准认定还是以国家的标准认定？就此问题，笔者认为，法条中规定的工程质量不合格即不符合国家强制性标准。对于工程质量不符合国家强制性标准的，承包人是否有权要求发包人支付工程价款，关键要看工程质量经整改后是否符合国家强制性标准，如果经整改后仍不符合，承包人则无权请求发包人支付工程价款；如果经整改后符合，承包人就有权要求发包人支付工程价款。因此，如果工程符合国家强制性标准，但是不符合合同约定的标准，那么承包人虽有权要求发包人支付工程价款，但是承包人仍然要承担修理、返工或改建的责任。另依照《施工合同司法解释（一）》第12条，"因承包人的原因造成建设工程质量不符合约定，承包人拒绝修理、返工或者改建，发包人请求减少支付工程价款的，人民法院应予支持"，建设工程质量不符合合同约定标准的，发包人可请求承包人承担修理、返工或改建的责任，承包人拒绝的发包人可以请求减少支付工程价款。

接下来谈一下施工企业应如何维护自身合法权益的问题。笔者认为施工单位保护自己的最好办法是冷静地对待市场竞争，而不是盲目地承诺再事后反悔。首先，施工单位投标报价时应对招标人关于质量创奖的要求有清醒的认识，对要求达到"鲁班奖"这样要求的招标工程，更应谨慎决策是否参加投标，因为创"鲁班奖"需要投入很大的成本，且名额有限，大多数施工单位不可能获得如此高的奖项，违约风险很大。其次，如果施工单位实力确实雄厚，对创奖十分有信心，则应对创奖所需费用进行测算，并在报价时予以体现，好的质量必定需要大的投入，不能为了中标，不惜将正常的创奖成本也作为让利让掉。最后，施工单位一旦投标承诺达到"××奖"，必须严格管理工程质量，抓好每道工序，确保质量达到合同要求，否则一旦违约，将承担严重的违约责任。

【法律依据】

1. 《建筑法》第54条、第61条。

2. 《施工合同司法解释（一）》第19条。

3. 《北京市高级人民法院关于审理建设工程施工合同纠纷案件若干疑难问题的解答》第27点。

二、施工期的质量责任

实例 4　部分工程质量不合格，发包人是选择抗辩还是反诉

【案情简介】

上诉人（原审原告、反诉被告）：中建六公司

上诉人（原审被告、反诉原告）：凯盛源公司

2012 年 5 月 27 日，中建六公司与凯盛源公司签订《施工协议书》，由中建六公司承建玖郡 6 号庄园工程。开工日期为 2012 年 6 月 10 日，竣工日期为 2013 年 6 月 30 日，要求达到省优质工程，结算依据为施工图纸及《施工协议书》。中建六公司承诺不转包工程，否则负全责。该协议与备案的《建设工程施工合同》相抵触的内容，双方以该协议为准执行。

中建六公司将涉案工程或基础或主体或基础与主体全部转包给天津洪天建筑工程有限公司等七家公司。2013 年 6 月 2 日至 22 日，工程监理部门陆续给中建六公司下达 10 份《联检整改通知》，要求中建六公司对工程存在的大量质量问题进行整改。2013 年 7 月末，中建六公司以凯盛源公司拖欠工程进度款为由停止施工，施工人员陆续撤离施工现场，但留守人员"占置"施工现场。2013 年 9 月 2 日，哈尔滨经济技术开发区建设工程质量安全监督站给双方当事人及工程监理部门下达《工程质量问题整改通知单》，要求限期整改。

中建六公司向一审法院起诉，请求确认双方签订的《施工协议书》及与其相关的施工合同均无效，凯盛源公司支付工程款 257 802 374.73 元及银行贷款利息，赔偿窝工损失 37 107 207.83 元，中建六公司在涉案工程尚欠工程款范围内享有优先受偿权。

凯盛源公司向一审法院反诉，请求解除双方签订的《施工协议书》，中建六公司撤离施工现场，赔偿因工程质量造成的拆除费、更换费、修复费及停工损失等，合计赔偿费319 939 061元，支付逾期竣工违约金202 080 000元，交付已施工工程完整的技术及内业资料，支付清运施工现场建筑垃圾的费用2 700 000元。

一审法院审理期间，中建六公司及凯盛源公司分别提出工程造价鉴定及工程质量鉴定申请，造价公司出具工程质量及修复费用、工程造价司法鉴定意见书。

【审理结果】

一审法院认为：双方当事人签订的《施工协议书》及《建设工程施工合同》无效。工程款结算以双方当事人真实意思表示的结算内容作为结算标准，应按《施工协议书》约定的2010年定额标准结算。关于涉案工程质量责任的承担、修复及维修费的问题，中建六公司应承担责任，从工程款中扣除。

虽然涉案工程未实际竣工，中建六公司主张优先受偿权并未超过法定的6个月期限，享有优先受偿权，但不得对抗涉案房屋的买受人，且优先受偿权不涉及建筑物所占用的建设用地使用权。开具已收取工程款的发票及交付已完工程的技术内业资料，系中建六公司附随的法定义务。

一审法院判决：凯盛源公司给付中建六公司工程款10 328 323.74元及利息，中建六公司交付涉案工程的全部技术内业资料、增值税发票，对涉案工程享有优先受偿权。

二审法院认为：涉案工程系大型商品住宅小区，涉及社会公共利益及公众安全，属于必须进行招标投标的范畴，双方当事人签订的《施工协议书》因未经招标投标程序，应属无效合同。中建六公司与凯盛源公司虽然办理了《建设工程施工合同》备案手续，但应以实际履行《施工协议书》作为涉案工程价款结算的标准。双方当事人确认的现场勘验记录里已经详细记载了修复部位，不属于以鉴代审。在质量鉴定意见无法明确判定进场时阻燃管是否合格的情况下，综合考虑本案的实际情况，法院酌定中建六公司承担阻燃管修复费用的 50%。

涉案工程存在大量质量不合格问题的事实，经鉴定机构鉴定，确定了修复费用金额，并由中建六公司承担。修复后验收合格，凯盛源公司应参照双方的约定支付中建六公司工程价款。中建六公司在欠付工程款范围内，对涉案工程尚未出售的房屋（不包括土地使用权）享有优先受偿权。

二审法院判决：有关涉案玖郡项目工程施工的合同、协议均无效。凯盛源公司支付中建六公司工程欠款 152 612 130.74 元及利息，中建六公司支付凯盛源公司工程质量缺陷修复费用 128 177 952.67 元，对工程款享有优先受偿权。

【工程知识】

1. 工程质量缺陷：指建筑工程施工中不符合规定要求的检验项或检验点。按其程度可分为严重缺陷和一般缺陷。严重缺陷是指对结构构件的受力性能或安装使用性能有决定性影响的缺陷，一般缺陷是指对结构构件的受力性能或安装使用性能无决定性影响的缺陷。

2. 工程质量通病：指各类影响工程结构、使用功能和外形观感的常见性质量损伤。

3. 工程质量事故：指由于建设、勘察、设计、施工、监理单位等违反有关工程质量的法律法规和工程建设标准，使工程产生结构安全、重要使用功能等方面的质量缺陷，造成人身伤亡或者重大经济损失的事故。

4. 建设工程质量司法鉴定：司法鉴定机构接受委托，运用建设工程相关理论和技术标准对有质量争议的工程进行调查、勘验、检测、分析、复核验算、判断，并出具鉴定意见的活动。

5. 检验：对被检验项目的特征、性能进行量测、检查、试验等，并将结果与标准规定的要求进行比较，以确定项目的每项性能是否合格的活动。

6. 返修：对施工质量不符合标准的部位采取的整修等措施。

7. 返工：对施工质量不符合标准的部位采取的更换、重新制作、重新施工等措施。

【工程管理实务解读】

工程质量不合格，发包人应及时起诉。如工程部分质量不合格，当承包人提起工程款诉讼时，发包人应及时提起反诉。根据《民法典》第 793 条、《施工合同司法解释（一）》第 12 条的规定，不论建设工程施工合同有效、无效还是解除，只要工程质量验收合格或修复后验收合格，承包人就有权按照或者参照合同约定结算工程款。只有在修复后的建设工程经竣工验收合格或不合格的情形下，发包人才可以减少或不支付工程价款。

在施工过程中，发包人要严把质量、安全关，对原材料、劳务人员的进场严格把关，严格控制过程，对发现的质量问题及时下发整改通知书，对工程返工、修复费用的损失及时索赔。如果发现质量问题，承包人没有修复，发包人又起诉主张工程款的情况下，如果修复费用没有具体确定，发包人单纯地抗辩工程质量不合格应当减少工程款，但不申请质量和修复费用鉴定的情况下，法院一般认定发包人抗辩减少支付工程款证据不足，若确实存在这一情况，发包人可另行主张。如果发包人提起反诉，若承包人答应修复工程，则工程质量问题能够得到及时的解决。如果承包人拒绝修复，发包人可以申请工程质量和修复费用司法鉴定，可以一次性解决纠纷，减少支付后承包人的工程价款。

建设工程未经竣工验收，发包人不得擅自使用。根据《施工合同司法解释（一）》第 14 条、第 26 条规定，建设工程未经竣工验收，发包人擅自使用后，又以使用部分质量不符合约定为由主张权利的，不予支持。而且，建设工程未经竣工验收，发包人擅自使用的，以转移占有建设工程之日为竣工日期，并且从建设工程实际交付之日起计算欠付工程款的利息。因此，发包人如果未经验收擅自使用建设工程，不但会面临免除承包人地基基础工程和主体结构之外的质量责任的风险，而且将遭受从实际交付之日起计算欠付工程款利息的损失。

在工程质量司法鉴定过程中，司法鉴定申请必须在一审阶段的举证期限届满前提出，否则会面临逾期不予受理的程序风险。工程质量部分不合格，应及时申请工程质量司法鉴定，确定修复范围、修复方案，进而申请修复费用司法鉴定。当事人对鉴定意见有异议或者人民法院认为鉴定人有必要出庭的，鉴定人应当出庭作证。

发包人要严格遵守招标投标程序，招标人和（或）投标人违反《招标投标法》的规定，泄露应当保密的与招标投标活动有关的情况和资料的，或者招标人、投标人串通损害国家利益、社会公共利益或者他人合法权益的，招标代理机构、招标人和（或）投标人不但要承担行政处罚甚至刑事责任，若对他人造成损失的，还要承担依法赔偿的法律责任。

【法律依据】

1. 《建筑法》第 58 条第 1 款、第 60 条、第 61 条、第 62 条第 1 款。

2. 《建设工程质量管理条例》第 32 条、第 41 条。

3. 《〈民事诉讼法〉司法解释》第 90 条，第 91 条，第 121 条，第 232 条，第 233 条第 1 款、第 2 款。

4. 《施工合同司法解释（一）》第 12 条、第 14 条、第 26 条。

实例 5　建筑物定位错误的质量责任

【案情简介】

上诉人（原审原告、反诉被告）：荣达公司

上诉人（原审被告、反诉原告）：汇金公司

2012 年 5 月 16 日，汇金公司（甲方）与荣达公司（乙方）签订兰庭住宅项目建筑安装工程承包合同补充协议一份。2012 年 8 月 28 日，汇金公司与荣达公司签订《建设工程施工合同》一份，约定工程质量标准为合格（按国家有关标准），合同价款 25 983 482 元。质量违约：因承包人的原因致使工程达不到合同规定的质量要求，发包人可扣留 50% 的履约保证金并要求承包人在一个月内整改通过。如返工后仍达不到约定条件的，发包人有权从承包人应得的金额中扣除履约保证金的 50% 作为违约金，并由承包人承担一切责任和经济损失。

2012 年 10 月 18 日，涉案工程开工。2014 年 5 月 19 日，涉案工程进行第一次使用功能验收，因存在分户验收实测数据与记录部分不符等质量问题，致使使用功能验收未通过，嘉善县建设工程质量监督站、嘉善县建筑安全监察站发出《限期整改通知书》一份，要求监理（建设）单位督促施工单位七天内整改完毕，并将整改回执送达备案后方可进入下道工序施工。2014 年 5 月 26 日，因上述问题均已按质监站发出的整改通知整改完毕，涉案工程通过使用功能验收，并于 2014 年 12 月 19 日通过竣工验收。

2014 年 4 月 2 日，汇金公司向荣达公司发出关于西塘兰庭项目建筑定位移位的通报函一份，内容（摘要）为："涉案工程项目已完成主体工程，进入使用功能验收和景观施工阶段，经我公司工程人员现场勘查，并请相关房屋测绘单位现场测绘，发现已建房屋 1 号、2 号楼有严重的定位偏移现象，初步估计两幢房屋整体向南偏移 2 米左右，严重超越规划设计红线，直接影响整个项目的规划验收和综合验收等，如因上述事件造成本项目验收通不过，由此造成的一切经济损失和其他损失及不良影响均由贵公司承担。"

2014 年 12 月 5 日，嘉善县综合行政执法局查实，汇金公司于 2012 年 12 月至 2014 年 8 月间，在开发建造西塘兰庭住宅小区过程中，未按照建设工程规划许可证的规定进行建设，将小区 1 号、2 号楼两幢建筑物擅自向南移位 2 米，遂于当日向汇金公司作出（2014）善行执字 4017 号行政处罚决定书一份，责令汇金公司改正上述违法行为，并对汇金公司处以 218 927.12 元的罚款。汇金公司因涉案工程 1 号、2 号楼擅自移位造成侵占 38.8 平方米的滨河绿地，经汇金公司申请，2014 年 11 月 18 日，嘉善县人民政府同意改变上述范围内规划绿地的使用性质，同时要求汇金公司缴纳易地绿化补偿费 38 800 元。后汇金公司缴纳补偿款 38 800 元及罚款 218 927.12 元。

2015 年 12 月 20 日，汇金公司向荣达公司发出关于兰庭项目严重工程质量问题的函一份，内容（摘要）为："涉案工程在施工过程中及交房后至今……二、建筑物定位错误却不自知，直至景观施工才发现。项目南侧的 1 号、2 号楼严重移位，偏差达 2 米，并且占用了公共绿地，严重违反项目规划布局，导致项目无法验收。"

2016 年 6 月 20 日，汇金公司向荣达公司发函一份，内容（摘要）为："荣达公司建设的涉案工程已完成工程结算审计，审定工程造价为 23 996 539 元，在贵公司无违约及工程质量问题等情况下，我公司已付工程款 2 132 万元，应付工程款为 1 476 712 元及返还履约保证金 700 000 元，二项合计 2 176 712 元。贵公司在施工过程中存在以下问题……二、工程质量问题：贵公司在施工中未按规划致工程移位，造成工程未能通过竣工验收，贵公司应按合同支付我司违约金 37.5 万元并承担移位被相关部门的罚款262 332.42元。"

【审理结果】

一审法院认为：关于汇金公司诉请的要求荣达公司赔偿因涉案工程建筑物南移造成的损失。汇金公司因涉案工程建筑物南移被行政处罚 218 927.12 元并因建筑物南移须缴纳易地绿化补偿款 38 800 元，上述罚款系因施工方即荣达公司在建设施工过程中未按规划所为，对此产生的罚款应由荣达公司承担，对汇金公司的该主张予以支持。

二审法院认为：根据合同法基本原理，违约金的适用以能够弥补损失为原则，因此违约金和违约损害赔偿在性质上一致，当事人在合同中约定违约金的，应当按照约定执行。本案中，汇金公司主张的罚款、易地绿化补偿以及维修费等损失系因荣达公司违反合同约定，未按规划施工导致工程出现质量问题所致，属违约损害赔偿；汇金公司主张的 375 000 元系依据合同专用条款第 35.2 条关于质量问题的约定得来，属违约金。因此，两者在性质上是一致的，汇金公司同时主张没有法律依据，考虑到合同约定的质量违约金未过分高于汇金公司产生的实际损失，再结合本案的实际情况，法院支持汇金公司关于违约金 375 000 元的主张，对汇金公司赔偿损失的主张法院不再支持。

【工程知识】

1. 工程定位：建筑物定位测量，一般是根据建筑设计或设计单位所提供的测量控制点或基准线与新建筑物的相关数据，测设建筑物定位矩形控制网，进行建筑物定位测量。即将建筑物外廓各轴线交点测设在地面上，作为基础放样和细部放样的依据。

2. 施工测量：即各种工程在施工阶段所进行的测量工作。其主要任务是在施工阶段将设计在图纸上的建筑物的平面位置和高程，按设计与施工要求，以一定的精度测设（放样）到施工作业面上，作为施工的依据，并在施工过程中进行一系列的测量控制工作，以指导和保证施工按设计要求进行。

施工测量是直接为工程施工服务的，它既是施工的先导，又贯穿于整个施工过程。从场地平整、建（构）筑物定位、基础施工，到墙体施工、建（构）筑物构件安装等工序，都需要进行施工测量，才能使建（构）筑物各部分的尺寸、位置符合设计要求。

3. 测量控制网：是按一定的技术要求由许多测量控制点构成的，用以获取点的平面坐标或高程的网。测量控制网应以国家一等水准点为起算数据，采用固定数据平差和"1985 国家高程基准"。经典测量控制网大体分为平面控制网、高程控制网和重力控制网三类。

4. 施工控制网：是工程建设施工而布设的测量控制网，它的作用是控制该区域施工三维位置（平面位置和高程）。施工控制网是施工放样、工程竣工、建筑物沉降观测以及将来建筑物改建、扩建的依据。施工控制网的特点、精度、布设原则以及布设形式都必须符合施工自身的要求。

在勘测设计阶段所建立的各级控制网，主要是为测绘地形图服务的，其精度要求取决于测图比例尺的大小，而点位的分布也比较均匀。不论是测图控制点的精度还是测图控制点的密度，一般都不能满足施工放样的要求。因此，在工程施工阶段还必须重新建立施工控制网。

5. 建筑总平面图：总平面图主要表示整个建筑基地的总体布局，具体表达新建房屋的位置、朝向以及周围环境（原有建筑、交通道路、绿化、地形等）基本情况的图样。总图中用一条粗虚线来表示用地红线，所有新建拟建房屋不得超出此红线并满足消防、日照等规范。总图中的建筑密度、容积率、绿地率、建筑占地、停车位、道路布置等应满足设计规范和当地规划局提供的设计要点。

6. 用地红线：是围起某个地块的一些坐标点连成的线，红线内土地面积就是取得使用权的用地范围，是各类建筑工程项目用地的使用权属范围的边界线。

7. 建筑红线：也称"建筑控制线"，指城市规划管理中，控制城市道路两侧沿街建筑物或构筑物（如外墙、台阶等）靠临街面的界线。任何临街建筑物或构筑物不得超过建筑红线。

建筑红线一般由道路红线和建筑控制线组成。道路红线是城市道路（含居住区级道路）用地的规划控制线；建筑控制线是建筑物基底位置的控制线。基底与道路邻近一侧，一般以道路红线为建筑控制线。（如果因城市规划需要，主管部门可在道路红线以外另订建筑控制线，一般称后退道路红线。）

8. 规划验线：是城乡规划实施管理的重要环节，是城乡规划建设具体实施的有效保障，也是规划验收的一项基础工作，分为核验（灰线验线）和复验（±0验线）两个阶段。

9. 规划核实：是指城乡规划主管部门为保证建设工程符合国家有关规

范、标准并满足质量和使用要求，对建筑工程的放线情况和建设情况是否符合建设工程规划许可证及其附件、附图所确定的内容进行验核和确认的行政行为。

规划核实分为放线核实、基础竣工核实、工程竣工核实三个环节。在具体实践中，各地都要求建设单位委托具有相应资质的测绘单位对建筑工程实施放线、基础竣工测量、工程竣工测量后，及时向城乡规划主管部门提供该建设工程的放线报告、基础竣工测量报告、竣工测量报告；而后，城乡规划主管部门根据每个环节的监管重点，将测量报告与建设工程规划许可证及附件、附图所确定的内容进行对照验核，办理竣工规划核实确认书。

10. 综合验收：一般是指建筑物、房屋、小区的全面验收。主要包括：城市规划设计条件的落实情况；城市规划要求配套的基础设施和公共设施的建设情况；单项工程的工程质量验收情况；拆迁安置方案的落实情况；物业管理的落实情况等。住宅小区等群体房地产开发项目实行分期开发的，可以分期验收。

11. 土地性质：城市规划管理部门根据城市总体规划的需要，对某种具体用地所规定的用途。按城市中土地使用的主要性质划分为 8 类，分别为：居住用地（R）、公共管理与公共服务设施用地（A）、商业服务业设施用地（B）、工业用地（M）、物流仓储用地（W）、道路与交通设施用地（S）、公用设施用地（U）、绿地与广场用地（G）。

12. 绿地：是指城市中专门用以改善生态、保护环境、为居民提供游憩场地和美化景观的绿化用地。

13. 绿地补偿费：是因建设用地造成绿化苗木损失而需要进行补偿发生的费用，由建设用地单位缴纳，政府园林部门收取。

【工程管理实务解读】

1. 制定测量工程的质量管理点并加强对质量管理点的控制。

在测量工程开始前，应制定测量工程的质量管理点，主要包括人员、设备及测量方式、方法。

（1）提升从业人员专业素养与技术水平。测量技术人员是工程测量工作开展的基础，工程测量工作技术性强，测量人员需要具有一定工作经验和技术水平，否则，将会影响测量工作的质量，进而影响整个工程的质量。但我国测量工作的现状是：工程测量从业人员整体的专业素养与技术水平不高，测量工作常会出现各种各样的问题导致测量工作无法顺利进行或测量结果出现较大偏差，从而影响工程测量工作的准确性。工程测量人员的专业素养与技术水平对工程测量工作的顺利进行具有重要的作用。因此，在工程测量工作中，要注重对工程测量人员专业素养与技术水平的提升培训。

（2）加强仪器设备的配套与管理。现阶段的工程测量技术发展较快，设备更新换代也较快。因而，在具体的工作中更应该加强对工程测量仪器设备的管理，根据不同的工程的特点需求，使用不同的测量设备，制订不同的测量方案，具体问题具体分析，使得工程测量仪器设备能够与相应的工程相配套，使其更好地为工程测量工作服务。

加强仪器设备的标定与年检管理。由于测量仪器设备使用一段时间后，其精准度降低，这就要求在工作中，要按相应仪器设备使用说明书上的要求对其进行定期的标定与年检，使其精度能够满足工作要求。

（3）加强测量方式、方法的管理。建设工程测量放线工作对技术人员的技术水平要求比较高，在工程测量实际工作中，技术人员需要使用各类先进的测量仪器，运用各种先进的测量方法与测量技术进行工程测量放线工作。然而，目前，许多单位使用的测量仪器不够先进，不能与国际上先进的技术和设备接轨，而且由于缺乏科学有效的管理，导致测量仪器、设备老化或精度不足，严重地影响了测量放线工作的精确性，使得工程的测量、放线工作质量得不到保证。

2. 施工测量中加强复测工作以减少错误的发生。

在测量、放线工作中，工作人员对复测工作重视不够。复测是保证测量、放线质量必不可少的环节，也是工程技术资料的重要组成部分。复测的目的是检查测量放线工作成果与设计图纸是否存在偏差（即建筑物定位、轴线平面位置和高程等数据是否符合设计要求）。工程实施过程中发生的施工测量事故，大部分是因为对复测工作不够重视造成的。测量、放线复测的内容主要包括以下几个方面。

（1）原始控制点的复测。工程施工开始前，都会由业主提供若干原始测量控制点（由规划部门工作人员根据大地测量控制点测设，一般包含若干水准点和若干坐标点），施工测量人员首先对原始测量控制点进行复核，确认其是否存在错误，其各控制点间是否可以闭合，避免因原始测量控制点出现错误而造成不必要的损失。

（2）现场测量控制点的复测。工程施工前，要根据业主提供的原始测量控制点测设现场施工测量控制点，现场施工测量控制点设置完成后，要对其进行复测，一般情况下，需要往返观测两次，以保证准确无误。

（3）建筑物定位的复测。在规划部门提供建筑物定位桩后，要根据设计图纸上的坐标、标高及控制测量数据对定位桩进行全面的校核，对建筑物的大角坐标、平面定位尺寸、平面几何尺寸、标高进行全面复测，与设计图纸上的数据进行校核，以确认其是否满足工程精度要求，发现问题要及时纠正。

（4）放线复核。每层测量、放线工作开始前，需要测量工作人员仔细审图，对图纸上的每个细部尺寸、数据进行仔细、全面的审阅和记录，必要时在测量、放线过程中将施工图纸随身携带，如图纸不便携带，可将图上的主要尺寸摘抄于记录本上，以便工作时查找使用，切不可凭记忆进行测量、放线。每层测量、放线工作完成后，需要对测量、放线成果进行全面复测，以确保测量、放线工作成果的准确性，避免造成建筑物在水平定位、平面尺寸及高程上的"不交圈"，引起严重的质量事故。

（5）观测记录的复测。由于测量工作均是室外作业，在测量、放线工作中，应及时做好测量、放线记录，并在回到室内后，换其他测量人员对测量记录进行校对复核，发现错误及时解决。

3. 加强"三检制"工作的落实。

"三检制"是指施工企业为了保证施工质量而建立的自检、互检、专检相结合的质量检验制度。

（1）自检：测量作业人员在完成自身工作后对自己的施工作业成果进行的质量自查自纠。

（2）互检：下道工序的施工作业人员对测量成果进行检查，以确保测量成果不致影响自己的工作。

（3）专检：项目技术负责人或专职质检员对测量施工成果质量进行的专业检查。

"三检制"是施工企业进行质量管理的一种有效制度和形式，有着非常重要的作用，是预防质量事故非常有效的方法。落实"三检制"要注重程序和效果，只有在日常工作中注重加强"三检制"的落实，防止走过场，才能将施工质量问题消灭在萌芽状态。

【法律依据】

1. 《建筑法》第 61 条。

2. 《城乡规划法》第 38 条、第 40 条、第 45 条、第 67 条。

3. 《建设工程质量管理条例》第 49 条。

4. 《城市房地产开发经营管理条例》第 18 条、第 47 条。

实例6　桩基承载力不足的责任承担

【案情简介】

上诉人（原审原告、建设单位）：绍兴开发公司

上诉人（原审被告、桩基础分包单位）：大成公司

上诉人（原审被告、总承包单位）：宝业公司

上诉人（原审被告、监理单位）：国信公司

被上诉人（原审被告、设计单位）：华汇设计公司

被上诉人（原审被告、勘察单位）：华汇勘测公司

2002年12月4日，大成公司承接了绍兴开发公司发包的绍兴永丰村安置房2标段（5号、9号、11号、12号、14号、16号楼及服务中心）钻孔及沉管灌注桩工程。2003年1月8日，绍兴开发公司与宝业公司订立了《建设工程施工合同》，该合同中第2条的工程承包范围明确为施工图范围内所有土建、桩基、水电安装及场外附属工程等内容；第三部分专用条款第38.1条中明确，本工程发包人同意承包人分包的工程为桩基工程，分包施工单位为大成公司。2003年6月21日，绍兴市建筑业管理局作出绍市建管（2003）罚字第22号行政处罚决定书，确定被处罚人国信公司绍兴分公司于2002年12月至2003年3月中旬在绍兴经济开发区永丰村内，受业主委托进行绍兴经济开发区永丰村安置房工程桩基础工程的监理工作的过程中，未严格履行监理责任，旁站监理不严，未能及时发现和纠正桩基础施工中出现的误判现象，盲目签发灌注令的事实。国信公司认为其未在绍兴设立分公司，但未对其是否对诉争工程进行监理的事实进行举证。2004年7月1日，大成公司认为其承包的工程于2002年12月月底进场施工，所有工程于2003年3月完工，要求绍兴开发公司支付所欠工程款218.6万元及利息，并诉至法院。在该案审理过程中双方于2005年3月18日达成调解协议，在该协议中明确，绍兴开

发公司主张工程质量问题，因未提起反诉，在该案中未作处理。2005年4月18日，绍兴开发公司起诉要求大成公司赔偿经济损失。在审理中，经绍兴开发公司申请，上海市建筑科学研究院有限公司浙江分公司与上海市建筑科学研究院房屋质量检测站于2005年9月10日作出绍兴永丰村安置房二标段桩基质量鉴定，明确：①试桩结果表明，本工程桩基承载力均未达到设计要求，桩基质量不合格；②造成桩基承载力不足的主要原因是灌注桩桩端未达到设计要求的持力层或桩底沉渣过厚以及桩身混凝土质量较差；③造成以上质量问题的根本原因是桩基施工单位的技术能力及质量控制方面出现问题，其施工行为与桩基质量问题之间存在明显的因果关系。绍兴市广正工程造价咨询事务所于2006年7月8日也作出鉴定结论，明确增加造价共计：190.5964万元。另，绍兴开发公司因桩基工程延期造成安置房延期交付；过渡费增加14.6万元。2005年4月18日，绍兴开发公司起诉要求大成公司赔偿经济损失。

【审理结果】

一审法院认为：承包人承接工程后，因其施工行为造成讼争工程存在瑕疵，理应承担相应的赔偿责任。发包人直接违法发包后，又将该违法发包工程纳入总承包单位的总承包合同中，并直接指定分包人，导致建设工程质量存在缺陷，发包人应承担相应的过错责任。总承包人对发包人直接指定分包人的行为并未提出异议，现工程质量存在瑕疵，其应承担相应责任。工程监理单位不按照委托监理合同的约定履行监理义务，对应当监督检查的项目不检查或者不按照规定检查，给建设单位造成损失的，应当承担相应的赔偿责任。

二审法院认为：鉴定报告虽加盖了两枚印章，分别为"上海市建筑科学研究院有限公司浙江分公司科技业务专用章"和"上海市建筑科学研究院房屋质量检测站"，该报告的出具单位确属两家，但该两家单位均属于上海市建筑科学研究院的下属单位，不存在受托鉴定机构擅自联合其他单位进行鉴定的情形，该报告同时注明了报告编写者、审核者及批准者，故该报告在鉴定人的安排及印章的使用上并不存在违反规定的情形，形式完备。

关于鉴定方法的问题，鉴定机构决定在分析相关技术资料的基础上以书面方式进行鉴定也并无不当。鉴定机构所依据的鉴定资料亦并非未经质证，而是双方当事人对证据质证后存在争议，且鉴定机构并非盲目地采信某份或某几份书面材料，而是在以专业知识进行分析的基础上予以综合认定。

桩基质量不合格的根本原因是桩基施工单位的技术能力及质量控制方面出现问题，其施工行为与桩基质量问题之间存在着明显的因果关系，大成公司作为施工单位，理应承担相应的赔偿责任。

发包人直接违法发包后，又将该违法发包工程纳入总承包单位的总承包合同中，并直接指定分包人，导致建设工程质量存在缺陷，发包人应承担相应的过错责任。总承包人对发包人直接指定分包人的行为并未提出异议，现工程质量存在瑕疵，其应承担相应责任。监理单位在监理过程中，未严格履行监理责任，旁站监理不严，未能及时发现和纠正桩基施工中出现的误判现象，盲目签发灌注令，亦应承担相应责任。

【工程知识】

1. 肢解发包：是指建设单位将本应由一个承包单位整体承建完成的建设工程肢解成若干部分，分别发包给不同承包单位的行为。国际上，将一个工程的各个部位发包给不同施工（或设计）单位，由各个单位分别完成工程的不同部位也是通行做法，并称之为"平行发包"，也即所谓的"肢解发包"。但我国当前建设单位的行为很不规范，市场竞争规则也不完善。在实践中，由于一些发包单位肢解发包工程，使施工现场缺乏应有的组织协调，不仅容易出现推诿扯皮，还会造成施工现场混乱、责任不清、工期拖延、成本增加，甚至发生严重的建设工程质量和安全问题。所以，在我国"肢解发包"是为法律法规所禁止的。

根据住房和城乡建设部建筑市场监管司《关于基坑工程单独发包问题的复函》规定，基坑工程（桩基、土方等）属于地基与基础分部工程的分项工程。鉴于基坑工程属于建筑工程单位工程的分项工程，建设单位将非单独立项的基坑工程单独发包属于肢解发包行为。

《建设工程质量管理条例》第7条规定，建设单位应当将工程发包给具有相应资质等级的单位。建设单位不得将建设工程肢解发包。

2. 分包：是指从事工程总承包的单位将所承包的建设工程的一部分依法发包给具有相应资质的承包单位的行为，该总承包人并不退出承包关系，其与第三人就第三人完成的工作成果向发包人承担连带责任。

《建筑法》第29条第1款、第3款规定，建筑工程总承包单位可以将承包工程中的部分工程发包给具有相应资质条件的分包单位；但是，除总承包合同中约定的分包外，必须经建设单位认可。施工总承包的，建筑工程主体结构的施工必须由总承包单位自行完成。

禁止总承包单位将工程分包给不具备相应资质条件的单位。禁止分包单位将其承包的工程再分包。

《招标投标法》第48条第2款规定，中标人按照合同约定或者经招标人同意，可以将中标项目的部分非主体、非关键性工作分包给他人完成。接受分包的人应当具备相应的资格条件，并不得再次分包。

3. 指定分包商：是指由业主（或工程师）指定、选定，完成某项特定工作内容并与承包商签订分包合同的特殊分包商。

4. 桩端持力层：在土木工程结构设计中，在地基基础设计时，直接承受基础荷载的土层称为持力层。端承桩主要依靠桩端持力层传递上部建筑物、基础、土层的竖向荷载。该地基层必须满足在使用年限内的耐久性；必须保证上部建筑物的稳定性；必须满足在极端自然环境下的安全性。所以常见的桩端持力层，多为原土层下坚硬的岩层。

5. 桩底沉渣：指钻孔和清孔过程中沉淀或塌孔留下的，未被循环泥浆带走的沉淀物，一般是较粗颗粒。沉渣厚度即这层沉渣的层高。

6. 桩基常见质量问题：①锤击（静压）桩常见质量问题。单桩承载力低于设计值、桩倾斜过大、断桩、桩接头断离、桩位偏差过大等。②灌注桩常见质量问题。单桩承载力低于设计值、桩倾斜过大、断桩、夹泥、缩（扩）颈、桩位偏差过大等。③桩基质量问题的处理。打桩过程中，发现质量问题，施工单位切忌自行处理，必须报监理、业主，然后会同设计、勘察等相关部门分析、研究，作出正确处理方案，由设计部门出具修改设计通知。一般的处理方法有：补沉法、补桩法、送补结合法、纠偏法、扩大承台法、复合地基法等。

【工程管理实务解读】

1. 关于本工程发包人违法发包的责任归属。

发包人直接违法发包后，又将该违法发包工程纳入总承包单位的总承包合同中，并约定直接指定分包人，总承包单位应针对此情况与发包人另行签署补充协议，约定与该违法发包工程相关的权利、义务及责任承担。本案中，由于发承包双方未对此有所约定，所以当违法发包工程出现质量问题后，发包人可以该工程为指定分包工程，总承包人未尽总承包人的管理义务为由，要求总承包人承担相应的管理责任。

2. 注意过程施工资料的收集整理。

（1）建筑工程出现桩基质量纠纷，作为代理律师，无论是代理发包人、总承包人还是桩基施工的分包人，都应在第一时间对桩基施工过程中的技术资料进行搜集、整理。一般情况下，桩基施工包含如下过程资料：桩基定位测量放线记录；桩位平面图；桩基开挖施工记录；地基验槽（复验）记录；工程报验单、钢筋笼检验批验收记录、钢筋隐蔽及预埋件验收记录；灌注桩混凝土浇筑施工记录；钻挖孔成孔记录；灌注桩施工记录汇总表；分项工程质量验收记录；桩基安全与功能检验记录；抽查桩顶和桩身开挖1米内的基桩观感质量验收记录；桩身混凝土强度评定；单位（子单位）工程质量控制资料核查记录（灌注孔桩子分部）；子分部工程质量验收记录；桩基子分部工程施工质量验收评定。

（2）在对桩基进行设计前及桩基施工前均应进行试桩并保存好相关工程技术资料。

设计试桩：根据地质报告及当地经验，选定桩型及单桩竖向承载力特征值。目的：一是进一步确定所选桩型的施工可行性，避免桩机全面进场后发现该桩型不适合本场地施工或发现桩承载力远小于地质报告提供的计算值，此时再改桩型就会拖工期且增加费用。二是根据单桩竖向静荷载试验确定单桩竖向承载力特征值。由于地质报告提供的数值往往偏于保守，所以可以根据静载报告提高桩承载力，减少桩数。

施工前试桩：根据工程实际情况，决定是否做施工前试桩。施工前试桩可以选择工程桩，在试桩结束后，该桩即可作为工程桩永久使用，节省工程成本。

桩基施工质量出现问题，应结合地质勘察报告、设计文件、施工技术资料及相关监理资料，通过建设工程质量鉴定，确定责任归属。如在桩基施工过程中发生设计变更或发包人（监理人）与承包人以洽商、技术核定单等形式对工程进行变更，则应在按照相应的流程完成相关手续后方能变更，严禁在变更手续未完善前私自施工。如桩基施工过程中出现桩基未到设计深度即无法继续施工或已达设计深度但承载力不满足设计要求的情况，一定要会同建设单位、施工单位、监理单位、勘察单位、设计单位等共同出具处理方案并保存相关证据资料，切忌未通知相关单位私自处理。

（3）加强施工过程的管理，做好质量管理。建设工程质量合格是结算并支付工程款的前提，质量不合格，如能整改，整改费用由承包人承担；如整改后仍不合格，则承包人不能取得工程价款。本案中，由于桩基质量不合格，虽工程通过整改后满足设计要求，但因整改增加的费用及因桩基质量不合格造成的损失应由承包人承担。

监理单位在监理过程中，应严格履行监理责任，对关键工序、关键部位进行旁站监理，对关键性技术指标进行检测验收，并保存相关证据资料。施工过程中关键性技术指标不满足设计要求的，不得进入下道工序施工。

【法律依据】

1. 《建筑法》第24条、第25条、第29条、第35条、第58条。

2. 《招标投标法》第48条。

3. 《施工合同司法解释（一）》第13条、第15条、第19条。

4. 《建设工程质量管理条例》第7条。

5. 《建筑工程施工发包与承包违法行为认定查处管理办法》第5条、第6条。

实例7　桩基定位错误造成的工程质量问题

【案情简介】

上诉人（原审原告、反诉被告）：建工金鸟公司

上诉人（原审被告、反诉原告）：芜湖基础蚌埠分公司

上诉人（原审被告、反诉原告）：芜湖基础公司

建工金鸟公司于 2010 年 11 月 10 日与蓝盛公司签订桩基施工合同后，于 2010 年 11 月 17 日作为甲方与芜湖基础蚌埠分公司（乙方）签订了《桩基施工合同》，双方约定甲方将蓝鼎滨湖假日 BHF-4 地块桩基工程中的 2 号楼、3 号楼、6 号楼、7 号楼桩基工程发包给乙方施工，合同内容：型号为 PHC-AB500（125）压桩力为 500 吨的管桩施工（具体压桩力依据试桩后的设计），施工内容详见图纸。包干内容：工程放样、桩的定位、打桩施工、接桩、送桩、复压、静载试验、现场原始记录及整理。

合同签订后，芜湖基础蚌埠分公司即组织人员进驻现场进行管桩施工。施工程序：建工金鸟公司提供控制点，芜湖基础蚌埠分公司依控制点放出桩位线，上报建工金鸟公司，建工金鸟公司再报给监理公司验收，监理公司验收合格后芜湖基础蚌埠分公司即进行打桩。2011 年春节前，芜湖基础蚌埠分公司施工结束撤离现场，撤离前通知建工金鸟公司进行验收。2011 年春节过后，相关部门组织有关人员对芜湖基础蚌埠分公司施工的 2 号楼、3 号楼、6 号楼、7 号楼桩基工程进行验收，发现有三幢楼均存在不同程度的偏桩，总桩数 505 根 11 333 米，其中 2 号楼偏桩 37 根、3 号楼偏桩 42 根、6 号楼整体偏桩 115 根，偏桩共 194 根，合格桩位共 311 根。为此，建工金鸟公司安排人员对偏桩进行了补强，于 2011 年 4 月 8 日全部完工并经验收合格。建工金鸟公司主张自 2011 年至 2012 年 3 月 18 日实际支出补强费用 524 850 元。

2011 年 9 月 1 日，鉴于 3 号楼桩位偏差问题，建工金鸟公司、设计单位、

监理单位、建设单位等共同召开了协调会，确定桩位偏差在 7 厘米（含 7 厘米）以上至 11 厘米（含 11 厘米）范围的，桩基施工单位和项目部各自承担一半费用。2011 年 11 月 22 日，建工金鸟公司与建设单位签订了《确认书》，明确由于桩基单位管理不善，造成 2 号楼、3 号楼、5 号楼、6 号楼、7 号楼、9 号楼部分桩偏位，经过两施工单位协商核定，由总包单位按设计修改方案进行加强处理，发生费用由建工金鸟公司承担：2 号楼和 5 号楼 105 000 元、3 号楼 164 000 元、6 号楼 254 000 元、7 号楼 1 850 元、9 号楼 8 000 元。全部补强费用直接由桩基公司支付给各项目部，决算时桩基偏位增加的补强费用不再计入总包成本，该项费用与蓝鼎投资集团无关。

原审法院另查明：芜湖基础蚌埠分公司是芜湖基础公司的分支机构，依法领取了营业执照。

【审理结果】

一审法院认为：芜湖基础蚌埠分公司从建工金鸟公司承包了蓝鼎滨湖假日 BHF－4 地块桩基工程中的 2 号楼、3 号楼、6 号楼、7 号楼桩基工程后，负有按约定时间完工并交付合格工程的义务，而实际上其完成的 2 号楼、3 号楼、6 号楼桩基工程存在偏桩，经验收不合格，导致建工金鸟公司对不合格的桩位进行补强，进而产生了补强费用 518 295 元，因此，芜湖基础蚌埠分公司的行为已构成违约，应依照法律规定承担相应的违约责任。故建工金鸟公司拒付不合格桩位的工程款并要求赔偿补强损失，符合法律规定，予以支持。

依据双方合同约定，桩基工程的施工有严格的程序要求，在施工程序进展中，建工金鸟公司有提供图纸、资料及水准点、控制点等义务，并且这些义务为先义务，就是在建工金鸟公司完成了先义务的情况下，芜湖基础蚌埠分公司才有可能进入下一个施工程序。事实上芜湖基础蚌埠分公司已施工结束，因此其主张建工金鸟公司在施工过程中未履行自己的先义务，并且桩位偏桩与建工金鸟公司未履行先义务有关，均应承担举证责任。芜湖基础蚌埠分公司未能提供相应证据证明建工金鸟公司对桩位偏桩存在过错以及存在什么过错，应承担举证不能的后果。

一审法院判决：芜湖基础公司给付建工金鸟公司补强费 518 295 元；建工金鸟公司给付芜湖基础公司工程款 49 471 元；两者相抵，芜湖基础公司给付建工金鸟公司 468 824 元。

二审法院认为： 芜湖基础蚌埠分公司作为涉案 2 号楼、3 号楼、6 号楼桩基工程的实际施工方，负有交付合格工程的义务。建工金鸟公司提交的监理单位的桩基工程评估报告、设计单位的设计修改通知单、工程联系单以及确认书等证据，能够相互印证 2 号楼、3 号楼、6 号楼桩基工程存在偏桩的客观事实。芜湖基础蚌埠分公司作为施工方，应当对偏桩原因或是能够排除其自身施工原因造成的偏桩承担举证责任，芜湖基础蚌埠分公司在原审中撤回了对偏桩原因的鉴定申请，亦未能提交充分证据证明建工金鸟公司在履行合同过程中存在违约行为导致偏桩或是第三方原因造成偏桩，故对原审判决认定芜湖基础蚌埠分公司应当承担 2 号楼、3 号楼、6 号楼桩基工程偏桩的违约责任，法院予以确认。

建工金鸟公司对于偏桩进行补强确需垫付相应费用，且建工金鸟公司提交的桩基工程最终验收记录、协调会记录、确认书、建筑工程取费表等证据，能够证实存在对于偏桩工程进行整改的事实。但是偏桩补强费用属于建工金鸟公司垫付费用，应当以其实际垫付数额为准。

虽然 2011 年 9 月 1 日协调会确定 3 号楼桩位偏位费用由建工金鸟公司与项目部各承担一半，但不能等同于项目部对桩位偏位存在过错。而事实上 2011 年 11 月 22 日的《确认书》明确偏位补强费用全部由建工金鸟公司负担，说明建工金鸟公司对桩位偏位存在全部过错。

二审法院判决：芜湖基础公司支付建工金鸟公司补强费用 303 000 元及利息损失；建工金鸟公司支付芜湖基础公司工程款 158 325 元及利息损失。

【工程知识】

1. PHC – AB500（125）管桩：即预应力高强度混凝土管桩（pre-stressed high-strength concrete），是采用先张预应力离心成型工艺并经过 10 个大气压（1.0 Mpa 左右）、180 度左右的蒸汽养护，制成的一种空心圆筒型混凝土预制构件，单节长度通常为 7～15 米，直径为 300～800 毫米，混凝土强度等级为 C80。PHC：高强预应力混凝土管桩；AB：按混凝土的有效预应力值或者抗弯性能分为 A、AB、B 和 C 型，强度依次递增；500：外直径 500 毫米；125：壁厚 125 毫米。

2. 工程地质勘察：工程地质勘察是为查明影响工程建筑物的地质因素而进行的地质调查研究工作。所需勘察的地质因素包括地质结构或地质构造：地貌、水文地质条件、土和岩石的物理力学性质、自然（物理）地质现象和天然建筑材料等。这些通常称为工程地质条件。查明工程地质条件后，需根据设计建筑物的结构和运行特点，预测工程建筑物与地质环境相互作用（工程地质作用）的方式、特点和规模，并作出正确的评价，为确定保证建筑物稳定与正常使用的防护措施提供依据。

3. 水准点：水准点（benchmark，简称 BM）是用水准测定高程的点。为了满足工程建设的需要，测绘部门已在全国各地测定了许多水准点。在水准测量之前应做好点的标志。水准点一般分为永久性和临时性两大类。国家水准点一般做成永久点。永久水准点一般由混凝土制成，深埋到冻土线下，标石的顶部埋有耐腐蚀的半球状金属标志。有时水准点也可设在稳定的墙角上。临时水准点可用大木桩打入地下，顶面钉一铁钉，也可利用地面突出的坚硬岩石。

4. 控制点：又叫测量控制点，是指在进行测量作业之前，在要进行测量的区域范围内，布设一系列的点来完成对整个区域的测量作业。在选点时，首先调查收集测区已有的地形图和控制点的成果资料。

5. 工程放样：也叫施工放样（setting out），是指把设计图纸上工程建筑物的平面位置和高程，用一定的测量仪器和方法测设到实地上去的测量工作。

测图工作是利用控制点测定地面上的地形特征点，并缩绘到图上。施工放样则与此相反，是根据建筑物的设计尺寸，找出建筑物各部分特征点与控制点之间位置的几何关系，算得距离、角度、高程、坐标等放样数据，然后利用控制点，在实地上定出建筑物的特征点，据以施工。

6. 桩的定位：建筑物桩基础定位测量，一般是根据建筑设计或设计单位所提供的测量控制点或基准线与新建筑物的相关数据，首先测设建筑物定位矩形控制网，进行建筑物定位测量，其次根据建筑物的定位矩形控制网，测设建筑物桩位轴线，最后再根据桩位轴线来测设具体桩位。

7. 静力压桩：利用静压力（压桩机自重及配重）将预制桩逐节压入土中的压桩方法称为静力压桩。这种方法节约钢筋和混凝土，可降低工程造价，采用的混凝土强度等级可降低 1 ~ 2 级，配筋比锤击法可节省钢筋 40% 左右，而且施工时无噪声、无振动、无污染，对周围环境的干扰小，适用于软土地区、城市中心或建筑物密集处的桩基础工程以及精密工厂的扩建工程。

8. 接桩：接桩是指由于一根桩的长度达不到设计规定的深度，所以需要将预制桩一根一根地连接起来继续向下打，直至打入设计的深度为止，将已打入的前一根桩顶端与后一根桩的下端连接在一块儿的过程。

9. 送桩：在打桩时，由于打桩架底盘离地面有一定距离，不能将桩打入地面以下的设计位置，而需要用打桩机和送桩机将预制桩共同送入土中，这一过程称为送桩。

10. 复压：静力压桩施工的桩基在达到设计要求的施工压力值后，必须持荷稳定，若不能稳定，必须再次加压持荷，一直到持荷稳定为止；持荷稳定后，以设计要求的施工压力值复压 3 ~ 5 次，每次稳压 5 ~ 10 秒，每次间隔为 30 秒。设计要求的施工压力值一般为设计压力值的 2 倍。

11. 静载试验：静载试验（static load testing）是指在桩顶部逐级施加竖向压力、竖向上拔力或水平推力，观测桩顶部随时间产生的沉降、上拔位移或水平位移，以确定相应的单桩竖向抗压承载力、单桩竖向抗拔承载力或单桩水平承载力及复合地基挤压承载力的试验方法。静载试验是确定单桩轴向受压承载力及复合地基挤压承载力的基本方法，其结果常作为评价其他方法可靠性的依据。

12. 承台：承台（bearing platform）指的是为承受、分布由墩身传递的荷载，在桩基顶部设置的连接各桩顶的钢筋混凝土平台。高桩承台一般用于港口、码头、海洋工程及桥梁工程。低桩承台一般用于工业与民用房屋建筑物。桩头一般伸入承台 0.1 米，并有钢筋锚入承台。承台上再建柱或墩，形成完整的传力体系。

13. 隐蔽工程：是指建筑物、构筑物在施工期间将建筑材料或构配件埋于物体之中后被覆盖外表看不见的实物。如房屋基础、钢筋、水电构配件、设备基础等分部分项工程。

14. 隐蔽工程验收：是指对项目建成后无法进行复查的工程部位所作的验收。在施工过程中，会出现一些后一工序的工作结果掩盖了前一工序的工作结果的隐蔽工程，如地下基础的承载能力和断面尺寸，打桩数量和位置，钢筋混凝土工程的钢筋，各种暗配的水、暖、电、卫管道和线路等。为确保工程质量，在下一工序施工前，应由单位工程技术负责人或施工队邀请建设单位、设计单位三方共同对隐蔽工程进行检查和验收，同时绘制隐蔽工程竣工图，并认真办理隐蔽工程验收签证手续。

【工程管理实务解读】

1. 把好分包工程合同签约关。

施工总承包单位针对其承包的工程项目进行工程分包，首先要选择好分包队伍，主要应从分包单位企业施工资质是否满足分包工程的资质要求、主要管理及技术人员是否具有相关执业资格及相关工作经验、分包队伍近期的类似工程业绩、合同履约状况、社会信誉以及与总承包单位以往合作情况等方面考虑。

总承包单位和分包单位之间的权利义务关系是由分包合同这一法律关系来确定的，这种关系与企业内部的行政管理关系不同，其本质上是平等的合同关系。但工程项目的内部管理又是一个高度协调的整体，对拥有专业资质和专业优势的分包单位来说，很多时候出于自身利益考虑而与总承包单位的管理思路、管理模式完全不合拍。因此，总承包单位就需要通过加强合同管理来达到对整体工程顺利实施有效管理的目的。在签订合同或协议时要防止简单草率，更不能在工程开工以后补签。要强化法律和合同意识，真正认识到认真签订和履行分包合同的重要性。

2. 加强对桩基等分包工程施工方案的审查。

在桩基工程开工前，由桩基分包单位针对其所分包的桩基工程向总承包单位报送桩基础施工专项方案，总承包单位应审查该桩基施工专项方案是否经过桩基分包单位技术负责人审核，专项施工方案的内容是否符合设计及相关规范的要求，施工方案是否有针对性，其目标是否和施工合同约定的目标相一致，施工方案是否合理，施工机械的配备是否满足施工质量要求等。如桩基工程分包施工方案应根据工程的具体特点确定打桩线路、打桩的顺序，以防止因挤土效应而发生位移、断桩现象。

3. 做好桩基工程各阶段的验收工作。

根据桩基工程自身特点，总承包单位要和桩基分包单位一起合理划分施工界面，并在施工完成后对其实体质量和技术资料进行验收，对出现的质量问题进行责任的确定。

工程实体质量验收：当桩基分包单位放线（桩基定位）完成或其他阶段工作完成后并进行自检且认为合格后，上报施工总承包单位。施工总承包单位组织对桩基分包单位放线或其他实体质量进行验收，验收依据为分包合同、技术标准和施工图纸等，对验收中发现的问题要及时整改，直到验收合格。

工程技术资料验收：桩基分包单位应按照有关规定和要求整理桩基工程技术资料和档案，施工总承包单位技术人员对其进行审查、核对，确保技术资料完整、齐全、真实后并入工程整体技术资料。

4. 对桩基分包工程施工过程中出现的质量问题应明确责任。

《建筑法》第 29 条第 2 款规定：建筑工程总承包单位按照总承包合同的约定对建设单位负责，分包单位按照分包合同的约定对总承包单位负责。总承包单位和分包单位就分包工程对建设单位承担连带责任。

对建设单位而言，桩基分包工程施工过程中出现的质量问题应由施工总承包单位和桩基分包单位承担连带责任，但是对施工总承包单位和桩基分包单位而言，桩基工程施工过程中出现的质量问题的责任划分就格外重要了。质量责任的划分，可以确定责任的最终归属，即施工总承包单位向建设单位承担责任后，可以通过责任的划分向责任方追偿。责任的划分，可以通过会议纪要的形式，也可以通过鉴定的方式进行。

5. 对于桩基分包工程质量问题造成的损失应保留好相关证据材料。

由于桩基分包工程质量问题造成的施工总承包单位返工、重做、修补、加固、补强等费用及其相关损失，总承包单位应保留好相关合同、票据等证据材料，以便向分包单位追偿。

【法律依据】

1. 《公司法》第 14 条。

2. 《建筑法》第 29 条。

3. 《施工合同司法解释（一）》第 19 条。

4. 《建设工程质量管理条例》第 27 条。

5. 《建筑地基基础工程施工质量验收规范》。

实例8　桩长不足、颈缩造成的工程质量问题

【案情简介】

上诉人（原审被告）：王甲

被上诉人（原审原告）：林乙

2007 年，林乙在东莞市××镇××村××围的宅基地上新建房屋，由王甲完成打桩。2008 年，房屋建成并投入使用。2011 年，林乙续建二层至三层房屋，2013 年对整栋房屋进行室内外装修。2013 年 5 月，装修接近尾声段，林乙发现房屋突发倾斜下陷，东莞市××镇人民政府房屋规划建设局和东莞市××村民委员会分别下发《告知书》和《限期拆除通知书》。2013 年 6 月 17 日，林乙到东莞市××镇综治信访维稳中心寻求解决未果。2013 年 6 月 6 日，林乙之子林丙与天衣补强公司签订《加固补强工程施工合同书》，加固补强完毕，林乙花费纠偏费用 150 000 元。同时，林乙为修复墙体和地面，购入建材、安装水管等花费 20 806 元，支付人工费 12 000 元。以上各项费用共计 182 806 元。

林乙在对房屋纠偏过程中，于 2013 年 8 月 14 日向原审法院提起诉讼，并申请对房屋倾斜下陷的原因进行鉴定。东莞市东城建筑规划设计院进行鉴定，该院勘查现场后作出东鉴字 A01310006《东莞市××镇××村林乙住宅房屋倾斜原因鉴定意见书》。涉案房屋出现整体倾斜的主要原因如下：①钻孔桩施工时因淤泥或淤泥质土含有机质，且呈流塑状或流塑至软塑状，导致钻孔桩身缩颈，单桩承载力降低，当上部荷载增加时，桩基断裂突发产生倾斜。②钻孔桩桩端未深入至强风化泥岩或中风化泥岩中，导致单桩承载力降低，当上部荷载增加时，桩基不均匀沉降产生倾斜。综合分析，该房屋的整体危险倾斜为桩基子分部工程的施工质量不合格引起。

另查，林乙当初委托王甲打桩时并未提供设计图纸，进行第二层、第三层的加建也没有提供专业论证意见。一审庭审过程中，林乙主张其当时已经提出将来加建至三层的需求，王甲则主张当时林乙并未明确提出要盖三层的房屋。

【审理结果】

一审法院认为：本案王甲为林乙房屋基础进行施工，因林乙所建房屋行为属于农民自建低层住宅的建筑活动，根据《建筑法》第83条的规定，不适用该法的规定，双方虽未签订合同，但构成合法有效的建设工程施工合同关系。林乙在发现房屋出现严重倾斜下陷，且相关单位责令其拆除的情形下，及时委托有关单位进行加固纠偏，而没有因为与王甲未达成一致解决方案而放任危险情形持续，是正确的做法。林乙为此总共支付了182 806元，没有明显不合理的费用，应认定为林乙的损失。本案的焦点问题即为王甲应否赔偿林乙的损失。一审法院判决王甲向林乙支付赔偿款91 403元，驳回林乙的其他诉讼请求，一审案件受理费、鉴定费由原被告双方各自承担一半。

二审法院认为：王甲对涉案房屋倾斜导致的损失存在较大的责任。原审法院判令王甲承担50%的损失，在林乙未提起上诉即视为服判的情况下，法院予以维持。至于王甲认为林乙举证的加固补强费用过高，因王甲的反驳依据不足，原审法院经审查后确认该费用属实，法院作维持处理。

【工程知识】

1. 桩基础：是通过承台把若干根桩的顶部连接成整体，共同承受动静荷载的一种深基础，而桩是设置于土中的竖直或倾斜的基础构件，其作用在于穿越软弱的高压缩性土层或水，将桩所承受的荷载传递到更硬、更密实或压缩性较小的地基持力层上，通常将桩基础中的桩称为基桩。

桩基础是一种承载能力高、适用范围广、历史久远的深基础形式。随着生产水平的提高和科学技术的发展，桩基的类型、工艺、设计理论、计算方法和应用范围都有了很大的发展，被广泛应用于高层建筑、港口、桥梁等工程中。

桩基础的作用是将荷载传至地下较深处承载性能好的土层，以满足承载力和沉降的要求。桩基础的承载能力高，能承受竖直荷载，也能承受水平荷载，能抵抗上拔荷载也能承受振动荷载，是应用最广泛的深基础形式。

2. 桩身颈缩：指桩身的局部直径小于设计要求的现象。当在淤泥和软土层沉管时，由于受挤压的土壁产生空隙水压，拔管后便挤向新灌注的混凝土，桩局部范围受挤压形成颈缩；当拔管过快或混凝土量少，或混凝土拌和物和易性差时，周围淤泥质土趁机填充过来，也会形成颈缩。

3. 岩层：是指作层状分布在地层中的岩石。

4. 灌注桩：是一种就位成孔，灌注混凝土或钢筋混凝土而制成的桩。由于具有施工时无振动、无挤土、噪声小、宜于在城市建筑物密集地区使用等优点，灌注桩在施工中得到较为广泛的应用。

5. 端承桩：是上部结构荷载主要由桩端阻力承受的桩。它穿过软弱土层，打入深层坚实土壤或基岩的持力层中。打桩时主要控制最后贯入度，入土标高作参考。

6. 摩擦桩：指的是一种穿过并支撑各种压缩土层，并且主要依靠桩侧土的摩阻力支撑垂直荷载的桩。主要用于岩层埋置很深的地基，是在极限承载力状态下，桩顶荷载由桩侧阻力承受的桩。

7. 荷载：指的是使结构或构件产生内力和变形的外力及其他因素，或习惯上指施加在工程结构上使工程结构或构件产生效应的各种直接作用，常见的有结构自重、楼面活荷载、屋面活荷载、屋面积灰荷载、车辆荷载、吊车荷载、设备动力荷载以及风、雪等自然荷载。

【工程管理实务解读】

在场地土质很差，不能作为天然地基或上部荷载太大，无法采用天然地基或要严格控制建筑不同部位的沉降时，常用桩基础解决问题。涉案工程施工方进行了灌注桩桩基工程施工，其中成孔是灌注桩施工中的第一个环节，成孔作业由于是在地下、水下完成，质量控制难度大，复杂的地质条件或施工中的失误都有可能产生缩径等问题。

浇筑混凝土过程中，在淤泥和软土层沉管时，由于受挤压的土壁产生空隙水压，拔管后便挤向新灌注的混凝土，桩局部范围受挤压形成颈缩；当拔管过快或混凝土量少，或混凝土拌和物和易性差时，周围淤泥质土趁机填充过来，也会形成颈缩。

桩基工程施工时，施工方一定要严格按照施工图纸和施工规范施工，采用端承桩时未将桩末端施工至持力层，或采用摩擦桩时桩长不足导致摩擦力不足以承受建筑物上部荷载时，可能出现建筑物沉降超标或不均匀沉降、墙体拉裂等现象，极端时可能引发建筑物倒塌事故。

为确保桩基工程施工质量，施工单位通常采取如下措施：①测量放样、复核控制。建立放样及复核制度，由项目部测量员组织测量放样，由项目技术员进行复核。②图纸会审。开工前组织项目部技术人员对施工图纸、地质报告及有关文件进行认真的研究，了解设计意图和要求，并根据这些资料进行现场勘测和调查。在自查的基础上参加设计图纸会审，并做好图纸会审记录。③技术交底。施工组织设计编制完毕并送审确认后，组织全体人员认真学习施工方案并进行技术、质量、安全书面交底。列出控制部位及监控要点、质量控制方法。④人员、材料、设备、设施准备。根据施工组织设计要求，配备足够的施工人员、材料、设备、设施，保证施工顺利进行。进场材料按规定进行复验，施工设备必须经过相关部门检查后获取有关证件，施工人员必须持证上岗。⑤严格按照施工图纸和施工规范进行施工。施工中采取有效措施避免坍孔，避免孔位偏移或孔身倾斜，避免桩孔底部泥石过多无混凝土，控制流砂、钢筋笼质量、混凝土浇筑质量。⑥做好桩基质量检测工作。桩基础施工完毕且达到设计期龄及设计强度后，要对其桩身完整性及单桩承载力、复合地基承载力进行抽样检测和评价。通过对相应比例数量的桩身完整性及承载力检测，即可对施工完毕的桩基础工程给出质量评价，达到质量控制的目的。

本案中，法院认为发包方未提供施工图纸，也未告知施工方将来要进行第二层、第三层施工，对本案质量事故应承担过错责任。同时也认为施工方未按施工规范进行施工，对本案质量事故发生同样承担不可推卸的责任。

司法实践中，当施工方遭遇发包方质量索赔时，无论因何原因引发工程质量问题，施工方均应积极采取有效措施避免损失扩大，否则就损失扩大部分无法对发包方索赔形成有效抗辩。施工方应收集、整理发包方提供缺陷图纸、强令违规施工、强令降低施工标准、提供不合格材料和设备等的证据，对发包方提起反索赔或者对其索赔形成有效抗辩，从而减轻或免除自身责任。

【法律依据】

《建筑法》第 83 条。

实例9 施工单位发现勘察设计存在明显问题未及时提出的质量责任承担

【案情简介】

申请再审人（一审原告、反诉被告，二审上诉人）：海擎公司

被申请人（一审被告、反诉原告，二审被上诉人）：中兴公司

被申请人（一审被告，二审被上诉人）：中国建行泰兴支行

2007年12月1日，海擎公司就重型钢结构厂房基础工程发出招标邀请，其招标文件载明，本次报价只对钢结构厂房桩基及基础的施工进行报价（图纸内所有项目）；第（5）项为基坑开挖后如发现坑底土质与勘察报告不符，及时向业主、监理及设计单位反映。

同年12月20日，中兴公司进场施工。2008年5月21日，由海擎公司委托，由海擎公司和监理公司指定抽检，进行基桩质量检测，基桩施工期间在2008年2月16日至3月10日的总桩数1476根，其中检测474根。江苏省建祥工程检测有限公司就海擎公司煤化工厂房（部分）基桩质量出具2008－X－X17－3号检测报告，报告结论：本工程共进行低应变检测474根，其中一类桩90根、二类桩83根、三类桩210根（桩身有明显缺陷，对桩身结构承载力有影响）、四类桩91根（桩身存在严重缺陷）。对于该检测报告结论双方均无异议。

连云港市建设工程质量监督站对于本案争议工程产生倾斜、断裂，作出连质监〔2009〕第001号《工程质量鉴定报告》，鉴定分析意见如下。"（一）本次工程桩倾斜与开裂的施工由以下因素造成：①现场观察，由于运土路线只作一些简单的回填压实，并没有做特殊的加固处理，故基坑外侧土体受载重车辆的碾轧产生沉降、蠕变、滑移，加大了基坑土体压力，这是引起工程桩倾斜变形断裂的主要因素之一。②根据地质报告，其场地地基土的评价为：

本工程的地基承台坐落在海淤层上，其基坑开挖时的放坡系数根据计算应约为1:7，即要想保护基坑内工程桩不受损，其基坑开挖边坡的安全放坡距离应为21米，同时在没有围护与路基加固措施的情况下，基坑边缘约18米内不能行驶每平方米荷重大于4吨的载重汽车与挖土机械设备，而针对本工程而言，恰恰是犯了以上所述的错误。③建设单位与监理单位在该工程施工前，没有按照基本建设的正常施工程序办理施工图审查与质监和安监等手续，致使工程没有进入良性施工状况。监理单位对此没有实行监控，在土建施工单位进行基坑内土方开挖前没有按照建设部建质〔2004〕213号文件与连云港市连建〔2005〕175号与连建〔2006〕577号文件的精神，对施工单位编制的土方开挖方案进行审查。同时没有采取有效措施制止土建施工单位在土方开挖方案没经审查就进行开挖与建设单位介入基坑内土方开挖与运输的现象，故对本次桩基倾斜开裂的质量事故也负有一定的责任。如果建设单位在该工程开工前，将设计施工图送审，如果施工单位在基坑土方开挖前，按正常的施工程序进行，按照建设部、连云港市上述文件精神，编报详细的施工方案，报经监理审查，组织专家论证，然后再施工，则本次桩身倾斜、开裂的质量事故是可以避免的。

（二）鉴定单位到施工现场进行技术踏勘，据施工单位反映：①施工单位在2007年12月26日桩基施工前，建议将桩身加长，±0.00不变，承台提高，以减少基坑内土方开挖的深度，但建设单位没有回复。②建设单位在桩基施工与基坑土方开挖前，没有向其提供工程地质报告，同时提供的施工图没有按规定经过连云港市建设工程施工图审查中心审查。③建设单位参与了该工程基坑土方的开挖与运输，干扰了施工单位正常的施工。据此，分析认为，如上述反映情况属实，则对桩基施工的质量问题有很大的影响，如果建设与监理单位按上述意见报施工图进行审查，向设计单位反映提高桩身长度与承台标高，按基本建设程序办理，则本次的质量事故是可以减轻或避免的。"

【审理结果】

一审法院认为：关于涉案桩基工程质量责任问题。《建设工程质量管理条例》第11条规定"施工图设计文件审查的具体办法，由国务院建设行政主管部门、国务院其他有关部门制定。施工图设计文件未经审查批准的，不得使用。"本案中，海擎公司虽然向中兴公司提交了相关施工图纸，诉讼中也认可中兴公司是按该图纸进行施工，但是海擎公司提交的图纸并不是经过了审查的施工图纸。同时，中兴公司在 2007 年 12 月 26 日工作联系单中已经向海擎公司报告地质状况，并要求海擎公司请示设计院增加桩长，提高承台。中兴公司的该报告行为，符合其投标文件中土方开挖方案的要求，对此海擎公司理应及时给予回复。海擎公司在施工图纸未经审查，且收到中兴公司对于地质状况异常的报告又不予答复的情况下，应承担由此造成的后果。另外，施工过程中的会议纪要记载能够确认海擎公司在中兴公司基坑开挖中，干扰了中兴公司的正常施工。结合质量鉴定过程中，当事人双方共同选择了连云港市建设工程质量监督站作为质量问题的鉴定单位，且该站在鉴定过程中到海擎公司工地现场进行了踏勘的实际情况，在海擎公司不能提供足以反驳的相反证据和理由的情况下，一审法院对连云港市建设工程质量监督站《工程质量鉴定报告》的鉴定结论予以认定。海擎公司称未通知其到现场及对检材的真实性没有确认的理由，一审法院不予采信。就涉案工程相关工序，海擎公司进行了质量验收，验收结果为合格，也足以证明这一点。综上，依据该鉴定结论，结合各方当事人履行合同的具体行为，一审法院认为，海擎公司应对桩基施工过程中的质量问题承担责任。

二审法院认为：在涉案桩基工程施工前，海擎公司未按照国家有关规定将施工图报审后再交给施工单位进行施工，给工程质量留下了隐患。在施工过程中发现特殊的地质条件对工程施工造成困难后，双方均未能够秉承诚实信用原则积极作为。作为建设单位，海擎公司未能会同监理单位、设计单位对于施工单位提出的"增加桩长、提高承台"的合理建议予以充分重视并研究相应措施，亦未能会同监理单位对施工单位的土方开挖方案进行审查及专家论证；作为施工单位，中兴公司未能根据特殊的土质要求合理调整土方开挖方案并报监理单位审查，而是机械地按照施工图和原来的挖土方案进行施工。此外，在施工过程中，中兴公司没有对道路进行加固，海擎公司使用载重汽车参与土方开挖和运输，干扰了正常施工，双方均存在过错。综合分析、比较以上因素，二审法院认为，建设单位应当对本案工程质量问题的发生承担 80% 的责任，施工单位应当承担 20% 责任。

　　再审法院认为：涉案工程质量出现重大问题，建设单位与施工单位均有过错。海擎公司违反诚信原则，在签订合同之前未提交详细的岩土工程勘察报告，未提交经过审核的施工图纸，违反《建设工程质量管理条例》规定的基本建设程序，为质量事故的发生埋下隐患；海擎公司未能会同监理单位、设计单位对于施工单位提出的"增加桩长、提高承台"的合理建议予以充分重视并研究相应措施，亦未能会同监理单位对施工单位的土方开挖方案进行审查及组织专家论证，且在施工过程中，使用载重汽车参与土方开挖及运输导致道路碾轧，海擎公司一味强调工程造价为不变价，并以中兴公司施工应当采取何种方案与建设单位无关为由，对施工单位调整设计方案的建议未予重视与答复，故应承担相应的责任。作为专业施工单位，中兴公司在没有看到岩土详细勘察报告及经过审核的施工图情况下，即投标承揽工程，本身就不够慎重，发现特殊地质情况后虽提出建议，但在海擎公司不予认可之后仍不计后果冒险施工，对桩基出现的质量问题采取了一种放任态度。这种主观状态和做法应得到否定性评价。如果中兴公司真正关心工程质量，应当与海擎公司就地质情况所带来的问题进行协商，协商不成，明知工程无法继续应当采取措施避免损失的扩大。从涉案工程施工开始，中兴公司都可采取停止施工的止损措施，但其为了自己的合同利益，一味蛮干，且直到 2008 年 3 月 6 日，还与海擎公司签订内容为"考虑到中兴公司施工有一定困难，土方量加大，海擎公司一次性补助中兴公司 42 万元，对中兴公司在施工过程中出现的道路、排水、塌方等一切困难及问题，海擎公司一律不再承担任何费用，全部由中兴公司自行承担并解决"的补充协议。中兴公司虽主张该协议的补助仅是针对土方量增加的补助而非工程质量问题，但也说明中兴公司为取得合同利益而忽视质量风险。因此，法院认为中兴公司对工程质量事故责任应承担比二审判决所确定的比例更高的责任。

　　综上，建设单位海擎公司对本案工程质量问题的发生应承担主要责任，施工单位中兴公司承担次要责任。法院认为，应对二审法院确定的责任比例进行调整，由海擎公司对本案工程质量问题的发生承担 70% 的责任，中兴公司承担 30% 的责任。

【工程知识】

1. 地质勘察报告：又称工程地质勘察报告，即对工程地质勘察工作的总结。根据勘察设计书的要求，考虑工程特点及勘察阶段，综合反映和论证勘察地区的工程地质条件和工程地质问题，作出工程地质评价。

2. 初勘：初勘是在场址经确定后进行。为了对场地内各建筑地段的稳定性作出评价，初勘的任务之一就在于查明建筑场地不良地质现象的成因、分布范围、危害程度及其发展趋势，以便使场地主要建筑物的布置避开不良地质现象发育的地段，为建筑总平面布置提供依据。

3. 详勘：经过选址勘察和初步勘察之后，场地工程地质条件已基本查明，详勘任务就在于针对具体建筑物地基或具体的地质问题，为进行施工图设计和施工提供设计计算参数和可靠的依据。对于单项工程或现有项目的扩建工程，勘察工作一开始便应按详勘阶段进行。

4. 工程地质条件：对工程建筑有影响的各种地质因素的总称。主要包括地形地貌、地层岩性、地质构造、地震、水文地质、天然建筑材料以及岩溶、滑坡、崩坍、砂土液化、地基变形等不良物理地质现象。工程建设前需对建筑物场地的工程地质条件进行调查研究，包括：该场地以往建筑经验，已发生过的工程事故的原因、防治措施和后果，建筑物沉降、变形及地基地震效应等；分析和解决主要工程地质问题；选择工程地质条件优良的地点；提出保证建筑物的稳定性和正常使用的地基处理措施等。

5. 地基承载力：指地基所能承受荷载的能力，常用单位为 kPa，是评价地基稳定性的综合性用词。

6. 图纸会审：是指工程各参建单位（建设单位、监理单位、施工单位等相关单位）在收到施工图审查机构审查合格的施工图设计文件后，在设计交底前进行全面细致的熟悉和审查施工图纸的活动。各单位相关人员应熟悉工程设计文件，并应参加建设单位主持的图纸会审会议，建设单位应及时主持召开图纸会审会议，组织监理单位、施工单位等相关人员进行图纸会审，并整理成会审问题清单，由建设单位在设计交底前约定的时间提交设计单位。图纸会审由施工单位整理会议纪要，与会各方会签。

7. 基坑支护：为保护地下主体结构施工和基坑周边环境的安全，对基坑采用的临时性支挡、加固、保护与地下水控制的措施。

8. 土方放坡系数：是指土壁边坡坡度的基高 h 与底宽 b 之比，即 $m = h/b$，放坡系数 m 为一个数值（例：b 为 0.3，h 为 0.6，则放坡系数为 2）。计算放坡工程量时交接处的重复工程量不扣除，符合放坡深度规定时才能放坡，原槽、坑中做基础垫层时，放坡高度从垫层的上表面开始计算。当砼垫层做基础垫层时，放坡高度从垫层的下表面开始计算。

9. 主动土压力：挡土墙向背离填土方向移动适当的距离，使墙后土中的应力状态达到主动极限平衡状态时，墙背所受到的土压力，称为主动土压力。求解主动土压力时，与土的抗剪强度、剪切角和极限平衡条件相联系，最常用的是朗肯和库伦两个古典土压力理论。

10. 桩身缺陷：是在一定程度上使桩身完整性恶化，引起桩身结构强度和耐久性降低，出现桩身断裂、裂缝、缩颈、夹泥（杂物）、空洞、蜂窝、松散等不良现象的统称。

【工程管理实务解读】

在工程建设过程中，由于设备、技术、人员素质等各方面原因，勘察、设计问题层出不穷，主要表现在：地质勘察报告与现场实际情况不符、设计文件不符合相关标准要求、设计深度不足等。那么，在施工阶段应如何避免因勘察、设计原因导致的工程质量事故呢，笔者认为应该从以下几个方面着手。

1. 做好图纸会审及设计交底工作。

通过图纸会审与设计交底工作，可以使各相关方尽快地熟悉设计图纸、领会设计意图，加深对设计文件特点、难点、疑点的理解，掌握关键工程部位的质量要求，发现并解决因设计缺陷可能导致的施工、使用等方面的问题。因此，施工图纸会审与设计交底是施工准备阶段不可或缺的重要工作，其深度和全面性将会对工程的质量、安全、进度、成本产生重要的影响，并直接影响到工程施工的难易程度。

设计交底时，由设计单位就施工图设计文件向施工单位和监理单位作出详细的说明，其主要内容应包括：施工现场的自然条件、工程地质及水文地质条件等；设计主导思想、建设要求与使用的规范；抗震设防烈度；基础设计、主体结构设计、装修设计、设备设计（设备选型）等；对基础、结构及装修施工的要求；对建材的要求，对使用新材料、新技术、新工艺的要求；施工中应特别注意的事项等。

图纸会审时，建设单位、监理单位、施工单位工程技术人员提出问题或意见，由设计单位对上述问题或意见进行答复，施工单位作好会审记录，会审后整理好图纸会审纪要，各单位参加人员签字并加盖公章后生效。图纸会审的原则，一般来讲，建设单位主要对使用功能及各功能部位的划分提出合理的要求，施工单位应着重于图纸本身是否存在问题并结合施工需要提出要求。图纸会审后形成的正式会审纪要，作为设计文件的组成部分。

2. 通过试桩等方式对地勘报告或设计文件进行验证。

试桩分两种，即设计试桩和施工前试桩。

设计试桩是根据地质勘察报告及设计、施工经验，初步选定桩型及单桩竖向承载力特征值，等试桩施工完成并在期龄达到规范要求后对试桩的单桩承载力及复合地基承载力进行试验，达到为设计单位提供设计参数并对地质勘察报告进行验证的目的，并确认所选工程桩类型施工的可行性，避免工程桩全面开始施工后或全部施工完成后对桩基进行检测发现该桩型不适合本场地施工或发现桩承载力远小于地质报告提供的计算值而造成的不必要损失。

桩基工程正式开始施工前，应根据设计或规范要求，由建设单位、设计单位、监理单位、总包单位根据现场地质情况，选择有代表性的区域进行施工前试桩。施工前试桩可以达到以下目的：检测现场地质状况与地质勘察报告的差异；检测设计数据的准确性并根据试桩数据确定最终桩长；检测打桩设备的机械性能；检查桩基作业班组的操作技术水平。

3. 发现勘察、设计存在问题应及时提出。

建设工程施工过程中，勘察、设计问题层出不穷，通过图纸会审及试桩，可能发现并解决部分问题，但不可能将问题一次性解决，在施工过程中，或多或少都会有新的问题出现。当在施工过程中发现勘察、设计存在问题，应及时向监理单位及建设单位提出书面意见，由建设单位会同勘察、设计单位、监理单位、施工单位共同出具处理方案。当处理方案不满足国家标准或规范时，施工单位应当拒绝施工。

如施工单位在施工过程中发现勘察、设计存在问题，未及时向有关单位提出意见和建议，而继续进行施工的，或虽及时提出，相关单位亦出具了处理方案，但处理方案不满足国家标准或规范，施工单位未予拒绝而继续施工的，施工单位都应当对工程出现的质量问题承担相应的责任。

【法律依据】

1. 《建筑法》第 54 条、第 59 条。

2. 《施工合同司法解释（一）》第 13 条。

3. 《建设工程质量管理条例》第 28 条第 2 款、第 64 条、第 65 条、第 78 条第 2 款。

4. 《北京市高级人民法院关于审理建设工程施工合同纠纷案件若干疑难问题的解答》第 29 点。

5. 《福建省高级人民法院关于审理建设工程施工合同纠纷案件疑难问题的解答》第 12 点。

6. 《建筑基桩检测技术规范》第 3.5.1 条。

实例 10 建筑物竣工验收后筏板质量缺陷的性质

【案情简介】

上诉人（原审被告）：宇兴公司

上诉人（原审被告）：刘甲

被上诉人（原审原告）：李乙

2007 年 10 月 15 日，原成武县房地产公司将所承包的成武县李乙大酒店工程转包给宇兴公司，并签订建设施工合同。被告宇兴公司按原告设计的图纸以及变更要求进行基础施工，基础工程完工后，原告与被告宇兴公司发生纠纷，被告宇兴公司不再继续施工。原告又于 2008 年 3 月 9 日与另一建筑公司签订建设施工合同，将后续工程另行发包，并将被告宇兴公司的施工人员强行清除出现场。双方因此产生诉讼，经肥城市人民法院和泰安市中级人民法院审理后，认定被告原成武县房地产公司将承包的成武县李乙大酒店工程转包给宇兴公司，属违法分包，该分包合同属无效合同，并判决，原成武县房地产公司支付宇兴公司工程款 367 457.74 元及利息，李乙在原成武县房地产公司未付工程款的范围内对上述工程款承担连带责任。2013 年 10 月 10 日，原告李乙以被告宇兴公司所建设的基础工程质量不合格向一审法院提起诉讼，要求被告宇兴公司赔偿原告李乙损失 50 万元，原成武县房地产公司承担连带责任。经一审法院技术室委托，山东国泰建筑工程司法鉴定所对涉案工程进行司法鉴定，鉴定意见为："第一，经现场鉴定，该建筑物基础部分所筹建基础梁混凝土强度满足设计要求；所抽检四处筏板中 5 - C 处筏板强度为 23.5Mpa，不满足设计要求，其余筏板混凝土强度满足设计要求，筏板不合格率为 25%。第二，经现场鉴定，所抽检五根基础梁构件中 7 - C、3 - C、15 - C 基础梁的混凝土保护层偏小，不满足设计要求，不合格率为 60%；基础梁钢筋设置与设计吻合；筏板钢筋保护层厚度比设计值偏大。第三，经现场勘验，所抽检构件中发现一处筏板（3－C基础梁南侧筏板边缘）存在胀模现象，已经凿除，石子外露；基础梁箍筋多处存在箍筋外露现象，外露钢筋已锈蚀。"建议加固修复，修缮工程参考价格为103 428.17元。后选定山东法正资产评估有限公司对基础工程质量缺陷损失进行评估，评估的价值为102 394.01元，后双方当事人在重审阶段重新选定山东中慧咨询管理有限公司对涉案基础工程质量缺陷、修复损失给予司法鉴定。该公司出具的中慧鉴字（2017）007号鉴定评估报告书的鉴定结论为，李乙大酒店的基础工程质量缺陷加固修复损失价值为102 796.15元。

另查明，原成武县房地产综合开发有限责任公司于2010年7月8日更名为成武县宏达房地产有限公司，股东系刘某武，2015年7月6日成武县宏达房地产有限公司注销。2017年6月9日，一审法院对刘某武的调查笔录中显示，刘某武陈述没有成立清算组。

【审理结果】

一审法院认为：针对被告宇兴公司是否应当对涉案的基础工程质量承担责任问题。《施工合同司法解释》第13条规定："建设工程未经竣工验收，发包人擅自使用后，又以使用部分质量不符合约定为由主张权利的，不予支持；但是承包人应当在建设工程的合理使用寿命内对地基基础工程和主体结构质量承担民事责任。"原告李乙以被告宇兴公司作为实际施工人所建筑的地基基础工程质量不合格为由提起诉讼，符合法律规定。原审诉讼中，经技术室主持，双方选定山东国泰建筑工程司法鉴定所作为鉴定机构，对涉案基础工程进行鉴定，其所出具的鉴定意见为部分建筑工程质量不合格，应予修复。被告宇兴公司对山东国泰建筑工程司法鉴定所鉴定意见有异议，认为鉴定机构的鉴定方式不正确，需要选择"钻芯法"而非"回弹法"。一审法院认为，"回弹法"与"钻芯法"是鉴定机构根据建筑鉴定的需要程度选择的鉴定技术方式，被告宇兴公司认为鉴定机构的鉴定方式不正确，但未提交相关证据证明该种鉴定法不符合国家现行规范标准。因此，对山东国泰建筑工程司法鉴定所对基础工程质量的鉴定意见，依法予以采纳。重审阶段，山东中慧咨询管理有限公司在技术室主持下对涉案基础工程质量缺陷、修复损失给予司法鉴定，被告宇兴公司对该鉴定书提出异议，但并未申请重新鉴定，依法予以采纳。鉴定费用是因涉案基础工程建设质量存有问题产生的，鉴定费用应由被告宇兴公司负担。针对关于被告刘甲责任的承担问题。原成武县房地产公司将承包建设的成武县李乙大酒店转包给宇兴公司建设，违反了《建筑法》第28条的强制性规定，原成武县房地产公司作为本案违法分包人，应对实际施工人所产生的法律责任承担连带清偿责任。

二审法院认为：关于上诉人宇兴公司是否应当承担赔偿责任的问题。原成武县房地产公司将所承包的成武县李乙大酒店工程转包给宇兴公司，宇兴公司对基础工程进行施工。《施工合同司法解释》第13条规定："建设工程未经竣工验收，发包人擅自使用后，又以使用部分质量不符合约定为由主张权利的，不予支持；但是承包人应当在建设工程的合理使用寿命内对地基基础工程和主体结构质量承担民事责任。"本案中，关于涉案工程质量问题，山东国泰建筑工程司法鉴定所及山东中慧咨询管理有限公司出具鉴定报告，认为部分建筑工程质量不合格，应予修复，涉案基础工程质量缺陷加固修复损失价值为102 796.15元。上诉人宇兴公司称被上诉人没有实际损失，法院不予支持。涉案基础工程质量存在问题，上诉人宇兴公司应当承担赔偿责任。涉案鉴定方面问题。山东国泰建筑工程司法鉴定所具有鉴定资质且鉴定程序合法，上诉人宇兴公司虽提出异议但未提交相关证据，故其鉴定结论可以作为有效证据使用。山东中慧咨询管理有限公司经营范围中包括工程造价咨询服务，且经询问法院技术室，山东中慧咨询管理有限公司具有基础工程造价鉴定资质。山东国泰建筑工程司法鉴定所及山东中慧咨询管理有限公司对涉案争议事项进行鉴定，鉴定费用是因涉案基础工程质量问题产生的，鉴定费用应由上诉人宇兴公司负担。

【工程知识】

1. 混凝土耐久性：指的是混凝土抵抗环境介质作用并长期保持其良好的使用性能和外观完整性，从而维持混凝土结构的安全、正常使用的能力，即指结构在规定的使用年限内，在各种环境条件作用下，不需要额外的费用加固处理而保持其安全性、正常使用和可接受的外观的能力。传统渗透性检测方法有渗水法（抗渗标号法、渗透高度法、渗透系数法）、渗油法、透气法（氧气、氮气等）。其耐久性指标一般包括：抗渗性、抗冻性、抗侵蚀性、混凝土的碳化（中性化）、碱骨料反应等。

2. 筏板：在基础工程中的一块混凝土板，板下是地基，板上面有柱、墙等。因其如筏浮于土上面，而被形象地称为筏板。筏板基础既能充分发挥地基承载力，调整不均匀沉降，又能满足停车库的空间使用要求，因而就成为较理想的基础形式。筏板基础主要构造形式有平板式筏板基础和梁板式筏板基础，平板式筏板基础由于施工简单，在高层建筑中得到广泛的应用。建筑物荷载较大，地基承载力较弱，常采用砼底板，承受建筑物荷载，形成筏基，其整体性好，能很好地抵抗建筑物不均匀沉降。

3. 混凝土保护层：是指混凝土结构构件中，最外层钢筋的外缘至混凝土表面之间的混凝土层，简称保护层。

4. 胀模：在混凝土浇筑时，可能由于模板支设、钢筋绑扎、混凝土发泡剂、浇筑高度过高导致浇筑压力大等原因，导致整个模板变形、胀开，混凝土结构尺寸变形较大。

5. 质量缺陷：是指房屋建筑工程的质量不符合工程建设强制性标准以及合同的约定。其判定方法：①凭目测检查；②无法以目测方法对质量缺陷作出准确判断，应进行实际检验测试，并依此结果认定质量缺陷；③当质量缺陷被认定，而且质量缺陷的严重程度将影响工程安全时，应邀请设计单位进行现场诊断或验算，以决定采取何种处理措施。

6. 回弹法：是用一弹簧驱动的重锤，通过弹击杆（传力杆），弹击混凝土表面，并测出重锤被反弹回来的距离，以回弹值（反弹距离与弹簧初始长度之比）作为与强度相关的指标，来推定混凝土强度的一种方法。由于测量在混凝土表面进行，所以应属于一种表面硬度法，是基于混凝土表面硬度和强度之间存在相关性而建立的一种检测方法。

7. 钻芯法：是利用专用钻机，从结构混凝土中钻取芯样以检测混凝土强度或观察混凝土内部质量的方法。由于它对结构混凝土造成局部损伤，因此，是一种半破损的现场检测手段。其适用情形为：①对试块抗压强度的测试结果有怀疑时；②因材料、施工或养护不良而发生混凝土质量问题时；③混凝土遭受冻害、火灾、化学侵蚀或其他损害时；④需检测经多年使用的建筑结构或构筑物中混凝土强度时。

【工程管理实务解读】

1. 模板工程质量控制。

模板的制作与安装质量，对于保证混凝土、钢筋的混凝土结构与构件的外观平整和几何尺寸的准确，以及结构的强度和刚度等将起重要的作用。而在模板工程众多质量通病中，胀模是比较常见的一种，为了能够有效地控制胀模，应从以下几个方面加强管理：①在模板工程专项施工方案中，应充分考虑其模板及支撑系统自重、结构重量、施工荷载及混凝土浇捣时产生的侧压力，以充分保证模板及支撑系统有足够的承载能力、刚度和稳定性。②梁、板底支撑点间距应能够保证模板在混凝土重量和施工荷载作用下不产生变形。支撑系统基础若为原土地基或回填土地基，应先按规范要求夯实，在基础表面设排水沟，并铺放通长垫木或型钢，以确保支撑系统不沉陷。③在混凝土浇筑时，下料要均匀对称，严格过高构件一次浇灌到位。④要加强对工人的培训，既要保证混凝土振捣密实，又要防止过分振捣引起胀模、爆模等情况的发生。⑤对跨度不小于 4 米的现浇钢筋混凝土梁、板，其模板支设应按设计要求起拱；当设计无具体要求时，起拱高度宜为跨度的 1/1000～3/1000。⑥采用木模板、胶合板模板施工时，模板安装完成应及时报监理及建设单位验收，验收合格后应及时浇筑混凝土，防止木模板长期暴晒雨淋发生变形。

2. 钢筋工程质量控制。

钢筋工程包括钢筋下料、制作、吊装、绑扎、焊接或者连接、安装等。钢筋工程作为混凝土钢筋的一个重要工序，在混凝土结构中起着抗拉、抗剪等抗应力应变的作用。由于混凝土的包裹，一旦构件浇筑完成，钢筋工程本身质量问题就难以从外观上感知，所以，钢筋工程属于隐蔽工程，其质量问题主要有：钢筋规格、型号与设计不符；钢筋未除锈；钢筋加工尺寸偏差；钢筋搭接长度不满足设计要求；钢筋焊接或连接质量不满足设计要求；钢筋定位不满足设计要求（导致露筋或钢筋保护层不满足设计要求）；钢筋安装质量不满足设计要求等。

针对上述问题，应如何有效预防呢？笔者认为，应从以下几个方面着手：①认真熟悉设计图纸和施工规范；②做到技术工种持证上岗，做好钢筋加工设备调试工作，避免设备"带病"上岗；③钢筋工程开始施工前应由技术质量负责人向操作班组进行详细的书面交底；④严格按照图纸进行施工；⑤做好成品保护工作，避免钢筋加工、安装完成后因施工保护措施不完善导致钢筋的变形、移位。

3. 大体积混凝土工程质量控制。

根据大体积混凝土的相关规定，如筏板厚度达到 1 米，则该筏板基础混凝土施工属于大体积混凝土浇筑施工。如大体积混凝土施工前准备不充分，浇筑方案不合理，施工人员水平不能满足要求，混凝土原材料不符合设计要求，配合比设计不满足相关标准，混凝土养护不当，地基应力不均等原因都可能导致大体积混凝土质量通病的产生。

在混凝土施工中，经常会出现的质量通病有混凝土蜂窝、麻面、孔洞、漏筋、烂根、振捣不均、强度不足等。大型筏板基础施工是典型的大体积混凝土浇筑施工，除会出现一般混凝土施工的质量通病外，也会出现大体积混凝土施工的质量通病，主要表现在：上下层混凝土分层，因上、下浇筑层施工间隔时间较长，上层浇筑时下层混凝土已完成初凝，导致混凝土上下层之间形成实质性分层；混凝土表面水泥浆过厚，因大体积混凝土的体量大，且基本用混凝土泵输送，为增加其和易性，会在混凝土中增加大量粉煤灰，导致筏板混凝土表面产生水泥浆过厚现象；混凝土裂缝问题，大体积混凝土内部裂缝，按其深度不同，分为表面裂缝、深层裂缝及贯穿裂缝三种，其形成原因主要是水泥水化产生大量热量，当不同深度混凝土温度差达到一定值，即容易产生裂缝。筏板混凝土浇筑完成后，当地基不同部位之间出现不均匀沉降而在该两部位之间又未设置沉降缝时，就可能导致筏板混凝土产生贯穿性裂缝。

【法律依据】

1.《建筑法》第 28 条，第 29 条第 1 款、第 2 款，第 60 条，第 62 条。

2.《建设工程质量管理条例》第 26 条第 1 款、第 3 款，第 27 条，第 39 条第 1 款，第 40 条，第 41 条。

3.《施工合同司法解释（一）》第 32 条、第 33 条、第 34 条。

4.《建筑工程施工发包与承包违法行为认定查处管理办法》第 7 条、第 8 条、第 11 条、第 12 条。

实例 11　因材料不合格造成的工程质量不合格的责任承担

【案情简介】

再审申请人（一审被告、二审被上诉人）：银宏公司

被申请人（一审被告、二审上诉人）：启东建筑公司

被申请人（一审原告、二审被上诉人）：文峰公司

2009 年 10 月 8 日，经招标投标程序，文峰公司与启东建筑公司签订一份《建筑工程施工合同》。该合同第 47 条补充条款约定：其一，本工程严禁使用不合格或者不符合设计要求的材料，一经发现，限期退场，不按要求退场的，造成的损失由材料采购方负责。其二，如购进的材料设备与提供的样品不一致，材料供应方无条件退货，造成的损失由材料供应方负责。

2010 年 8 月 22 日，文峰公司与启东建筑公司补签《土建工程施工合同》一份，约定承包人应对所有进场材料（包括甲供材料）按有关规定进行严格把关，因材料问题出现的质量和安全事故由承包人负全责，并赔偿相应损失。合同签订前，工程已于同年 6 月 21 日开工并由启东建筑公司承建施工。

2010 年 6 月 24 日，文峰公司（甲方）与银宏公司（乙方）签订《启东文峰公司商品砼购销合同》，约定由银宏公司提供文峰公司工程所采用的商品砼；在质量要求中约定，如施工中发现砼强度、抗渗性能等达不到设计要求，每发现一次罚款 10 万元，此外还必须承担需方为此发生的一切损失费用。

2011 年 8 月月底，涉案工程一楼五根柱子混凝土发现存在质量问题，经多次召开专题例会，确认涉案工程一楼五根柱子混凝土存在质量问题，其余部分也出现混凝土强度不能满足设计要求的现象。2012 年经质量检测、加固设计和加固修复，一期土建和安装工程竣工验收合格。

2012 年 11 月 21 日，文峰公司向启东市人民法院提起诉讼，请求启东建筑公司、银宏公司共同承担加固费用 3 264 370.8 元、延误工程违约金 3 586 739.09元、工程延误损失 2 354 899.96 元。

【审理结果】

一审法院认为：涉案质量问题的部位已经加固完毕并投入使用，然而发现质量问题后，各方均未就造成问题的真正原因委托相关鉴定机构作出专业鉴定结论。但厘清造成工程质量问题的原因，属于启东建筑公司、银宏公司的举证范围和义务，而两公司均未能举证证明造成质量问题的真正原因，亦未申请鉴定。根据合同约定，启东建筑公司承担工程质量问题而产生的相关损失及违约责任于法有据。

经查，文峰公司在对甲供材料商品砼供应商资质的审核、商品砼质量的标准要求等方面均未违反相关规范要求。启东建筑公司抗辩称，文峰公司作为发包方直接供应的商品砼存在质量问题造成的建设工程缺陷，应由银宏公司承担赔偿责任，文峰公司承担相应的法律责任，显与事实相悖。同理，文峰公司要求银宏公司共同承担加固费、延误工程违约金缺乏事实和法律依据，碍难支持。

一审法院判决：启东建筑公司给付文峰公司土建工程加固费用 3 227 776.80 元，延误工程违约金 2 568 469.94 元。

二审法院认为：现因出现质量问题的梁柱被更换，已无法鉴定。根据启东建筑公司补充提供的专家意见和当时的会议记录，可以认定商品砼存在质量问题。启东建筑公司仅使用商品混凝土浇筑梁柱，而非进行再生产，无须改变其构成材料和含量比例，商品混凝土不合格应当是混凝土强度不足的主要考虑因素。商品混凝土存在质量问题导致工程质量问题的发生具有高度盖然性。

银宏公司应当对文峰公司造成的损失承担违约赔偿责任，其赔偿范围既应包括文峰公司加固工程的直接费用，也应包括因工期延误造成的损失。启东建筑公司的责任在于把关不严，造成不合格材料用于工程，因此，银宏公司的责任明显大于启东建筑公司。为了使责任的承担与履约过错程度相适应，法院酌定启东建筑公司与银宏公司承担责任的比例为3：7。一审法院直接判决驳回文峰公司对银宏公司的诉讼请求不当，予以纠正。

二审法院判决：银宏公司赔偿文峰公司 4 057 372.72 元，启东建筑公司赔偿文峰公司 1 400 383.91 元。

再审法院认为：本案中文峰公司与启东建筑公司间存在建设工程施工合同关系，与银宏公司间存在买卖合同关系，为了减少讼累，将本案中不同的法律关系一并予以处理，未损害各方当事人的利益，并无不当。涉案柱子出现质量问题是否由银宏公司供应的商品混凝土不达标引起，发生争议时商品混凝土是否达标应以检测为准。因此，驳回银宏公司的再审申请。

【工程知识】

1. 工程质量缺陷：指建筑工程施工中不符合规定要求的检验项或检验点。按其程度可分为严重缺陷和一般缺陷。严重缺陷是指对结构构件的受力性能或安装使用性能有决定性影响的缺陷，一般缺陷是指对结构构件的受力性能或安装使用性能无决定性影响的缺陷。

2. 混凝土强度等级：是根据混凝土立方体抗压强度值人为划分出来的，它是混凝土的特征强度。根据现行有关标准、规范规定的混凝土立方体抗压强度是将按标准方法制作的边长为 150mm 的标准尺寸的立方体试件，置于与 ISO 试验方法一致的温度为 $20\pm2℃$，湿度为 95% 以上的标准养护室，养护至 28d 龄期，按标准试验方法测得的混凝土立方体抗压强度。

3. 见证取样和送检：指在建设单位或工程监理单位人员的见证下，由施工单位的现场试验人员对工程中涉及结构安全的试块、试件和材料在现场取样，并送至具有法定资格的质量检测单位进行检测的活动。

4. 检验：对被检验项目的特征、性能进行量测、检查、试验等，并将结果与标准规定的要求进行比较，以确定项目每项性能是否合格的活动。

5. 建设工程质量检测：指依据国家有关法律、法规、工程建设强制性标准和设计文件，对建设工程的材料、构配件、设备，以及工程实体质量、使用功能等进行测试确定其质量特性的活动。

【工程管理实务解读】

材料质量是工程质量的基础，材料质量不符合要求，工程质量就不可能达到标准。《建筑法》规定，建筑施工单位对工程质量负责，必须向建设单位交付合格的建筑产品。因此，无论是甲供材、甲控材还是施工企业购买的建筑材料、建筑构配件和设备，在施工前，建筑施工企业都必须按照工程设计要求、施工技术标准和合同的约定，对建筑材料、建筑构配件和设备进行检验，不合格的不得使用。

在建设工程施工合同中要明确约定甲供材、甲控材或施工企业购买的建筑材料、建筑构配件和设备的范围，以及由此产生工程质量争议时的具体的解决途径或者方法，提前划清责任范围，避免相互推诿，造成诉累。按照建设工程施工合同约定，由建设单位采购建筑材料、建筑构配件和设备的，建设单位应当保证建筑材料、建筑构配件和设备符合设计文件和合同要求。如果因上述材料质量不合格导致工程质量不合格的，根据合同相对性基本原则，应当由供货方承担违约责任，但建筑施工企业存在过错的，也应当承担相应的责任。按照建设工程施工合同约定，建筑材料、建筑构配件和设备由施工单位采购的，建设单位不得指定施工单位购入用于工程的建筑材料、建筑构配件和设备或者指定生产厂、供应商。此时如果建设单位指定采购的，除需要向施工企业承担违约责任外，还要承担由此导致的工程质量责任。

根据谁主张谁举证的举证规则，在出现工程质量争议后，建设单位、施工单位、供应商要第一时间保护现场，固定证据。若经工程质量鉴定，工程质量不合格的，要及时提出质量原因司法鉴定。否则，当质量问题修复后已无法鉴定时，负有举证责任的施工单位和供应商就要承担举证不能的法律后果。

《建筑法》赋予了施工企业检测、使用材料时高度注意的义务，或者说是使用材料时如出现质量问题应当承担严格责任，排除了施工企业按照国家标准抽样检验合格即免责的可能。在材料出现质量问题时，施工企业需承担工程质量责任。因此，施工企业必须严格执行对建筑材料、建筑构配件、设备和商品混凝土的检验、检测制度，确保材料质量关。

【法律依据】

1. 《建筑法》第 15 条、第 25 条、第 58 条第 1 款、第 59 条。

2. 《建设工程质量管理条例》第 14 条，第 26 条第 1 款、第 3 款，第 29 条，第 31 条，第 32 条。

3. 《〈民事诉讼法〉司法解释》第 90 条、第 121 条第 1 款。

4. 《施工合同司法解释（一）》第 13 条、第 16 条。

实例 12　因设计缺陷造成的工程质量不合格的责任承担

【案情简介】

原告：兴美达公司

被告：刘甲

2012 年，兴美达公司拟建造废水处理工程，由浙江恒业建设工程有限公司（以下简称恒业公司）和浙江新国富环保科技有限公司（以下简称国富公司）共同承建，由刘甲进行工程土建设计。2013 年 3 月 25 日 17 时许，在对该污水处理工程进行施工和调试过程中，发生水池裂开、水池塌陷的重大事故，造成 2 名作业人员经抢救无效死亡及大量污水外溢的重大损失，绍兴市柯桥区人民政府相关部门责令对该工程进行限期拆除。工程全部拆除后，兴美达公司依法起诉国富公司、恒业公司、中铁设计绍兴分公司。该案由柯桥区人民法院一审，绍兴市中级人民法院二审，2017 年浙江省高级人民法院再审判决生效。该判决书确定以下主要内容：涉案工程的建筑成本投入损失为 2 428.2 万元，该工程因发生事故已经全部拆除。对该损失，兴美达公司承担 35%，即 840.51 万元。兴美达公司应承担的责任包括土建设计人应承担的责任部分，中铁设计绍兴分公司并非涉案工程土建设计合同的当事人，兴美达公司因涉案工程设计合同的相关纠纷并非本案审理范围，兴美达公司可以另行主张。涉案工程土建设计的定做人是兴美达公司，涉案土建设计图系由案外人刘甲出具，《事故调查报告》认定土建设计人是刘甲。依据上述浙江省高级人民法院再审终审判决和柯桥区人民政府《事故调查报告》及刘甲本人的陈述，可以确定：刘甲虚构其系中铁设计绍兴分公司一所所长的身份，陈述其有土建设计资质，向兴美达公司承揽土建设计事项，而且在土建设计施工图纸上采用移花接木的手法加盖中铁设计绍兴分公司印章，蒙蔽兴美达公司，取其信任。更重要的是，刘甲设计的土建施工图存在重大缺陷，直接导致了涉案工程的坍塌事故的发生，系事故发生的最重要原因。对此，刘甲负有不可推卸的责任，土建设计方面的责任应由刘甲全部承担，即840.51万元。兴美达公司诉至法院，要求刘甲立即赔偿给兴美达公司因工程设计缺陷而导致的兴美达公司经济损失840.51万元，并承担本案诉讼费用。

【审理结果】

一审法院认为：根据（2016）浙民再214号生效判决书的认定，兴美达公司存在"未按《建设工程质量管理条例》的要求办理相关手续，未进行土建、工艺设计图纸审查，勘察不符合规定，对国富公司推荐的××松的土建设计资质未进行审核，未对施工现场安全状况进行有效监管，工程建设不规范"的过错，而××松作为不具有设计资质的个人向兴美达公司提交了土建设计图纸，其亦存在一定过错。兴美达公司作为工程设计合同的定做人，其对××松提出的要求及提供的基础数据很大程度上影响到××松最后呈现的设计图纸，故法院确定兴美达公司在因设计图纸所造成的损失部分承担主要责任，××松承担次要责任，结合双方的过错程度，法院酌情确定××松应对此承担30%的赔偿责任。

兴美达公司在涉案工程前案事故的纠纷中一直认为中铁工程设计院有限公司绍兴分公司系涉案工程建设工程设计合同的相对方，而（2016）浙民再214号生效判决书确定涉案工程建设工程设计合同的相对方应为××松个人，故对于兴美达公司而言，其在知道义务人即××松时为2017年3月，现诉讼时效并未届满。

一审法院判决：××松支付兴美达公司经济损失2 521 530元。

【工程知识】

1. 建设工程设计：是根据建设工程的要求，对建设工程所需的技术、经济、资源、环境等条件进行综合分析、论证，编制建设工程设计文件的活动。

2. 建筑施工图：是指用来表示房屋的规划位置、外部造型、内部布置、内外装修、细部构造、固定设施及施工要求等的图纸。它包括施工图首页、总平面图、平面图、立面图、剖面图和详图。

3. 建设工程设计缺陷：是指设计文件不符合法律、行政法规的规定，或未按照建筑工程质量、安全标准、建筑工程设计规范执行或违反设计合同的约定以致存在瑕疵的情形。

4. 建设工程质量事故：是指由于建设、勘察、设计、施工、监理等单位违反工程质量有关法律法规和工程建设标准，使工程产生结构安全、重要使用功能等方面的质量缺陷，造成人身伤亡或者重大经济损失的事故。

【工程管理实务解读】

建设工程质量关乎社会公共利益，为确保工程质量，国家对从事建设工程设计活动的单位实行资质管理制度，设计单位需在核准的资质等级许可范围内承揽业务。设计单位作为建设项目的一个参与方，设计工作质量关系到项目的投资目标能否实现。因此，建设单位必须严格审查工程设计单位的设计资质，严禁将设计业务发包给不具有相应设计资质等级的单位，更不能发包给无资质的个人。否则不但要受到行政处罚，而且还要承担因设计缺陷造成的工程质量问题的法律责任。

要保证工程质量，首先要控制设计质量。建设单位应当按照基本的建设程序进行建设，建设单位要做好前期的项目可行性论证，认真进行工程地质勘察，杜绝无证设计、无图施工，禁止任意修改设计和不按图施工的行为。目前，社会上出现的重大的工程质量事故基本上都是边勘察、边设计、边施工的"三边工程"，工程质量事故不仅造成了社会经济和人员的重大伤亡损失，而且相关责任人也都受到了相应的行政和刑事处罚，教训极其深刻。对此，建设单位要引以为戒，杜绝"三边工程"。

建设单位一定要进行土建、工艺设计图纸审查，对设计单位的设计图纸的可行性进行有效监管及时消除设计图纸缺陷。建设单位要请具有合格专业资质的审图机构对施工图进行审查复核，防止因设计考虑不周、结构构造不合理、设计计算错误等原因，提供给施工单位的图纸存在缺陷，导致工程质量事故的发生。开工前，建设单位应组织设计单位向所有的施工单位进行详细的设计交底，认真地进行图纸会审，深入发现和解决各专业设计之间可能存在的矛盾，消除施工图的差错。

在施工期间，建设单位应要求设计单位派出得力的设计人员到施工现场进行设计服务，解决施工中发现和提出的与设计有关的问题，及时做好相关设计核定工作。局部设计变更内容时，都必须按照规定的程序，经设计单位认可后才可以下发变更指令。

建设单位要重视工程设计合同管理，要明确设计单位的责任范围，细化工程设计合同的违约条款。如因图纸错误造成建设单位蒙受严重经济损失时，则应视具体问题及严重程度给予恰当的赔偿金额，并在向设计单位支付的任何费用中予以扣除。若图纸深度不够、设计缺陷过多，建设单位有权要求设计单位派驻设计代表驻现场解决设计问题，派驻设计代表所需费用一律由设计单位承担，派驻时间由建设单位视情况而定，设计单位不得拒绝等。

设计单位要严格履行工程设计合同，针对工程的水文地质条件，根据建设单位的要求，从技术和经济结合的角度设计施工图纸文件，满足工程的适用功能和安全性、经济性、环境的协调性以及个性化等要求，切实履行法定的质量责任和义务。项目负责人要保证设计文件符合法律法规和工程建设强制性标准的要求，并在工程设计使用年限内对因设计导致的工程质量事故或质量问题承担责任，通过质量责任追究制度，切实保证项目设计质量。

【法律依据】

1. 《建筑法》第 12 条、第 13 条、第 14 条、第 52 条第 1 款、第 56 条。

2. 《建设工程质量管理条例》第 9 条、第 11 条第 1 款、第 18 条、第 19 条、第 54 条。

3. 《建设工程勘察设计管理条例》第 5 条、第 7 条、第 8 条、第 9 条、第 10 条。

4. 《施工合同司法解释（一）》第 13 条。

实例 13　擅自使用的工程质量责任承担

【案情简介】

上诉人（原审原告、反诉被告、施工单位）：宝业公司

被上诉人（原审被告、反诉原告、建设单位）：众品公司

2009 年 6 月 1 日，宝业公司与众品公司签订《建设工程施工合同》（以下简称 13 号合同）。合同约定，承包方式：包工包料。合同工期：210 个日历天，自 2009 年 6 月 1 日至 2009 年 12 月 27 日。合同价款：全部工程价款采用固定总价，6 068 万元，该价格包括人材机等不可预见性价格风险。合同开始履行时间：2009 年 6 月 1 日。

2009 年 9 月 7 日，双方签订《天津市建设工程施工合同》（以下简称 117 号合同）。合同约定，众品公司为发包人，宝业公司为承包人，工程名称：年产 20 万吨标准化肉类综合加工产业示范基地一期工程二标段。工程地点：天津静海经济开发区北区 104 国道东侧。工程内容：施工图纸设计的全部工程。工程承包范围：建设单位所发设计施工图纸中全部工程。开工日期：2009 年 9 月 13 日。竣工日期：2010 年 1 月 31 日，合同工期总日历天数 141 天（包括法定节假日）。工程质量标准：国家施工验收规范合格标准。合同价款：6 068 万元。该合同于 2009 年 10 月 19 日经合同管理办公室审核备案。

2010 年 1 月 22 日，双方达成关于众品公司试生产前初验的约定，内容为：乙方宝业公司天津项目部保证在 2010 年 1 月 25 日前完成以下未达到初验条件工程；如果乙方不能在 2010 年 1 月 25 日前完成相关工程，甲方众品公司为保证试生产计划顺利达成，将强制进行试生产，但甲方将不予支付剩余工程款。

2010 年 3 月 20 日，宝业公司向众品公司提交工程竣工验收申请，内容为：室内外工程在 2010 年 1 月份已全部完工，众品公司从 2010 年 3 月 18 日

开始进行生产，对提出问题已全部整改完毕。

2010 年 12 月 3 日，宝业公司致众品公司函，内容为：我司承建了贵司在静海县的天津众品工程，该工程已全部竣工，贵司已生产近一年，按照《建筑法》有关规定和贵我双方签订的《建设工程施工合同》第 6 条，贵司应付我司合同总价款 90%，但目前仅付款到 78%，现仍有 700 多万元工程款（其中包含另外一项工程款，与本节无涉，以下计算内均含）应付未付，造成我司大量民工工资和材料款无法支付，引起的矛盾越来越尖锐，我司再一次郑重向贵司发出催款函，要求贵司到 2010 年 12 月 15 日前付清所欠款项，否则我司将采取法律手段维护自己的合法权益。

宝业公司向原审法院提起诉讼，请求：众品公司支付工程款 6 850 846.19 元，违约金 13 670 000 元，利息 900 000 元，合计 21 420 846.19 元。

众品公司于 2013 年 1 月 31 日提出反诉，请求：宝业公司支付拖延工期违约金 1 800 万元，维修费 2 686 348 元，维修停产及其他损失 11 659 566.85 元。

2013 年 6 月 13 日，众品公司经申请对生产车间地面工程进行司法鉴定，鉴定结论为：该生产车间地面及地面基层质量现状不满足设计做法和《建筑地面工程施工质量验收规范》（GB 50209—2010）的要求。

【审理结果】

再审裁定认为，本案焦点问题包括三个：一是双方应当依据哪个合同结算工程款；二是二审法院认定众品公司尚欠工程款 6 850 846.19 元是否错误，二审法院从 2010 年 3 月 1 日起计算众品公司迟延付款的违约金是否错误；三是宝业公司是否应当对涉案工程质量承担维修责任。

（1）双方应当依据哪个合同结算工程款。再审支持一审、二审法院的观点，117 号合同为备案合同、后签合同，应当依据此合同结算工程款。

（2）一审法院依据 2010 年 1 月 22 日的试生产约定和 3 月 20 日的竣工验收申请两项事实，结合宝业公司提供的关于众品公司于 2010 年年初投产的网页资料，认定众品公司占有建设工程的时间为 2010 年 1 月 25 日并无不当。在众品公司没有上诉的情况下，根据宝业公司的主张，在众品公司擅自使用涉案工程一个月后计算逾期付款违约金，也难谓不妥。并且，二审法院为了平衡双方利益，还同时调低了违约金。综上，众品公司关于"认定其擅自使用涉案工程缺乏证据，判决其于 2010 年 3 月 1 日起支付逾期付款违约金错误"的主张法院不予支持。

（3）宝业公司应否承担 2 686 348 元的维修费用。

【工程知识】

1. 地基与基础：根据《建筑工程施工质量验收统一标准》（GB 50300—2013），地基与基础属于分部工程，其子分部工程包括"土方、基坑支护、地基处理、桩基础、混凝土基础、砌体基础、钢结构基础、钢管混凝土结构基础、型钢混凝土结构基础、地下防水"，其分项工程不再一一列举。

2. 主体结构：根据《建筑工程施工质量验收统一标准》（GB 50300—2013），主体结构属于分部工程，其子分部工程包括"混凝土结构、砌体结构、钢管混凝土结构、型钢混凝土结构、铝合金结构、木结构"，其分项工程不再一一列举。

3. 建筑装饰装修：根据《建筑工程施工质量验收统一标准》（GB 50300—2013）[案例中使用的是《建筑工程施工质量验收统一标准》（GB 50300—2001）]，建筑装饰装修属于分部工程，其子分部工程包括"建筑地面、抹灰、外墙防水、门窗、吊顶、轻质隔墙、饰面板、饰面砖、幕墙、涂饰、裱糊与软包、细部"，其分项工程不再一一列举。

4. 标段：是指在建筑工程修建时，按照施工招标投标划分的段，每段由相应的中标单位修建。中标单位在建设该工程时会设立项目部或指挥部。在该工程建设时，这些项目部对其他项目部或建设、监理单位时往往将自己简称为"第×标段"或"×标"。在工程建设完成交工后，这些标段也就相应撤销了，但是原中标单位仍需承担相应的责任。

5. 日历天：日历天就是日历上的日期，一周按 7 天算。而与之相对应的是工作日，就是在计算时把一周时间算成 5 天。工作日一般是指除去法定的节假日的时间，日历天是自然天数，一般签订合同工期都是以日历天计算的。工程合同中使用"天"单独表述是存在争议的。

6. 工程初验：没有固定定义，一般指正式工程竣工验收之前的准备工作。初验时建设单位把质监、安监、建管、档案、监理、设计、地勘、施工等部门组织起来对工程进行一个初级检查，各部门就该工程的各个问题形成整改意见让建设单位去整改。

【工程管理实务解读】

1. 对于"擅自使用"的定位。

"擅自使用"不是承包人追求的最终结果，往往是其为了达成其他目的（如认可工程竣工索要工程款、确定利息的起算时间或者免除部分质量责任等）的辅助手段。

"擅自使用"的常规路径是建设方为了拖延工程款拒不验收，但是已经实际使用了该工程（交付买受人），施工方索要工程款未果，提出"建设方擅自使用"视为工程竣工且合格，要求支付工程款。

"擅自使用"的另一路径为，承包人要求支付工程款，发包人以工程质量不合格为由，拒绝支付或者要求减少工程款。承包人以发包人擅自使用为由抗辩质量问题。

2. "试运行"约定应当注意限度。

从立法本意上来看，对于特殊工程，试运行有时是必须的，例如公路工程，《公路工程竣（交）工验收办法实施细则》第16条第1款规定"公路工程进行竣工验收应具备以下条件：（一）通车试运营2年后……"但是对于一般工程，试运行与否要看合同是否有约定，期限是否合理。发包人需要通过试运行来检验工程是否存在不符合合同技术要求的地方以及项目能否满足合同目的。符合运行标准的行为不属于"擅自使用"，但是如果明显超过了限度，即有"擅自使用"的风险。

3. 但书中"地基基础工程和主体结构质量"的具体内容。

地基与基础和主体结构的责任属于工程领域的"绝对责任"，施工单位一般是无法因"擅自使用"免责的。但是经常由于施工方或者法院的疏忽，将类似案例中的"建筑地面"等装饰装修的内容当作地基与基础工程或主体结构工程，进而出现误判。经常出现误判的内容还有"外墙防水""幕墙""基层与保护"等。

4. 擅自使用的证据。

实践中，如果是商品房类型的工程，买受人实际居住的照片、停车场地的使用或者收费单据、物业费单据等都可以作为证据。如果是工厂类型的工程，只要能够证明工厂实际开工生产，如采取录音录像的方式，证明其于何年何月何日开始使用该工程，即可证明进行了使用。

5. 应当区分擅自使用与部分擅自使用。

擅自使用应当是有一定范围的，对工程部分的使用不能认定为对全部工程的使用。在实务中，倘若工程本身存在明显的分界线，部分使用的证明难度是比较小的。困难的是针对一项工程内进行"部分"的认定。从法理上来说，如果一项工程的房屋外墙出现漏水问题，此时外墙漏水与擅自使用没有任何因果关系，这时完全免除施工人的责任有失公允。实务中也有类似案例支撑，只不过证明"完全没有因果关系"的难度较大，不容易被工程知识薄弱的法律工作者发现。

6. 擅自使用后施工方可以不配合拒绝竣工验收。

这相当于买卖合同中的"一经使用，概不退货"，直接连验货的环节都省略了。正常情况下，工程完工后，竣工验收的一般程序是，先由承包人向发包人提交工程竣工报告、质量保修书、施工图纸及有关施工资料，申请工程竣工验收，然后由发包人组织设计、施工、监理等有关单位进行验收。根据规定，承包人交付竣工验收的建设工程时，必须符合规定的建筑工程质量标准，有完整的工程技术资料和经签署的工程保修书，并具备国家规定的其他竣工条件。也就是说，按照正常的竣工验收流程，承包人具有配合发包人竣工验收的法定义务。但是，在发包人擅自使用工程后，施工单位配合发包人进行验收的法定义务、合同约定义务都不复存在了，这样看来，擅自使用更像一台"义务抹除器"。

7. 擅自部分使用可使保修期提前。

鉴于保修期的起算，是从竣工验收合格之日起，擅自使用部分既然导致了"视为工程质量合格"，进而使擅自使用部分保修期提前。

8. 发包人为完成修缮之进场或接收不属于"使用"。

施工过程中，发包人或监理单位发现施工质量出现问题要求承包方返修、整改时，承包方应当及时修缮以达到质量要求。但如承包方整改后仍然无法达到质量要求甚至拒绝整改的，为防止损失扩大，总包方可委托第三方修缮，但是修缮产生的费用应当由承包方承担。发包人这种为完成修缮而委托第三方进场不应当被认为是"使用"的范畴。

9. 擅自使用的例外。

在以下情况下，发包人"迫于无奈"，"擅自使用"的，也有案例支撑可不认为是擅自使用。一是承包方拒不配合竣工验收，尽管发包人已经"竭尽所能"，但是承包人依旧不配合。二是承包方欠缺完成竣工验收的资质，既然不能履行竣工验收的行为完全是由承包方导致的，一直让发包方不使用极不公平。但是要注意发包人怠于审查承包方资质导致承包方在没有资质的情况下施工的情况。三是工期延误非常久，而且发包方仅仅使用了部分工程的，也可以认为发包方没有擅自使用。总结为一句话就是"明显是承包方犯的错"，发包方才可能避免被认定为擅自使用。所以，此时擅自使用必须是发包人的"单方行为"。

10. 对工程质量认可也不完全等于保修责任的免除。

近年来此观点的呼声越来越高，而且也已经出现最高人民法院的案例支撑，基于工程在正常验收后，承揽人承担保修期的保修责任，未经验收擅自使用，实际就是风险的提前转移，也是保修期起始时间的提前。相关法律已经对擅自使用作出了处罚的规定，不应当再剥夺发包人的保修请求权的认识，不能排除以后出现类似案例。

11. 施工人可以拒绝无偿修理或者返工、改建。

一旦出现擅自使用，擅自使用部分质量若出现除"地基基础工程和主体结构"质量之外的任何质量问题，承包人可以拒绝无偿修理或者返工、改建。当然由此导致的逾期违约责任亦可以免除。这对发包人来说有较大风险。

12. 擅自使用的行政处罚责任。

除了以上责任之外，擅自使用的行政处罚责任是较容易被忽略的。

【法律依据】

1.《建筑法》第 61 条第 2 款、第 62 条。

2.《建设工程质量管理条例》第 16 条、第 32 条、第 40 条第 3 款、第 49 条第 1 款、第 58 条。

3.《施工合同司法解释（一）》第 9 条、第 14 条、第 23 条。

4.《房地产管理法》第 26 条第 2 款。

5.《城市房地产开发经营管理条例》第 17 条第 1 款。

三、保修期的质量责任

实例 14　保修期内地基基础出现
质量问题的责任承担

【案情简介】

上诉人（发包方）：百商公司

被上诉人（承包方）：恒盛源公司

2011 年 3 月 30 日，百商公司与恒盛源公司签订《百商线缆公司 1～4 号厂房施工合同补充协议书》；2011 年 4 月 19 日，百商公司与恒盛源公司签订《建设工程施工合同》。

双方当事人签订合同后，恒盛源公司开始施工，在施工过程中，由于地基（桩基）出现下沉现象，导致恒盛源公司的施工拖延至 2012 年。

一审法院庭审过程中查明的事实包括，恒盛源公司承包的工程为钢结构工程，在钢结构施工之前，由其他施工单位负责地基基础的施工，但在钢结构施工过程中，地基（桩基）有下沉现象，造成了工期延误，延期交工的责任不在恒盛源公司。且该钢结构工程已经百商公司、恒盛源公司以及勘察、设计、监理单位进行了竣工验收，验收意见为合格工程，至今已经超过了质量保修期限。

二审查明，在 2011 年 4 月 19 日，双方签订《工程质量保修书》。该《工程质量保修书》对工程质量保修范围和内容、质量保修期、质量保修责任进行了详细约定。

2011 年 11 月 17 日，乌鲁木齐经济技术开发区建设工程质量安全监督站向新疆土木建材勘察设计院（有限公司）、新疆有色地质勘察工程公司发出《建设工程质量整改通知单》，内容为：我站巡查中发现，你单位百商公司项目存在质量问题。1号厂房A轴3、4、5、6、7外桩基础下沉。2号厂房A轴1~8外桩基础下沉，最大下沉9厘米，造成基梁变形、墙体开裂。地基沉陷造成地面板开裂、塌陷。要求立即停工，对隐患部位出具鉴定报告及加固措施，经相关部门审查通过后进行加固处理，并将结果报我站审查合格后，方可复工。针对1号、2号生产厂房桩基下沉问题，恒盛源公司出具修复方案，该方案经建设、监理、设计等单位盖章确认。2012年8月22日，百商公司向乌鲁木齐经济技术开发区建设工程质量安全监督站出具承诺书，称：我公司投资建设的1~4号生产厂房，其中1号、2号厂房西面方向1~6轴桩基均产生不同程度下沉，现已整改完毕。我公司承诺将1号、2号厂房只做库房使用，不做生产厂房使用。由于1~4号厂房桩基施工未报请监督站介入，由此发生质量问题或事故，由我公司承担一切后果。

2013年1月25日，恒盛源公司向百商公司出具承诺书，内容为：由我单位负责施工的百商公司1~4号厂房出现屋顶漏水问题、墙面空鼓问题、混凝土地面不光滑、不平整问题及地面局部下沉问题，我公司承诺于2013年5月30日前全部整改完毕，否则贵公司有权另找其他单位修缮，所产生的费用由我公司承担或从工程款中扣除。

另，恒盛源公司对1~4号厂房均存在不同程度的屋面漏水、地面开裂、墙面空鼓等现象不持异议，但认为不属于恒盛源公司施工造成的问题，是桩基下沉所致。

【审理结果】

二审法院认为：关于恒盛源公司是否应当履行质量保修责任及涉案工程的质量保修金是否应当返还的问题。双方当事人在2011年3月30日签订的补充协议中约定了工程保修期为两年，后又在2011年4月19日签订《工程质量保修书》，对保修期按各单项工程分别进行了约定，该约定期限符合《建设工程质量管理条例》第40条所规定的最低保修期限。最低保修期限，应理解为根据《建筑法》第62条中规定的"保证建筑物合理寿命年限内正常使用，维护使用者合法权益"原则确定的最起码的期限。因此，法院对涉案工程保修期限的认定以《工程质量保修书》为依据。建设工程的保修期，自竣工验收合格之日起计算。竣工验收合格之日指建设单位收到建设工程竣工报告后，组织设计、施工、监理等有关单位进行竣工验收，验收合格并各方签收竣工验收文本的日期。根据涉案工程竣工验收备案表记载内容，本工程五方签署竣工验收合格意见的日期是 2012 年 8 月 6 日，该日期应确定为竣工验收合格之日。百商公司认为应以 2012 年 9 月 2 日作为质量保修期的起算点，无事实依据，法院不予采信。双方当事人在《工程质量保修书》中约定了施工方的保修义务，同时在补充协议中约定质保金在质保期届满无质量问题后返还。根据本案查明的事实，2011 年 11 月，质监站发现 1 号、2 号厂房桩基下沉问题，勒令停工。2012 年 8 月整改完毕，百商公司向质监站出具承诺书。2013 年 1 月 25 日，恒盛源公司向百商公司出具承诺书，认可 1～4 号厂房存在屋顶漏水、墙面空鼓、混凝土地面不平整、地面局部下沉现象。上述事实表明：第一，在工程保修期内，发生了保修事项；第二，恒盛源公司认可上述问题系其施工造成，同意维修并承担费用；第三，恒盛源公司的承诺发生在桩基下沉问题处理完毕后，其并未在承诺中推卸责任；第四，3 号、4 号厂房并不存在桩基下沉，但仍出现屋面漏水、墙面空鼓等质量问题。因此，法院认为，恒盛源公司诉讼中称质量问题不是其施工原因所致，其不应当承担维修义务的理由不能成立，法院不予采信。保修义务不仅是双方约定的合同义务，而且也是《建筑法》所规定的法定义务。因施工单位原因致使工程质量不符合约定的，建设单位有权要求施工单位在合理期限内无偿修理或者返工、改建。恒盛源公司应当针对上述质量缺陷进行维修，在质量问题处理完毕前，工程质保金 792 365.42 元不应返还。

二审法院判决：恒盛源公司对 1～4 号厂房屋顶漏水、墙面空鼓、地面下沉的质量问题进行维修。

【工程知识】

1. 地基：承受由基础传来荷载的土层，不是建筑物的组成部分。其中包括：①持力层，具有一定的地耐力，直接承受建筑荷载，并需进行力学计算的土层。②下卧层，持力层以下的土层。地基按土层性质不同，分为天然地基和人工地基两类。天然地基是指，凡天然土层具有足够的承载力，不需要经人工加固或改良便可作为建筑物地基。人工地基是指，当建筑物上部的荷载较大或地基的承载力较弱，须预先对土壤进行人工加固或改良后才能作为建筑物地基。

2. 基础：是建筑物上部承重结构向下的延伸和扩大，它承受建筑物的全部荷载，并把这些荷载连同本身的重量一起传到地基上。

3. 地基沉降：是指地基土层在附加应力作用下压密而引起的地基表面下沉。过大的沉降，特别是不均匀沉降，会使建筑物发生倾斜、开裂以致不能正常使用。由于建筑物荷载差异和地基不均匀等原因，基础或路堤各部分的沉降或多或少总是不均匀的，使得上部结构或路面结构之中相应地产生额外的应力和变形。地基不均匀沉降超过了一定的限度，将导致建筑物的开裂、歪斜甚至破坏，如砖墙出现裂缝、吊车轮子出现卡轨或滑轨、高耸构筑物倾斜、机器转轴偏斜、与建筑物连接管道断裂以及桥梁偏离墩台、梁面或路面开裂等。

【工程管理实务解读】

工程保修期是建设工程项目承包人对其完成的工程项目，在一定的时间内进行保修的期限。如果约定保修期低于法定保修期是否有效呢？《建设工程质量管理条例》第40条规定，"在正常使用条件下，建设工程的最低保修期限为：（一）基础设施工程、房屋建筑的地基基础工程和主体结构工程，为设计文件规定的该工程的合理使用年限；（二）屋面防水工程、有防水要求的卫生间、房间和外墙面的防渗漏，为5年；（三）供热与供冷系统，为2个采暖期、供冷期；（四）电气管线、给排水管道、设备安装和装修工程为2年。其他项目的保修期限由发包方与承包方约定……"

建设工程竣工验收合格后，并不代表该工程不存在质量瑕疵，或者说工程可能仍会存在隐藏的瑕疵，为此，施工合同中，双方针对工程竣工后的保修情况会作相关的约定。为了保证建设工程的使用寿命和安全，从行政立法的角度，强制性地对于施工合同保修期的约定进行了规定，依法针对建设工程的重要部位设定了最低的保修期限。针对这些重要部位的保修期限，施工合同必须在最低保修期限以上作出约定，低于该法定保修期限的约定属于无效约定。

从上述案例中可以看出，发包方与承包方就保修期在补充协议中已进行了约定，"保修期限两年"的约定实为无效约定，因该约定低于法定保修期限。后双方又共同签订了《工程质量保修书》，对保修期按各单项工程分别进行了约定，该约定期限符合《建设工程质量管理条例》第40条所规定的最低保修期限，法院对涉案工程保修期限的认定以《工程质量保修书》为依据。因此，建设工程双方约定的保修期低于法定保修期限的，为无效约定。

另外，针对建设工程的其他工程部位的保修问题，除法定的工程部位外，准许当事人自行约定保修期限。

实务中大量存在建设工程擅自使用后出现质量问题的情况，责任应由谁承担呢？依据《施工合同司法解释（一）》第14条规定："建设工程未经竣工验收，发包人擅自使用后，又以使用部分质量不符合约定为由主张权利的，人民法院不予支持；但是承包人应当在建设工程的合理使用寿命内对地基基础工程和主体结构质量承担民事责任。"关于《施工合同司法解释（一）》第14条的含义实践中通常有这样三种理解：①发包人擅自使用未经验收建设工程的，出现质量问题，应自行承担责任；②发包人仅对其擅自使用部分承担工程质量风险责任；③发包人擅自使用部分应是除地基基础工程及主体结构工程以外的其他工程。

在工程建设实践中，经常会出现发包人擅自使用工程而因工程质量保修责任产生纠纷的情况。在由此而产生的诉讼或者仲裁中，出现过不同的裁判结果。

从该条司法解释的出台本意以及我国建设工程领域法律法规对于质量保修责任的规定看，承包单位的质量保修责任系法定责任，绝不能因建设单位擅自使用建设工程而得以豁免。因此，针对"建设工程未经竣工验收，发包人擅自使用"发包单位应承担的法律后果应是自擅自使用之日起视为建设工程已经通过竣工验收。此时，发包单位无权以质量问题为由主张工程未能通过竣工验收，进而拒绝与承包单位进行竣工结算。对于承包单位而言，理应从发包单位擅自使用之日起承担保修责任，而不应当仅对地基基础工程和主体结构工程承担质量保修责任；应依据上述《建设工程质量管理条例》第40条规定的保修期限承担相应的保修责任。

结合本案例，涉案工程出现桩基础下沉、外桩基础下沉，造成基梁变形、墙体开裂，地基沉陷造成地面板开裂、塌陷等质量问题，工程虽已验收合格，但依据相关法律规定，因承包人施工的原因工程地基出现质量问题，在保修期内其应承担相应的保修责任。

目前建设工程市场日益成熟、规范，建设工程质量保修责任纠纷呈现多发趋势。因此，正确地确定建设工程质量保修责任，是有效地解决质量保修责任纠纷的重要途径。结合上述案例及实践中遇到的类似纠纷，笔者认为，无论是建设单位、建筑物所有人，还是承包单位，都需要重视建设工程质量保修责任这一问题，以维护自身的合法权益。

首先，合同当事人必须认真地签署建设工程质量保修协议。在协议书中双方必须明确约定以下内容，以避免保修责任约定不明产生纠纷：①保修的范围、期限；②保修的程序；③保修金的保留比例以及返还方式；④违反保修义务应承担的后果。

其次，建设工程进入保修期后，建设单位或者建筑所有人（业主）应及时发现建筑质量缺陷，通知保修义务人到场确认建筑物质量缺陷原因以及保修责任并督促保修义务人履行保修义务，以避免保修责任不明确、保修不及时而产生的纠纷。

再次，建设单位或者建筑所有人（业主）必须注意保留书面的保修记录，这样既有利于建设工程的正确运营，也可以预防因证据不全而使利益受损。

最后，对于建设工程质量保修责任主体而言，应当严格依约履行质量保修责任，这样既可以避免保修金被不合理地扣除，也能够有效地避免由于质量缺陷或者保修不及时给建设单位或者工程使用人造成损害而承担质量赔偿责任。

【法律依据】

1. 《施工合同司法解释（一）》第14条。

2. 《建设工程质量管理条例》第40条第1款、第2款。

实例15　保修期内钢结构工程的防火涂层出现质量问题的责任承担

【案情简介】

上诉人（承包人）：森特士兴集团股份有限公司（以下简称森特士兴公司）

被上诉人（发包人）：新疆新安特钢有限公司（以下简称新安特钢公司）

2012年2月29日，新安特钢公司与森特士兴公司签订《新安特钢有限公司1号轧钢车间、2号废钢及铸钢车间、3号制氧车间钢结构工程加工制作安装合同》。该合同约定森特士兴公司为新安特钢公司上述车间的钢结构工程进行加工制作和安装。本案在一审诉讼中，经新安特钢公司申请，一审法院委托北京市建筑工程研究院建设工程质量司法鉴定中心对涉案工程钢结构金属构件漆面涂层厚度是否符合规定和屋面漏水原因、防水是否合格进行鉴定。北京市建筑工程研究院建设工程质量司法鉴定中心于2015年7月13日出具《司法鉴定意见书》。该《司法鉴定意见书》载明：其一，该工程钢构件普遍存在返锈现象，所测构件防腐涂料涂层厚度不符合相关标准规范的规定。其二，该工程2号厂房外墙与后建厂房房屋面交接部位局部存在渗漏水痕迹，不符合相关标准规范的规定。双方当事人未就该《司法鉴定意见书》提出书面异议，新安特钢公司对该《司法鉴定意见书》予以认可。森特士兴公司认为，鉴定时间是2015年7月份，鉴定时涉案工程已经使用多年，而且新安特钢公司生产钢铁类产品，自然环境等对房屋产生了影响。根据住房和城乡建设部和原国家质量监督检验检疫总局的验收规范，钢结构涂装工程为独立工程。双方的合同未约定工程范围包括涂装工程，其责任应由新安特钢公司承担。森特士兴公司只是钢结构分包单位，新安特钢公司将土建和水电工程分包给第三方，且该工程已经交付使用多年，并办理了相应的产权文件，所以森特士兴公司认为工程质量是合格的。

经新安特钢公司申请，一审法院委托北京市建筑工程研究院建设工程质量司法鉴定中心对上述质量问题进行修复的施工方案进行鉴定。北京市建筑工程研究院建设工程质量司法鉴定中心于2016年3月1日出具《司法鉴定意见书》。该《司法鉴定意见书》载明了建议的修复方案。新安特钢公司认可该《司法鉴定意见书》。森特士兴公司认为该《司法鉴定意见书》出具的方案只是一个建议方案，该方案根本无法施行。新安特钢公司为此次鉴定支付了鉴定费3万元。

经新安特钢公司申请，一审法院委托北京建基业工程管理有限公司对上述修复工程作造价鉴定。北京建基业工程管理有限公司于2016年6月30日出具《工程造价鉴定意见书》。该《工程造价鉴定意见书》中修复造价意见如下：鉴定工程造价为 12 182 038.74 元，其中争议项造价为 30 900.47 元。该争议项为上述漏水项的修复造价。新安特钢公司对该《工程造价鉴定意见书》予以认可。森特士兴公司提出书面异议。北京建基业工程管理有限公司进行了书面答复。森特士兴公司认为：第一，其对工程质量鉴定和造价鉴定一直持反对意见，该工程已经竣工并交付使用，质保期已过。新安特钢公司在使用多年之后，仅以钢结构涂层存在问题为由进行鉴定，不符合最高人民法院关于审理建设工程施工合同司法解释的规定。第二，涉案工程在做造价时，该鉴定机构没有到现场进行勘察，只是机械地根据新安特钢公司提供的图纸计算了进行修复的费用，未考虑涉案工程的图纸修改前后有反复。新安特钢公司开始委托的图纸设计单位前后出具的图纸不一致，该图纸不能作为鉴定的图纸。并且在做造价和修复鉴定时，未考虑钢结构生产的特殊性，其修复方式是喷砂除锈，根本无法实行。所以，森特士兴公司认为鉴定是在不符合可实施情况下作出的。在新安特钢公司已经使用多年后作出的鉴定，不能客观反映涉案工程在竣工时的实际情况，鉴定报告和森特士兴公司无关。由此产生的责任应该由新安特钢公司自行承担。新安特钢公司为此次鉴定共支付鉴定费 172 031 元。

【审理结果】

一审法院认为：新安特钢公司与森特士兴公司签订的《新安特钢有限公司1号轧钢车间、2号废钢及铸钢车间、3号制氧车间钢结构工程加工制作安装合同》，系双方当事人的真实意思表示，亦不违反法律、行政法规的强制性规定，合法有效，双方均应据实履行。森特士兴公司以承揽合同纠纷提起本案诉讼，一审法院经审查认为，本案应为建设工程施工合同纠纷，对此双方没有异议。双方当事人在案件审理过程中，对工程价款达成一致，确认新安特钢公司欠森特士兴公司工程款10 148 516元，一审法院对此予以确认。

关于涉案工程是否竣工验收。一审法院认为，虽然森特士兴公司向新安特钢公司交付了工程报验单及竣工资料清单，但不应视为已经对涉案工程进行了竣工验收。新安特钢公司在未竣工验收的情况下，已实际使用了涉案工程，故应视为新安特钢公司对涉案工程已实际竣工验收。

关于涉案工程的质量问题，经新安特钢公司申请，北京市建筑工程研究院建设工程质量司法鉴定中心依法出具《司法鉴定意见书》。确认本案工程存在一定的质量问题，并在此基础上出具了建议修复方案。该《司法鉴定意见书》不违反相关法律规定，合法有效，一审法院予以采信。森特士兴公司辩称质量问题与其无关，且涉案工程已过质保期，有问题的部分也并非地基基础工程和主体结构，漏水系因新安特钢公司拆改造成的，不应进行鉴定等。一审法院对此认为，本案的工程为钢结构，钢结构的油漆属于主体结构部分，且森特士兴公司未提交证据证明漏水与其施工无关，故森特士兴公司的上述意见不予采信。由于涉案工程经鉴定存在质量问题，故森特士兴公司应当就工程质量问题履行修复的义务，现新安特钢公司要求森特士兴公司支付修复款，一审法院对此不持异议。但新安特钢公司在未竣工验收的情况下，擅自使用涉案工程，客观上加重了质量问题，增加了维修的难度，且《工程造价鉴定意见书》中载明了是按照涉案工程已建设安装电炉、炼钢等生产设备，企业处于满负荷生产状况下作出的造价鉴定，故新安特钢公司亦存在过错。综上，按照《工程造价鉴定意见书》载明的造价费用，一审法院酌定森特士兴公司承担50%的修复费用，共计6 091 019.37元。

对森特士兴公司要求新安特钢公司支付延期付款违约金的诉讼请求，因工程质量确实存在问题，且森特士兴公司未予修复，故一审法院对此不予支持。

关于新安特钢公司主张的鉴定费用，根据双方的责任，一审法院酌定森特士兴公司承担50%，总计351 015.5元。

二审法院认为：当事人对自己提出的诉讼请求所依据的事实或者反驳对方诉讼请求所依据的事实有责任提供证据加以证明。没有证据或者证据不足以证明当事人的事实主张的，由负有举证责任的当事人承担不利后果。综合各方当事人的举证、质证及诉辩意见，本案二审的争议焦点为：第一，涉案工程是否已经竣工验收；第二，双方签订的《新安特钢有限公司1号轧钢车间、2号废钢及铸钢车间、3号制氧车间钢结构工程加工制作安装合同》是否有效；第三，双方争议的钢结构油漆涂装工程是否属于《施工合同司法解释》第13条规定的主体结构工程；第四，森特士兴公司施工完成的钢结构涂层是否合格；第五，鉴定费用如何承担。

关于涉案工程是否已经竣工验收。依据法院查明的事实，涉案工程未办理竣工验收手续。但是，万某作为新安特钢公司副总经理，于2012年12月1日对森特士兴公司提交的工程报验单及竣工资料清单予以签收。依据《新安特钢有限公司1号轧钢车间、2号废钢及铸钢车间、3号制氧车间钢结构工程加工制作安装合同》第7条第4款"新安特钢公司收到森特士兴公司提供的完工资料后15日内不组织验收，或验收后15日内不提出书面修改意见，视为森特士兴公司的工程竣工验收已通过"之约定，可以认为新安特钢公司对涉案工程已实际竣工验收。

关于双方签订的《新安特钢有限公司1号轧钢车间、2号废钢及铸钢车间、3号制氧车间钢结构工程加工制作安装合同》是否有效。根据《招标投标法》第3条的规定，"在中华人民共和国境内进行下列工程建设项目包括项目的勘察、设计、施工、监理以及与工程建设有关的重要设备、材料等的采购，必须进行招标：（一）大型基础设施、公共事业等关系社会公共利益、公共安全的项目……前款所列项目的具体范围和规模标准，由国务院发展计划部门会同国务院有关部门制定，报国务院批准。法律或者国务院对必须进行招标的其他项目的范围有规定的，依照其规定。"本案中，双方签订的《新安特钢有限公司1号轧钢车间、2号废钢及铸钢车间、3号制氧车间钢结构工程加工制作安装合同》所涉工程属于大型厂房公共设施，应依照上述法律规定进行建设施工及招标投标。该合同约定的工程未进行招标投标，故该合同因违反法律的强制性规定，属于无效合同。但是，本案新安特钢公司已对涉案工程进行了实际竣工验收，一审法院依据《施工合同司法解释》第2条"建设工程施工合同无效，但建设工程经竣工验收合格，承包人请求参照合同约定支付工程价款的，应予支持"之规定，判决新安特钢公司向森特士兴公司支付工程款并无不当，法院予以维持。

关于双方争议的钢结构油漆涂装工程是否属于《施工合同司法解释》第13条规定的主体结构工程。依据《建筑工程施工质量验收统一标准》（GB 50300—2013）之规定，在钢结构主体工程中，涂装工程属于主体结构。一审法院将钢结构油漆涂装工程认定为钢结构的主体工程，于法有据，法院予以维持。

关于森特士兴公司施工完成的钢结构涂层是否合格一节。根据法院查明的事实可以认定，森特士兴公司提交的昌天建（检）字第2013JD00105号鉴定报告并非森特士兴公司的施工工程，故对森特士兴公司请求依据该鉴定报告认定钢结构涂层合格的主张，法院不予采信。北京市建筑工程研究院建设工程质量司法鉴定中心作出的北京建研院司鉴中心（2015）建鉴字第41号《司法鉴定意见书》载明：该工程钢构件普遍存在返锈现象，所测构件防腐涂料涂层厚度不符合相关标准规范的规定。故一审法院认定森特士兴公司施工完成的钢结构涂层存在质量问题并无不当，法院予以维持。由于涉案工程存在质量问题，且森特士兴公司未予修复，故一审法院对森特士兴公司要求新安特钢公司支付延期付款违约金的诉讼请求不予支持，并无不当，法院予以维持。一审法院综合考虑新安特钢公司客观上加重了质量问题，增加了维修难度的情况，酌定森特士兴公司承担50%的修复费用，亦无不当，法院亦予以支持。

关于鉴定费用的承担。虽然森特士兴公司施工的涉案工程质量存在质量问题，但新安特钢公司对于质量问题亦存在一定的过错。一审法院依据双方的过错程度，酌定双方各承担50%的鉴定费，并无不当，法院予以维持。二审判决驳回上诉，维持原判。

【工程知识】

1. 钢结构工程：是以钢材制作为主的结构，主要由型钢和钢板等制成的钢梁、钢柱、钢桁架等构件组成，各构件或部件之间通常采用焊缝、螺栓或铆钉连接，是主要的建筑结构类型之一。因其自重较轻，且施工简便，广泛应用于大型厂房、桥梁、场馆、超高层等领域。

2. 钢结构防火涂层厚度：当时标准规范《钢结构防火涂料》（GB 14907—2002）[①] 第4.1条对钢结构防火涂料进行了分类。

4.1.1　钢结构防火涂料按使用场所分为：

a）室内钢结构防火涂料：用于建筑物室内或隐蔽工程的钢结构表面的防火涂料；

b）室外钢结构防火涂料：用于建筑物室外或露天工程的钢结构表面的防火涂料。

4.1.2　钢结构防火涂料按使用厚度可分为：

a）超薄型钢结构防火涂料：涂层厚度小于或等于3 mm；

b）薄型钢结构防火涂料：涂层厚度大于3 mm且小于或等于7 mm；

c）厚型钢结构防火涂料：涂层厚度大于7 mm且小于或等于45 mm。

3. 钢结构防腐涂料涂装的隐蔽工程。

钢结构工程需要进行隐蔽工程项目验收的内容有：①焊缝；②钢结构涂装工程涂装前处理后的钢材表面、紧固件、螺栓等被覆盖零部件；③每遍涂层；④网架结构的支承垫块、螺栓球节点接缝、多余螺孔封口。隐蔽工程验收记录见质控（建）。

焊缝外观质量尺寸允许偏差，焊缝长度应符合《钢结构工程施工质量验收规范》（GB 50205—2001）附录A及设计要求。

涂装前钢材表面不应有焊渣、焊疤、灰尘、油污、水和毛刺等，所有紧固件、螺栓等被覆盖的零部件的数量、间距、布置方式等应符合设计及有关

---

① 后发布了 GB 14907—2018。

规范要求。每遍涂层的次数、厚度应满足设计及有关规定。

网架结构的支承垫块的种类、规格、摆放位置和朝向必须符合设计要求和国家有关标准的规定，橡胶垫块和刚性垫块之间或不同类型钢垫块之间不得互换使用。

螺栓球节点应将所有接缝用油腻子填嵌严密，并应将多余螺孔封口。

【工程管理实务解读】

关于钢结构涂层是否属于钢结构工程中的主体工程，该问题是上述案例中争议焦点之一。在钢结构工程中，钢结构表面涂装工程是否属于《施工合同司法解释（一）》第14条规定的主体结构工程，答案是肯定的。依据《建筑工程施工质量验收统一标准》之规定，钢结构焊接、紧固件连接、钢零部件加工、钢构件组装及预拼装、单层钢结构安装、多层及高层钢结构安装、钢管结构安装、预应力钢索和膜结构、压型金属板，防腐涂料涂装、防火涂料涂装均属于钢结构工程中的主体工程。故上述案例中钢结构涂装工程属于《施工合同司法解释（一）》第14条规定的主体结构工程。

关于钢结构涂层工程出现质量问题的责任应由谁承担相应责任的问题。实践中，钢结构工程涂装质量不合格、涂刷层厚不达标，或所用防火涂料、防腐涂料劣质，工程交付使用后产生返锈掉漆现象，这些问题的责任应由谁承担？《施工合同司法解释（一）》第14条规定："建设工程未经竣工验收，发包人擅自使用后，又以使用部分质量不符合约定为由主张权利的，人民法院不予支持；但是承包人应当在建设工程的合理使用寿命内对地基基础工程和主体结构质量承担民事责任。"涂装工程属于钢结构工程的主体工程，故承包方应在合理使用寿命内即保修期内承担修复责任，如承包人不履行保修义务，可从其质保金中将维修、修复费用予以扣除。但上述案例中所述，因发包人未经验收擅自使用涉案工程，客观上加重了质量问题，增加了维修的难度，且《工程造价鉴定意见书》中载明了是按照涉案工程已建设安装电炉、炼钢等生产设备，企业处于满负荷生产状况下作出的造价鉴定，发包人存在一定过错，判处其承担50%责任亦是合情合理。

针对钢结构涂层的保修期的问题，2000年6月发布的《房屋建筑工程质量保修办法》第 7 条第 1 款规定，"在正常使用下，房屋建筑工程的最低保修期限为：（一）地基基础工程和主体结构工程，为设计文件规定的该工程的合理使用年限；（二）屋面防水工程、有防水要求的卫生间、房间和外墙面的防渗漏，为 5 年；（三）供热与供冷系统，为 2 个采暖期、供冷期；（四）电气管线、给排水管道、设备安装为 2 年；（五）装修工程为 2 年。"由此可知，因涂层工程为钢结构工程的主体部分，其保修期应为在合理使用年限，钢结构涂层在投入使用过程中产生返锈掉漆质量问题，承包人应承担保修义务。

钢结构工程是否可以分包，《建筑法》第 29 条第 1 款规定："建筑工程总承包单位可以将承包工程中的部分工程发包给具有相应资质条件的分包单位；但是，除总承包合同中约定的分包外，必须经建设单位认可。施工总承包的，建筑工程主体结构的施工必须由总承包单位自行完成。"这样，就要看这个工程的主体结构是什么。如果钢结构不是工程主体结构，则可以作为专业分包。此外，还要看总合同和招标文件的规定。上述案例中，涉案钢结构工程为大型公共厂房，必须进行招标投标，该工程钢结构为厂房主体工程，故总包单位应具有相应资质，且不得分包，必须自行完成施工。

【法律依据】

1. 《施工合同司法解释（一）》第 14 条。

2. 《房屋建筑工程质量保修办法》第 7 条第 1 款。

3. 《建筑工程施工质量验收统一标准》。

4. 《建筑法》第 29 条第 1 款。

实例 16　混凝土强度不达标质量问题的责任承担

【案情简介】

申请再审人（材料供应商）：启东市银宏建筑材料有限公司（以下简称银宏公司）

被申请人（承包方）：启东建筑集团有限公司（以下简称启东建筑公司）

被申请人（发包方）：启东文峰大世界有限公司（以下简称文峰公司）

2009 年 10 月 8 日，经招标投标程序，文峰公司与启东建筑公司签订一份《建筑工程施工合同》。该合同第 47 条补充条款约定：第一，本工程严禁使用不合格或者不符合设计要求的材料，一经发现，限期退场，不按要求退场的，造成的损失由材料采购方负责。第二，如购进的材料设备与提供的样品不一致时，由材料供应方无条件退货，造成的损失由材料供应方负责。

2010 年 8 月 22 日，文峰公司与启东建筑公司补签《土建工程施工合同》一份，就工程质量、承包范围、工期、价款等内容进行了约定。另在发包人供应材料设备项中约定"承包人应对所有进场材料（包括甲供材料）按有关规定进行严格把关，如因材料出现质量问题和安全事故由承包人负全责，并赔偿相应损失"。

2010 年 6 月 24 日，文峰公司（甲方）与银宏公司（乙方）签订《启东文峰公司商品砼购销合同》，约定：由银宏公司提供文峰公司工程所采用的商品砼；在质量要求中约定"供方提供的商品砼质量必须达到设计要求及国家规范标准，砼由乙方委托有资质的试验室事先设计、试配施工配合比；并将相关数据及时提供需方。供货时严格按照市检测中心确定施工配合比拌制，7 天和 28 天的强度报告必须满足设计要求。如施工中发现砼强度、抗渗性能等达不到设计要求，每发现一次罚款壹拾万元外，还必须承担需方为此发生的一切损失费用"及"由供方派人至工地现场做商品砼试块，以报试块合格"。

2011年8月月底，装潢施工单位进行施工准备时，发现涉案工程一楼五根柱砼存在质量问题。启东建筑公司、文峰公司、监理公司、启东质监站、南通勘察设计院、银宏公司多次召开专题例会讨论并进行钻孔取样研究，认定问题的主要源头是砼质量存在问题。

2011年9月5日，文峰公司委托检测中心对工程结构和构件质量进行检测。同年9月6日，出具一份关于"启东文峰公司部分一层柱取芯检测"的情况说明，指出一层柱20/N轴和一层柱20/L轴钻取芯样成松散状，无法检测抗压强度的情况。前述五方代表商议后认为另外三根有怀疑的柱钻芯检测意义不大，因此没有钻芯。2011年9月29日和10月8日，南通市建筑工程质量检测中心出具检测项目书，认为"回弹法检测混凝土强度"推定值强度等级部分满足原设计C35要求，部分不能满足原设计要求。工程其余部分也出现混凝土强度不能满足设计要求的现象。

2011年11月23日，文峰公司与南京夯固建筑技术发展有限公司（以下简称夯固公司）签订加固工程合同，约定由夯固公司承包文峰公司的加固工程施工项目，工期总日历天数40日历天。2012年2月14日，加固工程竣工验收合格。同年2月21日，启东建筑公司承建的文峰公司一期土建和安装工程竣工验收合格。同年3月9日，南通江海造价工程师事务所出具《关于启东文峰公司加固工程竣工结算的审核报告》，审计核定金额为2 445 096.69元。

2012年11月21日，文峰公司向启东市人民法院提起诉讼，请求判令：①启东建筑公司、银宏公司共同承担文峰公司新建项目第一期（A区、B区）土建工程加固费用3 264 370.8元。②启东建筑公司向文峰公司支付延误工程违约金3 586 739.09元，银宏公司承担相应的责任。③启东建筑公司、银宏公司共同赔偿工程延误损失2 354 899.96元（按文峰公司项目实际投资额，参照中国人民银行公布的6个月至1年贷款基准利率6.56%计算）。庭审中，经一审法院向文峰公司释明：该公司是基于建设工程施工合同关系向启东建筑公司主张损害赔偿，还是基于买卖合同关系向银宏公司主张货物质量损害赔偿？文峰公司明确是基于与启东建筑公司间的建设工程施工合同中约定而提出相应的赔偿要求，并明确要求银宏公司承担补充赔偿责任。

【审理结果】

一审法院认为：本案争议焦点在于应明确造成质量问题的原因，进而确定承担责任的主体。涉案有质量问题的部位已经加固完毕并投入使用，加之发现质量问题后，双方均未就造成问题的真正原因委托相关鉴定机构作出专业鉴定结论，诉讼中当事人间相互推诿，各执一词。因本案属合同纠纷，厘清造成工程质量问题的原因，属于启东建筑公司、银宏公司的举证范围和义务，但两方均未能举证证明质量问题的真正原因，亦未申请鉴定。由于文峰公司与启东建筑公司间的建设施工合同约定，启东建筑公司对进场材料（包括甲供材料）严格把关，材料质量由其负责并赔偿损失，启东建筑公司对施工工程质量合格负责。文峰公司据此主张启东建筑公司承担工程质量问题而产生的相关损失及违约责任于法有据，应予支持。启东建筑公司提出文峰公司作为发包方直接供应的商品砼存在质量问题而导致工程质量缺陷。经查，文峰公司在对甲供材料商品砼供应商资质的审核、商品砼质量的标准要求等方面均未违反相关规范的要求。庭审中，启东建筑公司自证材料说明"按规定对甲供的混凝土进行检验分批取样验收，该混凝土强度等级及试件取样和留置初凝时间的控制均符合设计及规范要求，尽到了施工单位的验收义务"，故其抗辩因商品砼质量造成的建设工程缺陷，主张由银宏公司承担赔偿责任，由文峰公司承担相应的法律责任，显与事实相悖，不予采纳。同理，文峰公司要求银宏公司共同承担加固费、延误工程违约金缺乏事实和法律依据，碍难支持。

一审法院判决：①启东建筑公司于判决生效之日起 30 日内给付文峰公司土建工程加固费用人民币 3 227 776.80 元。②启东建筑公司于判决生效之日起 30 日内给付文峰公司延误工程违约金人民币 2 568 469.94 元。③驳回文峰公司的其他诉讼请求。

启东建筑公司不服一审判决，向江苏省南通市中级人民法院提起上诉，并提交了新证据。

二审法院认为：关于工程质量出现问题的原因。由于双方当事人在发现问题时未对质量问题形成的原因进行鉴定，现因出现质量问题的梁柱被更换，已无法鉴定。根据启东建筑公司补充提供的专家意见和当时的会议记录，可以认定商品砼存在质量问题。首先，根据发现问题后的几次会议记录，南通质监站的相关人员明确提出问题系因商品砼不合格，银宏公司的相关与会人员未予反对。其次，启东建筑公司提供的专家意见和《咨询回复函》均指出发生质量问题的原因系商品砼不合格。再次，启东建筑公司仅使用商品砼浇筑梁柱，而非进行再生产，无须改变其构成材料和含量比例，商品砼不合格应当是混凝土强度不足的主要考虑因素。最后，银宏公司虽然提出导致混凝土质量问题系因加水造成材料离析或过分捣震引起砂浆流失，但其未能提供证据予以证明。综合全部证据，商品砼存在质量问题导致工程质量问题发生具有高度盖然性，对此应予以认定。

关于责任应当如何承担。由于本案工程质量问题是由银宏公司商品砼的质量问题造成，按照文峰公司与银宏公司订立的商品砼买卖合同，银宏公司应当对文峰公司造成的损失承担违约赔偿责任，其赔偿范围既应包括文峰公司加固工程的直接费用，也应包括因工期延误造成的损失。关于启东建筑公司是否承担责任的问题，启东建筑公司抗辩，其已经按照国家施工规范的标准对银宏公司所送的商品砼进行了检测，没有发现质量问题，故其不需要承担赔偿责任。虽然启东建筑公司已经按照国家规定的标准进行试验、检测，但该检测属抽样检测，不能检测到所有的材料，而双方合同中约定，启东建筑公司必须对进场材料严格把关，如因材料出现质量问题对文峰公司负全部责任，并赔偿相应的损失。该条款赋予启东建筑公司在检测、使用材料时高度注意的义务，或者说是使用材料时如出现质量问题应当承担严格责任，排除了启东建筑公司按照国家标准抽样检验合格即免责的可能。故在材料出现质量问题时，启东建筑公司仍应对文峰公司承担违约责任。启东建筑公司的责任在于把关不严，造成不合格材料用于工程；银宏公司的责任在于提供了不合格的材料，其原因力明显大于启东建筑公司。为了使责任的承担与履约过错程度相适应，法院酌定启东建筑公司与银宏公司承担责任的比例为3∶7。一审法院直接判决驳回文峰公司对银宏公司的诉讼请求不当，予以纠正。

二审法院判决：①维持启东市人民法院（2013）启民初字第1891号民

事判决第三项。②撤销启东市人民法院（2013）启民初字第1891号民事判决第一项、第二项。③银宏公司赔偿文峰公司4 057 372.72元，启东建筑公司赔偿文峰公司1 400 383.91元。以上款项于判决生效后10日内履行。

再审法院认为： 本案中文峰公司与启东建筑公司间存在建设工程施工合同关系，与银宏公司间存在买卖合同关系，文峰公司在一审中明确表示选择建设工程施工合同关系主张权利，但文峰公司起诉时要求启东建筑公司与银宏公司共同承担赔偿责任，且文峰公司损失的产生系多因一果，二审为了减少讼累，将本案中不同的法律关系一并予以处理，未损害各方当事人的利益，并无不当。

关于涉案柱子出现质量问题是否由银宏公司供应的商品砼不达标引起。由于涉案柱子出现质量问题后经各方协商委托第三方进行了加固，现已无法通过鉴定来确定柱子出现质量问题的原因，只能根据现有的证据进行综合判断。为查找分析涉案柱子出现质量问题的原因，文峰公司、启东建筑公司、银宏公司、启东质监站等单位几次召开专题例会，会上作为政府负责工程质量的启东质监站明确提出"柱子出现的问题系商品砼不达标引起，银宏公司如果对此有异议，在加固措施后，可以请相关部门进行检测"。商品砼的供应商银宏公司对启东质监站的意见在例会上未提出相反的意见，亦未及时委托相关单位进行检测。2011年9月2日，文峰公司委托南通市建筑工程质量检测中心对整个工程进行检测，文峰公司、启东建筑公司、银宏公司、启东质监站等相关单位均派员参与现场取样。当天，参与现场取样的单位及检测中心人员共同召开例会，启东质监站提出该取样的结果与最初的检查结果一致，系砼不达标引起质量问题。南通市建筑工程质量检测中心提出现场钻孔取样的全部是碎石，砼没有成形。后该检测中心出具"混凝土取芯"检测报告一份，认为已钻芯取样的两根问题柱中部分砼强度未能满足C35要求。对其他三根问题柱为何未钻芯取样，该检测中心出具情况说明：因已钻芯取样的混凝土芯样成松散状，无法检测其抗压强度，经文峰公司、银宏公司、启东建筑公司及启东质监站等单位在取样现场的代表商议，认为另外三根问题柱取样的意义已不大，故没有钻芯取样。从该检测中心另外出具的涉案工程其他部位的16份检测报告中，亦反映存在部分砼强度不达标的现象。虽然银宏公司向涉案工地出售的砼在出厂前经检测符合设计要求，送到工地时施工单位启东建筑公司等进行抽样检测，结果亦符合要求，但这只是概率性推定被抽检的商品砼全部合格，发生争议时商品砼是否达标应以检测中心的检测结果为准。故银宏公司提供的证据不足以证明用在五根问题柱上的砼已达标。启东建筑公司提供的向有关专业学术和研究机构的咨询函系其单方面委托，不当然能够证明其主张，但可以作为分析本案问题的参考。五根问题柱在拆模后是否被粉刷，不影响南通市建筑工程质量检测中心对砼强度是否达标的检测。经检测钻芯取出的芯样呈松散状且全部是碎石，说明砼未成形，对此砼的供应者银宏公司应负有举证证明其没有责任的义务。银宏公司认为砼强度达不到要求有可能系施工人员为了便于施工，加水致混凝土的坍落度加大，致材料不能胶凝而离析，抑或施工中过分捣震引起胀模，导致砂浆流失，但未能提供相关证据证实。据此，二审认定涉案工程五根柱的质量问题主要由银宏公司提供的砼存在质量问题所致，判决银宏公司承担 70% 责任，启东建筑公司承担 30% 责任，亦无不当。

综上，裁定驳回银宏公司的再审申请。

【工程知识】

1. 混凝土强度等级：混凝土的强度等级是指混凝土的抗压强度。按《混凝土强度检验评定标准》（GB/T 50107—2010）的标准，混凝土的强度等级应按照其立方体抗压强度标准值确定。采用符号 C 与立方体抗压强度标准值（以 N/mm^2 或 MPa 计）表示。按照《混凝土结构设计规范》（GB 50010—2010）的规定，普通混凝土划分为 14 个等级，即 C15、C20、C25、C30、C35、C40、C45、C50、C55、C60、C65、C70、C75、C80。例如，强度等级为 C30 的混凝土是指 $30MPa \leqslant fcu < 35MPa$。

2. 加固：指对可靠性不足或业主要求提高可靠度的承重结构、构件及其相关部分采取增强、局部更换或调整其内力等措施，使其具有现行设计规范及业主所要求的安全性、耐久性和适用性。工业上主要进行的加固有粘钢加固、碳纤维加固、压力注浆加固、植筋加固、锚栓加固、钢管桩加固等。

3. 回弹法检测混凝土强度：根据国家标准《回弹法检测混凝土抗压强度

技术规程》（JGJ/T23—2011），选择测区使回弹仪处于水平方向。检测面应为原状混凝土面，并应清洁、平整，回弹仪的轴线应始终垂直于混凝土检测面，缓慢施压，准确读取回弹值。同一测点只允许弹击一次，每一测区应为20cm∗20cm，共弹击16点，分别剔除其中3个最大值和3个最小值，取10个点的平均回弹值。然后在测区有代表性的位置上测量碳化深度值。由JGJ/T23—2011附录E中的通用测强曲线，根据平均回弹值和平均碳化深度值查得测区混凝土强度换算值。若有地区专用测强曲线的，混凝土强度换算值应按地区测强曲线换算得出。

【工程管理实务解读】

商品混凝土作为目前使用最广泛的结构材料之一，它的质量直接关系到工程质量、使用寿命及生命财产安全。商品混凝土的供应商，通常情况下，由施工单位负责初步选定，并提供详细资料，驻地办初步审查后，总监办负责组织参建各方进行商品混凝土合格供方的全面审查。上述案例中发包方与承包方签订有建设工程施工合同，材料商品砼供应系发包方直接指定，发包方与商品砼供应商直接签订有商品砼购销合同，并约定"供方提供的商品砼质量必须达到设计要求及国家规范标准，砼由乙方委托有资质的试验室事先设计、试配施工配合比"。故，发包方应对商品砼供应商是否具有相应资质、供货能力及所供材料的质量进行全面初步审查。如承包人认为发包人直接指定的材料供应商的资质不能满足建筑工程的施工要求，应予以拒绝，如未拒绝，施工后存在质量问题的，应认定承包人对建设工程质量缺陷存在过错。

除了对供应商的资质进行严格审查外，施工过程中也应对商品混凝土进行检验、检测。《建设工程质量管理条例》第29条进一步规定"施工单位必须按照工程设计要求、施工技术标准和合同约定，对建筑材料、建筑构配件、设备和商品混凝土进行检验，检验应当有书面记录和专人签字；未经检验或者检验不合格的，不得使用"。施工单位对进入施工现场的建筑材料、建筑构配件、设备和商品混凝土实行检验制度，是施工单位质量保证体系的重要组成部分，也是保证施工质量的重要前提。施工单位应当严把两道关：一是谨慎选择生产供应厂商；二是实行进场二次检验。关于施工检测的见证取样和送检制度，《建设工程质量管理条例》第 31 条规定，"施工人员对涉及结构安全的试块、试件以及有关材料，应当在建设单位或者工程监理单位监督下现场取样，并送具有相应资质等级的质量检测单位进行检测"。

上文引用的案例中，发包人与承包人签订的建设工程施工合同中在发包人供应材料设备项中约定"承包人应对所有进场材料（包括甲供材料）按有关规定进行严格把关，如因材料出现的质量和安全事故由承包人负全责，并赔偿相应损失"，故承包方作为施工单位，应依据合同约定对每次送检的商品砼严格检测其质量，如未进行必要的检验或检验不合格仍予以使用，造成建设工程出现质量问题，承包人对该工程质量缺陷存在过错。

另，工程施工过程中应对混凝土材料进行严格管理。上述案例中，商品砼供应方银宏公司认为砼强度达不到要求有可能系施工人员为了便于施工，加水致混凝土的坍落度加大，致材料不能胶凝而离析，抑或施工中过分捣震引起胀模，导致砂浆流失所致。实务中，确实存在此类问题，商品混凝土泵送浇筑时，工人为了操作方便，经常会往混凝土内加水。有时候夏季高温，或者罐车等待时间较长，造成混凝土和易性降低，工人也会往混凝土内加水。这些往混凝土内私自加水的情况都是不允许的，会影响混凝土施工质量。首先，加水改变了混凝土原有配合比：商品混凝土配合比都是经过试配确定好的，已经考虑施工现场影响因素，现场加水后改变原来的配合比会导致水灰比变大，混凝土强度降低。其次，加水后造成混凝土形成薄弱点/面：商品混凝土现场加水后搅拌不均匀，产生浮浆，导致混凝土形成薄弱层，强度不均匀，最终影响混凝土的整体强度。为避免建设工程的施工最终导致工程存在质量问题，施工过程中，施工单位应按照双方签订的合同约定，严格管理混凝土材料的正常使用，坚决杜绝此类问题发生，如此才能达到合同约定的合格标准。

【法律依据】

1. 《建设工程质量管理条例》第 26 条、第 29 条、第 31 条。

2. 《施工合同司法解释（一）》第 13 条。

实例 17　砌体强度不足质量问题的责任承担

【案情简介】

原告（发包人）：巩义市北山口镇南官庄村民委员会

被告（承包人）：河南安信建设集团有限公司

2011 年 8 月 11 日，河南安信建设实业有限公司中标巩义市北山口镇南官庄村焦桐高速拆迁安置工程建设项目第一标段、第二标段工程，第一标段中标价为 8 767 282.38 元，工期为 180 日历天，第二标段中标价为 8 214 877.92 元，工期为 180 日历天，工程质量要求为符合合格工程标准。

2011 年 12 月 1 日，原告巩义市北山口镇南官庄村民委员会与河南安信建设实业有限公司签订北山口镇南官庄村焦桐高速拆迁安置工程合同书 1 份，主要约定：由河南安信建设实业有限公司承建位于北山口镇南官庄村北的北山口镇南官庄村焦桐高速拆迁安置工程，工程范围及要求为，按照南官庄焦桐高速拆迁安置工程二段招标文件中工程量清单部分工程内容，其中有变化部分为窗户安中空玻璃，户内安装简易木门，所有地面、墙面压光，电气部分每个房间安装 1 个白炽灯、1 个开关、1 个插座，给排水部分厨房卫生间各安装 1 个水龙头。河南安信建设实业有限公司按设计标准进行建设，全部建成交付原告使用。承包方式为：包工、包料、包安全，并办理人身意外伤害保险；工期从合同签订之日起 180 个工作日内结束，如遇天气等不可抗拒因素，工期顺延（农民工节假日及原告原因造成的误工顺延）。原告的责任和义务是：负责开通道路、电源，水管接至施工现场 50 米以内。

合同签订后，河南安信建设实业有限公司开始承建，2012 年 5 月份，南官庄村村民以建筑用砖存在质量问题为由阻挠河南安信建设实业有限公司施工并导致停工，河南安信建设实业有限公司已将住宅楼工程 1 号、2 号、3

号、4号楼全部建到四层，其中2号、4号楼四层已经封顶，1号、3号楼没有封顶，主体框架已经建成，没有进行内外粉刷，没有安装门窗。从2012年4月20日起至2012年6月1日，原告共付给被告工程款380万元。

河南省建筑工程质量检验测试中心站有限公司受巩义市北山口镇人民政府委托，对巩义市南官庄村丁香花园1号、2号、3号、4号住宅楼基础至四层（不含四层梁板）主体结构进行检测，并于2012年6月26日进入现场进行检测，于2012年8月10日作出了编号为02类2012年第930号、第931号、第932号、第933号共计四份检测报告，检测结论主要为：发现该楼地下室至四层墙体砖出现了不同程度的爆灰现象，其中地下室及一层墙体砖磨灰严重，且墙体爆灰范围广、面积大，部分墙体砖表面出现爆裂，表皮脱落，现场对部分开裂墙体砖爆裂深度进行抽检，所抽检开裂墙体砖单侧爆裂深度在5~20毫米，个别墙体砖严重爆裂、酥，已基本失去强度；该楼所抽检项目部分检测结果不满足设计要求，该楼安全性不满足正常使用要求，建议对该楼进行加固处理。

河南安信建设实业有限公司于2013年6月9日变更名称为河南安信建设集团有限公司。

【审理结果】

法院认为： 2011年12月1日，原告巩义市北山口镇南官庄村民委员会与河南安信建设实业有限公司订的北山口镇南官庄村焦桐高速拆迁安置工程施工合同系合同双方的真实意思表示，其内容并不违背法律的强制性规定，合法有效，双方应严格履行，河南安信建设实业有限公司变更名称为河南安信建设集团有限公司后，其权利义务应由河南安信建设集团有限公司承担。合同约定，工期从合同签订之日起180个工作日内结束，该合同签订于2011年12月1日，应于2012年5月29日前交工，但因承建的工程出现质量问题被告停工至今不能交工，已构成违约，依法应当承担违约责任。合同约定，被告应严格按照工期保质保量完成任务，每逾期1天，将扣除其总款额的0.2%。该约定实属违约金的约定，原告请求被告支付违约金750万元，大于因被告违约给原告造成的损失的30%，过高，法院不予全部支持。被告请求调整，法院根据因被告违约给原告造成的实际损失及预期损失、双方的过错程度，酌定为按原告已付给被告的工程款 380 万元，按中国人民银行规定的同期银行贷款利率的 1.3 倍，从 2012 年 6 月 1 日起至安置工程竣工交付之日止被告向原告支付违约金。

《合同法》第 107 条规定：“当事人一方不履行合同义务或者履行合同义务不符合约定的，应当承担继续履行、采取补救措施或者赔偿损失等违约责任。”第 114 条第 3 款规定：“当事人就迟延履行约定违约金的，违约方支付违约金后，还应当履行债务。”现原告请求被告继续履行合同，对工程进行施工并向原告交付合格工程，符合法律规定，法院予以支持。合同约定，工程质量为：按照工程范围的要求，按国家相关技术标准进行施工。就被告承建的安居工程中出现的质量问题，被告应当按照双方所签订的合同的约定，依法妥善处置。最终判决：被告河南安信建设集团有限公司于本判决书生效之日起 30 日内按国家相关技术标准开始对原告的北山口镇南官庄村焦桐高速拆迁安置工程进行施工，并向原告交付合格工程。被告河南安信建设集团有限公司于本判决书生效之日起 10 日内向原告巩义市北山口镇南官庄村民委员会支付违约金。

【工程知识】

1. 砌体：是指使用普通黏土砖、承重黏土空心砖、蒸压灰砂砖、粉煤灰砖、各种中小型砌块和石材的砌筑。目前我国正进行墙体改革，为节约农田要不用、少用普通黏土砖，进一步推广应用各种空心砌块。

2. 砌体结构材料：砌体结构是由块材所砌成，块材的类型有烧结类砖、非烧结类砖、混凝土小型空心砌块、石材四类。①烧结类砖包括烧结普通砖和烧结多孔砖，材料有黏土、页岩、煤矸石和粉煤灰。②非烧结类砖包括蒸压灰砂砖、蒸压粉煤灰砖。③混凝土小型空心砌块包括普通混凝土、装饰混凝土和轻骨料（火山渣、浮石、陶粒）混凝土。④石材包括料石和毛石，即无明显风化的天然石材。

目前在砌体结构中，符合国家建筑节能与墙体改革政策，能较好地替代黏土实心砖的主导墙体材料，有混凝土小型空心砌块、烧结多孔砖、蒸压灰砂砖。

（1）普通混凝土与装饰混凝土小型空心砌块：是以水泥为胶结料，砂、碎石（卵石）为骨料加适量的掺合料、外加剂，混合、搅拌，经机械成型机挤压、震动成型。

（2）烧结多孔砖：是指以黏土、页岩、煤矸石为主要原料，经焙烧而成，其孔洞率≥25%，孔型为圆孔或非圆孔。烧结多孔砖的力学性能同烧结普通砖。

（3）蒸压灰砂砖：是以石灰和砂为主要原料，掺入颜料和外加剂，经坯料制备、压制成型、蒸压养护而成的实心灰砂砖。

3. 砌体强度等级：砌体，包含砌筑块材和浆材两项。常见的块材如黏土砖，强度等级为 MU10、MU15 等。常见的浆材如砂浆，强度等级为 M5、M10 等（M 代表其抗压强度，如 M5 可以认为是 5MPa）。

砌筑砂浆的强度用强度等级来表示。根据住房和城乡建设部发布的《砌筑砂浆配合比设计规程》（JGJ/T 98—2010），水泥砂浆及预拌砌筑砂浆的强度等级可分为 M5、M7.5、M10、M15、M20、M25、M30，水泥混合砂浆的强度等级可分为 M5、M7.5、M10、M15。

烧结普通砖根据抗压强度分为 MU30、MU25、MU20、MU15、MU10 五个强度等级。

【工程管理实务解读】

砌体结构是建筑结构的主要结构之一，在建设工程施工质量控制中，砌体结构的施工质量控制对整个工程质量控制起到关键性作用。上述案例中，墙体砖存在爆灰现象，范围广、面积大，部分墙体砖表面出现爆裂，表皮脱落，个别墙体砖严重爆裂、酥，已基本失去强度。笔者将就砖混结构建筑的砌体施工质量控制着重论述。

在砖混结构房屋建设中，砖体砌筑的施工量很大，而且又为承重结构，所以在施工过程中加强对砖砌体的质量控制非常必要。砖砌体由砖和砂浆组成。除应采用符合质量要求的原材料外，还必须考虑影响砌筑质量的主要因素。①砖浇水湿润程度够不够。砖在砌筑前浇水湿润是一道不可少的工序。

砖浇湿后，灰缝中砂浆的水分不会很快被砖吸收，从而使砂浆强度正常地增长，并且增强了砖与砂浆间的黏结，还能使砂浆保持一定的流动性，从而便于操作，有利于保证砌体的砂浆密实饱满。但是，如果砖浇水过湿，或对砖现浇水现用，会导致砖表面的水不能渗进砖内，滞留在砖面上形成水膜，使砌筑砂浆的流动性增大，砌体内的砖产生滑动使砌体变形。应在使用前一到两天浇水，禁止直接使用干砖。②砖砌体的水平灰缝砂浆饱满度是影响砌体强度的一个很重要因素。水平灰缝砂浆饱满度不合格的砌体，当荷载作用时，砖在砌体中与砂浆接触的几个局部面积上，集中承受上部传下来的荷载，使其处于受弯、受剪和局部受压的复杂受力状态。由于砖的厚度小，且为受压脆性材料，其抗弯抗剪性能差，当砖处于受弯、受剪和局部受压状态时，容易造成提早开裂，使砖砌体丧失承载能力。在工地检查中，采用"百格网"法检查水平灰缝饱满度不低于80%即可。③留槎的方法是否合理、接槎是否牢固，直接影响砖墙的砌筑质量，即建筑物的整体性，对于抗震设防的建筑物是一个关键问题。④组砌形式。砖砌体一般多是受压的，因此，要考虑砌体的整体性与稳定性。砌体中的丁砖数量多，就能增强横向拉结力。错误的组砌形式、包心砌筑砖柱、多皮通缝等都会影响砌体的质量。⑤影响砖砌体强度的因素除有操作的因素外，主要取决于砖和砂浆的强度。因此，若想保证砖混结构房屋建筑的墙体质量，首先要对砖和砂浆质量进行控制。所以，开工前应对砂浆强度进行检测。以上各因素均可导致砌体施工质量产生问题。

上述案例系笔者代理的案件，墙体砖砌体出现质量问题，除应注意上述因素之外，砌体施工过程中，施工单位还应采取有效的控制措施：①组织施工人员学习应用规范。要保证砖砌体的施工质量，就一定要严格地按"规范"的要求施工。②严格控制进场材料质量。③改进操作工艺，采用合适的砌筑方法。④坚持和发扬传统的施工工艺。⑤加强施工过程中关键工序的检查。检查砌体使用的砖是否符合要求，砂浆是否经过试配和按配比配合。

建设工程出现上述案例中的质量问题，应由哪方承担相应的责任呢？根据法律规定，因施工单位原因致使工程质量不符合约定的，建设单位有权要求施工单位在合理期限内无偿修理或者返工、改建。返修包括返工和修理。所谓返工是工程质量不符合规定的质量标准，而又无法修理的情况下重新进行施工；修理是指工程质量不符合标准，而又有可能修复的情况下，对工程进行修补使其达到质量标准的要求。不论是施工过程中出现质量问题的建设工程，还是竣工验收时发现质量问题的工程，施工单位都要负责返修。另外，依据《建筑工程施工质量验收统一标准》（GB 50300—2013）的规定，砌体结构，包括砖砌体、混凝土小型空心砌块砌体、石砌体、配筋砌体、填充墙砌体均属于建筑工程的主体结构。《建筑法》第62条第1款规定，建筑工程实行质量保修制度。《建筑工程质量管理条例》第40条明确规定了建设工程的最低保修期限：①基础设施工程、房屋建筑的地基基础工程和主体结构工程，为设计文件规定的该工程的合理使用年限；②屋面防水工程、有防水要求的卫生间、房间和外墙面的防渗漏，为5年；③供热与供冷系统，为2个采暖期、供冷期；④电气管线、给排水管道、设备安装和装修工程，为2年。其他项目的保修期限由发包方与承包方约定。建设工程的保修期，自竣工验收合格之日起计算。本案中墙砌体出现爆灰、裂缝等质量问题，属于建设工程主体结构质量问题，建筑施工企业应在合理的使用年限内承担保修责任，建筑施工企业不履行保修义务或者拖延履行保修义务的，责令改正，可以处以罚款，并对在保修期内因屋顶、墙面渗漏、开裂等质量缺陷造成的损失，承担赔偿责任。

【法律依据】

1. 《建筑法》第62条、第75条。

2. 《建筑工程质量管理条例》第40条。

3. 《建筑工程施工质量验收统一标准》。

实例18　保修期内发包人未通知承包人工程质量问题，委托第三方维修所产生的费用的承担

【案情简介】

原告（反诉被告，承包方）：河南四建股份有限公司（以下简称河南四建）

被告（反诉原告，发包方）：郑州宇通客车股份有限公司（以下简称宇通公司）

2013年5月30日，河南四建与宇通公司签订郑州宇通客车股份有限公司新能源客车生产基地项目西食堂土建及安装玻璃幕墙工程施工合同，约定工程具体包含但不限于土建装饰工程和安装工程，承包方式为包工、包料、包安全、包质量、包进度、包文明施工的方式，以合同签订日期为开工日期，总工期8个月，工程质量须按照建筑安装工程相应国标验收规范要求的标准，达到合格。合同总价款为固定单价总价款加变更签证价款，固定单价总价款为1 470万元，付款方法为：工程预付款为合同价款的10%（3个月内在工程款内扣回），此预付款中包括此工程全部的安全文明施工费，此安全文明施工费（265 751.75元）在后续的付款中不再扣回，以后按照每月工程量计算时间段的实际完成量的80%进行付款，工程完工付至合同价款的80%，工程竣工经验收合格结算后付至工程总价款的95%，留5%作为质量保证金，质保期由双方约定，屋面工程质保期为五年，在质保期内出现质量问题，河南四建应当在接到宇通公司电话通知后24小时内到达现场进行维修，河南四建联系人为吴某见；经两次维修后仍不能正常使用的，宇通公司有权让第三方进行维修，由此产生的费用由河南四建承担，宇通公司有权从质保金中扣

除，不足部分由河南四建另行支付，同时应向宇通公司支付工程总价款10%的违约金。工程验收合格之日起开始计算质保期。工程竣工后，宇通公司委托河南惠德工程造价咨询有限公司对涉案工程造价进行审核。2015年12月23日，该公司出具结算审核报告，载明涉案工程造价为15 449 357.97元。河南四建、宇通公司在工程结算审核定案表上加盖公章予以确认。2015年12月24日，双方决算表显示验收日期为2014年2月21日，决算金额为15 288 203元，宇通公司向河南四建共支付工程款1 413万元。另，2014年5月6日盖某涛出具的收条显示涉案项目钥匙已收。

编号为LX-DQ-001号工程联系单显示涉案工程已经全部投入使用，存在较多的质量问题（公用安装问题共计4页，土建验收问题共计6页），河南四建涉案工程项目负责人吴某见于2014年9月19日签字确认。2015年5月19日，河南四建工地负责人付某明与宇通公司张某共同确认西食堂问题整改清单，共计104项。编号为2015012290的工程联系单显示涉案工程存在墙砖、地砖脱落、严重屋面漏水、吊顶开裂、幕墙收边不严、线槽开裂等质量问题，要求河南四建24小时内到场维修，否则支付2 000元/次违约金。编号为2016012601的工程联系单及附件显示宇通公司维修消防水箱系泵房漏水事宜需要支出维修费13 000元。编号为2016012701的工程联系单显示2015年5月19日双方共同确认的104项维修的内容截至2016年1月27日仍有92项未维修。编号为2016002002的工程联系单及附件显示宇通公司为维修隔油池及配套污水管道整改需要支出维修费22 000元。编号为2016051001的工程联系单及附件显示2016年1月27日尚未维修的92项内容截至2016年5月9日仍有内容未维修。编号为2016051002的工程联系单显示因消防稳压泵房出现问题，导致房内积水流到三楼，造成电脑受淹，吊顶损害，宇通公司损失6 500元。编号为2016052501的工程联系单显示宇通公司向河南四建发送的编号为2016051001、2016051002的西食堂质量问题联系单所反映的问题，截至2016年5月23日仍未有人到现场维修，河南四建应当支付违约金2 000元/次。编号为2016007004的工程联系单显示宇通公司根据编号为LX-DQ-001号工程联系单及2016年5月25日工程联系单（编号为2016052501）通知河南四建整改，但河南四建至今未予处理，根据合同约定从质保金中扣除违约金 2 000 元及扣减预算 42 733 元，以上共计 44 733 元。2016 年 1 月 21 日宇通公司通过短信形式向合同约定的河南四建项目负责人吴某见发送隔油池需要维修的信息，2016 年 1 月 27 日发送的短信载明仍有 92 项内容需维修。

河南四建提交的 2016 年 3 月 14 日食堂二楼地沟漏水维修的证明显示，自 2016 年 2 月 15 日开始及至 21 日，第一次维修用了一个星期的时间，结果未能达到防水漏水的目的，为此在使用方的要求和技改办的督促下，2016 年 2 月 26 日第二次提出维修方案，于 2016 年 2 月 27 日正式开工维修，于 2016 年 3 月 14 日初步修完，盖某涛签字确认二楼地沟已维修，结果验证需一个月。2016 年 4 月 11 日，盖某涛签字确认施工方于 2016 年 4 月 2 日至 6 日对食堂部分尾活维修完毕，维修效果需后期验证，盖某涛系宇通公司西食堂经理。

2016 年 4 月 20 日，宇通公司与林州建总建筑工程有限公司（以下简称林州建总）签订《建筑工程施工合同》，约定工程名称为"郑州宇通客车股份有限公司新能源西食堂外墙铝单板、吊顶、干挂石材、散水等维修工程"，工程地点位于郑州市中牟县南三环与前程路交叉口东南角郑州宇通客车股份有限公司，开工日期为 2016 年 4 月 20 日，竣工时间为 2016 年 6 月 29 日。施工范围包括：①外墙铝单板褪色处理整改、铝单板与玻璃幕墙四周收边整改；②一层美芯板吊顶开裂维修；③玻化砖干挂柱子脱落整改、玻化砖干挂墙面脱落整改；④散水下折处理；⑤卫生间漏水；⑥坡道破除及恢复。工程完工后，双方进行结算，工程结算表显示结算金额为 1 455 976 元，宇通公司提交的中国建设银行单位客户专用回单显示宇通公司于 2016 年 12 月 9 日向林州建总转款 71 万元、2017 年 1 月 13 日转款 44 万元、2017 年 11 月 6 日转款 305 976 元，以上共计 1 455 976 元。

河南四建声称已经按期保质保量地完成了该工程，经双方核算总价款为 15 288 203 元，其中，宇通公司共计支付 1 413 万元，尚欠 1 158 203 元，请求法院判决宇通公司支付该工程款及逾期利息。

宇通公司称，涉案工程完工以来已经多次出现质量问题，并经承包方多次维修后不能得到解决，宇通公司招标后，由中标的第三方进行了维修，维修价款共计 155 万元，该维修款应当由河南四建承担。2013 年 5 月 30 日双方签订的关于新能源客车生产基地项目西食堂土建及安装玻璃幕墙工程施工合同完工以来出现各种质量问题，河南四建有时未按约到场维修，有时维修之后亦不能满足使用要求。宇通公司只能通知河南四建之后自行委托第三方维修，共花费 90 233 元，也应当由河南四建承担。综上提出反诉，要求河南四建支付宇通公司损失共计 1 640 233 元及违约金 10 万元。

【审理结果】

被告（反诉原告）宇通公司于本判决生效后 10 日内支付原告（反诉被告）河南四建工程款 1 158 203 元及利息（以 393 792.85 元为基数自 2014 年 2 月 21 日起按中国人民银行同期贷款利率计算至实际支付之日止）。

反诉被告（本诉原告）河南四建于本判决生效后 10 日内支付反诉原告（本诉被告）宇通公司维修费用 768 410.15 元。

驳回反诉原告（本诉被告）宇通公司的其他反诉请求。本诉案件受理费 15 674 元，由河南四建负担 450 元，宇通公司负担 15 224 元。反诉案件受理费 10 231 元，由宇通公司负担 4 489 元，河南四建负担 5 742 元。

【工程知识】

1. 玻璃幕墙工程：玻璃幕墙，是指由支承结构体系可相对主体结构有一定位移能力、不分担主体结构所受作用的建筑外围护结构或装饰结构。玻璃幕墙工程是一种分项工程，属于建筑装饰装修的分部工程和幕墙的子分部工程。

2. 铝型材和铝单板：铝型材和铝单板是完全不同的两种材料，外墙上所用的板状铝材称为铝单板，玻璃幕墙的龙骨和门窗框料上所用的条状、方块状铝材称为铝型材。这两种不同的材料，用于工程不同的部位，对于两者质量的要求也是不同的。本案中，依据双方签订的施工合同关于质量标准及要求的约定（施工合同第 13 ~ 14 页），装修材料照合同约定的品牌、规格进行采购，在附表《装修主材选用品牌及厂家要求汇总表》中载明"15 外墙铝单板，规格 2.5 平方米厚，滚涂铝单板"，即合同约定对外墙铝单板的质量要求为"滚涂铝单板"，而不是"氟碳铝单板"。宇通公司所称施工合同第 17 页第 4.5 条关于型材选用的约定，并不适用于铝单板，此时宇通公司存在混淆概念的嫌疑。

4. 石材干挂法：石材干挂法又名空挂法，是目前墙面装饰中一种新型的施工工艺。该方法以金属挂件将饰面石材直接吊挂于墙面或空挂于钢架之上，不需再灌浆粘贴。其原理是在主体结构上设主要受力点，通过金属挂件将石材固定在建筑物上，形成石材装饰幕墙。

5. 散水：民间亦俗称为"滴水"。散水是指房屋外墙四周的勒脚处（室外地坪上）用片石砌筑或用混凝土浇筑的有一定坡度的散水坡。散水的作用是迅速排走勒脚附近的雨水，避免雨水冲刷或渗透到地基，防止基础下沉，以保证房屋的巩固耐久。散水宽度一般不应小于 80 厘米，当屋檐较大时，散水宽度要随之增大，以便屋檐上的雨水都能落在散水上迅速排散。散水的坡度一般为 5%，外缘应高出地坪 20 ~ 50 毫米，以便雨水排出流向明沟或地面他处散水。与勒脚接触处应用沥青砂浆灌缝，以防止墙面雨水渗入缝内。

6. 工程联系单与工作联系单：工程联系单用于甲乙双方日常工作联系，只需建设、监理（或设计）、施工单位签认，如施工单位联系建设单位催要甲供材料。工程联系单是用于联系工程技术手段处理、工程质量问题处理、设计变更等的函件，一般多见于施工单位出具联系单给建设单位或设计单位，建设单位也常常向设计单位出具联系单，收件单位均要依据具体情况予以答复。工作联系单是指，施工过程中如存在一些业务方面的工作需与业主、监理协商，通过工作联系单以文字形式发送业主、监理，然后业主、监理给予回复处理意见。

【工程管理实务解读】

施工单位对保修期的保修责任属于法定责任，但是，该责任一直处于沉睡状态，直到被唤醒（建设方履行通知义务）。从合同角度分析，施工单位对保修期的保修责任也属于合同约定的责任，该责任的起点亦为建设单位发出要求维修的通知。

建设单位一定要获取施工单位怠于维修的证据，该证据的获取形式为：发出维修通知。发出方式可以是特快专递、电子文件，向总公司发出、专人送达（回执要签字），不得已也可以登报等。标准为：便于未来举证，目的是证明其已履行了通知义务。

书面维修通知中一定要设置到场维修的时间，只有施工单位过了该时间还没去修，方可以证明施工单位没有在规定的时间履行维修义务。

书面维修通知中一定要注明维修的工程部位，该部位一定要设置得大一些，避免判断有误所引起的维修部位增大的争议，该部位应明确是与未来第三方的维修内容相一致。

第三方维修单位的介入方式问题。应该严谨地采用招标投标的方式，避免对维修资格、维修方案和维修价格产生争议。一定要找有维修施工资质的单位，以招标投标的方式选择维修施工单位，维修价格中的单价，不要高于原施工合同的清单报价的单价或预算定额报价的单价。

针对工程质量所造成的缺陷维修费用，以及因该工程质量所造成的其他损失，应该一并解决不留后遗症。其他损失包括：在保修期限内，因房屋建筑工程质量缺陷造成房屋所有人、使用人或者第三方人身、财产的损害，如租赁合同违约损失，墙皮脱落造成物品砸伤损坏。因保修不及时造成新的人身、财产损害，由造成拖延的责任方承担赔偿责任。

建设方在索要维修费用时，应当满足以下条件：①维修事项出现在法定或者约定的保修期内。②有证据能证明该维修事项是由施工方施工造成的。③有证据能够证明建设方通知到了施工方。④有证据证明施工方拒绝维修或者未维修。⑤建设方委托第三方维修，并保存相关资料。⑥建设方索赔。

此处看似是对建设方的要求过于苛刻，其实不然。维修一般发生在工程竣工之后，工程已被建设方实际掌握或实际使用。实际掌握使得建设方距离标的物更近，对证据保全理应承担更大的责任，不能对已经远离现场的"曾经的施工方"提出过于严苛的证据要求。实际使用过程中亦容易出现因使用导致的维修事项，所以，建设方理应承担该维修事项出现的原因不在己而在他。

　　换个角度，倘若发生了质量问题，承包人拒绝修复，发包人该如何决策？是起诉请求修复并承担费用，还是自行修复，请求赔偿修复费用呢？这个问题是律师在提供法律服务时要为当事人决策的。如果起诉要求修复并承担修复费用，诉讼时间会很长，尤其是要求承担修复费用，时间会更长，因为需要鉴定，而鉴定的时间是不计入审理期限的。如果此时工程无法使用，发包人的损失会很大。如果委托他人直接修复后再起诉要求赔偿修复费用，这样修复好了，工程就可以正常使用，但是还会存在另一个问题，那就是修复费用不一定能够得到法院的全面支持。此时我们建议，如果工程质量问题很严重，导致工程根本无法使用，还是要先委托他人进行修复，修复以后再起诉请求赔偿修复费用。因为相对工程不能正常使用的巨大的损失而言，修复费用毕竟只是一小部分，最后不能得到法院支持的相应部分就会更小。所以这种情况下，笔者一般建议当事人先委托他人进行修复，修复以后再起诉，要求赔偿修复费用。

【法律依据】

　　1.《施工合同司法解释（一）》第 12 条。

　　2.《房屋建筑工程质量保修办法》第 9 条、第 12 条。

附：工程施工联系单（范本）

工程名称		工程部位	施工图变更
图号	建施03	主要原因	施工图纸与现场实际情况不符

联系内容	至： 甲方： 建设单位： 设计单位： 　　图纸建施03的设计施工内容与现场实际不符。经甲方、监理、设计单位协商，由施工单位出平面图，经甲方、监理、设计单位确认后再进行施工。现平面图已出，请甲方、监理、设计单位尽快确认。 　　　　　　　　　　　　　　　　　　承包单位： 　　　　　　　　　　　　　　　　　　　年　月　日

监理（建设）单位：（盖章） 负责人： 　　　　　　　　年　月　日	设计（建设）单位：（盖章） 工程负责人： 　　　　　　　　年　月　日

工程负责人：　　　　施工员：　　　　经办人：　　　　第　页

　　在施工过程中，发现图纸仍有差错或与实际情况不符，或因施工条件，材料规格，品种，质量不能完全符合设计要求及职工提出合理化建议等，需要进行施工图修改都要有文字记录，核定签证，归入工程档案。

　　　　　　　　　　　　　　　　　　　　　　　　　某市建设局监制

实例 19　保修期内出现工程质量问题，发包人可主张索赔的范围

【案情简介】

上诉人（原审被告）：内蒙古三江房地产开发有限公司

被上诉人（原审原告）：张某霞

2012 年 6 月 9 日晚，东胜区某小区内地下管网中的自来水管道爆裂，水从地面浸出，从房屋后墙涌入破损管道上方地表附近，一墙之隔的三江太谷广场某区 X 号楼的某西服专卖店，致使存放在店内库房里的大量服装被浸泡受损。

三江太谷广场 X 号楼由内蒙古三江房地产开发有限公司开发建设，该建筑于 2010 年 9 月 20 日竣工验收合格，已交付使用。内蒙古三江房地产开发有限公司将 X 号楼 XX1、XX2、XX3、XX4 房出售给案外人高乙。张某霞向高乙租赁了部分房屋，开设经营了某西服专卖店。

本案诉讼中，经张某霞申请，人民法院委托价格认证机构对原告受损的服装进行了价格评估。评估机构根据双方认可的物品清单作出评估结论，认定张某霞受损物品的修复费用（水淹损失）评估值为 697 000 元。事发后，内蒙古三江房地产开发有限公司将地面挖开，更换了破损的自来水管。诉讼中，经法院问询，内蒙古三江房地产开发有限公司称已将更换下来的破损水管丢弃。

【审理结果】

一审、二审法院认为： 本案的基础法律关系为因建筑工程质量缺陷造成的财产损害赔偿。建设工程侵权责任主体可能涉及建设单位、施工单位、监理单位、勘察设计单位以及物业服务单位或个人等行为主体。侵权行为包括

"作为"和"不作为"两种方式，即进行某种法律所禁止的行为或不履行某种法律规定的义务，如建设施工单位故意采用不符合国家安全标准的建筑材料，特种设备使用者违反操作规定，施工现场未按照规定提供安全保障设施、勘察设计单位未按照国家强制设计标准实施勘察设计等。归责原则包括过错与无过错责任，一般除建筑物设施及物件致人损害、高度危险作业侵权、施工环境污染侵权之外，都适用过错责任原则。在过错责任原则下，构成要件包括行为人具有侵权行为、主观上存在过错、有损害后果及侵权行为与损害后果间的因果关系。

本案中，根据查明的事实，小区内深埋地下的自来水管道爆裂，致使自来水浸出地面并从后墙进入张某霞租用的店铺，导致张某霞的大量的货物被淹。张某霞主张内蒙古三江房地产开发有限公司作为小区的建设单位应对建筑物附属设施质量缺陷造成的损失承担赔偿责任。内蒙古三江房地产开发有限公司则辩称张某霞没有证据证明管道存在问题，而且，内蒙古三江房地产开发有限公司即使担责也应当是针对房屋所有权人。根据案情，本案应为普通侵权，适用一般过错原则，故首先应当查明内蒙古三江房地产开发有限公司是否存在过错。内蒙古三江房地产开发有限公司深埋地下的管道无端爆裂，显然不存在外力作用，是因为铺设管道时安装不当，还是管道自身存在质量问题，需专业机构鉴定后方可知道。内蒙古三江房地产开发有限公司在事发后对爆裂管道进行了更换并将管道重新填埋，而内蒙古三江房地产开发有限公司自述已将更换下来的水管丢弃，无法提供，也就是说，出事的水管因何爆裂已无从得知。《最高人民法院关于民事诉讼证据的若干规定》第75条规定："有证据证明一方当事人持有证据无正当理由拒不提供，如果对方当事人主张该证据的内容不利于证据持有人，可以推定该主张成立。"因此，应对张某霞主张的内蒙古三江房地产开发有限公司建设的建筑物附属设施，即出事的自来水管道质量存在缺陷予以认定。

关于权利及责任主体方面，内蒙古三江房地产开发有限公司开发建设的小区已经竣工验收、交付使用了。此时，对于小区内附属设施产生的侵权责任有可能存在几个责任主体，即建设单位因工程质量缺陷承担赔偿责任、建筑物所有人或管理人因对建筑物的管理义务承担赔偿责任。本案中，涉事小区的竣工验收时间为 2010 年 9 月 20 日，发生水淹事故的时间为 2012 年 6 月 9 日。建设部颁布的《房屋建筑工程质量保修办法》第 8 条规定："房屋建筑工程保修期从工程竣工验收合格之日起计算。"第 7 条规定："在正常使用下，房屋建筑工程的最低保修期限为……（四）电气管线、给排水管道、设备安装为 2 年……其他项目的保修期限由建设单位和施工单位约定。"而内蒙古三江房地产开发有限公司也自认，小区自来水管道保修期为 2 年。因此，爆裂的自来水管道发生事故时尚在保修期内。《房屋建筑工程质量保修办法》第 14 条规定："在保修期内，因房屋建筑工程质量缺陷造成房屋所有人、使用人或者第三方人身、财产损害的，房屋所有人、使用人或者第三方可以向建设单位提出赔偿要求。建设单位向造成房屋建筑工程质量缺陷的责任方追偿。"第 17 条规定，"下列情况不属于本办法规定的保修范围：（一）因使用不当或者第三方造成的质量缺陷；（二）不可抗力造成的质量缺陷"。因此，原告作为第三方受损财产的所有人，有权向作为建设单位的内蒙古三江房地产开发有限公司主张赔偿。内蒙古三江房地产开发有限公司只有在法定的不属于保修范围的情况下方可提出抗辩。而且，这种赔偿责任不能为建筑物所有人和管理人的管理义务产生的赔偿义务所替代。现内蒙古三江房地产开发有限公司未提出人为因素和不可抗力的情况及相关证据，应依法向张某霞承担赔偿责任。内蒙古三江房地产开发有限公司未提出张某霞对事故发生存在过错的主张和相关证据，故内蒙古三江房地产开发有限公司应承担全部赔偿责任。具体的赔偿数额应以相关司法鉴定结论为准。判决被告内蒙古三江房地产开发有限公司于本判决书发生法律效力后 10 日内赔偿原告张某霞损失 697 000 元。

【工程知识】

1. 质保期：即质量保证期，又称缺陷责任期。其概念来源于原建设部、财政部 2005 年发布的《建设工程质量保证金管理暂行办法》[现已失效，被《建设工程质量保证金管理办法》（2017 年修订）替代]，其中第 2 条第 3 款规定"缺陷责任期一般为 1 年，最长不超过 2 年，由发包、承包双方在合同中约定"，实践中，双方一般会选择 6 个月、12 个月、18 个月或者是 24 个月，按照规定质保期最长不超过 24 个月。

2. 保修期和质保期的对比见表 1：

表 1　保修期和质保期的对比

名称	依据	起算	期间	保证形式
保修期；最低保修期限	《建设工程质量管理条例》	竣工验收合格；未竣工验收的起算时间无明确规定，一般参照《施工合同司法解释（一）》第 9 条规定的实际竣工日期确定起算时间	合理期间；5 年；2 年；不低于以上的约定期间	质保金（保证金）；银行保函
质保期；缺陷责任期；质量保证期	《建设工程质量保证金管理办法》	竣工验收合格；承包人责任未验收，实际竣工之日；发包人责任未验收，提交竣工验收报告 90 天后	一般 1 年；最长不超过 2 年；一般约定 6 个月、12 个月、18 个月、24 个月	

3. 室外排水管网：为分部工程建筑给水排水及供暖的子分部工程，其分项工程包含排水管道安装、排水管沟与井池、试验与调试。案例中所涉及的室外排水管道破裂即为此。

【工程管理实务解读】

1. 实践中保修期间工程质量问题的处理方法。

（1）发包方按照合同约定的地址或者承包人的实际经营地址，发出书面维修通知，金额巨大的，应当公证送达手续；数额较小的，应当通过中国邮政送达，并在"邮件详情单"上简要写明催告主要事项以及到场维修期限。

（2）承包方到场后，双方应当明确责任，属于承包人原因造成的工程质量问题，维修费与鉴定费由承包方承担，承包方拒绝维修的，发包方可以另找第三方维修，维修费与鉴定费由承包方承担；反之，因使用不当原因或其他原因造成工程质量问题的，由发包方或者致害第三方承担维修费与鉴定费。

（3）在双方责任不明的情况下，承包方进行维修的，视为承包方认可工程质量问题属于保修范围，费用由承包方承担。

（4）在双方责任不明的情况下，承包方拒绝维修的，双方应当共同选定鉴定机构对造成工程质量问题的原因进行鉴定，明确责任后，按上述原则承担维修费。

（5）在双方责任不明的情况下，承包方拒绝维修的，发包方在未明确工程质量问题原因的情况下，擅自维修或者找第三方维修的，维修费用由发包方承担。

（6）对于应当由承包人承担的维修费或者鉴定费，发包方可以直接从工程质量保修金中扣除。

2. 保修期内出现工程质量问题并产生损害后果，发包人可主张损害赔偿责任。

对于损害赔偿责任，主要见于《建筑法》第80条。该条规定："在建筑物的合理使用寿命内，因建筑工程质量不合格受到损害的，有权向责任者要求赔偿。"据此可知：①赔偿责任期限定在建筑物的合理寿命期；②赔偿源于工程质量不合格，不区分地基主体和普通部位；③赔偿义务人是造成质量不合格的责任者，未必是施工人。

《建筑法》《建设工程质量管理条例》等法律法规和《施工合同司法解释（一）》对建设单位、勘察设计单位、施工单位、材料供应商在工程质量方面规定了相应的义务和责任，质量缺陷可能是这些单位不履行或瑕疵履行义务所致，故其都可能成为赔偿责任人。此种情况例如，建设单位将工程发包给不具有相应资质等级的承包人；房屋使用者在装修过程中，擅自变动房屋主体和承重结构；勘察设计文件不符合勘察设计技术规范及合同约定；工程监理单位非法转让工程监理业务。对谁是责任人产生争议时，应当依靠质量鉴定来查找质量原因和确定责任人。

3. 保修期内出现工程质量问题，保修不及时产生的损害赔偿责任。

《房屋建筑工程质量保修办法》第15条规定了保修不及时产生的损害赔偿责任："因保修不及时造成新的人身、财产损害，由造成拖延的责任方承担赔偿责任。"它与质量缺陷产生的损害赔偿责任之区别在于：①原因不同。前者是保修不及时而致害，而非质量缺陷；后者是自身质量缺陷致害。②赔偿责任人不同。前者的赔偿责任人是施工人,其应当对迟延履行保修义务造成的损害承担责任;后者的赔偿责任人未必是施工人。

4. 保修责任与赔偿责任的区别和联系。

二者的区别有:①保修责任属于违约责任;赔偿责任属于侵权责任,当施工人原因造成人身或财产损害时,则属于违约与侵权两种责任的竞合。②保修期内发现任何质量缺陷,施工人必须维修,不以损害发生为要件;承担赔偿责任的前提是发生人身或财产损害的事实。③保修义务人是施工人,费用承担者是责任人;赔偿责任的承担者一律是责任人。④保修责任期限对地基主体与普通部位区别规定,地基主体的保修期是建筑物合理使用年限内;赔偿责任期限不分主次部位,全部是合理使用期内。二者的联系有:①建筑物地基主体的保修与赔偿的责任期限相同,都是合理使用期内。②质量缺陷造成人身和财产损害的,在保修责任基础上加重为赔偿责任。③因使用不当或者不可抗力造成的质量缺陷和损害后果,施工人不承担保修和赔偿责任。

5. 实践中保修期间工程质量问题索赔的注意事项。

(1)要做好工程交接检查。工程交接时,应做好充分、全面的验收检查。工程在完成后,会经过竣工综合验收,但验收往往是针对建筑主体及一些民生重要设施,对装饰性部件如门窗、幕墙等往往无法做到全方位检查。发包人在将房屋交付业主之前应让工作人员带领消费者仔细检查。在笔者曾经承办的一起建设工程合同纠纷案件中,涉案楼盘共有十幢,在缺陷责任期内均发生了不同程度的门窗质量问题,由于发包人在交付业主时没有做好充分的细部验收检查,导致业主在装修、入住后陆续反映问题,未入住的客户近50%,分布全国各地,且房卡已无权限进入房屋内进行检查,导致维修期限无限拉长,苦不堪言。

(2)发现质量问题,应及时、有效地通知承包人来现场核实。由于市场机制,建设工程项目往往面向全国招标。很多项目由于承包人与项目地点相距甚远,无法第一时间尽到维修义务,发包人往往在口头通知承包人后自行委托第三方维修,然后将维修费用直接从预留的保修金里扣除。待结算时,承包人往往会认为维修费用过高或对维修方案不认可,因此双方产生争议。一旦进入诉讼程序,承包人索性否认发包人通知的事实,导致发包人败诉。

笔者认为，缺陷责任期内如出现质量问题，承包人拖延或拒绝维修，发包人应发书面函件通知并告知具体的质量问题（保留函件往来凭证），如承包人拒不配合或拖延的，则应及时取证，如有物业的，通知物业做第三方见证，保留好影像资料。当然承包人得到通知后到场确认问题并安排维修方案是最佳的方案。对一些隐蔽工程、基础性的重大维修项目，如时间允许，笔者建议尽量通过诉讼程序，采用委托鉴定的方式确定责任与费用，以免双方产生争议。自行委托第三方维修时，与维修方应签订有具体维修标的的维修合同并索要维修发票，为诉讼提供举证之便利。

本案例中，正是由于内蒙古三江房地产开发有限公司在事发后对爆裂管道进行了更换并将管道重新填埋，而内蒙古三江房地产开发有限公司自述已将更换下来的水管丢弃，无法提供，导致其归责证据灭失，进而承担了责任。

（3）质量问题索赔程序的相关问题。在承包人主张工程款的案件中，发包人以质量问题为由要求直接在工程款或保修金中扣除相关费用的，提出这种质量问题的主张究竟是属于抗辩还是反诉，实践中存在不同意见。笔者赞同《浙江省高级人民法院关于审理建设工程施工合同纠纷案件若干疑难问题的解答》等的相关规定，认为承包人诉请给付工程价款，发包人以工程质量不符合合同约定或国家强制性的质量规范标准为由，要求减少工程价款的，按抗辩处理；发包人请求承包人赔偿损失的，按反诉处理。其主要理由是要求减少工程款的主张不能独立于本诉的存在，而要求赔偿损失的主张是可以独立存在的。同样，《施工合同司法解释（一）》第16条也有类似规定："发包人在承包人提起的建设工程施工合同纠纷案件中，以工程质量不符合合同约定或者法律规定为由，就承包人支付违约金或者赔偿修理、返工、改建的合理费用等损失提出反诉的，人民法院可以合并审理。"

【法律依据】

1.《建筑法》第80条。

2.《建设工程质量管理条例》第40条、第41条。

3.《房屋建筑工程质量保修办法》第7条、第13条、第14条、第15条。

实例20　承包人拒绝承担保修责任，发包人如何进行证据保全

【案情简介】

原告（承包方）：华冶公司

被告一（发包方）：华御公司

被告二（发包方）：金建公司

2012年，华冶公司与华南公司签订五金建材城工程《建设工程施工合同》以及御园一期工程《建设工程施工合同》。2012年9月1日，华南公司更名为华御公司。

五金建材城工程《建设工程施工合同》约定，工程承包范围：大包干，即包工、包料、包安全、包质量、包工期、包施工现场及运输通道的环境卫生，配合相关政府部门报建验收及协调。合同工期：开工日期为2012年6月4日，竣工日期为2012年11月15日。合同价款：暂定为1.14亿元。2015年4月22日华冶公司曾在给金建公司的函件中称"一、我司正在组织人力进场维修……"诉讼过程中，金建公司主张五金建材城工程存在的质量问题主要包括：地暖漏水造成墙面、地面污染，墙面、棚顶裂缝，因室内漏雨造成涂料污染，雨漏管漏雨，天窗漏雨，地暖漏水破坏地面未恢复，屋面保护层强度不够，地热需要维修，卫生间给水管漏水。

2012年5月，华冶公司开始施工建设御园一期工程。2014年5月30日，双方协商解除御园一期工程施工合同并签订了《御园一期工程结算审核结果》及《御园一期工程结算及付款协议书》。《御园一期工程结算及付款协议书》约定，双方同意解除合同，对工程结算相关事宜达成以下协议："……三、其他条款：因乙方工程进度延误给甲方造成损失、质量缺陷返修以及其他影响造成的费用，与甲方延付乙方工程款给乙方造成的资金利息及窝工损

失相抵，双方互不再追究责任。现场质量缺陷全部由甲方承担，乙方只对该工程结构质量负责，不再负责其他维修。"该工程至今尚未竣工验收。诉讼过程中，华御公司主张御园一期工程存在的质量问题主要包括：御园一期工程住宅楼楼板厚度不够（仅有一户）、天棚不平、商服工程屋面漏雨、地下车库顶板漏雨。为证实上述主张华御公司举示了照片等证据，所附说明表明御园一期工程已于2015年1月末进户，该事实与华冶公司举示的入户照片等证据能够相互印证。

【审理结果】

一审法院认为：2012年，华冶公司与华南公司（该公司名称后变更为华御公司）签订的五金建材城工程《建设工程施工合同》以及御园一期工程《建设工程施工合同》系双方真实意思表示，不违反法律、行政法规的效力性强制性规定，为合法有效。现御园一期工程双方已结算，确认工程造价为205 819 741.25元，双方对已付款数额无异议部分为179 791 431.61元，有异议部分为312 392.57元（262 392.57元+50 000元），所欠款项应予给付。因该项工程双方约定的质保期已于2015年5月31日届满，故该项工程质保金10 255 305.69元亦应给付。五金建材城工程双方对工程总造价有异议，对已付款数额无异议部分金额为87 483 995.24元（86 683 995.24元+800 000元），有异议部分为300万元。诉讼中，双方争议的焦点问题如下。

关于五金建材城工程结算款总额问题。华冶公司主要依据双方2014年5月30日签订的《五金建材城工程结算及付款协议书》主张该工程结算总额应为134 125 754.20元。金建公司主要依据孙某等人签字的无时间的竣工结算书主张该工程结算总额为106 745 069.69元。一审法院认为，该工程总造价应为134 125 754.20元，理由如下：第一，双方认可该工程两次审价，第一次审价，华冶公司于2013年10月10日报出价格，金建公司于2013年11月25日核对价格为134 125 754.20元。该造价双方均已加盖公章确认。此为双方真实意思表示，表明双方已对工程总造价达成一致。故虽存在二次审价问题，但第二次审价存在争议的情况下，应以第一次审价结果为准。第二，2014年5月30日，华冶公司与金建公司签订的《五金建材城工程结算及付款协议书》表明，华冶公司已于 2013 年 11 月 29 日报出"甲方认为合格的工程结算书"。双方约定金建公司必须于 2014 年 7 月 15 日之前完成结算审核，否则以华冶公司报出的结算数额即 134 125 754.20 元为该工程结算额。金建公司是否按照约定，在 2014 年 7 月 15 日之前完成结算审核，金建公司对此负有举证义务并承担举证责任。其举示的证据为孙某等人签字的竣工结算书及 2015 年 4 月 22 日华冶公司的回函。孙某等人的竣工结算书无签字日期及金建公司签章，无法体现 2014 年 7 月 15 日该公司已经完成结算。2015 年 4 月 22 日华冶公司回函，能够确认的信息为该公司的盖章时间为 2014 年 8 月，由此不能得出双方签字的时间为 2014 年 7 月 15 日之前的排他性唯一结论。而从金建公司认可其真实性的 2014 年 11 月 11 日其给华冶公司的回函内容则明确表明，在该函发出当日，金建公司仍在对五金建材城工程结算价格进行审核，证明金建公司未按照双方协议约定，在 2014 年 7 月 15 日之前完成结算审核义务。综合双方举示的正反两方面证据，金建公司未在约定日期内完成审核义务，故应以华冶公司报出的 134 125 754.20 元作为五金建材城工程结算总价。

关于御园一期工程双方有争议的两笔款项是否应计入已付款项的问题。第一，对于第 28 项 2014 年 6 月 30 日记账凭证 - 121 号，电费为 262 392.57元，该笔款华御公司举示了华冶公司出具的发票等相关证据，记载了结算项目为工程款，能够证实其主张。故该款应从工程款中扣除。第二，对于第 30项，2015 年 5 月 25 日记账凭证 - 120 号，标明为代华冶公司支付业主刘某赔偿金 5 万元。华御公司主张该款系华冶公司应承担保修费用所支出的款项，因该款系在双方解除合同之后支付给第三方的款项，即使为维修款亦无华冶公司对维修事实及数额的认可和追认，故不应由华冶公司承担。

对于五金建材城工程双方有争议的养老保险金是否应计入已付款的问题。金建公司举示的结算书汇总表中清楚地说明了双方的结算值不含养老保险费。而从 2013 年 12 月 11 日华冶公司出具的经监理公司签字的《工程项目结算申请表》及 2013 年 11 月 28 日汇总表中亦可看出该结算款不含养老保险金，以上证据相互印证该笔费用不应计入金建公司给付华冶公司的已付款中。

关于华冶公司是否对诉争工程享有建设工程优先受偿权问题。依据《合同法》第 286 条及《最高人民法院关于建设工程价款优先受偿权问题的批复》第 1 条、第 3 条、第 4 条之规定，建设工程承包人行使优先受偿权的期限为六个月，应自建设工程竣工之日或者建设工程合同约定的竣工之日开始计算。五金建材城工程已于 2013 年 8 月 30 日竣工验收，至华冶公司起诉时已超过六个月的期限，华冶公司主张金建公司未对其报批的结算金额予以审核，故从其起诉时行使优先受偿权不符合法定优先受偿权起算点的规定，一审法院不予支持。御园一期工程至华冶公司起诉时尚未竣工验收，但已于 2015 年 1 月交付业主使用，依据《施工合同司法解释》第 14 条第 1 款第 3 项"建设工程未经竣工验收，发包人擅自使用的，以转移占有建设工程之日为竣工日期"之规定，应当认定 2015 年 1 月为该工程的竣工日期，故华冶公司在法定期限内主张优先受偿权应予支持，其可在御园一期工程欠付工程款范围内行使该优先权。

关于诉争工程质保金是否应予返还问题。御园一期工程双方在《御园一期工程结算及付款协议书》中约定，华御公司应于 2015 年 5 月 31 日前返还全部的质量保证金。目前双方约定的质保期届满，华冶公司主张返还应予支持。至于五金建材城工程，双方在《五金建材城工程结算及付款协议书》中约定的质保期尚未届满，华冶公司主张返还不予支持。

关于工程质量、维修费用承担及是否应当进行质量鉴定问题。关于御园一期工程，双方在《御园一期工程结算及付款协议书》中约定，华冶公司只对工程结构质量负责，免除其维修义务。华御公司提出的楼板厚度不够的问题仅有一户存在，而天棚不平、商服工程屋面漏雨、地下车库顶板漏雨问题均为维修范围内的事项，无证据证实其为结构质量问题。而对非工程结构质量问题及其质量保修责任，华冶公司的义务已被免除，故华御公司主张该工程应进行鉴定及华冶公司需承担维修费用，一审法院均不予支持。五金建材城工程已于 2013 年 8 月 30 日验收合格，金建公司现提出工程质量问题主张不应予以支持。金建公司提出的天棚不平、屋面漏雨、地下车库顶板漏雨均属于质保期承包方的维修事项，目前该工程尚未过质保期，质保金亦未结清，而华冶公司承诺履行维修义务，故华御公司主张应对该工程质量问题进行鉴定一审法院不予支持，双方维修费用可在质保期过后另行结算。

综上所述，五金建材城工程总价款为 134 125 754.20 元。金建公司已付款数额为 87 483 995.24 元（86 683 995.24 元 + 800 000 元），欠付工程款数额为：39 935 471.25 元［46 641 758.96 元 - 6 706 287.71 元（质保金）］。依据 2012 年 10 月 18 日华御公司名称变更前，华南公司给华冶公司出具的《关于合同权利义务概括转移有关事项的说明》，华御公司应对五金建材城工程上述欠款承担连带责任。御园一期工程总价款为 205 819 741.25 元，华御公司已付工程款数额为 179 791 431.61 元，欠付工程款数额为 25 815 917.07 元［205 819 741.25 元 - 179 791 431.61 元 - 262 392.57 元（电费）+ 50 000 元］。

关于工程款利息起算点问题。依据《施工合同司法解释》第 17 条"当事人对欠付工程价款利息计付标准有约定的，按照约定处理；没有约定的，按照中国人民银行发布的同期同类贷款利率计息"及第 18 条"利息从应付工程价款之日计付。当事人对付款时间没有约定或者约定不明的，下列时间视为应付款时间：（一）建设工程已实际交付的，为交付之日；（二）建设工程没有交付的，为提交竣工结算文件之日；（三）建设工程未交付，工程价款也未结算的，为当事人起诉之日"之规定，御园一期工程双方在《御园一期工程结算及付款协议书》第 2 条付款方式约定为"至 2014 年 7 月 30 日付款至结算值 95%"，此为双方约定的应付工程价款之日，故应以此时开始计算欠付工程款利息。五金建材城工程中双方在《五金建材城工程结算及付款协议书》中约定如金建公司未在 2014 年 7 月 15 日前审结，应以华冶公司报出的结果为结算值，金建公司未在约定的期限内结算，故该工程应于 2014 年 7 月 16 日开始计算欠付工程款利息。

综上，依据《合同法》第 8 条、第 286 条及《最高人民法院关于建设工程价款优先受偿权问题的批复》第 1 条、第 3 条、第 4 条，《施工合同司法解释》第 17 条、第 18 条第 1 项之规定，判决：金建公司自本判决生效之日起十日内，给付华冶公司五金建材城工程款人民币 39 935 471.25 元，该款自 2014 年 7 月 16 日起至本判决生效之日止按照中国人民银行同期同类贷款利率计算利息。华御公司对上述款项承担连带给付责任。华御公司自本判决生效之日起十日内，给付华冶公司御园一期工程款人民币 25 815 917.07 元。其中自 2014 年 7 月 31 日起至 2015 年 5 月 31 日止，应以人民币 15 560 611.38 元

［25 815 917.07元－10 255 305.69元（质保金）］为本金，按照中国人民银行同期同类贷款利率计算利息；自2015年6月1日起至本判决生效之日止应以人民币25 815 917.07元为本金，按照中国人民银行同期同类贷款利率计算利息。华冶公司在工程款人民币25 815 917.07元范围内享有优先受偿权。驳回华冶公司其他诉讼请求。驳回金建公司反诉请求。驳回华御公司反诉请求。如果未按本判决指定的期间履行给付金钱义务，应当依照《民事诉讼法》第253条之规定，加倍支付延迟履行期间的债务利息。案件受理费461 571.41元［456 571.41元（受理费）＋5 000.00元（保全费）］，由华御公司及金建公司承担348 560.72元，华冶公司承担113 010.69元。反诉案件受理费167 358.94元，由华御公司及金建公司承担。

最高人民法院二审认为，根据双方的诉辩主张，本案的争议焦点为：①一审判决是否严重违反法定程序？②一审判决认定的五金建材城工程价款的数额是否适当？③金建公司、华御公司关于御园一期工程质保金不应支付以及要求华冶公司支付维修费用的主张，是否能够成立？④五金建材城工程款逾期付款利息应当从何时开始计算？⑤华冶公司对御园一期工程主张工程价款优先受偿权，是否超过法定期限？针对前述焦点问题，分述如下。

1. 一审判决不存在严重违反法定程序的情形。

《民事诉讼法》第108条规定："当事人对保全或者先予执行的裁定不服的，可以申请复议一次。复议期间不停止裁定的执行。"《〈民事诉讼法〉司法解释》第171条规定："当事人对保全或者先予执行裁定不服的，可以自收到裁定书之日起五日内向作出裁定的人民法院申请复议。人民法院应当在收到复议申请后十日内审查。裁定正确的，驳回当事人的申请；裁定不当的，变更或者撤销原裁定。"第325条规定，"下列情形，可以认定为民事诉讼法第一百七十条第一款第四项规定的严重违反法定程序：（一）审判组织的组成不合法的；（二）应当回避的审判人员未回避的；（三）无诉讼行为能力人未经法定代理人代为诉讼的；（四）违法剥夺当事人辩论权利的"。华御公司主张一审法院超标查封、保全房产，属于应当通过向作出保全裁定的人民法院申请复议解决的事项，不属于二审程序的审查范围，亦不符合《民事诉讼法》第170条第1款第4项规定的严重违反法定程序之情形。据此，华御公司及金建公司提出的一审判决严重违反法定程序的上诉理由不能成立,法院不予支持。

2. 一审判决认定五金建材城工程价款的数额为 134 125 754.2 元并无不当。

《施工合同司法解释》第 20 条规定:"当事人约定,发包人收到竣工结算文件后,在约定期限内不予答复,视为认可竣工结算文件的,按照约定处理。承包人请求按照竣工结算文件结算工程价款的,应予支持。"五金建材城工程于 2013 年 8 月 30 日竣工验收,并交付使用。2013 年 10 月 10 日,华冶公司向金建公司申报该工程的竣工结算总价为 134 125 754.2 元。2013 年 11 月 25 日,金建公司在华冶公司申报的竣工结算文件上盖章确认。至此,双方完成第一次结算审核,结算总价为 134 125 754.2 元。双方约定,需要对工程价款进行第二次审核结算。2014 年 5 月 30 日,双方签订《五金建材城工程结算及付款协议书》,约定"2014 年 7 月 15 日之前完成结算双方签字确认,如因甲方(金建公司)原因不能完成结算,将以乙方(华冶公司)报出的结算书总金额为最终审定值"。但是,金建公司在 2014 年 7 月 15 日之前没有完成结算审核,直至华冶公司向一审法院提起诉讼,金建公司也未向华冶公司就五金建材城工程款数额问题作出确切答复。根据前述司法解释规定及双方合同约定,可以按照华冶公司报出的结算书总金额即双方第一次结算审定的工程价款数额 134 125 754.2 元结算工程价款。

关于金建公司提出的没有在 2014 年 7 月 15 日之前完成结算审核,不能完全归责于金建公司的主张,经审查,双方于 2014 年 5 月 30 日签订的《五金建材城工程结算及付款协议书》载明"该工程于 2013 年 8 月 30 日交工,乙方(华冶公司)于 2013 年 11 月 29 日报出甲方(金建公司)认为合格的工程结算书",据此可以认定华冶公司申报的工程结算书已经被金建公司审核合格,故金建公司提出的华冶公司对没有按照约定日期完成结算审核也有一定责任的主张,缺乏事实依据,法院不予采信。

关于金建公司提交的孙某等人签字的《五金建材城一期北区工程竣工结算书》,首先,该结算书中没有注明编制时间及审核时间,双方对编制时间和审核时间存在争议,金建公司没有证据证明该结算书形成于 2014 年 7 月 15

日之后，应当承担于己不利的法律后果。其次，该结算书上虽加盖了华冶公司及其法定代表人印章，但是金建公司作为发包人，同时作为有权审定价格之审定人没有盖章确认，只有其工作人员孙某等人在结算书上签字，不能证明金建公司具有对该价格予以审定并确认的意思表示。最后，2014 年 11 月 11 日，金建公司给华冶公司发函称："我司按照公司流程正在办理相关结算手续，现此结算已经上报我公司审计部，根据我司集团董事会关于工程结算审计要求，由我司审计部及第三方审计公司开展审计结算工作，现该项工作正在进行中，待核算完毕后将尽快办理完成此结算。"该回函表明金建公司在双方约定时间内未完成结算工作，亦同时表明其对孙某等人签字的结算书未予确认。据此，金建公司现根据孙某等人签字的结算书主张双方已对五金建材城工程结算价款达成合意，确认数额为 106 745 069.69 元，亦缺乏事实依据，法院不予采信。

关于金建公司、华御公司二审提交的《工作函》及《还款协议书》的证据效力问题。首先，《民事诉讼法》第 65 条规定："当事人对自己提出的主张应当及时提供证据。人民法院根据当事人的主张和案件审理情况，确定当事人应当提供的证据及其期限。当事人在该期限内提供证据确有困难的，可以向人民法院申请延长期限，人民法院根据当事人的申请适当延长。当事人逾期提供证据的，人民法院应当责令其说明理由；拒不说明理由或者理由不成立的，人民法院根据不同情形可以不予采纳该证据，或者采纳该证据但予以训诫、罚款。"金建公司、华御公司在一审中没有提供该《工作函》及《还款协议书》，其述称逾期举证系因一审时其内部工作人员没有交接的理由不能成立，法院不予采纳。其次，《工作函》的落款单位与盖章单位不一致，《还款协议书》既没有金建公司及华御公司的盖章，又没有华冶公司的盖章，不能证明双方对五金建材城工程结算款数额进行了变更。

综上，一审判决认定五金建材城工程价款的数额为 134 125 754.2 元，依法有据，予以维持。

3. 金建公司、华御公司关于御园一期工程质保金不应支付以及要求华冶公司支付维修费用的主张不能成立。

（1）华冶公司对御园一期工程及五金建材城工程的施工中是否存在质量

缺陷。首先，《民事诉讼法》第 64 条第 1 款规定："当事人对自己提出的主张，有责任提供证据。"《〈民事诉讼法〉司法解释》第 90 条规定："当事人对自己提出的诉讼请求所依据的事实或者反驳对方诉讼请求所依据的事实，应当提供证据加以证明，但法律另有规定的除外。在作出判决前，当事人未能提供证据或者证据不足以证明其事实主张的，由负有举证证明责任的当事人承担不利的后果。"本案中，金建公司、华御公司主张华冶公司施工的御园一期工程和五金建材城工程存在质量缺陷，对于该项主张，金建公司、华御公司有责任提供证据证明。现金建公司、华御公司提交的《商业 A 区工程施工总包（北区）质量问题汇总》《原中国华冶科工集团辽宁分公司施工御园一期住宅及商服工程出现质量问题情况说明》等证据，均系其单方制作，不足以证明其主张。

其次，在御园一期工程中，双方签订的《御园一期工程结算及付款协议书》约定，现场工程质量缺陷全部由华御公司承担，华冶公司只对工程结构质量负责。同时，御园一期工程《工程质量保修书》中，将主体结构工程与其他工程项目相区分进行约定，如将地基基础工程、主体结构工程、屋面防水工程、地下室防水工程、装修工程、供热与供冷系统等分别予以约定。华御公司提出的御园一期工程存在楼板厚度不够（仅一户）、天棚不平、屋面漏雨、地下车库顶板漏雨等问题，均系《工程质量保修书》中约定的装修及屋面防水、地下室防水等方面的问题，在《工程质量保修书》中均可找到对应项目，故一审法院认定华御公司所提质量问题不属于工程结构质量问题，不予准许华御公司提出的质量鉴定申请，均无不当。二审中，华御公司向法院提交同样的鉴定申请，法院亦不予准许。据此，华御公司主张御园一期工程存在工程结构质量缺陷，缺乏事实依据。双方签订的《御园一期工程结算及付款协议书》约定，质量保证金于 2015 年 5 月 31 日前付清。虽然在华冶公司起诉时，质保金的支付期限尚未届满，但是在一审开庭审理时，支付期限已经届满，一审判决判令华御公司履行支付义务，并无不当。

最后，在五金建材城工程中，双方签订的五金建材城《工程质量保修书》约定，防水工程的保修期是 5 年，其他工程项目的保修期是 2 年。五金建材城工程于 2013 年 8 月 30 日通过竣工验收，一审诉讼时尚在合同约定的保修期内。金建公司提出的五金建材城工程存在地暖漏水造成墙面、地面污染，墙面、棚顶裂缝，因室内漏雨造成涂料污染等问题，可以按照《工程质量保修书》的约定通知华冶公司予以维修。

（2）金建公司、华御公司要求华冶公司支付维修费用的主张能否成立。首先，在御园一期工程中，双方约定华冶公司仅对该工程的结构质量负责。华御公司提出的质量问题，均属于《工程质量保修书》约定的工程结构质量以外的问题，华御公司要求支付维修费，没有合同依据。

其次，至本案一审时，五金建材城保修期尚未届满，如果金建公司认为工程存在质量问题，应当按照《建设工程施工合同》约定，及时通知华冶公司修正，只有华冶公司未能在规定时间内修正某项质量缺陷，则金建公司可自行或指派第三方修正缺陷，因此产生的费用由华冶公司承担。现金建公司提供的证据不足以证明其发现质量缺陷后已经及时通知了华冶公司修止，也不足以证明华冶公司怠于履行维修义务或者未能在规定时间内修正某项质量缺陷，故其主张维修费用亦缺乏证据证明。

据此，金建公司、华御公司该项主张，不能成立，一审法院对其提出的鉴定维修费用的申请不予准许，并无不当。二审中，金建公司、华御公司向法院提交同样的鉴定申请，亦不予准许。

4. 一审判决认定的五金建材城工程款逾期付款利息的起算时间并无不当。

《施工合同司法解释》第18条规定，"利息从应付工程价款之日计付。当事人对付款时间没有约定或者约定不明的，下列时间视为应付款时间：（一）建设工程已实际交付的，为交付之日；（二）建设工程没有交付的，为提交竣工结算文件之日；（三）建设工程未交付，工程价款也未结算的，为当事人起诉之日。"本案中，五金建材城工程已于2013年8月30日通过竣工验收，并交付使用。华冶公司于2013年11月29日报出的工程结算书，金建公司认为合格，双方约定在2014年7月15日之前完成结算。双方没有约定付款时间，按照前述司法解释规定，可以自建设工程交付之日计算利息。考虑到双方对结算期限进行了约定，一审判决自结算期限届满之次日开始计算利息，不违反前述司法解释规定，同时也符合双方合同约定。

如前所述，金建公司、华御公司逾期提供《工作函》及《还款协议书》的理由不成立，同时《还款协议书》双方均没有盖章签字，不能证明双方对付款时间进行了变更。据此，金建公司提出的应按照《还款协议书》约定自2014年11月15日开始计算利息之主张，不能成立，法院不予支持。

5. 华冶公司对御园一期工程主张工程价款优先受偿权并未超过司法解释规定的期限。

《最高人民法院关于建设工程价款优先受偿权问题的批复》第4条规定："建设工程承包人行使优先受偿权的期限为六个月，自建设工程竣工之日或者建设工程合同约定的竣工之日起计算。"本案中，双方建设工程施工合同约定的竣工日期为2013年10月20日，此时工程并未施工完毕，直至华冶公司向一审法院起诉时，御园一期工程尚未通过竣工验收，但已于2015年1月交付业主使用。《施工合同司法解释》第14条第3项规定："建设工程未经竣工验收，发包人擅自使用的，以转移占有建设工程之日为竣工日期。"一审法院据此认定御园一期工程的竣工日期为2015年1月，以及华冶公司行使建设工程价款优先受偿权并未超过六个月的期限，并无不当。

综上所述，一审判决认定事实清楚，适用法律正确，审判程序合法，应当予以维持。金建公司及华御公司的上诉理由不能成立。依照《民事诉讼法》第170条第1款第1项、第175条之规定，判决如下：驳回上诉，维持原判。

【工程知识】

1. 工程价款结算：依据《建设工程价款结算暂行办法》（财建〔2004〕369号）第3条可知，建设工程价款结算是指对建设工程的合同价款进行约定和依据合同约定进行工程预付款、工程进度款、工程竣工价款结算的活动。

2. 建设工程质量保修：建设工程质量保修是指建设工程竣工经验收合格后，在规定的保修期限内，因勘察、设计、施工、材料等原因造成的质量缺陷，应当由施工承包单位负责维修、返工或更换，由责任单位负责赔偿损失的法律制度。建设工程质量保修对于促进建设各方加强质量管理，保护用户及消费者的合法权益可起到重要的保障作用。

3. 建设工程保修期：建设工程保修期是指在正常使用条件下，建设工程的最低保修期限，其在国务院颁布的行政法规《建设工程质量管理条例》中有具体的规定。

4. 建设工程质量保证金：建设工程质量保证金是指发包人与承包人在建设工程承包合同中约定，从应付的工程款中预留，用以保证承包人在缺陷责任期内对建设工程出现的缺陷进行维修的资金，其在住房和城乡建设部和财政部发布的《建设工程质量保证金管理办法》中有具体的规定。

5. 建设工程质量缺陷：是指建设工程质量不符合工程建设强制性标准、设计文件以及承包合同的约定，其在住房和城乡建设部和财政部发布的《建设工程质量保证金管理办法》中有具体的规定。

【工程管理实务解读】

（1）建设工程的质量是建设工程的生命线，是交付使用或投产运营的基本要求，没有质量保障的建设工程是危险的。但工程质量问题有大有小、有轻有重，有的影响安全，有的影响使用，有的影响舒适，有的影响美观。影响安全的情况一般会涉及主体结构或地基基础，往往需要加固方案，甚至需重建，若涉及其他的质量问题，往往需要施工承包人返工、维修或保修。因此呢，处理工程质量纠纷切不能一概而论，应科学分类、合理区分、适时应对，对不同的部位、不同的问题、不同的阶段等，可采取不同的应对策略和法律手段。

（2）任何工程实体的完工和使用之前，都需要一个施工建造的过程，这个施工建造过程的履行效果和质量，决定着整个工程实体的安全等级和质量标准。对于已经验收合格的建设工程，若在缺陷责任期和保修期内出现了质量问题，依据法律法规的规定，施工承包人有负责保修和维修的义务，这是本篇实例想反映的重点。

（3）但是，在分析论证承包人保修责任之前，我们需要了解两个最基本的概念：首先，根据住房和城乡建设部《建设工程质量保证金管理办法》第2条第3款可知，建设工程的质量缺陷责任期一般为一年，最长不超过两年，可由发承包双方在合同（施工合同或者质量保修责任书合同）中约定。质量缺陷责任期在不超过两年的前提下是可以约定的，并没有固定而僵化的时间限制，其目的主要是解决质量保证金的返还的问题，因为质量保证金是承包人应得工程价款的一部分，若长时间被发包人占有会加大承包人的资金经济压力，造成对承包人及施工工人的不公平。其次，工程质量保修期早在 2000 年国务院发布的《建设工程质量管理条例》中就有明确规定，其中第 40 条"在正常使用条件下，建设工程的最低保修期限为：（一）基础设施工程、房屋建筑的地基基础工程和主体结构工程，为设计文件规定的该工程的合理使用年限；（二）屋面防水工程、有防水要求的卫生间、房间和外墙面的防渗漏，为 5 年；（三）供热与供冷系统，为 2 个采暖期、供冷期；（四）电气管线、给排水管道、设备安装和装修工程，为 2 年。其他项目的保修期限由发包方与承包方约定。建设工程的保修期，自竣工验收合格之日起计算"和第 41 条"建设工程在保修范围和保修期限内发生质量问题的，施工单位应当履行保修义务，并对造成的损失承担赔偿责任"已规定得比较清晰，即明确了工程不同部位有不同的质量保修期；工程质量保修期是法律要求的最低期限，发承包双方之间约定的保修期可以长于法定保修期，短于则不具备法律效力；建设工程的保修期自竣工验收合格之日起计算，竣工验收之前的质量问题不属于保修范围；在保修期内出现的质量问题，施工承包人应履行保修义务，承担保修责任并对造成的损失赔偿。

通过上述的分析对比，我们不难发现，建设工程质量的缺陷责任期与保修期不是一个法律概念，所针对的重点问题也不一样，但是两者有相互交叉和重合的部分。

（4）在保修期内，发包人或业主发现了施工质量问题，有按照法律规定和合同约定要求施工承包人履行保修义务和承担保修责任的权利，但具体的权利，需要依法依约来行使。

一般情况下，发包人应按照合同约定的方式和程序向承包人发送保修通知，2017 版《建设工程施工合同（示范文本）》通用合同条款第 15.4.3 条"修复通知"约定："在保修期内，发包人在使用过程中，发现已接收的工程存在缺陷或损坏的，应书面通知承包人予以修复，但情况紧急必须立即修复缺陷或损坏的，发包人可以口头通知承包人并在口头通知后 48 小时内书面确认，承包人应在专用合同条款约定的合理期限内到达工程现场并修复缺陷或损坏。"

但是，若发包人向施工承包人送达修复通知后，承包人拒绝前来怎么办？法律赋予了发包人自己维修或者委托第三方维修的权利，修复所发生的费用和造成的损失可以在预留的质量保证金中予以扣除或者向施工承包人进行主张和追偿。2017 版《建设工程施工合同（示范文本）》通用合同条款第 15.4.4 条"未能修复"也有明确约定："因承包人原因造成工程的缺陷或损坏，承包人拒绝维修或未能在合理期限内修复缺陷或损坏，且经发包人书面催告后仍未修复的，发包人有权自行修复或委托第三方修复，所需费用由承包人承担。但修复范围超出缺陷或损坏范围的，超出范围部分的修复费用由发包人承担。"

（5）《民事诉讼法》第 67 条第 1 款规定："当事人对自己提出的主张，有责任提供证据"。《〈民事诉讼法〉司法解释》第 90 条规定，"当事人对自己提出的诉讼请求所依据的事实或者反驳对方诉讼请求所依据的事实，应当提供证据加以证明，但法律另有规定的除外。在作出判决前，当事人未能提供证据或者证据不足以证明其事实主张的，由负有举证证明责任的当事人承担不利的后果"；第 91 条规定，"人民法院应当依照下列原则确定举证证明责任的承担，但法律另有规定的除外：（一）主张法律关系存在的当事人，应当对产生该法律关系的基本事实承担举证证明责任；（二）主张法律关系变更、消灭或者权利受到妨害的当事人，应当对该法律关系变更、消灭或者权利受到妨害的基本事实承担举证证明责任"。

从上述法律及司法解释中可以得出"谁主张谁举证，谁该举证却无法举证则由其承担举证不能的不利后果"的基本认知，此为民事诉讼的精髓，除了侵权责任法律、知识产权法律、劳动关系法律中个别的、明确规定的举证责任倒置的情形外，绝大多数民事法律关系的认定、事实的认定、过错的认定等，均是适用"谁主张、谁举证"的基本证据规则的。

（6）保修期间，发生质量问题，若承包人拒绝维修，且催告后仍未前来履行保修义务，那么发包人可自行维修或者委托第三方予以维修，发生的费用和造成的损失由承包人来承担。在承包人拒绝修复的情况下，若想顺利达到最终修复费用和损失由施工承包人买单的目的，发包人必须做好取证和证据保全工作，否则会承担上述所讲到的举证不能的不利后果。如何做好证据保全工作，是发包人的工作重点。

首先，发包人应按照合同约定的方式和程序将出现的由其施工的且尚在质保期的质量问题通知到施工承包人。向约定的保修通知送达地址、电子邮箱、承包人注册地或主要办事机构所在地等同时送达，且上述各种送达方式均可以同步录音录像甚至可以采用公证送达的方式予以固定证据和保全证据。

其次，在保修通知送达后，指定的合理时间内施工承包人没来维修，可立即再通过上面的方式向其发送质量修复催告函，给其一个相对合理的期限，当然这个催告函也要通过上述方式做好证据固定和留存。

再次，在催告函送达施工承包人并经过合理的催告期间后，发包人可自行维修或者委托具有相关施工或劳务资质的企业进行维修，签署正规的书面维修施工合同，留存好维修施工资料和造价资料，并对整个维修过程进行行为公证予以证据保全，支付维修进度款和结算款时需向维修单位索要正规的税务发票。当然，购买材料、设备，租赁机械机具等都要留存好书面合同、付款凭证、检验记录、进场记录等，以形成完整的维修委托、维修过程记录、人材机购买或租赁、造价审核、付款及发票等，全过程、全链条的证据材料。

最后，可向施工承包人发送上述完整的证据材料复印件以要求其承担相关费用，若承包人仍拒绝理会，建议直接发起诉讼，用法律武器维护自身合法权益，因为所有的证据均已提前保全完整，所以胜诉的可能性或者进入诉讼后避免鉴定并由法院组织调解成功的可能性都是很大的。否则，很有可能会出现上述案例中最高人民法院认定的"在五金建材城工程中，至本案一审时，五金建材城保修期尚未届满，如果金建公司认为工程存在质量问题，应当按照《建设工程施工合同》约定，及时通知华冶公司修正，只有华冶公司未能在规定时间内修正某项质量缺陷，则金建公司可自行或指派第三方修正缺陷，因此产生的费用由华冶公司承担。现金建公司提供的证据不足以证明其发现质量缺陷后已经及时通知华冶公司修正，也不足以证明华冶公司怠于履行维修义务或者未能在规定时间内修正某项质量缺陷，故其主张维修费用亦缺乏证据证明"的因证据保全不利出现的被动局面。

【法律依据】

1. 《〈民事诉讼法〉司法解释》第 90 条、第 91 条、第 92 条、第 93 条。

2. 《民事诉讼法》第 64 条、第 65 条。

3. 《建设工程质量管理条例》第 39 条、第 40 条、第 41 条。

4. 《建设工程质量保证金管理办法》第 2 条、第 3 条。

实例 21　工程无法修复的法律责任

【案情简介】

再审申请人（一审原告、反诉被告、二审被上诉人）：宝泉公司

被申请人（一审被告、反诉原告、二审上诉人）：长安公司

一审第三人：长春市博亚建筑设计有限公司（以下简称博亚公司）

2012 年 5 月 8 日，宝泉公司（甲方）与长安公司（乙方）签订《建设工程施工合同及补充条款（示范文本)》，将其开发的汪清县新天府综合区一期工程发包给长安公司施工。

2014 年 5 月 11 日，长安公司施工的综合楼外墙体玻璃丝棉保温板发生脱落，双方因外墙体保温板维修事宜发生争议。经由建设主管部门组织质量检测，设计单位、监理单位、施工单位、建设单位进行会商，结论为外墙体玻璃丝棉保温板工程无法修复，只能在现有基础上采用铝单板干挂。因长安公司无该项施工资质，由宝泉公司将该工程发包给案外人北京市金星卓宏幕墙工程有限公司吉林分公司施工完成，竣工时间为 2015 年 8 月 30 日。经宝泉公司申请，一审法院委托延边明正工程造价咨询有限公司对外墙体铝单板幕墙工程造价进行鉴定，鉴定结论认为造价是 11 269 075 元，宝泉公司为此支付鉴定费 8 万元。经宝泉公司申请，一审法院委托吉林省建筑工程质量检测中心对长安公司施工的综合楼外墙体玻璃丝棉保温板工程质量进行鉴定，结论为：①玻璃丝棉复合板粘贴面积除十一层部分面积外，其余的均不满足标准要求；②玻璃丝棉复合保温板面层网格布施工采用一布二浆做法；③玻璃丝棉复合保温板底板与基层拉伸粘结强度过低，出现脱离现象，无法对其按试验标准进行拉伸粘结强度勘验，不满足标准要求；④胶粘剂与基层拉伸粘结强度不满足标准要求；⑤补锚栓后，其总数量多数满足标准要求，占总数的 80%；⑥原有锚栓锚固力多数不满足标准要求，占总数的 60%，后补锚

栓锚固力均不满足标准要求；⑦工程外墙外保温做法与设计不符。宝泉公司为此支付鉴定费 89 220 元。

另查明，涉案工程施工设计由博亚公司设计完成，其中外墙体设计使用的材料为玻璃丝棉复合保温板，现该建筑材料已被国家建设主管部门禁止使用于高层建筑物外墙体装饰工程。

【审理结果】

一审法院认为，《合同法》第 281 条规定："因施工人的原因致使建设工程质量不符合约定的，发包人有权要求施工人在合理期限内无偿修理或者返工、改建。经过修理或者返工、改建后，造成逾期交付的，施工人应当承担违约责任。"本案中，长安公司在施工过程中未对玻璃丝棉复合保温板交付检验便使用，其未严格按照施工技术标准进行施工，是导致外墙体装饰工程质量不合格并无法修复的直接原因。由于外墙玻璃丝棉复合保温板工程质量不合格且无法修复，在长安公司以其不具备干挂工程施工资质为由拒绝改建的情况下，宝泉公司将外墙装饰工程由玻璃丝棉复合保温板施工变更为铝单板干挂施工，并将变更后的施工工程另行发包他人施工符合法律规定，所发生的改建费用超出原玻璃丝棉复合保温板单项工程价款的部分应当由长安公司承担。

二审法院认为：依据《施工合同司法解释》第 13 条"建设工程未经竣工验收，发包人擅自使用后，又以使用部分质量不符合约定为由主张权利的，不予支持；但是承包人应当在建设工程的合理使用寿命内对地基基础工程和主体结构质量承担民事责任"的规定，虽宝泉公司因涉案工程未经验收合格擅自使用而丧失了向长安公司主张工程质量不符合约定的权利，但因长安公司对于上述施工质量不合格存在事实上的施工责任，且其予以认可，故应由长安公司对上述工程质量问题承担一定的修复责任。关于长安公司应承担外墙铝单板幕墙工程款的数额问题。经一审法院委托鉴定，涉案工程外墙铝单板幕墙工程造价为 11 269 075 元。对于该笔费用，应由长安公司和宝泉公司按比例分担。

再审法院认为：关于造成涉案外墙保温工程质量缺陷的责任。由于司法鉴定结论及长安公司的自认，均表明涉案外墙保温工程质量缺陷系因施工人施工不符合规范标准或设计要求等造成的。故，在案证据证明，造成涉案外墙保温工程质量缺陷的责任在施工方，即长安公司。

关于长安公司应否承担工程质量缺陷的民事责任。宝泉公司在工程完工后依约履行了工程验收义务，但因长安公司施工的工程存在质量缺陷问题而未能通过验收。由于涉案工程为酒店用房，发生质量争议的系外墙保温工程，即使宝泉公司在协商解决工程质量缺陷的同时进行酒店内部装修，在不影响解决质量问题的前提下，也应属于防止损失扩大的合理行为，不宜据此认定发包人丧失就涉案外墙保温工程质量缺陷主张施工人承担民事责任的权利。

关于涉案外墙保温工程款及改建费用的承担。因长安公司施工的外墙保温工程质量缺陷无法修复，宝泉公司通过采用铝单板干挂改建方式完成外墙保温工程，为此超出原外墙保温工程造价的工程款 6 855 796 元，应认定属长安公司施工的工程质量缺陷给宝泉公司造成的损失，长安公司应承担赔偿责任。但因涉案外墙保温工程质量缺陷系采用铝单板干挂方式改建，改建造价远高于原外墙工程造价，且原设计使用的外墙保温材料已被限制使用，改建后的外墙保温工程避免了原设计使用的材料因不具有耐久性等缺陷而在将来使用过程中可能出现的问题。故，法院酌定，就宝泉公司涉案外墙保温工程改建超出原工程造价的费用 6 855 796 元，由长安公司承担 60% 的赔偿责任，即 4 113 477.6 元，其余部分由宝泉公司自行承担。

【工程知识】

1. 建筑材料的防火等级：《建筑材料及制品燃烧性能分级》将建筑材料的燃烧性能划分为 A1、A2、B、C、D、E、F 或 A1fl、A2fl、Bfl、Cfl、Dfl、Efl、Ffl 七个级别。

2. 聚苯乙烯泡沫板：又名泡沫板、EPS 板，是由含有挥发性液体发泡剂的可发性聚苯乙烯珠粒，经加热预发后在模具中加热成型的白色物体，其结构特点为有微细闭孔，主要用于建筑墙体，屋面保温，复合板保温，冷库、空调、车辆、船舶的保温隔热，地板采暖，装潢雕刻等，用途非常广泛。

3. 憎水性：反映材料耐水渗透的一个技术指标，以经规定的方式，一定流量的水流喷淋之后，试样中未透水部分的体积百分率来表示。在复合绝缘子行业中，憎水性也被称为湿润性，由复合绝缘子外绝缘体（硅橡胶）的表面张力决定，表征水分对复合绝缘子外绝缘的湿润能力。一般有三种憎水性的测试方法：接触法、表面张力法和喷水分级法。其中喷水分级法最早由瑞典输电研究所（STRI）提出，采用 HC 等级表征憎水性状态，其中 HC1 ~ HC3 为憎水性状态，HC4 为中间过渡状态，HC5 ~ HC7 为亲水状态。当材料的润湿角大于 90 度时，该材料被称为憎水性材料。

4. 一布二浆：一种施工工艺，一布指一层网格布，二浆指抹二遍抗裂砂浆。粘贴保温板之前，先用抗裂砂浆点粘，等保温板打上胀钉后，挂网格布，再抹一遍抗裂砂浆。

5. 锚栓：是一切后锚固组件的总称，应用范围很广。按原材料不同分为金属锚栓和非金属锚栓。按锚固机理不同分为膨胀型锚栓、扩孔型锚栓、粘结型锚栓、混凝土螺钉、射钉、混凝土钉等。

【工程管理实务解读】

（1）建设工程在投入使用前必须要经过法定的验收程序，未经验收的工程项目不得交付使用。对于存在的质量问题，无法修复或者未经修复的，建设单位或者发包人应当拒绝验收，严禁非法验收，确保移交和使用的工程质量合格，保障人民生命财产安全。

（2）在建设工程竣工验收之前，出现的质量问题，施工承包人应主动返工、维修、修复或者重建。《建筑法》第 60 条明确规定，"建筑物在合理使用寿命内，必须确保地基基础工程和主体结构的质量。建筑工程竣工时，屋顶、墙面不得留有渗漏、开裂等质量缺陷；对已发现的质量缺陷，建筑施工企业应当修复。"《建设工程质量管理条例》第 32 条规定，"施工单位对施工中出现质量问题的建设工程或者竣工验收不合格的建设工程，应当负责返修"。《民法典》第 801 条规定，"因施工人的原因致使建设工程质量不符合约定的，发包人有权请求施工人在合理期限内无偿修理或者返工、改建。经过修理或者返工、改建后，造成逾期交付的，施工人应当承担违约责任"。

（3）实务中存在各类建设工程项目，有房屋建筑、市政工程、工业建筑、公路工程、航空港口工程、铁路工程等，每种工程都有其特殊性和专业性，验收条件并不完全相同。就拿最常见的房屋建筑和市政基础设施工程来说，其通过验收应至少符合下列条件：①完成工程设计和合同约定的各项内容。②施工单位在工程完工后对工程质量进行了检查，确认工程质量符合有关法律、法规和工程建设强制性标准，符合设计文件及合同要求，并提出工程竣工报告。工程竣工报告应经项目经理和施工单位有关负责人审核签字。③对于委托监理的工程项目，监理单位对工程进行了质量评估，具有完整的监理资料，并提出工程质量评估报告。工程质量评估报告应经总监理工程师和监理单位的有关负责人审核签字。④勘察、设计单位对勘察、设计文件及施工过程中由设计单位签署的设计变更通知书进行检查，并提出质量检查报告。质量检查报告应经该项目勘察、设计负责人和勘察、设计单位的有关负责人审核签字。⑤有完整的技术档案和施工管理资料。⑥有工程使用的主要建筑材料、建筑构配件和设备的进场试验报告，以及工程质量检测和功能性试验资料。⑦建设单位已按合同约定支付工程款。⑧有施工单位签署的工程质量保修书。⑨对于住宅工程进行分户验收，验收合格的，建设单位按户出具"住宅工程质量分户验收表"。⑩建设主管部门及工程质量监督机构责令整改的问题全部整改完毕。

（4）建设工程竣工验收应当按以下程序进行：①工程完工后，施工单位向建设单位提交工程竣工报告，申请工程竣工验收。实行监理的工程，工程竣工报告须经总监理工程师签署意见。②建设单位收到工程竣工报告后，对符合竣工验收要求的工程，组织勘察、设计、施工、监理等单位组成验收组，制订验收方案。对于重大工程和技术复杂的工程，根据需要可邀请有关专家参加验收组。③建设单位应当在工程竣工验收 7 个工作日前将验收的时间、地点及验收组名单书面通知负责监督该工程的工程质量监督机构。④建设单位组织工程竣工验收。对工程勘察、设计、施工、设备安装质量和各管理环节等方面作出全面评价，形成由验收组人员签署的工程竣工验收意见。参与工程竣工验收的建设、勘察、设计、施工、监理等各方不能形成一致意见时，应当协商提出解决的方法，待意见一致后，重新组织工程竣工验收。

【法律依据】

1.《建筑法》第 60 条。

2.《建设工程质量管理条例》第 32 条。

3.《房屋建筑和市政基础设施工程竣工验收规定》第 3 条、第 4 条、第 5 条、第 6 条、第 7 条、第 8 条、第 9 条。

第 四 篇

建设工程
工期实务解读

一、开竣工时间

实例1　开工条件未成就的，不能将开工通知载明的时间认定为开工时间

【案情简介】

上诉人（原审被告、反诉原告）：金盛公司

被上诉人（原审原告、反诉被告）：维景公司

原审被告：茂丰公司

原审被告：十五分部

2009年12月，十五分部以竞价招租的方式确定金盛公司为中标单位。2010年9月19日，十五分部（甲方、出租方）和金盛公司（乙方、承租方）签订《军队房地产租赁合同》，甲方将淮安市淮海西路85号场地出租给乙方用于商业营销。2012年10月1日，十五分部（甲方、出租方）和金盛公司（乙方、承租方）就上述地块再次签订《军队房地产租赁合同》，租赁期限从2012年10月1日至2015年9月30日，租金总额（不含水、电、暖、气、设备、物业等费用）2 730万元，年租金900万元，租金按季结算，乙方于每季前十日内交付。

2011年6月9日，金盛公司、茂丰公司作为发包人与维景公司签订《施工承包合同书》，将淮安市淮海西路85号爱家精品装饰城土建（不含门窗）、水电（不含消防及高压配电）工程发包给维景公司施工，主体工期为150个工作日，合同暂定价为1.5亿元。2013年10月12日，维景公司向金盛公司出具工程联系单，内容为：十五分部综合楼项目现已完成主体结构封顶，根据合同内容相关条款，主体结构封顶后三日内应付工程款3 000万元，扣除贵公司代付工人工资约600万元，贵公司此次实际应付工程款为2 400万元

左右。金盛公司的徐甲于 2013 年 10 月 13 日签收并在该工程联系单中注明"十五分部综合楼原八层，现改为六层，于 2013 年 10 月 12 日完成最后一块 C 区北段砼施工"。

2013 年 11 月 1 日，维景公司委托江苏兴宇律师事务所向金盛公司发出律师函，称涉案工程于 2013 年 10 月 12 日封顶，金盛公司应在主体结构封顶后三日内支付约定的 3 000 万元工程款，金盛公司未按合同履行，造成工人罢工，各项损失已发生，要求金盛公司接函后立即向维景公司支付上述款项。

2013 年 12 月 10 日，金盛公司以维景公司为被告向一审法院提起诉讼，要求：①解除双方签订的建设工程施工合同；②维景公司承担违约金 500 万元、赔偿逾期施工损失 8 000 万元；③对维景公司已经完成的工程量及工程价款进行审计。2014 年 2 月 18 日，双方以达成庭外和解协议为由，撤回起诉。

2014 年 7 月 14 日，金盛公司再次以维景公司为被告提起诉讼，要求：解除双方的建设工程施工合同；维景公司交付已完成工程量，并对已完工程量价款进行审计；维景公司赔偿工期延误造成的损失。后维景公司申请追加茂丰公司、十五分部为第三人参加诉讼。

在案件审理过程中，经各方当事人同意，一审法院委托江苏泽豪工程咨询管理有限公司对维景公司已完工程量进行造价鉴定，2015 年 7 月 8 日该所出具鉴定报告，鉴定结论为：土建造价为 51 105 401.31 元、安装造价为 652 302.36 元，合计 51 757 703.67 元。鉴定报告附注：在不考虑工期受何方影响的情况下，施工单位提出施工工期增加 3 台塔吊的费用如下。人工费 50 988 元、材料费 6 290 元、机械费 370 238 元。维景公司对该鉴定报告无异议，金盛公司提出 4 项异议，其中包括施工工期。

【审理结果】

一审法院认为：金盛公司认为根据维景公司提供的多份证据证明涉案工程于 2012 年 4 月月初正式施工，维景公司自认 2013 年 10 月 12 日主体结构封顶。而鉴定报告却认定维景公司施工工期为 2012 年 11 月 7 日至 2013 年 8 月 13 日，工期认定错误必然影响工程造价的认定。对开工日期，金盛公司提供了 2012 年 4 月 1 日的开工通知书，2012 年 4 月 9 日、5 月 10 日、5 月 27 日、5 月 23 日、6 月 10 日工程联系单，2012 年 5 月 20 日、6 月 1 日代付工人工资，9 月 25 日支付维景公司工程款等证据证明开工日期为 2012 年 4 月月初。维景公司认为虽然茂丰公司通知其 2012 年 4 月 10 日开工，但实际上现场不具备开工条件，因为金盛公司分包的土方工程尚未结束，其虽然进场，但无法全面开展工作。且 2012 年 11 月 5 日的工序质量报验单、2012 年 11 月 4 日的混凝土浇筑报审表、2012 年 9 月 22 日的建设单位工程联系单可以印证现场具备开工条件的日期为 2012 年 11 月 7 日。一审法院对双方提供的证据审查后认为，金盛公司提供的证据只能反映维景公司的进场时间，并不能直接证明维景公司的开工时间，而维景公司提供的 2012 年 11 月 5 日的工序质量报验单、2012 年 11 月 4 日的混凝土浇筑报审表能够反映维景公司施工的基础工程的开工时间为 2012 年 11 月 5 日，与鉴定报告确定的开工时间基本吻合，且上述证据均经金盛公司项目负责人马某签字确认。故对金盛公司主张开工时间为 2012 年 4 月月初的主张，一审法院不予采信。

二审法院认为：建设工程施工合同的开工日期的确定，一般以开工通知书载明的开工时间为依据。因发包人原因导致在开工通知发出时开工条件尚不具备的，以开工条件具备的时间确定开工日期。根据金盛公司二审提交的材料，茂丰公司将涉案工程项目的土方工程发包给淮安市东建拆除建筑有限公司，双方于 2011 年 7 月 1 日签订《土方工程合同》，合同约定工期为 25 个工作日。维景公司承建涉案工程项目后续的土建、水电工程。2012 年 4 月 1 日茂丰公司向维景公司发出开工通知书，内容为：工程现场已符合开工条件，请维景公司于 2012 年 4 月 8 日进场，本公司于 2012 年 4 月 10 日正式开始土方开挖。上述情况可以反映出 2012 年 4 月 10 日涉案工程的土方工程还存在刚开挖的情况，尚不具备开工条件。鉴于涉案工程分区域施工，各区域的土方工程实际开工时间不一致，但一个工程只能计算一个开工时间，鉴定附件中说以 B 区施工情况确定开工时间，因此认定涉案工程的工期为 2012 年 11 月 7 日至 2013 年 8 月 13 日，并以此工期计算工程款数额。金盛公司提供的付款凭证、混凝土结账表等证据并不能直接反映维景公司的开工状况。而维景公司提供的工序质量报验单、混凝土浇筑报审表反映其开工时间为 2012 年

11 月 5 日，与鉴定报告确定的开工时间基本一致。一审法院依据鉴定报告，结合双方证据综合分析后认定涉案工程的开工时间为 2012 年 11 月 7 日，并无不当，法院予以维持。

【工程知识】

1. 开工日期：《建设工程施工合同（示范文本）》（GF—1999—0201）第 1.15 项规定，开工日期是指发包人承包人在协议书中约定，承包人开始施工的绝对或相对的日期。

《建设工程施工合同（示范文本）》（GF—2017—0201）第 1.1.4.1 项规定开工日期包括计划开工日期和实际开工日期。计划开工日期是指合同协议书约定的开工日期；实际开工日期是指监理人按照第 7.3.2 项〔开工通知〕约定发出的符合法律规定的开工通知中载明的开工日期。

2. 开工通知书：是指监理单位按照施工合同约定的期限，经发包人同意后通知承包人进行开工建设的书面文件。

3. 土方工程：是土建工程施工中的重要组成部分，包括土方的开挖、运输、填筑与弃土、平整与压实等主要施工过程，以及场地清理、测量放线、施工排水、降水和土壁支护等准备工作与辅助工作。

【工程管理实务解读】

本涉案及开工时间认定问题中比较特殊的情况，即开工条件未成就或者说开工条件不具备的情况下，如何认定开工时间？

实践中一般建筑施工开工条件主要包括以下几方面：①施工图经过审核（现在规定由具有审图资质的第三方企业审图）并加盖审图章；另外，设计单位、施工单位、监理单位、建设单位进行图纸会审、交底，图纸会审记录已经有关单位会签、盖章并发给有关单位；②合同或协议已经签订（虽然《建筑法》中未明确规定，但是办理开工许可证时必须具备合同文件）；③建筑工程施工许可证已经办理、领取（由建设单位办理，施工单位配合）；④三材指标或实物已经落实；⑤施工组织设计（或施工方案）已经编制，并经批准；⑥施工图预算已经编制和审定，施工资金准备完善等。

建设工程施工合同的开工日期的确定，一般以开工通知书载明的开工时间为依据。因发包人原因导致在开工通知发出时开工条件尚不具备的，以具备开工条件的时间确定开工日期。问题的关键在于具备开工时间如何进行确定，该案中一审、二审法院均根据双方提供的相关证据，包括质量报验单、混凝土浇筑报审表、付款凭证等材料，并结合鉴定报告确认的时间综合认定开工时间。

由此可见，在开工条件不具备情况下，发包人的开工通知不能作为认定开工的依据。在此笔者也提醒，在不具备开工条件时，承包人是可以拒绝开工的，若发包人强令开工应当做好签证手续，明确约定进场施工不视为开工，防止发生纠纷。

【法律依据】

1. 《建筑法》第 7 条。

2. 《施工合同司法解释（一）》第 8 条。

3. 《北京市高级人民法院关于审理建设工程施工合同纠纷案件若干疑难问题的解答》第 25 点。

4. 《广东省高级人民法院关于审理建设工程合同纠纷案件疑难问题的解答》第 19 点。

5. 《安徽省高级人民法院关于审理建设工程施工合同纠纷案件适用法律问题的指导意见（二）》第 3 条。

6. 《浙江省高级人民法院民事审判第一庭关于审理建设工程施工合同纠纷案件若干疑难问题的解答》第 5 点。

7. 《深圳市中级人民法院关于审理建设工程施工合同纠纷案件的指导意见》第 6 点。

8. 《深圳仲裁委关于审理建设工程施工合同案件若干问题的意见》第 3 点关于开工时间的认定意见。

9. 《宣城市中级人民法院关于审理建设工程施工合同纠纷案件若干问题的指导意见（试行）》第 10 条。

10. 《建设工程施工合同（示范文本）》（GF—2017—0201）第 7.3.2 条。

附件1：

开工通知书样本

工程名称：
致：_____公司（承包人全称） 你方承包的工程，已具备开工条件，现签发开工令 施工工期为_____至_____ 工作内容为_____ 见：_____工程项目方案。   发包人（公章）： 发包人代表： 日　　期：
工程监理意见：   工程监理： 监理工程师： 日　　期：
承包人签收意见：   承包人： 承包人代表： 日　　期：

附件2:

工程联系单样本

施工单位		时间	
监理单位		编号	
工程名称			
关　于			
特此 　报告! 　　　　　　　　　　　　　　　　　　项目部(加盖公章)			
审　定		拟稿	
监理单位意见:		建设单位意见:	

实例2　实际进场日期能否作为开工日期

【案情简介】

再审申请人（一审被告、二审上诉人）：广州市建筑集团有限公司（以下简称建筑集团）

被申请人（一审原告、二审上诉人）：广州东顺房地产开发有限公司（以下简称东顺公司）

建筑集团申请再审称：

第一，有新的证据，足以推翻二审判决。

建筑集团申请再审提交如下证据：①2012年8月8日，建筑集团向广州市天河区人民法院递交的《调阅证据申请书》。②2012年8月31日，建筑集团向二审法院提交的《鉴定申请书》。③二审法院的《诉讼资料接收凭证》。上述三份证据欲证明建筑集团向二审法院申请了鉴定和调查取证，但二审法院没有许可。④2013年11月18日，广东省城规建设监理有限公司（以下简称城监公司）出具的《证明》。欲证明：其一，城监公司证明16层工程于2004年12月24日完成；其二，整体工程是2005年12月5日完成并且当月交付；其三，施工期间因天气等原因有62天的停工；其四，2005年12月5日的验收记录是真实的。⑤广州市天河区人民法院（2006）天法民四初字第504号民事判决。⑥广东省广州市中级人民法院（2007）穗中法民五终字第1325号民事判决。上述两份证据欲证明：其一，东顺公司自认在2006年1月5日之前已经取得了验收文件，并且符合售楼条件；其二，62天停工事实存在，属于不可抗力，建筑集团可以要求延期；其三，涉案工程确有23层。

第二，二审判决认定的事实缺乏证据证明、适用法律错误。

涉案工程开工日应当以东顺公司2004年12月6日取得建筑工程施工许可证的日期为准，二审判决认定开工日期为2004年8月1日错误。

首先，《建设工程承包合同》第 3 条约定了"开工日期以取得施工许可证及开工报告为准"。涉案工程实际领取建筑工程施工许可证的日期及记载的开工日期为 2004 年 12 月 6 日，故二审判决认定 2004 年 8 月 1 日为开工时间违背双方合同约定。

其次，《建筑法》规定了开工前必须领取施工许可证，《建筑工程施工许可管理办法》规定了未领取施工许可证的不得开工。二审判决的认定违反了法律规定。

最后，二审判决认定 2004 年 8 月 1 日为开工日与事实不符。2004 年 8 月 14 日，建筑集团向东顺公司发出《关于计划延误事宜的通知》，已经告知其进场仅仅是做开工前的准备工作，并且现场根本不具备全面开工的条件，施工图纸尚未提供，因无施工许可证政府部门要求停工等。而且办理建筑工程施工许可证是东顺公司的法定义务，在东顺公司违约的情况下，建筑集团为了尽量减少东顺公司损失，按照其要求提前进场进行准备工作，是诚信的行为，二审判决认定 2004 年 8 月 1 日为开工日，对建筑集团也不公平。

涉案工程竣工时间为 2005 年 12 月 5 日，二审判决认定竣工日期为 2006 年 7 月 28 日错误。

首先，对竣工时间，建筑集团已经提交了 2005 年 12 月 5 日的验收记录及签收记录作为证据。

其次，根据建筑集团提交的穗规验字（2005）755 号规划验收合格证，证明涉案工程在 2005 年 12 月就已经通过整体规划验收，且该规划验收合格证明确记载附件为 13 张竣工图，更记载取得规划验收合格证后就可以使用并办理确权。

再次，广州市天河区人民法院（2006）天法民四初字第 503 号民事判决书认定，东顺公司自认其在 2005 年 12 月 31 日向众多小业主发出《收楼通知》，并主张涉案工程已经完成竣工验收、符合《商品房买卖合同》中约定的交付使用条件。根据《最高人民法院关于民事诉讼证据的若干规定》第 8 条的规定，二审判决应直接认定该事实。

最后，退一步讲，即使当时并未完成验收手续，也应当以 2005 年 12 月 31 日东顺公司实际接收涉案工程日作为竣工日期。《施工合同司法解释》第

14 条规定："当事人对建设工程实际竣工日期有争议的，按照以下情形分别处理……（三）建设工程未经竣工验收，发包人擅自使用的，以转移占有建设工程之日为竣工日期。"涉案工程最晚在 2005 年 12 月 31 日东顺公司就已经实际接收，因为当天东顺公司已经向小业主发出《收楼通知》，要求小业主收楼。

涉案工程施工期间，因不可抗力、增加工程范围、无施工许可证等原因，理应合法顺延工期 241 天，二审判决未予认定错误，更与东顺公司另案自认的事实相矛盾。

首先，东顺公司违法增加 22 层工程，理应增加工期 18 天。根据 2004 年 12 月 6 日取得的施工许可证记载，涉案工程开工之初，并无 22 层工程，直到 2005 年 9 月 12 日方办理完增加 22 层工程的合法手续，故属于工程施工过程中工程量发生的重大变更，应相应增加工期，按照比例计算，应当增加工期 18 天。

其次，因东顺公司增加工程并且未能及时办理合法手续，应扣除因重新领取施工许可证的停工日期共计 161 天。2005 年 4 月 4 日，城监公司向建筑集团、东顺公司发出《工程暂停令》，明确要求东顺公司在未取得 22 层规划许可证的情况下暂停 22 层的施工，因此，因增加工程导致停工的时间应为 2005 年 4 月 4 日。而根据施工许可证记载，增加的工程在 2005 年 9 月 12 日取得施工许可证，因此，恢复施工的时间应为 2005 年 9 月 12 日。

最后，东顺公司在广州市天河区人民法院（2006）天法民四初字第 503 号民事判决书中自认，涉案工程施工期间存在因大风大雨导致无法施工的情形，属于不可抗力，应相应地顺延工期 62 天。根据《最高人民法院关于民事诉讼证据的若干规定》第 8 条的规定，二审法院拒不采纳该事实，适用法律错误。综上，建筑集团不存在逾期竣工。

【审理结果】

最高人民法院认为：关于涉案工程的开工时间问题。东顺公司主张开工日期为 2004 年 8 月 1 日，即建筑集团实际进场施工之日。建筑集团主张其虽然在 2004 年 8 月 1 日进场，但因不符合全面施工条件，而无法全面施工，故开工时间应以建筑工程施工许可证核发之日的 2004 年 12 月 6 日为准。经查，双方当事人在2004年7月30日签订的《建设工程承包合同》中，对合同工期进行了约定：开工日期为2004年8月1日。而从建筑集团于2004年8月24日向东顺公司发出的《关于计划延误事宜通知的复函》、2004年11月25日向东顺公司发出的《关于确认第二期工程进度款的函》、2005年8月4日向东顺公司发出的《关于提前支付合同款的说明》内容来看，建筑集团均认可并实际已于2004年8月1日组织各有关施工人员进场施工，在2004年11月时，涉案工程已建到第五层，建筑集团向东顺公司确认收取的第二期进度款为200万元。涉案工程的建筑工程施工许可证的核发时间虽然是2004年12月6日，但在核发建筑工程施工许可证之前，建筑集团早已对涉案工程进行施工建设，并未影响建筑集团的开工建设，故二审判决认定涉案工程开工日期为2004年8月1日，符合本案履约实际，并无不当。

裁定如下：驳回广州市建筑集团有限公司的再审申请。

【工程知识】

1. 建筑工程施工许可证：建设单位应当按照《建筑法》《建筑工程施工许可管理办法》等规定，向工程所在地县级以上人民政府建设行政主管部门申请建筑施工许可证。它是建筑施工单位符合各种施工条件，允许开工的建设工程施工许可证，也是建设单位进行工程施工的法律凭证。

2. 实际进场日期：是施工单位进入施工场地开始施工的时间，通常实际进场日期早于施工许可证载明的开工日期。

3. 开工日期：根据《建设工程施工合同（示范文本）》（GF—2017—0201）通用合同条款第1.1.4.1项的内容，开工日期包括计划开工日期和实际开工日期。计划开工日期是指合同协议书约定的开工日期；实际开工日期是指监理人按照第7.3.2项〔开工通知〕发出的符合法律规定的开工通知中载明的开工日期。

【工程管理实务解读】

司法实践中，建设工程的开工日期主要有：①建设工程施工合同约定的开工日期；②施工许可证上载明的开工日期；③开工申请书中注明的开工日期；④建设单位或者监理单位指令的开工日期；⑤建筑施工企业实际进场的开工日期等。如此纷杂的开工日期如有异同，应当如何认定开工日期？实践中的观点各有不同。第一种观点认为，应当依据建设行政主管部门施工许可证载明的日期进行认定。第二种观点认为，应当从全案利益平衡的角度，综合全案的事实分不同情况进行认定。①

对于上述观点，笔者赞同第二种观点。

首先，对于开工日期应当优先以监理开工通知中所载明的开工日期为准，其是计算工期的起点。《建设工程施工合同（示范文本）》（GF—2017—0201）第7.3.2项开工通知规定："发包人应按照法律规定获得工程施工所需的许可。经发包人同意后，监理人发出的开工通知应符合法律规定。监理人应在计划开工日期7天前向承包人发出开工通知，工期自开工通知中载明的开工日期起算。"监理人在发出开工通知之前应当征得发包人的同意，且发出开工通知的前提是发包人已经取得了工程开工所需要的全部行政许可。监理人发出开工通知后，因承包人的原因不能按时开工的，仍以开工通知所载明的开工日期为准。

其次，对于实际进场日期与施工许可证记载的开工日期不相符，应如何认定？笔者认为，施工许可证是发包人按照法律规定应当获取的行政许可，其本质上是发包人与行政主管单位的行政法律关系，体现的是行政机关对发包人的一种管理行为。在本案中，虽《建设工程承包合同》第3条约定了"开工日期以取得施工许可证及开工报告为准"，涉案工程实际领取建筑工程施工许可证的日期及记载的开工日期为2004年12月6日，但从建筑集团于2004年8月24日向东顺公司发出的《关于计划延误事宜通知的复函》、2004年11月25日向东顺公司发出的《关于确认第二期工程进度款的函》、2005年8月4日向东顺公司发出的《关于提前支付合同款的说明》内容来看，建筑集团均认可并实际已于2004年8月1日组织各有关施工人员进场施工。

若建设工程不能按照施工许可证或者开工报告记载的日期开工的，应当以实际开工日期为准。因发包方原因致使开工日期延迟的，工期应当顺延，

---

① 王林清、杨心忠、柳适思等：《房地产法律实务系列：建设工程合同纠纷裁判思路》，法律出版社2014年版，第140页。

并赔偿承包方因延期开工造成的损失。若建设工程施工合同约定或者施工许可证记载的日期与施工单位实际进场的日期不一致的，应当按照承包方实际进场的日期为开工日期，因为建设工程只有承包方进入现场方能开工。至于施工人延期进场的，可以根据双方的责任确定各自应承担的相应的法律责任。

由此可见，开工日期的确定始终要坚持以事实为根据，以合同约定及施工许可证记载的日期为基准，同时考虑实际进场日期，以最接近实际开工日的日期作为开工日期。

【法律依据】

1.《建筑法》第7条、第9条。

2.《建筑工程施工许可管理办法》第3条。

3.《施工合同司法解释（一）》第8条。

4.《建设工程施工合同（示范文本）》（GF—2017—0201）第7.3.2条、第7.5.1条。

附件1：

施工许可证范本

附件2：

办理建筑工程施工许可证流程

因各地区办理施工许可证的程序基本相同，只是稍有差异，以下以郑州市为例。

郑州市建筑工程施工许可证办理流程

第一部分：流程总说明

一、办理建筑工程施工许可证的要素

■ 办理单位：郑州市城乡建设局。

■ 办理时间：预计7~10个工作日。

■ 办理总流程：

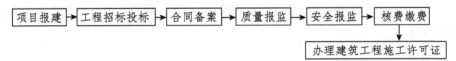

■ 涉及的部门：行政审批中心、招标办、建管处、交易中心、安监站、质检站、定额劳保办公室、办事大厅。

■ 公司配合部门：审计部、工程部、设计部、财务部、六建、劳务公司。

■ 涉及的其他单位：施工图审查公司、气象局防雷中心、招标代理公司、担保公司。

二、办理建筑工程施工许可证的前提

办理时所具备的条件：①施工图审查完毕；②防雷审查完毕。

1. 施工图审查

2. 防雷审查

■ 办理工作日：30天。

■ 办理工作日：20天。

■ 施工图审查的具体流程：

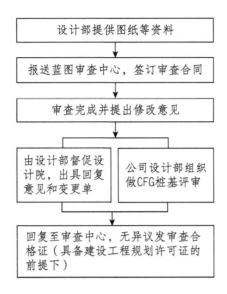

■ 防雷审查的具体流程:

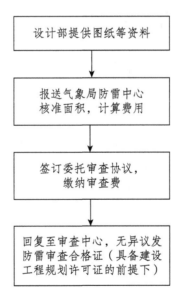

第二部分:建筑工程施工许可证总流程分解

一、项目报建和工程招标投标程序

1. 办理细则

■ 办理单位:郑州市城乡建设局。

■ 报建需要的资料：报建申请表一式四份、提前进入报建程序的申请书。

■ 进入招标投标程序的资料：招标登记表一式两份，免除监理招标报告及说明，提前进入招标程序的报告，验资报告原件及复印件，授权书，三家投标单位的营业执照、资质证书、安全生产许可证和项目经理人证书原件及复印件，外地企业进郑信誉证，授权委托书及身份证，招标代理合同。

2. 详细流程

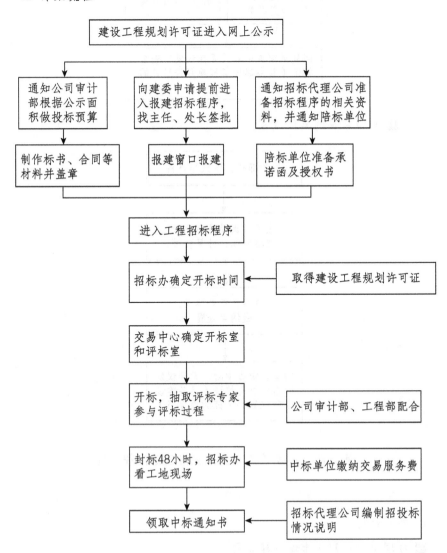

二、合同备案及质量报监程序

1. 办理细则

■ 办理单位：郑州市城乡建设局。

■ 合同备案需要的资料：中标通知书、规划许可证、建设工程施工合同（2 正 4 副）、综合评标报告、建设工程项目廉政责任书（施工、监理及设计单位）、入场交易告知单、专业分包和劳务分包登记表、外地企业进郑信用登记证。

■ 质量报监所需资料：工程质量监督登记表（一式六份）、中标通知书、施工图审查合格证、各专业施工图纸（盖图审章）、防雷合格证、规划许可证、监理合同、监理资质证书、红线图。

■ 核费所需资料：规划许可证、中标通知书、保函收讫证明、投标预算书、施工合同。

2. 详细流程

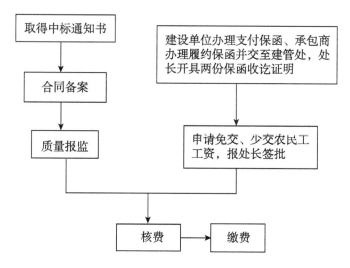

三、安全报监程序

1. 办理细则

■ 费用：建工险费率一般为中标价的 1.6‰~1.9‰，农民工工伤保险费率为中标价的 1.3‰，电子监控的价格一般为 6 万元一组。

2. 详细流程

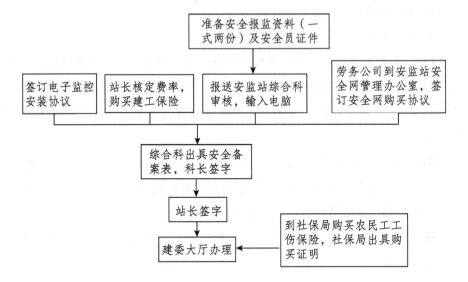

准备安全报监资料（一式两份）及安全员证件

| 签订电子监控安装协议 | 站长核定费率，购买建工保险 | 报送安监站综合科审核，输入电脑 | 劳务公司到安监站安全网管理办公室，签订安全网购买协议 |

综合科出具安全备案表，科长签字

站长签字

到社保局购买农民工工伤保险，社保局出具购买证明

建委大厅办理

四、领取建筑工程施工许可证

1. 办理细则

■ 办理单位：郑州市城乡建设局。

■ 办理建筑工程施工许可证所需资料：施工许可证申报表、施工许可证登记表、规划许可证原件及复印件、中标通知书原件及复印件、项目资金证明原件、安全施工审查备案表、质量监督登记表、缴费通知书、农民工工资承诺书、项目担保收讫证明、施工合同、监理合同、商品混凝土合同、项目单项工程备案材料。

2. 详细流程

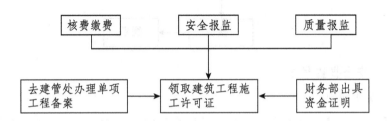

| 核费缴费 | 安全报监 | 质量报监 |

去建管处办理单项工程备案

领取建筑工程施工许可证

财务部出具资金证明

实例3　施工合同、开工报告、施工许可证载明开工日期不一致的情况下如何认定

【案情简介】

上诉人（一审原告、反诉被告）：方升公司

上诉人（一审被告、反诉原告）：隆豪公司

2011年9月1日，隆豪公司与方升公司签订《建设工程施工合同》，约定由方升公司为隆豪公司的工程施工。工程名称为海南藏文化产业创意园商业广场。工程内容：建筑结构为独立基础、框架结构；层数为1层，局部2层和3层；建筑高度分别为5.70米、10.20米、14.10米，建筑面积为36745平方米，最终以双方审定的图纸设计面积为准；开工日期为2011年5月8日，竣工日期为2012年6月30日，工期419天。工程单价为1860元/平方米，单价一次性包死，合同总价款为68345700元。

2011年5月15日，方升公司开始施工；2012年6月13日，方升公司、隆豪公司与相关单位组织主体验收；2011年6月，北京龙安华诚建筑设计有限公司（以下简称龙安华诚公司）完成设计图纸，同月27日双方当事人及有关单位进行图纸会审；2011年11月23日，方升公司、隆豪公司、监理单位、设计单位、勘察单位、质检单位在隆豪公司售房部形成《基础验收会议纪要》，工程基础验收合格。

2012年1月9日，龙安华诚公司向隆豪公司作出《设计变更通知单》，通知单内容为：对广场地砖、涂料、找平、找坡、结构板等进行变更；2012年3月31日，设计单位向隆豪公司发出了《海南藏文化产业创意园商业广场的变更通知单》，内容为面层、结构板等的变更要求；2013年5月27日，设计单位下发了《设计修改通知单》，对原结束施工节点详图中过梁作了补充和变更；2012年3月、4月、5月，方升公司向监理单位分别报送《隆豪置业有限公司工程进度申报（审核）表》，监理单位盖有印鉴。

2012 年 6 月 19 日，方升公司发出《通知》，要求隆豪公司于 2013 年 6 月 23 日前支付 1 225.14 万元工程款，否则将停止施工。2012 年 6 月 25 日，隆豪公司发出《通知》，内容为：方升公司不按约履行合同，拖延工程进度、不按图施工、施工力量薄弱，严重违约，导致工程延误，给隆豪公司造成了巨大经济损失，要求解除合同，要求方升公司接到通知的一日内撤场、拆除临舍。之后，双方解除合同，方升公司撤场。

【审理结果】

法院认为：首先，就涉案工程开工日期的确定而言。方升公司与隆豪公司签订的《建设工程施工合同》约定的开工工期为 2011 年 5 月 8 日，竣工日期为 2012 年 6 月 30 日；由方升公司呈送并经监理单位确认的《开工报告》中载明的计划开工日期为 2011 年 5 月 15 日，竣工日期为 2012 年 10 月 1 日；由隆豪公司申报办理的经青海省共和县住房和城乡建设局颁发的建筑工程施工许可证中载明的开工日期为 2011 年 6 月 20 日，竣工日期为 2012 年 12 月 31 日。在上述三份文本中记载的开工日期与竣工日期均不相同的情形下，应当以监理单位确认的《开工报告》中载明的 2011 年 5 月 15 日作为本案工程的开工日期。尽管方升公司与隆豪公司签订的《建设工程施工合同》中约定的开工日期为 2011 年 5 月 8 日，但双方均认可在该时间节点上，方升公司并未开始施工。合同约定的开工日期与实际开工日期不一致的，应当以改变了的日期作为开工日期。

其次，方升公司在给涉案项目监理机构华铁监理西宁分公司出具的《工程开工报审表》《开工报告》中明确载明"管理人员及机械设备已到场，施工人员已到位……符合开工条件"，华铁监理西宁分公司经审核作出了同意施工的意见。由此可见，无论是作为施工一方的方升公司，还是作为监理单位的华铁监理西宁分公司，均认可开工日期为 2011 年 5 月 15 日。

再次，一审法院委托规划研究院咨询部对已完工程造价部分工程项目价款进行鉴定时，方升公司与隆豪公司共同确认涉案工程开工时间为 2011 年 5 月 15 日。就建设工程而言，建设单位、施工单位与监理机构共同确认的开工日期当然具有明显优势的证明力和说服力，应当成为认定案件事实的重要依据。

最后，虽然建筑工程施工许可证载明的开工日期为 2011 年 6 月 20 日，但是，施工许可证载明的日期并不具备绝对排他的、无可争辩的效力，建筑工程施工许可证是建设主管部门颁发给建设单位的准许其施工的凭证，只是表明了建筑工程符合相应的开工条件，建筑工程施工许可证并不是确定开工日期的唯一凭证。实践中，建设工程的开工日期早于或者晚于施工许可证记载日期的情形大量存在。当施工单位实际开工日期与施工许可证上记载的日期不一致时，同样应当以实际开工日期而不是施工许可证上记载的日期作为确定开工日期的依据。本案中，在方升公司、隆豪公司及监理机构均确认开工日期为 2011 年 5 月 15 日的情况下，再将施工许可证上载明的日期确定为开工日期，无事实和法律依据。

综上，一审判决认定 2011 年 5 月 15 日为涉案工程开工日期正确；方升公司提出的开工日期为 2011 年 6 月 20 日，隆豪公司提出的开工日期为 2011 年 5 月 8 日的上诉主张，均与事实不符，不予支持。

判决结果为：①撤销青海省高级人民法院（2012）青民一初字第 5 号民事判决；②隆豪公司于本判决生效后十日内向方升公司支付工程款 9 410 477.43 元；③隆豪公司于本判决生效后十日内向方升公司支付违约金 60 227 元；④方升公司于本判决生效后十日内向隆豪公司交付已施工部分全部施工资料和全部工程图纸；⑤驳回方升公司的其他诉讼请求；⑥驳回隆豪公司的其他反诉请求。

【工程知识】

1. 建筑工程施工许可证：即建设行政主管部门对建筑施工单位符合各种施工条件、允许开工建设的法律凭证。

2. 开工报告：即根据建设项目承包人申请，并经业主批准而正式进行工程施工的报告。

3. 计划开工日期：即施工合同约定的开工日期，一般计划开工日期与实际开工日期均有差异，存在时间差，可能提前开工，也可能推迟开工。

【工程管理实务解读】

1. 本案的争议焦点之一是开工日期如何认定。

其一，施工合同约定的开工日期，本质上是一种预测的暂定日期，在建设工程实务中，对开工日期往往约定"开工日期：某年某月某日，具体以开工通知为准"，实践中最后的开工日期往往也跟合同约定的时间不符。开工报告是承包人提交的开工申请，并由监理审核，经发包人同意后，承包人才能进行正式施工，是工程实践中认定开工时间的重要证据。施工许可证，是建设主管部门准予建设单位进行开工建设的法律凭证，其仅仅是针对建设单位符合开工条件的一种认可和准许，并不代表实际开工的时间。

从以上分析可以看出，开工报告由发包方、承包方、监理方三方共同签章确认，更能反映其真实合意，从证据效力上来看，具有明显的优势证明力和说服力。

其二，从司法实践来看，开工日期早于或者晚于施工许可证记载日期、建设工程施工合同约定日期的情形大量存在。二审法院从而认定开工日期为2011年5月15日符合本案的履约实际，并无不当。如果二审法院将施工合同约定或者施工许可证载明的日期认定为开工日期，反而会导致司法与现实的脱节，损害到承发包双方的利益。

其三，从工程实践来看，施工许可证是由发包人向建设主管部门申请办理的，如果以施工许可证上载明的日期为准，则明显强化了发包人的市场优势地位，从而可能导致发包人利用开竣工日期，向承包人主张工期违约。以开工报告为准则有利于规范发包人的行为，保护承包人的合法利益，平衡二者的优劣地位差异。

2. 无相反证据推翻开工报告载明日期，应以其为准。

尽管开工报告由发包方、承包方、监理方三方共同签章确认，更能反映其真实合意，但是开工报告并无绝对的、排他的效力。实务中，能够推翻开工报告的证据也有很多，如工程打桩及挖土的施工记录，承包人的进度款申报资料，变更开工日期的补充协议、来往函件、会议纪要、施工联系单，监理例会纪要，监理月报，中间结构验收记录，竣工验收记录等。因此，原则上只是以开工报告为认定开工日期的首选证据，但若有相反证据可推翻的话，应以其作为认定开工日期的依据。

3. 施工许可证是否办理不影响开工日期的认定。

承上所述，开工日期是一种客观状态的事实。施工许可证是建设主管部门为了行政管理采取的行政管理手段，从某种意义上来讲，其与开工日期的认定并无法定的、直接的联系。换言之，即便发包人未办理施工许可证，承包人擅自进行施工的，仅仅会给予行政处罚，并不影响实际开工日期的认定。

综上，从本案来讲，以开工报告作为认定开工日期的依据是正确的，开工报告、鉴定机构的认定是一致的，并无相反证据的可推翻，施工许可证载明的开工时间并不具备绝对排他的、无可争辩的效力，仅是表明了建设工程符合相应的开工条件，并不产生实质性的影响。

【法律依据】

1. 《建筑法》第 7 条。
2. 《建设工程安全生产管理条例》第 10 条。
3. 《建设工程质量管理条例》第 57 条。
4. 《施工合同司法解释（一）》第 8 条。

附件 1：

工程开工报审表

编号：

致_____（监理单位）： 由我方承包的_____工程，承包单位已完成施工准备工作，请监理确认并同意开工。   附件：工程开工报告 施工项目部（盖章） 项目经理（签字）_____日期_____
总监理工程师审定意见： □报审表格填写不符合要求，现予退回。请重新填表报审。 □你单位负责的施工准备工作尚未全部完成，请按审定附件要求抓紧完善后再行填表报审。 □你单位负责的施工准备工作基本完成，但建设单位尚未取得施工许可证，拟暂缓开工，请建设单位签署意见。 □已具备开工条件，拟同意开工，请建设单位签署意见。   □附件：_____号监理通知单 项目监理部（盖章） 总\监理工程师（签字）_____日期_____

工程开工报告

致_____（监理单位）：

　　由我方承包的_____工程，已完成了以下各项施工准备工作，具备了开工条件：

　　1. 承包单位现场质量管理体系、技术管理体系和质量保证体系已获得项目监理部确认；

　　2. 设计文件存在的相关问题已经得到解决；

　　3. 施工组织设计（方案）已获得总监理工程师审查确认；

　　4. 有关分包单位的资格已获得总监理工程师审查确认；

　　5. 施工现场管理人员已到位，施工机具、人员已进场，主要工程材料已落实；

　　6. 现场施工环境及条件可以满足开工要求；

　　7. 测量放线控制成果及保护措施已经项目监理部验收合格。

请审查

　　　　　　　　　　　　　　　　施工项目部（盖章）

　　　　　　　　　　　　　　　　项目经理（签字）_____日期_____

建设单位	监理单位	施工单位
年　月　日	年　月　日	年　月　日

附件2：

施工许可证

施工许可证号	
建设项目名称	
工程名称	
建设单位	
施工单位	
设计单位	
监理单位	
工程建设地址	
建筑面积	
结构类型	
合同开工日期	

续表

合同竣工日期	
合同价	
发证日期	
发证机关	

附件3：

一、郑州建筑工程施工许可证办理应当具备的条件

（1）已经办理该建筑工程用地批准手续（建设用地规划许可证）。

（2）在城市规划区的建筑工程，已经取得建设工程规划许可证。

（3）施工场地已经基本具备施工条件，需要拆迁的，其拆迁进度符合施工要求（施工总承包企业出具施工场地已经具备施工条件的证明文件）。

（4）已经确定施工企业。按照规定应该招标的工程没有招标，应该公开招标的工程没有公开招标，或者肢解发包工程，以及将工程发包给不具备相应资质条件的企业，所确定的施工企业无效（中标通知书及施工合同）。

（5）有满足施工需要的施工图纸及技术资料，施工图设计文件已按规定进行了审查（施工图纸及施工图设计文件审查合格书）。

（6）有保证工程质量和安全的具体措施。施工企业编制的施工组织设计中有根据建筑工程特点制定的相应质量安全技术措施，专业性较强的工程项目应有编制的专项质量、安全施工组织设计，并按照规定办理了工程质量安全监督手续（经监理单位审查的施工组织设计，工程质量安全监督通知书）。

（7）按照规定应该委托监理的工程已委托监理（监理合同）。

（8）建设资金已经落实。建设工期不足一年的，到位资金原则上不得少于工程合同价的50%，建设工期超过一年的，到位资金原则上不得少于工程合同价的30%。建设单位应当提供银行出具的到位资金证明，有条件的可以实行银行付款保函或者其他第三方担保。

（9）法律、行政法规规定的其他条件。

二、申请办理施工许可证，应当按照下列程序进行

（1）建设单位向发证机关领取建筑工程施工许可证申请表。

（2）建设单位持加盖单位及法定代表人印鉴的建筑工程施工许可证申请表，并附相应的证明文件，向发证机关提出申请。

（3）发证机关在收到建设单位报送的建筑工程施工许可证申请表和所附证明文件后，对于符合条件的应当自收到申请之日起十五日内颁发施工许可证；对于证明文件不齐全或者失效的，应当限期要求建设单位补正，审批时间可以自证明文件补正齐全后作相应顺延；对于不符合条件的，应当自收到申请之日起十五日内书面通知建设单位，并说明理由。

建筑工程在施工过程中，建设单位或者施工单位发生变更的，应当重新申请领取施工许可证。

实例4　以验收报告载明的时间为竣工时间

【案情简介】

再审申请人（一审原告、反诉被告、二审上诉人）：深圳华泰企业公司（以下简称华泰公司）

再审申请人（一审被告、反诉原告、二审上诉人）：东莞市龙城房地产开发有限公司（以下简称龙城公司）

2006年9月10日，龙城公司与华泰公司签订了一份《建筑安装工程施工承包补充合同》，就华泰公司承建龙城公司的东莞市龙城国际住宅小区第一期工程进行约定，其中第12条第11款约定"竣工后规定的保修期内，由于施工原因造成的质量缺陷，乙方在接到甲方通知后10天内无条件保修，否则甲方另请施工队维修，其费用由乙方承担在保修金中扣除"；第8条第6款约定"工程竣工验收合格后45天内结算完毕，扣除3%的质量保修金，剩余价款在工程结算后60天内分次付清"。2007年3月22日，龙城公司、华泰公司又签订了一份《东莞市龙城城市花园二期施工合同》，其中第二部分通用条款，第三部分专用条款中第34条约定华泰公司应按法律、行政法规或者国家关于工程质量保修的有关规定，对交付发包人使用的工程在质量保修期内承担质量保修责任。2007年3月1日，东莞市龙城城市花园一期工程竣工验收合格；2008年11月28日，城市花园二期工程竣工验收合格。

2011年11月16日龙城公司、华泰公司曾达成自行协商关于维修工程量问题的协议，双方同意：对于龙城公司诉状附表1的工程项目，由华泰公司进行保修；对于龙城公司诉状附表2的工程项目，龙城公司已完工了小部分，其中未维修的项目也由华泰公司进行保修；保修所需的资金，先由华泰公司申请解封33号案件中龙城公司的查封款项，再由龙城公司将此支付给华泰公司。

龙城公司申请再审称：原判决对二期工程竣工的时间认定错误，导致逾期竣工违约金计算错误。原判决依据的 2008 年 8 月 25 日的《工程竣工验收报告》上的验收日期均由一人填写，并非由实际参加验收的单位填写，故该份验收报告是华泰公司伪造的证据。而且华泰公司的项目事务代表人辜某在 2008 年 9 月 8 日出具的《承诺书》中指出"上述资料的签认不代表相关工程已经验收合格，此资料仅做竣工备案准备使用"。竣工验收报告是竣工备案的主要资料，当然应包含在《承诺书》称的"上述资料"中。这说明截至 2008 年 9 月 8 日二期工程并没有验收合格。华泰公司自己编制的《石龙城市花园二期竣工初验前施工计划》中计划未完工程都要到 2008 年 9 月 30 日才完工。原判决关于"不涉及重大主体结构问题"就视为工程竣工的说法无法律依据。截至 2008 年 8 月 25 日，大量的收尾工程都没有竣工，根本达不到交付使用的程度。事实上，二期工程真实的竣工日期是 2008 年 11 月 28 日。2008 年 11 月 28 日竣工验收报告上的竣工日期是东莞市建设局颁发的《竣工验收备案证书》上载明的时间，具有较强的证明力。虽然广东天正司法鉴定中心出具的《鉴定意见书》认定《竣工验收备案表》中的印章、签名与真实样本有差异，但 2008 年 11 月 28 日竣工验收报告除去华泰公司的一枚公章和签名无法认定外，设计、勘察、监理等印章、签名都是真实的，故该项证据仍足以被认定。因真实的竣工日期是 2008 年 11 月 28 日，故华泰公司拖延工期 151 天，应支付违约金 5 987 148 元。龙城公司依据《民事诉讼法》第 200 条第 1 项、第 3 项、第 6 项之规定申请再审。

【审理结果】

最高人民法院认为：关于二期工程竣工时间的问题。本案中，华泰公司主张二期工程于 2008 年 8 月 25 日竣工验收，龙城公司主张二期工程于 2008 年 11 月 28 日竣工验收。华泰公司提交了龙城公司、华泰公司与监理单位、勘察单位、设计单位于 2008 年 8 月 25 日共同出具的《工程竣工验收报告》，该报告结论为"本工程已完成工程设计和施工合同规定的全部内容，工程的竣工验收技术资料齐全，符合要求"。该报告系五家单位共同出具的，形式上合法有效。龙城公司主张该报告是华泰公司伪造的证据，缺乏证据证明。

虽然华泰公司编制的《石龙城市花园二期竣工初验前施工计划》中计划未完工程要到 2008 年 9 月 30 日才完工，但计划不能证明工程的现实进展情况，即该计划不能否定 2008 年 8 月 25 日为工程竣工日期。为证明二期工程系于 2008 年 11 月 28 日竣工，龙城公司提交了《竣工验收备案证书》《竣工验收备案表》。但经过鉴定，《竣工验收备案表》中"深圳华泰企业公司"印文与样本不是同一印章盖印形成，"古某祥"签名与样本签名不是同一人所写。且相关行政主管部门并不负责工程质量验收评定和工程质量评定等级。故原判决未根据《竣工验收备案证书》而否定《工程竣工验收报告》确定的竣工时间并无不当。辜某虽出具《承诺书》称"上述资料的签认不代表相关的工程已经验收合格，此资料仅做竣工备案准备使用"，但无证据证明《承诺书》中所指的上述资料包括《工程竣工验收报告》。《最高人民法院关于民事诉讼证据的若干规定》第 73 条第 1 款规定："双方当事人对同一事实分别举出相反的证据，但都没有足够的依据否定对方证据的，人民法院应当结合案件情况，判断一方提供证据的证明力是否明显大于另一方提供证据的证明力，并对证明力较大的证据予以确认。"本案中，对于二期工程竣工时间这一事实，华泰公司的举证形式合法有效。龙城公司的举证存在签章伪造的情况，且不足以否定华泰公司的举证。综合以上考虑，华泰公司所举出证据的证明力较大，原判决予以确认并依据 2008 年 8 月 25 日作为竣工日期计算出华泰公司应支付逾期竣工违约金 280 万元并无不当。

结果为：驳回深圳华泰企业公司、东莞市龙城房地产开发有限公司的再审申请。

【工程知识】

1. 竣工验收报告：即建设工程项目竣工之后，经过相关部门进行质量评估验收后形成的书面报告。

2. 竣工验收备案：即建设单位在建设工程竣工验收合格后，将建设工程竣工验收报告和规划、公安消防、环保、人防等部门出具的证明文件或者准许使用文件报建设行政主管部门审核的行为。

【工程管理实务解读】

《施工合同司法解释（一）》第 9 条第 2 项"当事人对建设工程实际竣工日期有争议的，人民法院应当分别按照以下情形予以认定……（二）承包人已经提交竣工验收报告，发包人拖延验收的，以承包人提交验收报告之日为竣工日期"，解决的是发包人拖延验收问题，即前提条件是承包人提交了竣工验收报告，且工程项目质量合格（工程质量不合格的除外），在此情况下，发包人故意拖延验收，其法律依据是《民法典》第 158 条和第 159 条对民事法律行为生效附条件的规定，发包人故意阻止条件成就的，视承包人提交验收报告之日为竣工日期。

本案中的问题实际为华泰公司提交的《工程竣工验收报告》和龙城公司提交的《竣工验收备案证书》《竣工验收备案表》证明力大小的问题。《工程竣工验收报告》是经建设单位、施工单位、监理单位、勘察单位、设计单位共同验收后确认的书面文件，是对建设项目质量的认可，虽质量监督机构负责建设项目的竣工验收管理工作，但工程竣工验收是由建设单位负责实施的，即质量监督机构并不在《工程竣工验收报告》上签字盖章和评价，只是监督五大主体验收的程序是否符合合同约定和国家标准。《竣工验收备案表》是进行竣工验收备案应当提交的材料之一，符合《房屋建筑和市政基础设施工程竣工验收备案管理办法》第 5 条规定的条件即可备案。备案工作是基于行政管理需要，而非对竣工日期的确认，且本案中龙城公司提交的《竣工验收备案证书》《竣工验收备案表》存在证据瑕疵，因此，在此情况下应以《工程竣工验收报告》载明的竣工时间为准。

【法律依据】

1. 《施工合同司法解释（一）》第 9 条。

2. 《建设工程质量管理条例》第 49 条第 1 款。

3. 《房屋建筑和市政基础设施工程竣工验收规定》第 4 条、第 5 条、第 6 条、第 7 条、第 8 条、第 9 条。

4. 《房屋建筑和市政基础设施工程竣工验收备案管理办法》第 4 条、第 5 条、第 6 条、第 7 条、第 8 条。

附件1:

河南省建设工程竣工验收报告

工程名称			建筑面积 （平方米）	
建设单位 （公章）			工程造价 （万元）	
结构层数		合同开、 竣工时间		工程 地点
		实际开、 竣工时间		
竣工验收时间				
竣工验收结论				
建设单位在工程建设中执行基本建设程序情况	开工前（开工后补）办理施工图设计文件审查，质量监督注册，施工许可（开工报告）手续；按规定委托工程监理；组织图纸会审、设计交底、设计变更；组织工程质量验收；原设计有重大修改、变更的，施工图设计文件重新报审；及时办理工程竣工备案手续。			
对工程勘察单位工作评价	勘察单位能建立健全质量保证体系，落实有关质量保证制度，人员岗位责任制；勘察工作质量符合强制性标准规范要求，能及时到现场处理特殊问题，现场地质情况与勘察报告内容相符。			
对工程设计单位工作评价	设计单位能建立健全质量保证体系，落实有关质量保证制度、人员岗位责任制；工程实物质量与设计图纸及有关设计文件相符。			

续表

对工程监理单位工作评价	监理单位能建立健全质量保证体系，落实有关质量保证制度、人员岗位责任制；监理人员能严格按国家监理规范实施监理，在工作中能根据工程的性质和特点以及监理规划的要求做到旁站、巡视、平行监理，并认真对隐蔽工程进行验收；对施工单位的质量验收资料能认真审核，并有真实完整的监理资料。
对工程施工单位工作评价	施工单位能建立健全质量保证体系，落实有关质量保证制度、人员岗位责任制；施工中能严格按照施工组织设计、强制性标准、规范要求施工，能及时整改施工中存在的质量问题；工程实物质量符合设计图纸、施工规范及强制性标准条文要求。

组织竣工验收程序：

1. 工程已具备竣工验收条件；
2. 已收到施工、勘察、设计、监理等单位的合格证明书；
3. 已组织成立验收小组；
4. 已具备备案条件；
5. 约定竣工验收时间；
6. 竣工验收合格后及时向质量监督站提交工程竣工验收报告。

竣工验收组织形式：

1. 由建设单位负责组织成立验收小组；
2. 组长为建设单位项目负责人；
3. 小组成员由勘察、设计、施工、监理单位人员及其他有关方面专家组成。

组织竣工验收内容：

1. 参与建设各方分别汇报工程情况和执行法律、法规、强制性标准情况；
2. 验收组人员审阅参与各方工程档案；
3. 实地查验工程质量；
4. 验收组人员对竣工验收情况讲评并形成竣工验收意见。

附件2：

<h1 style="text-align:center">河南省建设工程竣工验收意见书</h1>

工程名称		结构类型		层数/ 建筑面积	
施工单位		技术负责人		开工日期	
项目负责人		项目技术 负责人		完工日期	

序号	项　目	验　收　记　录	验　收　结　论
1	分部工程验收	共_____分部，经查_____分部，符合设计及标准规定_____分部	
2	质量控制资料核查	共_____项，经核查符合规定_____项，经核查不符合规定_____项	
3	安全和使用功能核查及抽查结果	共核查_____项，符合规定_____项，经返工处理符合规定_____项	
4	观感质量验收	共抽查_____项，符合规定_____项，不符合规定_____项	
5	综合验收结论		

参加验收单位	建设单位	监理单位	施工单位	设计单位	勘察单位
	（公章） 项目负责人： 年　月　日	（公章） 总监理工程师： 年　月　日	（公章） 项目负责人： 年　月　日	（公章） 项目负责人： 年　月　日	（公章） 项目负责人： 年　月　日

附件 3：

施工单位工程竣工报告

工程名称			
工程地点			
建筑面积		结构类型	
层　　数		高　　度	
开工时间		竣工时间	
工程概况			
施工依据	本工程施工依据国家建设工程强制性标准和施工合同		
施工 质量 控制	本工程依据设计文件、工程质量标准、施工验收规范和国家有关质量标准、规范进行检验评定，本工程分为 7 个分部：地基与基础、主体结构、装饰装修、屋面、建筑给排水、建筑电气、建筑节能。 1. 地基与基础工程 （1）地基验槽。本工程依据设计要求，基础开挖至设计标高时，与勘探报告土质相符，经建设、设计、施工、监理单位共同验槽，符合设计要求，同意进行基础施工。 （2）基础工程。该工程基础为条形及独立基础（混凝土结构），混凝土强度等级 C30，经检验，轴线、标高、钢筋绑扎、模板等工程质量均符合设计和施工规范要求，我单位的自检、自评、隐蔽工程检验验收工作均能按要求做，该工程系现场搅拌混凝土，我单位按照施工方案，根据永城市豫东工程质量检测有限公司提供的混凝土配合比进行配置，并由监理工程师对浇筑混凝土进行开盘鉴定、计量抽查、旁站监理等程序。基础工程所使用的原材料证件齐全。经见证取样，水泥、砂、石及钢筋复试报告全部合格，混凝土试块取样制作、养护符合要求，混凝土试块经检测中心检测强度达到设计标准。 　　地基与基础分部工程计 6 个分项工程，全部合格，监理工程师审核同意为合格。经建设、勘察、设计、施工、监理等单位，质监站监督指导下进行共同验收，认为该工程基础分部工程符合设计要求和施工技术标准规定。依据《建筑地基基础工程施工质量验收规范》（GB 50202—2012），经验收基础工程符合设计及规范要求。 2. 主体结构工程 （1）该工程地面以上为五层，为框架结构，墙体为加气混凝土砌块。 （2）主要原材料试验情况：主体工程所有的原材料，如钢筋、水泥等产品合格证及砂、石材料检验报告齐全。			

施工质量控制	（3）混凝土试块取样制作、养护符合要求，根据 GB/T 50081—2002 标准，强度达到设计要求。 （4）水泥砂浆的品种、试块取样制作符合要求，砂浆试块留置，根据 JGJ70—90 标准，强度达到设计要求。 （5）主体工程施工过程中，我单位对质量保证资料收集整理及时，资料基本齐全，各分项工程质量评定准确。主体工程的轴线、标高、垂直度控制较好，未发现超标或其他异常现象。 　　主体工程分项工程全部合格，经监理工程师审核同意评定为合格。 　　经建设、设计、勘察、施工、监理等单位参加，在市质监站监督指导下共同验收，认为主体结构工程，符合设计要求和施工技术标准规定。主体结构分部工程，依据《混凝土结构工程施工质量验收规范》［GB 50204—2002（2011 年版）］、《砌体结构工程施工质量验收规范》（GB 50203—2011）国家标准规定，自评为合格。 3. 装饰装修工程 （1）地面与楼面工程。按照设计及规范要求，我单位加强管理，精心操作，养护较好，地面平整，基本未发现空鼓、裂缝现象。 （2）内、外墙。室内墙面：①8 厚 1:1:4 混合砂浆抹灰（拉细毛）；②满挂抗裂网；③12 厚 1:1:6 混合砂浆打底；④界面处理；⑤200 厚加气混凝土墙体。外墙：①8 厚 1:2.5 水泥砂浆抹灰（掺 5% 防水剂）；②满挂抗裂网；③12 厚 1:3 水泥砂浆打底；④界面处理；⑤200 厚加气混凝土墙体。 （3）门窗工程。窗户为铝合金窗，窗质量符合设计要求和有关规定，安装位置正确，开关灵活，关闭严密，大面基本无划伤和碰痕，自评为合格。 　　装饰装修工程各分项工程全部自评合格。 4. 屋面工程 　　按设计要求，该屋面采用 65 厚挤塑聚苯板（倒置式屋面保温层厚度增加 25% 为 81.25 厚），我单位严格进行工序间交接检查，完善工序质量控制，并加大力度，严格检验，经屋面淋水试验验证，屋面未发现渗漏现象。 　　屋面工程，依据《屋面工程质量验收规范》（GB 50207—2012）国家标准要求，自评定为合格。

施工质量控制	5. 建筑给排水工程 　　对施工所用的设备、材料质量层层把关，产品型号、规格均符合设计要求。严格按程序施工，坚持先试验后隐蔽，水卫系统通过严密性、灌水、通水试验，检验结果符合要求。 　　给排水及暖通工程依据《建筑给排水及采暖工程施工质量验收规范》（GB 50242—2002）国家标准要求，自评定为合格。 6. 建筑电气 　　主要设备、材料合格证、检验报告齐全，产品型号、规格均符合设计要求。接地系统经测试符合有关要求，绝缘电阻测试值均满足要求，低压电气设备安装，材料、灯具、开关、插座安装，管内穿线，线管敷设等，均符合设计和施工技术标准要求。 　　建筑电气安装工程依据《建筑电气工程施工质量验收规范》（GB 50303—2011）国家标准要求，自评定为合格。
施工企业自查情况	本工程质量符合设计要求
结　　论	本工程质量符合设计要求

施工单位：（公章）
项目经理（注册建造师）：（签字）
单位负责人：（签字）
监理单位：（公章）
总监理工程师：（签字）

年　月　日

附件 4：

监理单位工程质量评估报告

工程名称			
工程地点			
建筑面积		结构类型	
层 数		高 度	
开工时间		竣工时间	
工程概况	本工程位于 ，建筑面积 平方米，地上 层、地下 层，建筑结构形式为 结构，建筑高度为 米，建筑结构类别为 类。本工程设计使用年限为 年，抗震设防烈度为 度。本工程的建筑物耐火等级为 级。		
监理依据	本工程施工依据国家建设工程强制性标准和监理合同		
施工质量控制	首先，监理人员遵循"守法、诚信、公正、科学"的宗旨，履行职责，编制监理规划、监理细则，严格按照监理程序进行工作，监督施工单位建立和完善工程质量管理体系，认真编制切实可行的质量计划，并严格实施，抓好落实工作，按照图纸和现行施工规范及有关规定，严格把好工程质量关；其次，监理人员以合同质量目标为管理目标，对"事前、事中、事后"三个阶段进行控制。 事前控制：明确质量标准、质量要求和建立质量管理体系，审查施工单位项目经理、质检员、施工员、特殊工种等资格证书，督促承建单位建立完善的质量保证体系；检查工程所用材料的质量，检查现场施工机械性能和运转情况，计量工具的落实和性能等施工前的准备工作。 事中控制：施工中严格按照国家现行施工规范和有关规定及工程质量检查标准。对各分项工程的施工进行巡视和旁站监理，检查每一道工序的工程质量，每道工序完工后必须进行报验，我监理人员随即进行平行检验，检验合格后方可进行下道工序的施工，对查出的质量问题要求及时整改，不允许不合格工程存在。 事后控制：施工单位对分部工程进行等级自评，并将有关技术资料交给我监理审核，监理依据《建筑工程施工质量验收统一标准》进行质量等级评估。		
企业自查情况	本工程实体质量符合设计要求		
评估意见	本工程评为"合格"工程		

监理单位：（公章）

总监理工程师：（签字）

单位负责人：（签字）

年 月 日

附件5：

勘察单位工程质量检查报告

工程名称	
工程地点	
承担地质勘察时间	
工程概况	
勘察依据	本工程施工依据国家建设工程强制性标准和勘察合同
勘察工作质量情况自查结论	1. 本工程按照合同、强制性标准及有关部门的批文依法进行勘察工作，提交的工程勘察成果真实、准确。 2. 参加地基验槽，土质情况与勘察成果相同，符合设计要求。 3. 按《建筑工程施工质量验收统一标准》（GB 50300—2013）要求，参加地基与基础分部、主体分部验收，验收合格并签署验收文件。 4. 竣工阶段经检查，向建设单位提交工程质量合格证明文件。
勘察单位对地基处理施工及基础施工质量情况的意见	本工程基础工程施工质量符合要求，观感良好，资料齐全。
是否同意进行单位工程竣工验收	
勘察单位：（公章） 项目负责人：（签字） 单位负责人：（签字） 　　　　　　　　　　　　　　　　　　　　年　　月　　日	

附件6:

设计单位工程质量检查报告

工程名称			
工程地点			
建筑面积		结构类型	
层　数		高　度	
地基形式		基础形式	
承担设计时间			
工程概况	本工程位于　　　　，建筑面积　　平方米，地上　　层、地下　　层，建筑结构形式为　　结构，建筑高度为　　米，建筑结构类别为　　类。本工程设计使用年限为　　年，抗震设防烈度为　　度。本工程的建筑物耐火等级为　　级。		
设计依据	本工程施工依据国家建设工程强制性标准和设计合同。		
设计工作质量情况自查结论及施工图审查要求整改内容及落实情况	本工程施工质量符合设计要求，施工图审查要求整改内容已落实到位。		
工程设计变更情况	建筑变更＿＿＿＿份；结构变更＿＿＿＿份；节能变更＿＿＿＿份；属一般变更＿＿＿＿份，属重大变更需重新图审＿＿＿＿份。		
设计单位对工程实体施工质量的意见	经验收：总体建成满足设计要求，工程质量符合施工规范要求。		
是否同意进行单位工程竣工验收			

设计单位：（公章）

项目负责人：（签字）

单位负责人：（签字）

年　　　月　　　日

附件 7:

建设单位工程竣工评估报告

一、工程概况

1. 工程名称:

2. 建设单位:

3. 勘察单位:

4. 设计单位:

5. 监理单位:

6. 施工单位:

7. 质量监督单位:

8. (项目名称)项目是由(建设单位)公司投资兴建,×××勘察设计有限公司设计,×××工程有限公司负责施工。该工程结构形式为框架八层、地下一层。总建筑面积×××平方米。该工程于×年×月×日开工,于×年×月×日按图纸完成全部工程量。

二、评估依据

1. 工程施工图纸、设计变更及所选标准图集。

2. 工程施工合同。

3.《建筑工程施工质量验收统一标准》。

4.《建筑给排水及采暖工程施工质量验收规范》。

5.《建筑电气工程施工质量验收规范》。

三、评估内容

1. 地基与基础结构、主体结构均符合设计要求及规范规定。

2. 耐磨地坪地面面层的材质、强度和密实度符合设计要求和施工规范的规定。

3. 窗的安装符合设计要求和有关标准规定,安装位置、开启方向符合设计要求,安装牢固,数量、位置、埋设连接方法符合设计要求。

4. 抹灰所用的材料、品种、质量符合设计要求,各抹灰层之间及抹灰与基层之间黏结牢固、无脱层、空鼓等缺陷。

5. 外墙保温材料的品种、质量符合设计要求和有关标准的规定。

6. 涂料的材料、品种、质量符合设计要求和有关标准的规定，无泛碱、咬色、漏刷和露底。

7. 屋面防水卷材胶结材料的品种、标号及配合比符合设计要求和施工规范的规定，无渗漏现象。

8. 电气安装工程符合设计及规范要求，绝缘接地电阻测试数值符合设计及规范要求，质量保证资料基本齐全。

9. 各项工程技术资料基本齐全。

四、总评

根据《建筑工程施工质量统一验收标准》（GB 50300—2013）同意验收，在施工过程中发现的质量通病、质量缺陷经现场分析，按施工规范要求，找出产生的原因，并制定相应整改措施，认真进行整改，整改后能满足设计及验评标准，评定合格。

×××（建设单位）住宅开发公司

负责人：＿＿＿＿＿＿

年　月　日

附件8：

河南省房屋建筑工程和市政基础设施工程竣工验收备案表

工程名称			工程用途	
结构类型（层数）		建筑面积	工程造价（万元）	
合同开竣工日期			申请备案日期	
实际开竣工日期			监督注册号	
规划许可证号			施工许可证号	
单位	单位名称		负责人	联系电话
建设单位				
勘察单位				
设计单位				
监理单位				
施工图审查单位				
总承包单位				
工程竣工验收备案文件目录	1. 工程竣工验收报告； 2. 工程施工许可证； 3. 施工图设计审查文件； 4. 单位工程质量综合验收意见； 5. 市政基础设施的有关质量检测和功能性试验资料； 6. 施工单位签署的工程质量保修书； 7. 商品住宅的"住宅质量保证书"和"住宅使用说明书"； 8. 建设单位支付工程款达到合同约定比例的有关的凭证； 9. 建设单位与施工单位对工程项目中无争议部分办理工程结算的有关凭证； 10. 省级建设行政主管部门规定必须提供的其他文件。			

续表

竣工验收意见	勘察单位意见： 单位（项目）负责人： （公章） 年 月 日	设计单位意见： 单位（项目）负责人： （公章） 年 月 日
	施工单位意见： 单位（项目）负责人： （公章） 年 月 日	监理单位意见： 单位（项目）负责人： （公章） 年 月 日
	建设单位意见： 　　　　　　　　　　　　　　单位（项目）负责人： 　　　　　　　　　　　　　　（公章） 　　　　　　　　　　　　　　　年　月　日	
备案审查意见	审查意见： 　　　　　　　　　　　　　　审查人： 　　　　　　　　　　　　　　　年　月　日	
备案意见	该工程的竣工验收备案文件已于　　　年　　　月　　　日收讫，文件齐全，准予备案。 　　备案手续经办人： 　　备案机关负责人： 　　　　　　　　　　　　　　备案机关（盖章） 　　　　　　　　　　　　　　　年　月　日	
备注		

附件9:

竣工验收备案文件清单

	内容	份数	验证情况	备注
竣工验收备案文件清单	1. 工程竣工验收报告			
	(1) 建设单位出具的竣工验收报告			
	(2) 勘察单位出具的质量检查报告			
	(3) 设计单位出具的质量检查报告			
	(4) 施工单位出具的竣工报告			
	(5) 监理单位出具的质量评估报告及工程竣工移交证书			
	2. 工程施工许可证			
	3. 工程规划许可证			
	4. 施工图设计审查文件			
	5. 单位工程质量综合验收意见			
	(1) 室内环境检测报告书			
	(2) 单位(子单位)工程质量竣工验收记录			
	(3) 单位(子单位)工程质量控制资料核查记录			
	(4) 单位(子单位)工程安全和功能检验资料核查及主要功能抽查记录			
	(5) 单位(子单位)工程观感质量检查记录			
	6. 工程质量监督注册登记表和监督书			
	7. 按消防有关规定必须由消防部门出具的准用许可证			
	8. 按环保有关规定必须由环保部门出具的准用许可证			
	9. 设有电梯的工程由技术监督部门出具的使用许可证			
	10. 市政基础设施的有关质量检测和功能性试验资料			
	11. 施工单位签署的工程质量保修书			

	内容	份数	验证情况	备注
竣工验收备案文件清单	12. 商品住宅的"住宅质量保证书"和"住宅使用说明书"			
	13. 建设单位支付工程款达到合同约定比例和建设单位与施工单位对工程项目中无争议部分办理工程结算的有关凭证			
	14. 建设工程档案初验认可证			
	15. 其他文件			
审查意见	本工程的竣工验收备案文件于　　年　　月　　日收讫，经验证文件齐全。 　　主管负责人：　　　　　　　　　　审查人：			

二、工期顺延

实例5　工程师确认是工期顺延的前提条件

【案情简介】

再审申请人（一审原告、反诉被告、二审上诉人）：永泰公司

被申请人（一审被告、反诉原告、二审上诉人）：大孙庄村村民委员会（以下简称村委会）

永泰公司申请再审称：第一，二审判决认定的基本事实缺乏证据证明。其一，本案应依据永泰公司提交的《工程开工报审表》及《开工报告》认定工程开工日期为2011年3月18日，二审法院认定永泰公司自认开工日期为2011年12月22日，缺乏证据证明。其二，本案除二审法院认定应顺延的工期外，2010年11月3日（争议双方约定的开工日期）至2011年4月6日（村委会取得施工许可证之日）这一期间的工期，应予以顺延，加上村委会迟延给付首付款的265天，合计应顺延370天。其三，"八字钢、女儿墙"等增项应确定合理工期为60天，并予以顺延。两审法院确定工程总逾期天数为467天，而永泰公司实际逾期天数为37天。对于这37天的违约金，永泰公司愿意按照工程总价款的万分之三赔付给村委会。第二，村委会迟延支付预付款260天，按照每日以工程造价万分之三的标准支付违约金的约定，其应承担违约金2 973 360元。第三，二审判决适用法律确有错误。其一，永泰公司逾期交付工程的责任完全是由村委会造成的，永泰公司不应担负314天的逾期违约金。村委会未举证证明工程逾期是因永泰公司违约所致，二审法院关于举证责任的分配错误。其二，鉴定机构出具的人工费、材料费上涨造成的永泰公司的损失应得到法庭支持。第四，永泰公司不应承担鉴定费。二审判决支持了增项和保温层的鉴定结果，该部分鉴定事项的18万元鉴定费应由村委会承担；而对人工费、材料费上涨进行的鉴定，系因村委会不认可永泰

公司提供的结算报告才由永泰公司提出鉴定，鉴定结果与永泰公司提供的工程结算报告相同，对该部分鉴定事项的鉴定费用 4 万元应由村委会承担。永泰公司依据《民事诉讼法》第 200 条第 1 项、第 2 项、第 6 项之规定申请再审。

【审理结果】

再审法院认为： 关于工期顺延的责任主体与举证责任分配问题。永泰公司逾期交工是客观事实，该公司主张逾期交工系因村委会违约所致，依据谁主张、谁举证的原则，应由该公司举证证明村委会逾期支付预付款的行为导致了工期延误，二审法院关于该问题的举证责任分配并无不当。依据施工合同的约定，因发包人未能按期支付工程预付款造成工期顺延，需经工程师确认，工期相应顺延。永泰公司未举证证明村委会未按期支付工程预付款导致的工期顺延已经工程师确认，故不能认定工期延误的责任主体是村委会。

【工程知识】

1. 工期：指建设一个项目或一个单项工程从正式开工到全部建成投产时所经历的时间。它是从建设速度角度反映投资效果的指标，建设工期的计算，一般以建设项目或者单项工程的建设投产年月减去开工年月从而得出日历天数，是一个期限和时间段。

2. 工程师：指具有从事工程系统操作、设计、管理、评估能力的人员。工程师的称谓，通常只用于在工程学其中一个范畴持有专业性学位或相等工作经验的人士。

3. 监理工程师：是代表业主监控工程质量的人员，是业主和承包商之间的桥梁，分为专业监理工程师和总监理工程师。

4. 总监理工程师：指由监理单位法定代表人书面授权，全面负责委托监理合同的履行，主持项目监理机构工作的监理工程师。总监理工程师对于系统工程建设的全过程监理的质量和效果至关重要。

【工程管理实务解读】

（1）借鉴国际通行成熟经验，探索建立符合工程师负责制的权益保障机制。建设单位要根据设计企业和工程师承担的服务业务内容和周期，结合项目的规模和复杂程度等要素合理确定服务报酬，在合同中明确约定并及时支付，或者采用"人工时"的计价模式取费。工程师负责制的服务收费，应纳入工程概算。倡导推行工程师负责制职业责任保险，探索建立企业、团队与个人保险相互补充机制。实行工程师负责制的项目，建设单位应在与设计企业、总承包商、分包商、供应商和指定服务商的合同中明确工程师的权利，并保障工程师权利的有效保护。工程师应自觉遵守国家法律法规，诚信执业，公正处理社会公众利益和建设单位利益，维护社会公共利益，及时向建设单位汇报所有与其利益密切相关的重要信息，保证专业品质和建设单位利益。工程师在提供工程师负责制的项目中，应承担相应法定责任和合同义务，因设计质量造成的经济损失，由设计企业承担赔偿责任，并有权向签章的工程师进行追偿。工程师负责制不能免除总承包商、分包商、供应商和指定服务商的法律责任和合同义务。

（2）在我国现阶段，工程师负责制主要指的是总监理工程师负责制。

（3）绝大多数建设工程都会遇到工期问题，约定清楚并且操作得好，承包人的工期问题就不会是问题，就会被认定为工期顺延，不会被认定为工期延误。工期延误或工程延期在工程实务中很常见并且难以避免，因为影响工程施工进度的原因和情况太多，有发包人的原因、承包人的原因、设计图纸的原因、工程规划指标变化的原因、现场不利条件的原因、自然现象的原因，等等，多种多样。工期问题虽然很常见，但却很复杂，有的是出于单方因素，有的是多方因素。同时，发生工期问题后，法律上或合同上的责任和过错难以简单区分，工程实务中双方或多方的混合原因和过错往往较为常见。当工期问题出现时，在纷繁复杂的原因和各种因素中确定该问题是工期延误问题还是工期顺延问题就显得尤为重要。若是工期延误，承包人需向发包人承担违约责任并赔偿因工期延误造成的经济损失；若被认定为工期顺延，则承包人无须向发包人承担责任，而且一般情况下发包人需给予承包人经济上的补偿，这就是业内常说的承包人对发包人关于工期顺延的索赔。

（4）关于可能导致工期延误或者说足以影响到工期的各种因素，尤其是人为因素之外的外界因素，应当提前在施工合同中约定。国际的 FIDIC 合同和国内的《建设工程施工合同（示范文本）》，通常将关于工期问题的救济程序放在索赔板块，专门提醒发承包双方注意和约定相关索赔条件、索赔程序、工程师确认程序和相关时限与时效，其中一个条件满足不了，工期索赔和相关费用索赔就很有可能实现不了。工期顺延是否成立应当由承包人来举证，举证在约定时间以约定形式向监理工程师发出了申请工期顺延的意向和资料并且得到了工程师的回复和确认，也就是在国际工程中常说的"承包人在正确的时间向工程师发出了一封正确的信"。

（5）工期顺延或者工期延误，是一个事情的两个方面，承包人做得到位，按照约定经过了工程师的确认就是工期顺延，未经过工程师的确认就可能会造成工期延误。因此，发承包双方在施工合同中必须约定清楚，出现影响工程进度和工期的事件后，需要承包人在合理时间内向工程师提出顺延工期的申请和证据资料，由工程师在约定时间内作出予以准许的确认，若承包人或者工程师在约定的时间内应当确认而没有确认，就会产生失权或者默示视为认可的法律效果，值得推广和引起重视。

【法律依据】

1.《建筑法》第 30 条、第 31 条、第 32 条、第 33 条、第 34 条。

2.《建设工程质量管理条例》第 36 条、第 37 条、第 38 条。

实例6 因发包人原因，承包人要求顺延工期，发包人在合同约定期限内未对"承包人工期顺延的要求"提出异议视为工期顺延

【案情简介】

再审申请人（一审原告、反诉被告、二审上诉人）：建材公司

再审申请人（一审被告、反诉原告、二审上诉人）：昌江华盛公司

2008年5月1日，昌江华盛公司（甲方）与建材公司（乙方）签订《建设工程施工合同》。约定工程名称为华盛天涯水泥有限公司三亚粉磨站；工程地点：海南省三亚市；工程内容：三亚粉磨站厂区范围内建（构）筑物土建工程。合同工期：开工日期以甲方签发的开工令为准；竣工日期：详见附件2（附件2约定各个单体工程的竣工日期，其中第2条约定水泥磨坊一层所有设备基础开工后45天交付安装，甲方奖励20万元）；合同工期总日历天数：各单体75天交付安装，整体工程135天竣工。合同价款：暂估价1 000万元（具体以竣工结算为准）。该合同第二部分为通用条款，第13.1款约定因以下原因造成工期延误，经工程师确认，工期相应顺延：①发包人未能按专用条款的约定提供图纸及开工条件；②发包人未能按约定日期支付工程预付款、进度款，致使施工不能正常进行；③工程师未按合同约定提供所需指令、批准等，致使施工不能正常进行；④设计变更和工程量增加；⑤一周内非承包人原因停水、停电、停气造成停工累计超过8小时……第13.2款约定承包人在第13.1款情况发生后14天内，就延误的工期以书面形式向工程师提出报告。工程师在收到报告后14天内予以确认，逾期不予确认也不提出修改意见，视为同意顺延工期。后双方发生纠纷，争议问题包括工期延误

是否构成工期顺延。

【审理结果】

　　再审法院认为：本案《建设工程施工合同》第二部分为通用条款。第
13.1 款约定因以下原因造成工期延误，经工程师确认，工期相应顺延：①发
包人未能按专用条款的约定提供图纸及开工条件；②发包人未能按约定日期
支付工程预付款、进度款，致使施工不能正常进行；③工程师未按合同约定
提供所需指令、批准等，致使施工不能正常进行；④设计变更和工程量增加；
⑤一周内非承包人原因停水、停电、停气造成停工累计超过 8 小时……第
13.2 款约定承包人在第 13.1 款情况发生后 14 天内，就延误的工期以书面形
式向工程师提出报告。工程师在收到报告后 14 天内予以确认，逾期不予确认
也不提出修改意见，视为同意顺延工期。该案中合同对于工期延误情形及工
期顺延程序均有约定，即对于因符合合同约定原因造成工程延期，应当由建
材公司提出书面报告，由昌江华盛公司的工程师进行确认，才能作为顺延工
期的依据。在建设工程施工过程中，经双方签字确认的工程签证是证明施工
中发生工程量变更、工期应顺延等情况的重要依据。而本案中建材公司虽申
请再审主张工期应予顺延，但既未提供经其与昌江华盛公司双方签字确认的
工期顺延签证，亦未提供因符合合同约定顺延工期条件，其曾向昌江华盛公
司申请工期顺延的报告，所以，二审法院认为建材公司未能提交按合同约定
应提供的申请确认工期延误的报告及工程签证等证据，建材公司主张工期顺
延不能成立并无不当。建材公司该项再审主张依据不足，法院不予支持。

【工程知识】

　　1. 工期延误：即工程施工过程中任何一项或多项工作实际完成日期迟于
计划规定的完成日期，从而可能导致整个合同工期的延长的情形。工期延误
通常包括两种情况：一种是在施工过程中，实际的施工进度与发包人批准的
计划施工进度相比落后了，这时就存在工期延误的事实。但这一事实有改变
的可能性，如可以通过赶工措施等加快进度。另一种是在工程完工并经竣工
验收后，这一事实已经无法改变了，因为工程已经完工并验收，此时只能根
据造成工期延误的原因来分析各方当事人相应的法律责任。

2. 工期顺延：是指承发包双方根据法律及合同约定，对"工期延误"这一事实状态所作的变更，即工期延误是事实，但因满足了法律规定或双方约定的某些条件，进而双方就该事件引起的延误天数予以顺延达成一致。

【工程管理实务解读】

因发包人原因，承包人要求顺延工期的，只要承包人在约定时间内提出了工期顺延申请，即使未得到发包人确定的，也应据实计算工期的顺延。《施工合同司法解释（一）》第10条规定："当事人约定顺延工期应当经发包人或者监理人签证等方式确认，承包人虽未取得工期顺延的确认，但能够证明在合同约定的期限内向发包人或者监理人申请过工期顺延且顺延事由符合合同约定，承包人以此为由主张工期顺延的，人民法院应予支持。当事人约定承包人未在约定期限内提出工期顺延申请视为工期不顺延的，按照约定处理，但发包人在约定期限后同意工期顺延或者承包人提出合理抗辩的除外。"

一方面，《建设工程施工合同（示范文本）》第19.1条明确约定："承包人未在前述28天内发出索赔意向通知书的，丧失要求追加付款和（或）延长工期的权利。"因此，以承包人是否在约定时间内提出过工期顺延的申请为标准，确定可否顺延工期，具有合同依据。但另一方面，考虑到目前建筑市场发包人处于强势地位，承包人在施工过程中往往很难办到工期顺延的签证，对承包人顺延工期的要求不宜过于严格，可以采取相对宽松的立场。也就是说，因发包人原因导致工期延误，承包人要求顺延工期的，只要承包人在约定时间内提出了工期顺延申请，即使未得到发包人确定的，也应据实计算工期的顺延。

当事人约定顺延工期应当经发包人签证确认，承包人虽未取得工期顺延的签证确认，但能够证明在合同约定的办理期限内向发包人申请过工期顺延的，或能够证明因发包人原因严重影响工程施工进度的，对其顺延合理工期的主张，人民法院应予支持。当事人约定，发包人收到顺延工期申请后在约定期限内不予答复视为认可的，按照约定处理。当事人约定，承包人未在约定时间内提出工期顺延申请视为工期不顺延的，按照约定处理。

当事人约定工期顺延的情形，基本上采取有约定的从约定的原则。如果双方当事人约定，承包人未在约定时间内提出工期顺延申请视为工期不顺延的，按照约定处理。该约定的期间相当于除斥期间。如果承包人未在约定时间内提出工期顺延的，其法律后果是，承包人丧失主张工期顺延的权利，工期不顺延。

【法律依据】

《施工合同司法解释（一）》第 10 条、第 11 条。

三、工期延误

实例7　发包人存在《建设工程施工合同（示范文本）》中第7.5.1条工期延误的情形，如何应对承包人的索赔

【案情简介】

上诉人（一审原告、反诉被告）：中国建总

上诉人（一审被告、反诉原告）：超华公司

2006年9月15日，超华公司（发包人，甲方）与中国建总（承包人，乙方）签订《建设工程施工合同》（以下简称915合同），合同约定"六、工期：①总工期为370日历天（含节假日）。②工期处罚条例：承包人延误工期在一个月内，均按每延误一天罚款10万元处理；延误工期超过一个月以上，均按每延误一天罚款15万元处理，同时发包人有权终止合同或指定其他施工单位施工，但工期处罚总额不超过合同总价的2%。该款项在工程结算价中直接扣除。③本工程总工期发包人只对承包人延误进行处罚，分包单位（业主指定分包单位除外）延误工期处罚由承包人自行处理。④本工程工期因不可抗力及发包人（包括指定分包单位）的原因导致工期延误可按实际延误时间签证顺延。"

2006年10月24日，中国建总取得昆山市建设局颁发的建筑工程施工许可证，建设规模为147 032平方米，开竣工日期为2006年10月24日至2007年10月30日。

施工过程中，2007年12月13日双方就后续增加的环网间工程签订《补充协议》，后就新增补的三层、四层空调工程签订《补充合同》，并陆续签订了12份备忘录，增加了外幕墙等工程项目，对部分单价进行了调整。

　　另 2006 年 2 月 27 日，超华公司与江苏建兴建工集团有限公司签订《建筑工程施工合同》，超华公司将超华商贸城二期桩基工程发包给建兴公司施工。该工程于 2006 年 4 月 27 日开工，8 月 17 日竣工。此外，涉案工程中的消防工程、弱电工程、土方工程、电梯工程、空调工程、锅炉工程、防火卷帘工程由超华公司指定分包。

　　2006 年 10 月 30 日，超华公司就涉案工程向中国建总发出《开工通知》，通知中国建总于 2006 年 10 月 31 日开工。涉案工程于 2007 年 8 月 31 日主体封顶，同年 12 月 25 日主体结构验收合格。地下室 2008 年 12 月 27 日交付，一层、二层于 2008 年 12 月 28 日交付，三层、四层于 2009 年 6 月 8 日交付。2009 年 7 月 2 日，涉案工程经建设单位、施工单位、监理单位、设计单位四方竣工验收合格。

　　2007 年 2 月 5 日至 2009 年 1 月 19 日，超华公司已支付中国建总工程款 20 198 万元。

【审理结果】

　　一审法院认为：关于工期延误的责任与损失如何确定及损失如何承担的问题，中国建总主张造成工期延误的主要原因和损失费用如下。第一，超华公司直接发包的土方施工单位淮安市长荣土方工程有限公司未按工期要求完成土方工程，延误 110 天，其间中国建总仅做了＿小部分垫层，现场大部分人员处于窝工状态，造成窝工损失 384.243 7 万元。第二，由于土方施工单位的延误，主体结构工程要按原计划时间完成，需赶工 110 天，增加赶工费 991.155 0 万元。第三，结构封顶后，超华公司因三层、四层业态未确定等原因造成工期延误 480 天，工人工资增加 832.762 0 万元，管理费用增加 646.378 4 万元，结构封顶后窝工损失 223.354 0 万元。第四，由于外墙的装饰设计方案和指定施工单位未及时确定，加之施工过程中方案反复变更及审核不及时，造成外脚手架延期拆除，租赁等周转材料费用增加 431.295 2 万元（后变更为 399.4 万元）。第五，因工期延误，造成中国建总资金成本增加 1 262.552 7 万元。综上，延误工期损失共计 4 771.741 0 万元，应由超华公司承担。此外，因工期延误，造成材料价差 1 550.52 万元应由超华公司承担。

超华公司主张工期延误的主要原因有：第一，施工单位模板准备不足，不能满足施工组织设计要求。第二，机械准备不足，不能满足施工需要。第三，劳动力准备不足，不能满足施工组织设计的要求。据此，超华公司对工期延误没有责任。按照合同约定"工期处罚不超过合同造价的2%"，反诉主张总造价2%的罚款从工程结算价中直接扣除。对中国建总提出的上述工期延误原因与损失数额不予认可，认为中国建总当时没有申报损失，现根据推算得出的损失金额缺乏依据。赵华公司不认可鉴定机构计算的材差费用1 550.52万元，认为应根据苏建价（2007）20号文件的指导性意见，按加权平均法自开工之日（2006年10月31日）计算至主体结构封顶之日（2007年8月31日）止，即使采用算术平均法计算材差，也应计算至主体结构封顶日止。

一审法院认为，合同无效，根据《合同法》第58条的规定，有过错的一方应当赔偿对方因此所受到的损失，双方都有过错的，应当各自承担相应的责任。915合同约定的工期为370天，经双方确认，工程实际于2006年10月31日开工，2009年7月2日竣工验收，总工期976天，扣除因高温顺延的16天，在不考虑增加工程量和设计变更的情况下，延误工期为590天。超华公司对工期延误应负主要责任，中国建总负次要责任。中国建总的其他损失请求因证据不足，不予采信。因合同无效，超华公司主张违约金缺乏合同依据，对其反诉请求不予支持。具体理由分述如下。

1. 超华公司对工期延误应负主要责任。

（1）关于土方工程的延误。一审法院认为，土方工程由超华公司自行发包给第三方施工，按915合同约定，土方工程工期为30天。从开工日2006年10月31日开始计算，工程应在2006年11月30日前完工。工程业务联系单（编号68）上反映基坑内土方于2007年3月20日完成，实际延误了110天，影响了中国建总后续施工。因土方单位没有按时提交工作面给中国建总，2007年春节，中国建总监理工程师批复同意放假15天，其中责任不在中国建总。中国建总将部分加工好的钢筋就近放在即将可以施工的基础附近虽有不当，但在超华公司发函后及时运走，对土方开挖并未造成大的影响。中国建总承建工作是从土方清底完成后的垫层施工开始，土方清底工期包括在 30 天土方开挖工期内，超华公司主张土方是中国建总施工范围与事实不符。综上，土方工程工期延误的主要责任在于超华公司。

（2）关于消防工程的延误。一审法院认为，消防工程由超华公司自行发包给江苏钟星消防工程有限公司。从中国建总提供的工地例会会议纪要、消防工程开工令、工作联系单、建设工程消防验收意见书等证据来看，中国建总于 2007 年春节后在工作例会上提醒甲方要做好消防施工单位的进场施工准备，并经协商一致同意消防工程于 2007 年 7 月 10 日开工，但消防单位迟迟不进场，主要原因是三层、四层业态未定，消防系统图纸需要变更，业主一直未能最后确定图纸及未能及时确定消防专业施工队伍，造成消防工程延期至 2009 年 5 月 26 日才竣工验收合格。涉案工程于 2007 年 8 月 31 日主体封顶，同年 12 月 25 日主体结构验收合格。因消防工程的延误，影响了室内、室外工程施工等，造成整体工程的竣工延误。超华公司主张消防工程迟延是因现场不具备施工条件和垃圾未清理等原因，但未能提供足够证据证明，据此，超华公司应对消防工程工期延误负主要责任。

此外，超华公司还自行发包了其他工程如安装工程、室外道路、管网工程、室内装饰及屋面工程等，根据中国建总提交的工作联系单、会议纪要等书证，可证实延期主要是因三层、四层业态不确定等原因造成的，影响了整体竣工验收。

2. 中国建总对工期延误应负次要责任。

（1）中国建总现场施工时存在人员不足问题，未满足技术标准、施工组织设计要求，一定程度上影响了工程进度。2007 年 4 月 20 日《工地例会纪要》上写道："施工人员比上周减少 100 多人……三区木工严重不足。"2007 年 6 月 22 日《工地例会纪要》记载了 "6 月 10 日至 6 月 21 日由于 III 区木工班组的问题，使 III 区进度基本停滞……"2007 年 7 月 6 日《工地例会纪要》写明："三区地下室钢筋工现在仅为 15 人，非 30 人……"中国建总对现场人员少于施工组织设计要求的事实并无异议。

（2）中国建总在施工过程中未经超华公司许可，擅自签订 11 份工程分包合同，对工期延误造成一定影响。根据 915 合同第 10 条（5）规定，本工程其余分包项目按国家规定由承包人进行分包的，必须先报监理及发包人审核确认后，方可进行分包，否则发包人有权清退分包单位，由此造成的一切损失由承包人自行承担。同时发包人有权终止合同。中国建总对外签订分包合同，未得到超华公司的书面确认，违反了合同约定。中国建总在不具备充足的人员配备的情况下承揽涉案工程，又将大量工程分包给第三方施工，中国建总作为总包方未尽到管理义务，导致工程现场争端事件频发，对总工期造成了一定影响。

3. 关于工期延误损失。

（1）中国建总有权就工期延误造成的实际损失主张赔偿。根据915合同通用条款的相关规定，因发包人未按合同约定履行义务或发生错误以及应由发包人承担责任的其他情况造成工期延误，承包人不能及时得到合同价款及造成其他经济损失的，承包人应在索赔事件发生后28天内向工程师发出索赔意向通知并提交补偿经济损失的索赔报告及有关资料。工程师应在28天内给予答复或要求承包人进一步补充索赔理由和证据。28天未予答复或未对承包人作进一步要求，视为对该项索赔已经认可。当该项索赔事件持续进行时，承包人应当阶段性地向工程师发出索赔意向，在索赔事件终了后28天内，向工程师送交索赔的有关资料和最终的索赔报告。

中国建总虽然未按合同约定在索赔事件发生后28天内向工程师送交索赔损失及相关资料，但中国建总多次在工地例会中提及因超华公司原因造成工期延误的问题，并于2007年9月19日、10月29日，2008年1月25日、3月10日、7月31日，2009年5月12日分别向超华公司提交报告，并抄送监理工程师。报告中指出因土方工程延误、高温天气等严重影响工程进度，要求顺延工期，并在2008年7月31日的报告中提到"目前我项目部非生产性支出及工作量不饱满而造成的损失累计达六七百万元，而且由于现在的市场通货膨胀严重，更加重了我司的负担及损失，届时希望能在结算中得到解决"，表明中国建总并未放弃对损失赔偿的主张。超华公司虽否认收到中国建总送交的2009年5月12日报告，对其他5份报告也未作出书面答复意见，但对中国建总索赔意向是明知的，其仅以中国建总未及时申报为由主张中国建总丧失索赔权无法律依据，亦有违公平原则，该辩解理由不能成立。中国建总有权就因工期延误造成的实际损失主张赔偿。

二审法院认为，关于工期延误责任的划分及损失认定问题。本案项目合同约定工期370天，但实际竣工时间为2009年7月2日，实际工期为976天，延误工期为590天。超华公司虽称双方签订备忘录及补充协议变更部分施工内容，但并未证明上述变更与工期延误的关系，也未提供证据证明系中国建总原因造成，其主张延误工期天数少于590天，缺乏证据支持，法院不予采信。双方对工期延误责任划分及损失认定争议较大，为此，法院分析评判如下。

第一，关于工期延误责任的划分问题。

法院认为，根据一审、二审查明的事实，尽管存在因停工、窝工致工期延误时间界限不清、中国建总未按约办理工期顺延的手续及中国建总施工中也存在部分影响工期的因素等，但超华公司仍应承担工期延误的主要责任。

第二，关于工期延误损失的认定问题。

关于工期延误损失是否应当赔偿的问题。经查，双方所订建设工程施工合同协议书第6条虽只约定对承包人延误工期进行处罚，对发包人延误工期可顺延工期，但对是否赔偿并未明确；该施工合同通用条款第12条约定，因发包人原因造成停工的，不仅需顺延工期，而且还需赔偿承包人由此造成的损失。据此，一审法院认定由发包人承担延误工期损失，具有合同根据。同时，根据施工合同通用条款第13条及第36条，双方虽对工期顺延及索赔程序进行了约定，但并未明确承包人未提出工期顺延或未按约定程序索赔或不及时索赔的法律后果。据此，超华公司认为中国建总在工程交工后予以索赔不应支持的合同根据不足，法院不予采信。根据法院二审查明的事实，中国建总在施工期间就工期延误及损失问题多次向超华公司提交报告。根据《合同法》第283条、第284条之规定，中国建总请求有关停工、窝工、机械设备调迁、材料和构件积压等损失和实际费用，有事实和法律根据，也有相应的合同根据。

【工程知识】

1. 工期顺延：指在履约过程中因发包人的原因或其他非承包人的原因造

成工期延误的，承包人向发包人提出申请，经其审核同意后，对延误的期限予以顺延的情形。

2.《建设工程施工合同（示范文本）》（GF—2017—0201）第7.5.1项规定，在合同履行过程中，因下列情况导致工期延误和（或）费用增加的，由发包人承担由此延误的工期和（或）增加的费用，且发包人应支付承包人合理的利润：①发包人未能按合同约定提供图纸或所提供图纸不符合合同约定的；②发包人未能按合同约定提供施工现场、施工条件、基础资料、许可、批准等开工条件的；③发包人提供的测量基准点、基准线和水准点及其书面资料存在错误或疏漏的；④发包人未能在计划开工日期之日起7天内同意下达开工通知的；⑤发包人未能按合同约定日期支付工程预付款、进度款或竣工结算款的；⑥监理人未按合同约定发出指示、批准等文件的；⑦专用合同条款中约定的其他情形。因发包人原因未按计划开工日期开工的，发包人应按实际开工日期顺延竣工日期，确保实际工期不低于合同约定的工期总日历天数。因发包人原因导致工期延误需要修订施工进度计划的，按照第7.2.2项〔施工进度计划的修订〕执行。

【工程管理实务解读】

在索赔案件的诉讼中，有两点必须要有相关的证据证明。首先，费用增加和工期延误的原因是由承包人的过错所造成的，应当由承包人承担责任；其次，上述原因最终导致费用增加的具体数额，以及工期延误的具体天数。

因为承包人原因造成工期延误的，可以在专用条款中约定逾期竣工违约金的计算方法和逾期竣工违约金的上限。承包人支付逾期竣工违约金后，不免除承包人继续完成工程和修补缺陷的义务。

并非在《建设工程施工合同（示范文本）》第7.5.1条中的七种情况，都必然导致工期的延误。第5款"发包人未能按合同约定日期支付工程预付款、进度款或竣工结算款的"，第6款"监理人未按合同约定发出指示、批准等文件的"，均不必然导致工期延误，如予以顺延，显然不利于发包人对工期的控制。

发包人可在合同签订时，在专用条款中增加限定通用条款第 7.5.1 条的情形，如该情形处于经发包人批准的关键线路上，对承包人产生实际影响的，造成延误的工期才予以顺延。

【法律依据】

《民法典》第 577 条、第 803 条、第 806 条。

实例8 因承包人原因造成的工期延误，其如何应对发包人的索赔

【案情简介】

上诉人（原审被告、反诉原告）：德盛公司

被上诉人（原审原告、反诉被告）：上京公司

2010年9月12日，上京公司（甲方）与德盛公司（乙方）签订《河北上京文化创意园工程施工合同》，约定"一、工程名称：河北上京文化产业园（文化艺术村落）项目……四、工期起始日期：以达到基础垫层施工条件（经过甲方、乙方、监理确认）的日期为准。1. 本工程总工期为240天（日历天数），遇春节延期40天。2. 施工过程中若有工期调整，均以甲方书面通知并经乙方确认为准。3. 除不可抗力（或甲方原因）外，乙方必须保证总工期按计划完成。因停水停电单项每周不超过八小时造成的停工不予赔偿。五、承包方式：按照施工图纸设计标准包工包料（甲供材除外）……九、违约责任：1. 按合同工期，因乙方原因造成工期延误，总工期延误不超过一个月时，每延误一天，乙方支付工程总造价万分之二的违约金；总工期延误超过一个月时每延误一天，乙方支付工程总造价万分之三的违约金，延期违约金总额不超过工程总造价的百分之二。2. 甲方按合同约定付款，如甲方在阶段性付款时未能按约定时间支付，延期一个月内乙方不得停工及要求赔偿。超出一个月时，甲方应支付乙方应付未付款的同期银行贷款利息，且乙方有权停工和要求赔偿。3. 一方违约后，另一方要求违约方继续履行协议时，违约方承担违约责任后应继续履行协议。"

2012年1月19日，德盛公司河北上京文化产业园项目部（负责人：任甲）与郝乙签订《转让协议书》，约定："德盛公司承建河北省石家庄市新华区上京村的河北上京文化产业园（文化艺术村落）项目工程，现出现严重的

资金短缺，无法维持正常施工，且在该工程施工过程中任甲向郝乙借款1 000万元人民币用于工程（经开发商还款218万元，仍欠款782万元人民币），后无法偿还，为避免我公司遭受更大的经济损失，确保该工程后续施工，经我本人（任甲）与德盛公司协商，公司同意将该承建项目工程转让给郝乙。公司在该工程的全部债权交给郝乙（负责管理、处理）。全部债务由我（任甲）个人全部承担。"

2012年1月19日，德盛公司河北上京文化产业园项目负责人任甲给石家庄市人民政府、新华区人民政府发函称："我承建的上京文化产业园项目工程，因本人管理不善，资金短缺，无法继续施工，拖欠工人工资，造成工人上访告状，给政府带来麻烦，为确保项目顺利进行，经本人与德盛公司协商同意将工程转让给郝乙。"

2012年9月25日，上京公司以德盛公司严重拖延工期且私自转让项目，已构成根本违约为由，向石家庄市中级人民法院提起诉讼。德盛公司提出反诉。

【审理结果】

一审法院判决：①解除原告（反诉被告）上京公司与被告（反诉原告）德盛公司于2010年9月12日签订的《河北上京文化创意园工程施工合同》。②被告（反诉原告）德盛公司于本判决生效10日内给付原告（反诉被告）上京公司违约金240万元。③驳回原告（反诉被告）上京公司的其他诉讼请求。④驳回被告（反诉原告）德盛公司的反诉请求。案件受理费30 800元，由被告（反诉原告）德盛公司承担；反诉费27 796元，由被告（反诉原告）德盛公司承担。

二审河北省高级人民法院判决：撤销石家庄市中级人民法院（2012）石民三初字第00190号民事判决……

【工程知识】

1. 组团：组团的意思是几栋建筑组成的一个集合。在住宅设计中，国家规定分为城市居住区、居住小区、居住组团三个等级。建筑工程中的组团为参考设计规范，为方便管理，将项目划分为不同的组团集合。

2. 公建：即配套公建（住宅区配套公共建筑），指开发商按照国家及地方有关规定在住宅区土地范围内与商品住宅配套修建的各种公用建筑，一般包括教育、医疗卫生、文化体育、商业服务、金融邮电、社区服务、市政公用、行政管理及其他八类公用建筑。

3. 强电工程与弱电工程：强电工程主要包括居民用电、动力用电、商业用电、景观照明用电、办公用电等，一般为 380/220 V。这些强电施工的工人必须持有国家颁发的"电工操作证"才能上岗。施工企业也必须有相关的资质证书。弱电工程一般包括电视工程、通信工程、消防工程、保安工程、影像工程等和为上述工程服务的综合布线工程。

4. 垫层：垫层指的是设于基层以下的结构层。其主要作用是隔水、排水、防冻，以改善基层和土基的工作条件。其材料可以是砂、陶粒、砂浆、混凝土等。垫层的厚度在《建筑地基基础设计规范》（GB 50007—2011）第8.2 节中规定：扩展基础的垫层的厚度不宜小于 70mm，垫层混凝土强度等级不宜低于 C10。

【工程管理实务解读】

1. 应对工期索赔，可要求确认合同无效。

案例中，德盛公司使用了应对工期违约索赔的撒手锏，即要求法院确认合同无效。果不其然，该项目属于应当招标而未招标的情形，符合合同无效的条件，二审法院只能撤销原判，不再支持上京公司的工期违约金主张。

这是因为，在合同无效的情况下，就不发生合同履行的法律效力，就不能根据合同约定来界定双方的责任，所以关于违约责任的约定也是无效的。建设工程施工合同无效，合同中关于工期违约责任的约定也自然无效，所以就不能依照合同约定来认定工期违约责任。同时，相关的建设工程司法解释并没有规定可以参照合同约定处理违约责任，所以也不能参照合同约定来认定工期违约责任。

另外，建设工程施工合同无效，发包方与承包方对于工期延误造成的对方的损失，仍应该进行赔偿。这是根据原《合同法》第 58 条规定的合同无效的第二个法律后果，即过错赔偿原则，要求当事人承担的赔偿责任。由于一方当事人的过错对另一方的损失进行赔偿，根据谁主张、谁举证的原则，任何一方要求工期延误的赔偿，要承担很重的举证责任。首先，要举证延期的事实，其次，要举证自己的损失，最后，还要举证对方存在过错，这就是所谓的"谁主张，谁吃亏"。而且，因工程案件较为复杂，不见得结果完全是由承包人承担责任，一旦进行责任划分，承包人也可以减轻赔偿责任。

2. 衡量违约金和对方实际损失之后的策略选择。

工程案件在手，"首要看主体，其次看效力"，"看破是否说破"也是一门学问，这就要衡量诉讼策略之间的得失。碰到工期违约索赔，在确认可以用合同无效策略时，我们还要考虑违约金约定和对方实际损失及举证难度的大小。倘若工期违约导致对方赔付了大量款项给第三方，我们此时贸然采取确认合同无效的策略，尤其是在违约金约定有明确上限的情况下，无疑会在这一项承担更高的赔偿风险。另外，合同无效往往"牵一发而动全身"，我们还要考量其本身带来的其他后果，从宏观上把握，选择诉讼策略。

3. 一般情况下以双方约定为准。

双方关于工期延误损失的约定，主要有：施工合同中关于工期延误违约责任计算方式或违约金的约定；双方会议纪要或往来文件中关于工期延误损失的约定；施工合同履行过程中的为双方认可的工期延误损失签证或虽未经被索赔方签字认可但根据合同约定视为已经认可的索赔等。根据意思自治原则，双方对于工期延误损失存在上述约定的，则以约定为准。

4. 承包人应重视施工进度计划表的编制。

不少施工企业管理人员都以上述思路来计算工期顺延天数。暂且不论施工企业是否按照约定程序完成了工期签证，这样计算工期顺延天数的思路是不准确的。从法律的角度看，工期顺延天数的计算并不是将单个事件引起的工期延误天数简单地相加，一般情况下发生在关键线路上的事件造成工期延误的，工期才予以顺延，并且如果同时发生多起影响工期的事件，也不能仅仅简单地将多起事件分别引起的工期延误天数相加。因此，承包人一定要重视施工进度计划表的编制工作。控制工期最为重要的依据就是施工进度计划表。施工进度计划表经发包人批准后，对承发包双方具有合同约束力。施工过程中，如果实际施工进度落后于施工进度计划，则应按照合同约定确定工期延误的责任，并由责任方按照合同约定承担不利后果。然而大多数情况下，施工企业尤其是承接工程的项目经理，对施工进度计划表的编制往往不够重视。有的项目经理仅仅是将投标时提交的那份粗略的施工进度计划加以简单修改，未针对具体项目的特点、规模和技术难度来制订符合工程实际的施工进度计划。此做法为工期的控制留下了风险隐患。当施工过程中出现多起事件导致工期延误的情形时，施工企业往往找不到具体的参照依据来计算延误的天数。

5. 承包人要注重运用工期延误损失鉴定的手段。

由于当事人的证据意识不强，鉴定机构限于鉴定材料的限制，并不能对所有的工期延误损失进行鉴定，如最高人民法院（2014）民一终字第 310 号案件。如果有证据证明停工、工期延误损失必然发生，但承包人对于因停工实际发生的费用的主张缺乏足够证据支撑时，我们建议承包人通过对停工损失进行司法鉴定的方式主张权利。

6. 承包人应当注重保留证据。

《民法典》赋予了承包人索要工期损失的权利，即因发包人原因致使工程中途停建、缓建的，发包人应当采取措施弥补或者减少损失，赔偿承包人因此造成的停工、窝工、倒运、机械设备调迁、材料和构件积压等损失和实际费用。实践中，承包人可主张的工期延误损失还包括工期延长导致的材料差价损失、设备租赁期延长造成的损失、增加的管理费损失、赶工措施费等。所以，承包人要保留相关证据，因为证明因对方原因导致工期延长的举证责任在己方。

7. 工期索赔脉络图。

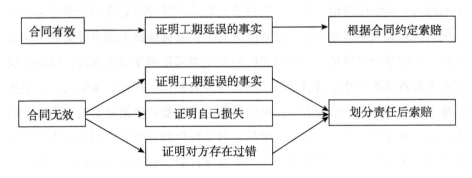

【法律依据】

《民法典》第 804 条。

附：

施工进度计划表

某某燃气管道工程

工程名称	2017 年 11 月	2017 年 12 月			2018 年 1 月			2018 年 2 月			2018 年 3 月			2018 年 4 月		
内容	21 ~ 30 日	1 ~ 10 日	11 ~ 20 日	21 ~ 31 日	1 ~ 10 日	11 ~ 20 日	21 ~ 31 日	1 ~ 10 日	11 ~ 20 日	21 ~ 28 日	1 ~ 10 日	11 ~ 20 日	21 ~ 31 日	1 ~ 10 日	11 ~ 20 日	21 ~ 30 日
施工准备																
定位放线																
土方开挖																
PE 管焊接敷设																
钢管焊接敷设																
立管安装																
土方回填																
吹扫																
强度试验																
严密性试验																
清理场地																

实例9 暴风雨导致工期延误的风险承担

【案情简介】

上诉人（承包方）：民族建设公司

上诉人（分包方）：聚川公司

被上诉人（发包方）：恒升公司

2009年10月22日，民族建设公司与恒升公司签订《建筑工程承包合同》，约定恒升公司将其厂房采用包工包料的方式交由民族建设公司承建，建筑面积为10 368平方米，工程总价款637.6万元，竣工日期为2010年5月25日，民族建设公司不能按期完工，每延一天按合同总价款1‰计算违约金。

2009年11月23日，聚川公司与民族建设公司在恒升公司的认可下签订《钢结构施工合同》，约定民族建设公司将其承建的恒升公司厂房四栋主结构（梁、柱、吊车梁和配件），建筑面积约10 368平方米，分包给聚川公司施工，采用包工包料方式，全部梁和配件按5 450元/吨结算，民族建设公司付备料款60万元，从付款之日起90天内必须完成施工，否则民族建筑公司按合同总价款日1‰对聚川公司罚款。同日，双方还签订了安全施工责任合同。合同签订后，聚川公司进场施工。施工过程中，由于钢材价格持续上涨，2009年12月9日，双方签订补充协议，约定民族建设公司一次性补偿聚川公司3万元材料差价。2009年12月11日，民族建设公司支付材料款50万元。2010年3月11日，民族建设公司支付材料款10万元。

由于民族建设公司与聚川公司未能在合同约定的期限内完成施工，在恒升公司的参与下，民族建设公司与聚川公司于2010年6月5日签订补充协议，约定聚川公司必须在6月31日前将所有钢结构运至现场，并确保7月15日前在四栋厂房安装完成，如不能按以上要求完成工作量，聚川公司将承担工程总造价日1‰的违约费用。2010年6月8日，恒升公司与民族建设公司签订补充协议，约定民族建设公司必须在9月20日前将所承建的厂房交付恒升公司使用，如不能按以上要求完成工作量，将承担工程总造价日1‰的违约费用。2010年9月12日，聚川公司完成所承包的钢结构工程，经核算，工程价款为2 081 151.10元，扣除民族建设公司及恒升公司所支付的工程款175万元，尚余331 151.10元未支付。2010年12月28日，民族建设公司完成该工程施工，恒升公司投入使用。2010年12月30日，恒升公司向民族建设公司发出书面通知，称因未能在约定的期限内完成施工任务，建筑工程延期，扣除民族建设公司工程款40万元。聚川公司多次要求民族建设公司与恒升公司支付拖欠的工程款未果，于2012年9月3日诉至法院。

【审理结果】

一审法院认为，为了保护当事人的合法权益，依照《合同法》第52条、第56条、第58条之规定，判决：①聚川公司于该判决生效之日起15日内向民族建设公司赔偿损失194 743.07元。②驳回民族建设公司的其他诉讼请求。如果未按本判决指定的期间履行给付金钱义务，应当依照《民事诉讼法》第253条之规定，加倍支付迟延履行期间的债务利息。案件受理费7 418元，由聚川公司负担4 000元，由民族建设公司负担3 418元。

一审判决后，民族建设公司、聚川公司均不服，向法院提起上诉。

民族建设公司的上诉理由和请求是：①一审法院确认其损失为330 073元，没有事实依据；②一审法院认定恒升公司不是协议的权利义务主体是错误的。请求改判聚川公司、恒升公司赔偿民族建设公司损失331 151.10元；诉讼费由聚川公司、恒升公司承担。

聚川公司的上诉理由和请求是：①一审判决基本事实认定不清。聚川公司所延误的工期为59天（2012年7月15日至9月12日），依据《合同法》的相关规定，减去31天为不可抗力的暴风雨天气，则法律意义上延误的工期为28天。而民族建设公司延误的工期实为106天（从2012年9月13日至12月28日）。本案中的实际损失330 073元，聚川公司应该分担的责任金额为87 189.10元。②一审判决适用法律错误。根据鄂州天信气象科技服务有限公司的档案出具的2010年6月至9月气象资料中的31天暴风雨天气的资料，本身就是《最高人民法院关于民事诉讼证据的若干规定》第 77 条第 1 项、第 2 项所确认的最佳证据，而不可抗力是双方当事人在《钢结构施工合同》中明确约定的延误工期的除外原因。但一审认定为聚川公司未提交有效证据证实，属于适用法律错误。请求撤销原判，改判聚川公司赔偿相应损失 87 189.10 元；由民族建设公司承担一审受理费 5 458.50 元，由聚川公司承担 1 959.50 元，二审受理费按上述比例由当事人分担。

二审法院认为：经审理查明，一审法院查明的事实属实。本案争议焦点为：聚川公司延误工期期间所遇的暴风雨天气是否构成双方合同约定或法定的不可抗力。

首先，双方在合同中并未约定若遇暴风雨天气，工期可以顺延，或暴风雨天气应为不可抗力情形；其次，双方所签合同为无效合同，而无效合同自始无效，对双方无约束力。另我国法律并无明文规定暴风雨天气构成不可抗力情形。因此，聚川公司诉称其延误的工期应减去 31 天为不可抗力的暴风雨天气的上诉理由，缺乏事实和法律依据，不能成立，其上诉请求法院不予支持。一审判决并无不当，应予以维持。依照《民事诉讼法》第 170 条第 1 款第 1 项的规定，判决如下：驳回上诉，维持原判。

【工程知识】

1. 工期定额：指在一定的生产技术和自然条件下，完成某个单位（或群体）工程平均需用的标准天数，包括建设工期定额和施工工期定额两个层次。

2. 建筑安装工程工期定额：是依据国家建筑工程质量检验评定标准施工及验收规范的有关规定，结合施工条件，本着平均、经济合理的原则制定的，工期定额是编制施工组织设计、安排施工计划和考核施工工期的依据，是编制招标标底、投标标书和签订建筑安装工程合同的重要依据。工期定额是评价工程建设速度、编制施工计划、签订承包合同、评价全优工程的依据。

3. 工期延误：又称工期延期或进度延误，是指工程实施过程中任何一项或多项工作的实际完成日期迟于计划规定的完成日期，从而可能导致整个合同工期延长的情形。一般分为节点工期延误和总工期延误。

4. 工期顺延：指承发包双方根据法律及合同约定，对"工期延误"这一事实状态所作的变更，即工期延误是事实，但因满足了法律规定或双方约定的某些条件，进而双方就该事件引起的延误天数予以顺延达成一致。

5. 工期索赔：可分为承包人的工期索赔和发包人的工期反索赔。承包人的工期索赔，指工期延误属于发包人责任时，承包人提出索赔要求，通常是免去己方产生的工期延长的责任，使自己不支付工期延误的违约金，而且还同时进行因工期延长而造成的费用损失的索赔。发包方的工期反索赔指工期延误属于承包方责任时，发包方对承包方进行索赔，即由承包方支付延期交付和延期竣工的违约金和赔偿其他经济损失。

6. 不可抗力：所谓不可抗力，是指合同订立时不能预见、不能避免、不能克服的客观情况。例如，自然灾害、战争、政府行为、社会异常事件等。

【工程管理实务解读】

完全按照施工合同计划的开工日期和竣工日期完成建设工程的竣工验收和交付使用，在现实生活中是难以见到的。工期延误或工程延期在工程实务中很常见并且难以避免，因为影响工程施工进度的原因和情况太多，有发包人的原因、承包人的原因、设计图纸的原因、工程规划指标变化的原因、现场不利条件的原因、自然现象的原因，等等。

当工期问题出现时，在纷繁复杂的原因和各种因素中确定该问题应该是工期延误还是应当算作工期顺延就显得尤为重要。若是工期延误，承包人需向发包人承担违约责任并赔偿因工期延误造成的经济损失；若被认定为工期顺延，则承包人无须向发包人承担责任，而且一般情况下发包人需给予承包人经济上的补偿，这就是业内常说的承包人对发包人关于工期顺延的索赔。

关于可能导致工期延误或者说足以影响到工期的各种因素，尤其是人为之外的外界因素，就应当提前在施工合同中约定。国际的 FIDIC 合同和国内的《建筑工程施工合同（示范文本）》通常将关于工期问题的救济程序放在索赔板块，专门提醒发承包双方注意和约定相关索赔条件、索赔程序、救济程序和相关时限与时效，其中一个条件满足不了，工期索赔和相关费用索赔就很有可能实现不了。实现工期索赔一般来说对承包人的难度较大，因为实际的工期往往与约定的工期不一致，从法定的举证责任角度来讲，一旦工期对不上，首先应当由承包人来举证为什么约定的计划工期与实际工期不一致，发包人刚开始通常无须举证。

《民法典》第180条第2款规定，本法所称不可抗力，是指不能预见、不能避免并不能克服的客观情况。构成不可抗力必须同时满足上述法定的三个条件，缺一不可，但不可抗力的外延并不固定，因为客观情况下构成不可抗力的因素和情形是多种多样的，并不能用列举的方式将其穷尽，如战争、自然灾害、动乱、罢工、政府行为等，均可以被认定为不可抗力。但是，其中自然灾害中又同样包含多种情形，通常意义上讲，地震、海啸、火山喷发、星球撞击等可以认定为自然灾害，可以认定为不可抗力，而本实例中所讲到的暴风雨到底是不是自然灾害就会有争议。一般的暴风雨和地震、海啸比起来发生的概率更高，更容易预测，更容易避免与应对，也就是法律上所要求的不能预见、不能避免并不能克服的程度较低，因此，一般的暴风雨有可能不会被法院认定为不可抗力，但是极其反常的、创很多年纪录的且长时间的暴风雨也有可能会被认定为不可抗力。

鉴于上述的分析论证和比较，不难发现，不可抗力的情形不能穷尽，每个人的理解会不同，法院的认定也会有区别。因此，就需要发承包双方在施工合同中将构成不可抗力的各种情形约定清晰，尤其是现实中容易造成争议且在法律上又缺乏认定依据的一些情况，如本案例中所讲的暴风雨，或者像连续高温或连续低温等。"先明后不争"，在合同中一旦约定清楚，双方当事人的合意至上，就不会发生或少发生类似的争议了。

【法律依据】

《建设工程质量管理条例》第10条。

四、横道图、网络图对工期的影响

实例 10　横道图不能作为证明工期顺延的证据

【案情简介】

原告（承包人）：兴城市鼎晟置业有限责任公司（以下简称鼎晟公司）

被告（发包人）：葫芦岛市飞翔房地产开发有限公司（以下简称飞翔公司）

鼎晟公司系自然人独资的有限责任公司，经营范围有房屋建筑工程施工总承包、建筑安装等。飞翔公司系外商合资有限责任公司，经营范围有相应范围的地产开发、经营和管理等。2014年3月28日，原告、被告双方签订了《建设工程施工协议书》，2014年5月15日，原告、被告双方签订了《建设工程施工合同》，同时双方约定，协议条款与合同中不一致之处，以协议为准。本案中被告是发包方，原告是承包方，双方经协商一致，将被告开发的兴城市丽景家园小区工程（1~10号楼）承包给原告承建。建筑面积约38 321平方米，工程总造价约4 000万元（最终按实结算），约定工期为210日历天。2014年4月1日经原告、被告、监理单位确认，丽景家园小区项目原告进场开工，首先开工七栋楼，2014年5月17日开工三栋楼……

原告认为，被告拖延工程款支付，并且由于被告的原因（被告将一些工程对外委托给其他单位，不能按时完成工程）导致了延期。关于工程款欠付问题原告提交了票据、规费取费标准书等证据。为了证明工程延期的原因，原告鼎晟公司对其提供的横道图加以说明："施工进度横道图，是被告方为完善工程手续，签订建设工程施工合同制作的，其中约定的开工日期变更为5月10日，所以我方按照被告方要求不得不制定新的施工计划书，使施工工期顺延。证明被告违约行为致使工期不能如期进行。"针对此项，被告飞翔公司声明："没有我方签字确认，证明的对象缺乏相关性，协议书约定如果有些文件或合同文本不同，以协议为准，另外此约定仅是开工日期，和本案审理没有关系。合同是给政府看的，协议是我们双方认可遵守的，应以协议为准。"

原告鼎晟公司提出："虽然横道图中工期至 12 月，但北方施工必须在 11 月 15 日前，进入冬季整个土建工程要停工。因为该工程在 4 月 1 日没有完全开工，整个工程跨年施工，6 号、7 号、9 号三个楼虽然延迟开工了，但我方为了提高工程进度增加了工程成本及施工设备力量的投入，在 10 月 30 日与其他前期开工的 7 栋楼具备同工条件。"被告飞翔公司声明："具体开工日期应以协议为准。如果原告认为因为开工证未申请下来的原因致使延误工期，应提供现场监理的签证，即有关工期索赔的签证。否则应视为实际开工日为 2014 年 4 月 1 日。"

原告鼎晟公司提出："4 月 1 日开工横道图证明了门窗等单项工程应在 2014 年 9 月 6 日至 10 月 5 日完成。甲方（被告）单方将门窗单项工程向外委托，也应在该时间区间内完成，否则甲方即构成违约。开工日期是 4 月 1 日，证明甲方外围工程应该在 2014 年 9 月 6 日至 10 月 5 日完成，但甲方外委工程没有按时完成，造成工期延误，被告应承担责任。"被告飞翔公司声明："该证据只是施工计划，在施工过程中不可能完全按照计划完成，是否影响工期我方认为应参照施工网络图（不是横道图）和建设单位、施工单位、监理单位三方日志综合认定，该证据对进度的影响应由原告方举证，但是我方愿意提供全面的施工日志。"综上：原告要求被告支付工程款 20 210 676.75 元和利息，承担工期增加造成的损害。

法院部分支持了原告关于工程款和利息支付的主张。关于工期违约以及违约金的问题，法院有如下表述：关于原告主张的违约金 1 019 845.40 元的问题。原告提出协议约定工程竣工日期是 2014 年 12 月月末，工期日历天 210 天。因被告施工许可证办妥的时间是 2014 年 7 月 20 日，且在 2014 年 4 月 1 日开工时，原告的计划是 10 栋楼同期开工，但由于被告考虑市场情况，有 3

栋楼在 2014 年 5 月 17 日才开工，且被告外委工程延期导致原告工程延期至 2015 年 10 月 15 日才竣工验收完毕，造成原告人工、材料、设备等费用增加，工期延误责任在被告。另，被告还存在延期拨付工程款等情况。故，被告应承担违约责任，支付违约金。关于被告逾期拨付工程款问题，法院已经确认按照双方约定的工程款拨付逾期利息，支持原告要求被告支付工程款利息的诉求；关于工期延误、价格等问题，双方在协议中约定需要有双方签证单。在本案审理期间，原告并未提供明确上述问题的签证单。且在 2015 年 12 月 5 日和 12 月 15 日原告报送给被告的 2015 年工程结算书中也没有计算违约金问题。故，法院认为，对于原告提出的违约金主张证据不足，法院不予支持。

【审理结果】

被告飞翔公司在本判决生效之日起 10 日内给付原告鼎晟公司工程款 19 805 089.18 元（含 2016 年零星工程款 115 139 元）及利息。驳回原告鼎晟公司的其他诉讼请求。

【工程知识】

1. 横道图：亦称甘特图，是工程进度计划的表示方法之一。由于其形象、直观，且易于编制和理解，长期被广泛应用于建设工程进度控制之中。其涵盖的内容一般有各项工作的划分、工作的起止时间、工作的持续时间、工作之间的搭接关系，整个项目的开工、完工时间和总工期（不包括工期顺延等）。

2. 工程监理在工程延期审批时遵循的一般原则：

（1）合同条件。导致工程拖延的原因需确实属于承包单位以外的，否则不能批准为工程延期。

（2）影响工期。发生延期事件的工程部位，无论其是否处在施工进度计划的关键线路上，只有当所延长的时间超过其相应的总时差而影响到工期时，才能批准工程延期。如果延期事件发生在非关键线路上，且延长的时间并未超过总时差时，即使符合批准为工程延期的合同条件，也不能批准工程延期。

（3）实际情况。必须有各类细节的详细记录，结合监理工程师对现场的实际考察和分析，做好相关记录，合理确定工程延期时间的依据。

3. 网络图：建设工程进度计划用网络图来表示，可以使建设工程进度得到有效控制。国内外实践证明，网络计划技术是用于控制建设工程进度的最有效工具。无论是建设工程设计阶段的进度控制，还是施工阶段的进度控制，均可使用网络计划技术。作为建设工程监理工程师，必须掌握和应用好网络计划技术。

4. 线路与关键线路：网络图中，从起点节点开始，沿箭头方向顺序通过一系列箭线与节点，最后到达终点节点的通路为线路。线路上所有工作持续时间总和为该线路的持续时间。总持续时间最长的线路为关键线路，关键线路的长度就是计划的总工期。关键线路上的工作为关键工作。只有关键工作的进度提前或者延后，才会影响总工期。

5. 自由时差与总时差。自由时差（Free Float，FF），指一项工作在不影响其紧后工作最早开始时间的条件下，本工作可以利用的机动时间。计算方式是该工作的所有紧后工作的最早开始时间，减去该工作的最早结束时间。所谓总时差，就是在不影响总工期的前提条件下，本工作可以利用的机动时间。假如做一项工作需要 2 天时间，必须要在 1 号（才能开始）到 4 号（期间无其他工作）之间完成，你就有了机动时间，这个机动时间即为时差。

【工程管理实务解读】

此案中，原告拿出横道图作为工期延长的证据。被告声明横道图不能单独作为工程延期的证据，应当结合网络图（而不是横道图）、合同、签证，甚至建施监三方日志综合考量认证。最终，法院认为原告的违约金要求（工期延期责任在被告）证据不足，没有支持。

1. 网络图中关键线路上的工作才会影响总工期。

工程施工是一个相当复杂的过程，例如，有的部分需要下层水泥凝固才能进行下一步,在大雨大雪天气,虽然一些室外工程不能进行但是不影响室内工程施工,但是两项工作需要同时使用仅有的一台大型机械时就要将时间错开。所以,仅凭横道图并不能反映工作与工作之间的逻辑关系。网络图的优势在于能够明确关键路线,只要把握住关键线路上的工作不超期,一般就不会对总工期产生影响。当然,非关键线路上的总时差超过一定限度时也会对总工期产生影响,那是因为总时差超限使非关键线路实质上成为了新的关键线路。但是在横道图中,无法看出关键路线,个别事项的工期改变很有可能在时差限度内,不会对总工期产生影响。所以,横道图本身并不能明确反映总工期,网络图才有一定的参考力。

2. 要注意区分横道图本身的证据效力和合同赋予的效力。

假如,合同中明确约定了"某某工作要符合某某横道图的要求,超期违约",此时,合同的效力转移在了横道图上(横道图是合同的一个附件)。此时的横道图是能够对单项工作甚至总工期产生影响的,但是这是基于合同的效力,而非横道图本身的证明力。倘若合同无效,还是要回归到具体损失的问题探讨上,不再考虑合同违约的事项。

3. 工期顺延的一般情形。

工期顺延的一般情形有:①工程量增加。施工过程中,发包人时常要求承包人增加工程量,因而必然导致工期的增加。这种情形下,工期自然顺延。②发包人变更设计。若在施工过程中,发包人变更设计,则因发包人变更设计而导致承包人无法施工的期间应当从工期中扣除,即顺延相应的工期。③发包人未按合同约定的期限提供设计图纸等施工必需的资料。若发包人未按合同约定的期限提供设计图纸等施工必需的资料,导致承包人无法施工的,则从发包人提供这些施工必需的资料之日起算工期。其他如因发包人缺乏建设工程规划许可证、施工许可证或其他原因导致有关政府部门要求停工的,则停工期间应当从工期中予以扣除。④发包人未按约支付工程款。一般来说,当事人在施工合同中均约定发包人按工程进度支付工程进度款。若发包人未按期支付工程进度款,承包人有权停工,因此引起的工期延误责任由发包人承担。⑤发包人指定的分包人与承包人在施工过程中衔接不当。实践中，通常存在发包人将部分工程如钢结构工程、消防工程、水电工程、空调工程等直接分包给他人施工，或者要求承包人分包给指定的单位施工的情形。然而在施工过程中，承包人与分包人之间可能因施工衔接不当导致工期延误，在此情形下，发包人应当承担相应的工期延误责任。⑥工程质量鉴定。根据《施工合同司法解释（一）》第 11 条"建设工程竣工前，当事人对工程质量发生争议，工程质量经鉴定合格的，鉴定期间为顺延工期期间"的规定，对工程质量的鉴定可否作为顺延工期的理由，主要以工程质量是否合格作为判断标准。如果工程质量经鉴定是合格的，则应将鉴定期间作为顺延工期期间；反之如果工程质量经鉴定不合格，则工期不应当顺延，承包人逾期竣工的，应当承担相应的违约责任。⑦不可抗力或其他因素。承包人在施工过程中如发生不可抗力因素，或者其他不可归责于承包人的意外事件导致工期延误的，承包人有权主张工期顺延。比如地震、暴雨期间无法施工，工期可以顺延。

【法律依据】

1. 《北京市高级人民法院关于审理建设工程施工合同纠纷案件若干疑难问题的解答》第 26 点。

2. 《安徽省高级人民法院关于审理建设工程施工合同纠纷案件适用法律问题的指导意见》第 4 条。

附件1：

工程临时/最终延期报审表

工程名称：　　　　　　　　　　编号：

致：_____（建设单位）

_____（项目监理机构）

　　根据施工合同_____（条款），由于_____的原因，我方申请工程临时/最终延期_____（日历天），请予批准。

　　附件：

　　1. 工程延期依据及工期计算

　　2. 证明材料

　　施工项目经理部（盖章）_____

　　项目经理（签字）_____

　　年　月　日

审核意见：

　　□同意临时/最终延长工期_____（日历天）。工程竣工日期从施工合同约定的_____年_____月_____日延迟到_____年_____月_____日。

　　□不同意延长工期，请按约定竣工日期组织施工。

　　项目监理机构（盖章）_____

　　总监理工程师（签字、加盖执业印章）_____

　　年　月　口

　　审批意见：

　　建设单位（盖章）_____

　　建设单位代表（签字）_____

　　年　月　日

　　填报说明：本表一式三份，项目监理机构、建设单位、施工单位各一份。

附件2:

1号楼施工进度横道图

序号	工作内容	天数	2016年6月			2016年7月			2016年8月			2016年9月			2016年10月			2016年11月			2016年12月			2017年1月			2017年2月		
			1~10日	11~20日	21~30日	1~10日	11~20日	21~31日	1~10日	11~20日	21~31日	1~10日	11~20日	21~30日	1~10日	11~20日	21~31日	1~10日	11~20日	21~30日	1~10日	11~20日	21~31日	1~10日	11~20日	21~31日	1~10日	11~20日	21~28日
			10	10	10	10	10	11	10	10	11	10	10	10	10	10	11	10	10	10	10	10	11	10	10	11	10	10	8
1	临建及塔吊基础	10																											
2	基础挖方清槽	10																											
3	基坑防护	3																											
4	基础垫层	3																											
5	砖模、防水及保护层	8																											
6	基础底板施工	15																											
7	地下室施工	15																											
8	地下室外墙防水	15																											
9	地下室基础回填	12																											

430

续表

序号	工作内容	天数	2016年6月 1~10日 10	11~20日 10	21~30日 10	2016年7月 1~10日 10	11~20日 10	21~31日 11	2016年8月 1~10日 10	11~20日 10	21~31日 11	2016年9月 1~10日 10	11~20日 10	21~30日 10	2016年10月 1~10日 10	11~20日 10	21~31日 11	2016年11月 1~10日 10	11~20日 10	21~30日 10	2016年12月 1~10日 10	11~20日 10	21~31日 11	2017年1月 1~10日 10	11~20日 10	21~31日 11	2017年2月 1~10日 10	11~20日 10	21~28日 8
10	1~5层主体施工	31																											
11	6~10层主体施工	30																											
12	11~15层主体施工	31																											
13	16~20层主体施工	30																											
14	21层屋面主体施工	20																											
15																												

编制：　　　　　　　审核：　　　　　　　审批：

实例 11 延期事件处于非关键线路，
不导致工期顺延

【案情简介】

上诉人（一审原告）：亿博公司

上诉人（一审被告）：十五局第四工程公司

2011 年 8 月 28 日，亿博公司与十五局第四工程公司签订《建设工程施工合同》一份，约定由十五局第四工程公司承建亿博公司位于徐州市鼓楼区煤港路东侧的"中国（徐州）八里国际家居博览中心一期"土建、水电安装工程。合同约定开工日期以开工报告为准，合同工期为总日历天数 270 天（不包括春节一个月的假期在内）；工程质量标准为合格；合同价款为114 831 300 元。

施工过程中，亿博公司（甲方）与十五局第四工程公司（乙方）于 2012年 5 月 7 日就主体结构封顶日期的确定和奖罚，以及室外雨污水管道、道路、场地和停车场施工等事宜达成《补充协议》。协议约定 7 月 10 日完成主体结构封顶，每提前一天甲方奖给乙方 2 万元，若推迟一天甲方罚乙方 2 万元，奖罚按天类推累计。其后，亿博公司与十五局第四工程公司于 2012 年 8 月 29日就涉案项目的完工日期达成《补充协议 2》，约定："第一，一号馆主体框架以外部分工程在 2012 年 10 月 31 日之前全部完成并具备整体完工验收条件，所有工程质量标准要满足施工图纸及规范要求。第二，每提前一天，甲方奖励乙方五万元整，每推迟一天，罚乙方五万元，提前或推迟所产生的奖金或者罚金均按天类推累计，上不封顶。以上两项条件外其他均按原合同及补充协议条款执行。"

另查明，中国（徐州）八里国际家居博览中心一期于 2013 年 10 月 25 日正式开业。十五局第四工程公司的房屋建筑工程施工总承包企业资质为二级。

【审理结果】

一审法院判决十五局第四工程公司向亿博公司赔偿损失 900 000 元，驳回亿博公司的其他诉讼请求。

二审法院判决撤销江苏省徐州市中级人民法院（2015）徐民初字第 00031 号民事判决，驳回亿博公司全部诉讼请求。

本案中，一审法院支持了亿博公司对第十五局第四工程公司部分工期延误违约索赔诉讼请求，但二审法院认为违约责任以合同有效为前提，驳回亿博公司全部诉讼请求。虽然二审法院以合同无效，不适用违约责任为由驳回亿博公司的工期延误索赔，但一审法院事实认定和专家意见中均认为，延误事件发生在非关键线路上，工期不顺延。

【工程知识】

非关键线路：短于关键线路工作持续时间的线路称为非关键线路，位于非关键线路上的工作称为非关键工作。

【工程管理实务解读】

在工程实务中，承包人的工期顺延请求是否能得到支持，第一步要判断造成工期延误事件的原因，如果因承包人原因引发工期延误事件，工期不予顺延，因不可抗力或发包人原因引发工期延误事件，则存在工期顺延可能。第二步要分析工期延误事件是否在关键线路上，如果在关键线路上，工期应予以顺延；如果工期延误事件发生在非关键线路上，且延误天数未超过自由时差，则工期不予顺延，超过自由时差部分的天数予以顺延。第三步是看承包人是否按照施工合同中通用条款和专用条款约定，在约定的日期内向发包人发出索赔通知书，并且在发出索赔通知书后约定的日期内向发包人提交正式索赔报告和相关证据。

本案中，发包人以承包人工期延误为由，向法院提起工期延误违约索赔，最终被法院认定合同无效，以不适用违约责任为由驳回诉讼请求。发包人失误之处在于诉前未就合同效力进行法律分析，导致出现不利后果。发包人如果在诉前意识到合同效力问题，则可以在诉讼中主张承包人承担实际损失。

涉案施工合同因承包人不具备与建设规模相符的施工总承包企业资质被

认定无效，另外涉案项目工期延误主因是承包人组织不力，承包人对因工期延误给发包人造成的损失应承担主要责任。

【法律依据】

1. 《建筑法》第13条、第26条。

2. 《招标投标法》第3条。

3. 《施工合同司法解释（一）》第1条、第6条。

第 五 篇

建设工程
司法鉴定实务解读

一、造价鉴定

实例1 "半拉子"工程申请造价鉴定技巧

【案情简介】

原告（承包方）：万泰公司

被告（发包方）：华中公司

2015年3月27日华中公司与万泰公司签订《框架协议书》一份，华中公司为发包方，万泰公司为承包方，华中公司将华中医药物流健康产业园项目工程发包给万泰公司承建，工程内容为土建施工；工程范围为施工图所含内容（一期约8.4万平方米）；工程质量标准为合格；合同总价暂定1亿元，计算方法按《建设工程工程量清单计价规范》（GB 50500—2008）据实决算，多层上浮1%，高层下浮3%；付款方式为：承包方垫资，主体封顶以后，发包方向承包方支付已完工程量的60%的费用；工程完工具备验收条件的，按已审定的合同价支付至总价的80%；如到节点不能按时支付（超出节点时间一个月外），发包方应向承包方赔偿应付工程款的同期银行贷款利率的4倍，并赔偿承包方由此产生的误工费、劳务费等损失。合同签订后，万泰公司向华中公司缴纳200万元工程保证金，并于2015年4月1日开始进场施工。该工程由华中公司委托许昌市复兴建设工程监理有限公司（以下简称复兴公司）进行监理。2015年7月30日万泰公司垫资施工至主体封顶。监理单位复兴公司对万泰公司已施工的工程进行验收，经项目监理工程师及监理单位确认，万泰公司已完工工程符合要求，质量合格。由于华中公司未按《框架协议书》约定支付工程款，万泰公司于2015年8月停工。2015年8月26日至2016年4月8日，华中公司分多次支付万泰公司工程款共计6 003 000元，2015年11月至2016年11月支付工程留守人员生活费77 500元。华中公司为万泰公司垫付施工期间水电费501 372元。2015年12月5日双方签订《补充协议书（一）》，协议签订后，华中公司未按补充协议约定的时间支付1 000万元工程款，该工程万泰公司未复工。2015年12月31日，华中公司该工程项目部对万泰公司的停工损失进行了回复，认可万泰公司2015年9月1日至2015年12月20日共111天的各项损失为1 057 325元。

自2015年8月起至本案诉讼之前及诉讼进行中，项目处于停工状态。2016年11月12日，原告向华中公司邮寄解除合同函一份，要求解除双方签订的施工合同。2016年1月26日，承包方以发包人为被告，以建设工程施工合同纠纷为由，向法院提起诉讼，诉讼中，原告请求对本案已施工部分的工程价款及停工损失进行鉴定，法院依法委托河南远大建设工程管理有限公司对申请内容进行鉴定。2017年10月，河南远大建设工程管理有限公司出具司法鉴定意见书，鉴定意见分为两部分：第一，无争议部分。华中物流产业园项目已完工部分工程价款为19 238 100.05元；因该项目停工造成的损失费用为2 114 346.92元（2015年12月20日之前的损失为1 057 325元，2015年12月21日至2016年11月17日损失为1 057 021.92元）。第二，有争议部分。有争议部分为其他停工损失，共计12 656 228.05元。

【审理结果】

法院认为：本案华中公司与万泰公司签订的《框架协议书》及《补充协议书（一）》，均系双方当事人真实的意思表示，不违反相关法律规定，为有效协议。双方应依据协议内容履行各自的义务。原告万泰公司依据协议履行了支付保证金及按期施工的义务，被告华中公司未能按约定在主体封顶后支付工程款及返还保证金，由于被告违约造成本案纠纷，被告应承担本案全部责任。被告认为原告的施工质量达不到工程款支付节点的主张，没有事实根据，法院不予采信。原告、被告在工程停工后，经协商签订《补充协议书（一）》，重新约定了被告的付款金额及期限，但被告仍未按补充协议约定履行义务。由于被告违约，给原告造成了停工损失，被告对此也予以认可，故被告应承担赔偿责任。由于被告的原因造成合同不能继续履行，原告提出解除合同的请求，于法有据，法院予以支持；原告要求被告支付工程款及利息、退还保证金的请求成立。由于《补充协议书（一）》对逾期付款计息时间及标准作出了明确约定，该约定不违反法律规定，应按约定计算利息。法院根据查明的事实及司法鉴定意见书内容，确认原告已完工部分工程价款为 19 238 100.05 元，扣除被告已支付的工程款及留守人员生活费共计 6 080 500 元，扣除被告为原告垫付的水电费 501 372 元，被告应支付原告余下工程款 12 656 228.05 元及利息，赔偿原告停工损失 2 114 346.92 元；原告请求确认对工程价款享有优先受偿权的主张符合法律规定，依法予以支持。

【工程知识】

1. 工程造价①：通常是指工程项目在建设期（预计或实际）支出的建设费用。

由于所处的角度不同，工程造价有不同的含义。从投资者（业主）角度分析，工程造价是指建设一项工程预期开支或实际开支的全部固定资产投资费用。投资者为了获得投资项目的预期效益，需要对项目进行策划、决策、建设实施（设计、施工）直至竣工验收等一系列活动。在上述活动中所花费的全部费用，即构成工程造价。从这个意义上讲，工程造价就是建设工程固定资产总投资。

从市场交易角度分析，工程造价是指在工程发承包交易活动中形成的建筑安装工程费用。显然，工程造价的这种含义是指以建设工程这种特定的商品形式作为交易对象，通过招标投标或其他交易方式，在多次预估的基础上，最终出市场形成的价格。这里的工程既可以是整个建设项目，也可以是其中一个或几个单项工程或单位工程，还可以是其中一个或几个分部工程，如建筑安装工程、装饰装修工程等。

2. "半拉子"工程：又称"未完工程"，指的是建设工程施工合同在履行过程中因多种原因，承包人未能将承建的工程予以完工，使得承建的工程处于停建或停滞状态的工程。

3. 工程量：是指按照事先约定的工程量计算规则计算出来的、以物理计量单位或自然计量单位表示的分部分项的数量。物理计量单位多采用长度米、面积平方米、体积立方米、质量吨或千克；自然计量单位多采用个、只、套、

---

① 魏文彪等编：《建设工程造价管理》，中国计划出版社 2017 年版，第 1 页。

台、槽、座等。工程量计算依据施工图纸及配套的标准图集、预算定额、工程量清单计价规范、施工组织设计或施工方案等。

4. 工程计价标准和依据[①]：包括计价活动的相关规章规程、工程量清单计价和工程量计算规范、工程定额和相关造价信息等。

从我国现状来看，工程定额主要作为国有资金投资工程编制投资估算、设计概算和最高投标限价（招标控制价）的依据，对于其他工程，在项目建设前期各阶段可以用于建设投资的预测和估计，在工程建设交易阶段，工程定额可以作为建设产品价格形成的辅助依据。工程量清单计价依据主要适用于合同价格形成以及后续的合同价款管理阶段。计价活动的相关规章规程则根据具体内容可能适用于不同阶段的计价活动。造价信息是计价活动必需的依据。

5. 签证：工程签证是指按承发包合同约定，一般由承发包双方代表就施工过程中涉及合同价款之外的责任事件所作的签认证明。目前一般以技术核定单和业务联系单的形式居多。通俗地解释，工程签证是指在施工合同履行过程中，承发包双方根据合同的约定，就合同价款之外的费用补偿、工期顺延以及因各种原因造成的损失赔偿达成的补充协议。

6. 停工损失：是由于停工超过规定期限所发生的各种费用，包括停工期内支付的生产工人工资和提取的职工福利基金、耗用的燃料和动力费，以及应负担的车间经费和企业管理费等。

7. 工程造价鉴定：在《建设工程造价鉴定规程》中是指工程造价咨询企业接受国家、政府等有权机关或机构的委托，对纠纷项目的工程造价以及由此延伸而引起的经济问题，依据其建设工程造价方面的专门知识和技能进行鉴别和判断并提供鉴定意见的活动。

【工程管理实务解读】

1. 代理律师在诉讼起始阶段便提出申请造价鉴定，可以巧妙地回避工程质量争议。

2. 提出工程造价司法鉴定申请时，应当提交的证据清单范围及内容。

---

① 魏文彪等编：《建设工程计价》，中国计划出版社2017年版，第35页。

（1）工程造价司法鉴定业务须书面委托，委托书应写明鉴定项目名称、范围、要求、联系人及联系电话。

（2）工程施工合同、补充合同、协议等（招标工程还应提供招标文件）。

（3）委托鉴定范围内涉及的施工图纸，包括设计修改、变更通知单、现场签证单等，由建设单位或业主供应建筑材料和设备的，还应提供材料、设备清单。

（4）原告、被告的起诉状、答辩词、庭审笔录或申请人、被申请人的申请书、答辩书等。

（5）开工报告、竣工工程验收证明，明确该工程的实际开工、竣工时间。

（6）委托方转交的证据材料应分为双方当事人确认部分和未确认部分，以便客观、及时地提供工程造价鉴定结果。

（7）涉及该工程造价鉴定的相关证据材料等。

3. 工程造价鉴定的鉴定范围并不是全部，而只是针对有争议的事实进行鉴定。

《施工合同司法解释（一）》第31条规定："当事人对部分案件事实有争议的，仅对有争议的事实进行鉴定，但争议事实范围不能确定，或者双方当事人请求对全部事实鉴定的除外。"据此，工程造价鉴定并不是全部鉴定，而只是针对有争议的事实进行鉴定。在实践中，有的审价单位会超出双方的争议事实范围，对无争议事实也作出鉴定，对此，法院不应组织对该部分超出范围的鉴定内容进行质证，即使法院提出要求质证，原告、被告双方也有权拒绝质证。

笔者在代理本案时，于诉讼中提出对涉案工程已施工部分的工程价款及停工损失进行鉴定，而不是对整个工程进行鉴定。这样一方面减少了鉴定的工作量和时间，另一方面也达到了解决争议的目的。

4. 鉴定机构不得擅自否定承发包双方的签证文件。

《施工合同司法解释（一）》第19条第1款规定："当事人对建设工程的计价标准或者计价方法有约定的，按照约定结算工程价款。"第20条规定："当事人对工程量有争议的，按照施工过程中形成的签证等书面文件确认。"签证文件是双方当事人在合同履行过程中按照合同约定达成的新的一致意见，其实质就是双方的补充协议，当它的内容是真实的，签字的人是有权限的人，那么它就应当是一份合法有效的签证文件，即补充协议。鉴定机构不是这份补充协议的当事方，其仅仅是作为一个第三方受到委托来鉴定这个事实，没有任何权力及法律依据可以擅自否认签证文件或是变更其中的内容。在工程造价鉴定中，鉴定机构不得随意否定当事人之间有效的签证。

5. 工程造价鉴定中法院依职权判定的事项包括哪些。

当事人对施工合同效力、结算依据、签证文件的真实性及效力等问题存在争议的，应由法院进行审查并作出认定。法院在委托鉴定时可要求鉴定机构根据当事人所主张的不同结算依据分别作出鉴定结论，或者对存疑部分的工程量及价款鉴定后单独列项，供审判时审核认定使用，也可就争议问题先作出明确结论后再启动鉴定程序。

6. 对于"半拉子"工程，承包人请求发包人支付工程款的前提是工程质量合格。

本案中，笔者作为承包人的代理人，一直强调未完工的原因是对方违约，对方律师可能是急于应战或者迫于解释，事实上达到了让对方默认质量合格的目的。这样也能进一步消除法官对质量的疑虑，能让法官，甚至是对方律师潜意识里认识到这就是一个质量合格的未完工工程，进而绕过质量鉴定或者其他的对质量问题的纠结，顺利进入造价鉴定阶段，这是整个案件重要的阶段性胜利。

7. 鉴定机构只能依据人民法院确定的鉴定方法对"半拉子"工程的造价进行鉴定。

原告、被告应当在人民法院向鉴定机构明确鉴定方法前，先行考虑鉴定方法是否科学合理，人民法院在征询原被告意见后，确定可行的鉴定方法。因鉴定方法是司法审判权的范围，鉴定机构只能依据人民法院确定的鉴定方法依法进行鉴定，而不能自行采用其他方法进行鉴定，否则该鉴定意见不能作为裁判的依据。

8. 固定总价合同，鉴定机构依据"按比例折算"的方法计算"半拉子"工程工程款。

若建设工程施工合同约定工程价款实行固定总价结算，承包人未完成工程施工，可以采用"按比例折算"的方式鉴定工程款，即由鉴定机构在相应同一取费标准下分别计算出已完工工程部分的价款和整个合同约定的工程总价款，两者对比计算出相应系数，再用合同约定的固定价乘以该系数确定发包人应付的工程款。

《北京市高级人民法院关于审理建设工程施工合同纠纷案件若干疑难问题的解答》第 13 点就固定总价合同履行中，承包人未完成工程施工的，工程价款如何确定规定：建设工程施工合同约定工程价款实行固定总价结算，承包人未完成工程施工，其要求发包人支付工程款，经审查承包人已施工的工程质量合格的，可以采用"按比例折算"的方式，即由鉴定机构在相应同一取费标准下分别计算出已完工程部分的价款和整个合同约定工程的总价款，两者对比计算出相应系数，再用合同约定的固定价乘以该系数确定发包人应付的工程款。

《广东省高级人民法院关于审理建设工程施工合同纠纷案件若干问题的指导意见》第 5 点规定：建设工程施工合同约定工程款实行固定价，如建设工程尚未完工，当事人对已完工工程造价产生争议的，可将争议部分的工程造价委托鉴定，但应以建设工程施工合同约定的固定价为基础，根据已完工工程占合同约定施工范围的比例计算工程款。当事人一方主张以定额标准作为造价鉴定依据的，不予支持。

《重庆市高级人民法院关于建设工程造价鉴定若干问题的解答》第 11 点就建设工程造价鉴定中，鉴定方法如何确定规定：建设工程的计量应当按照合同约定的工程量计算规则、图纸及变更指示、签证单等确定。建设工程的计价，通常情况下，可以通过以下方式确定……⑥建设工程为未完工程的，应当根据已完工程量和合同约定的计价原则来确定已完工程造价。如果合同为固定总价合同，且无法确定已完工程占整个工程的比例的，一般可以根据工程所在地的建设工程定额及相关配套文件确定已完工程占整个工程的比例，再以固定总价乘以该比例来确定已完工程造价。

9. 定额计价和固定单价合同，鉴定机构依据双方已确认工程量对应的定额或单价计算"半拉子"工程工程款。

10. 停工损失可列入"半拉子"工程造价司法鉴定范围。

"半拉子"工程中，承包人多发生停工损失，在申请司法鉴定时，应将停工损失金额列入申请司法鉴定的范围。

11. "半拉子"工程在申请造价鉴定时，一定要在工程停工时进行。并应尽快、尽可能多地收集相关证据。

一般情况下，"半拉子"工程会因外界因素陷入停止，此时静态的工程状态更加有利于造价鉴定。但是在很多情况下，原施工人会在工程停止后撤场，业主为了使工程继续进行就会安排新的施工人进驻建设。此时，原停工状态已经被覆盖，虽然有关质量争议的风险会减小，但也会给造价鉴定带来困难。此时，如果不能够证明哪些工程是由自己完成的，就会导致利益的损失、不能进行工程造价鉴定或者被迫妥协让利等不利后果。这就要求原施工人先知先觉，明知工程不能正常完工时，就应当通过拍照、录像、材料收集等方式固定有利于自己的证据，尽快地寻求专业人士的帮助，为之后的权利保护做充足准备。

【法律依据】

1. 《全国人民代表大会常务委员会关于司法鉴定管理问题的决定》第1条。

2. 《施工合同司法解释（一）》第28条。

实例2　代理人对工程造价鉴定的
计价依据选择及应对技巧

【案情简介】

申请人：河南A桥梁公司（以下简称A公司）

被申请人：河南B水利局（以下简称B公司）

2012年7月，A公司在某仲裁委员会起诉B公司，请求B公司支付拖欠的涉案桥梁的工程款。

仲裁委员会查明案件事实：

第一，A公司、B公司对涉案桥梁工程价款的根本争议就是由于招标控制价低于成本价，而A公司在投标时也未认真审核招标控制价，仅仅按照招标文件的评标办法和招标控制价最高限价，报出了2681万元的投标价，并以此价格最终中标。

第二，招标控制价编制过程中没有考虑到桥梁工程的防汛因素，采用了碗扣式钢管脚手架作为桥梁的支撑体系，而在实际施工时采用钢梁结构作为整个桥梁的支撑体系，该结构采用的是325螺旋焊接钢管，间距3米×4米，南北向设计为40工字钢，东西向为28a槽钢，上铺15厘米×15厘米方木，再铺竹胶板。整个钢架支撑体系搭设了将近两个月，工程造价约1200万元，远远超出了原来招标控制价的碗扣式脚手架的预算。

第三，招标控制价未考虑筑岛和围堰这部分措施项目的工程施工。

第四，招标控制价的钻孔灌注桩是按照一二类土编制的工程量单价，但是实际地质勘察报告中的土质为泥岩、砂岩和砂砾结核等岩石，该单价是一二类土单价的几十倍，地质变更的工程价款大约有1500万元。

以上各项的累积使得承包方的投标报价已严重低于企业成本，使得施工方的实体性项目的单价、措施费（包括涵洞、支架、导流、围堰、筑岛、脚手架、模板等)、人工费调整、模板摊销、混凝土泵送等方面的投资大幅增加。

A公司应该在招标投标阶段对招标控制价进行审核,有义务发现招标控制价的问题并提出质疑,而A公司未尽到相关义务。

B公司主张招标投标是合法有效的,A公司应可以预见项目建设的风险,投标价是A公司的自主报价,不应调整合同价款。

【审理结果】

仲裁委员会认为: 在涉案工程中,A公司、B公司都有过错,遵照公平、诚实信用原则,实事求是地对涉案项目实际发生的变更和措施费依实计入,对属于投标人风险范围内的风险,由投标人A公司自担,投标报价中已有项目清单单价仍采用原投标单价,有近似单价参照近似单价,没有的重新组价,按照原投标优惠率进行让利。

根据仲裁委员会总结出的争议焦点,可以看出,争议的焦点在《建设工程工程量清单计价规范》中有明确的解释和规定。

《建设工程工程量清单计价规范》(GB 50500—2013)(以下简称13版清单计价规范)第4.1.1条规定:"招标工程量清单应由具有编制能力的招标人或受其委托、具有相应资质的工程造价咨询人编制。"第4.1.2条规定:"招标工程量清单必须作为招标文件的组成部分,其准确性和完整性应由招标人负责。"第4.1.3条规定:"招标工程量清单是清单计价的基础,应作为编制招标控制价、投标报价、计算或调整工程量、索赔等的依据之一。"

1. 钻孔灌注桩的地质情况确定的依据和理由。

原招标控制价钻孔灌注桩清单项的项目特征描述的地质情况为"一二类土",一二类土是个什么概念呢?从地质勘察报告以及后面实际施工中进行的钻孔记录中都可以反映出来。

13版清单计价规范第9.4.1条规定:"发包人在招标工程量清单中对项目特征的描述,应被认为是准确的和全面的,并且与实际施工要求相符合。承包人应按照发包人提供的工程量清单,根据项目特征描述的内容及有关要求实施合同工程,直到项目被改变为止。"

第9.4.2条规定："承包人应按照发包人提供的设计图纸实施合同工程，若在合同履行期间出现设计图纸（含设计变更）与招标工程量清单任一项目的特征描述不符，且该变化引起该项目工程造价增减变化的，应按照实际施工的项目特征，按本规范第9.3节相关条款的规定重新确定相应工程量清单项目的综合单价，并调整合同价款。"

承包人是按照发包人提供的工程量清单的一二类土进行钻孔灌注桩的报价，但是实际施工使用次坚石，整个项目的单价呈几十倍的增长。在仲裁中，发包人主张，该变更在施工图纸中的桩基图纸上体现了地质勘探的地质情况，承包人在报价时应予考虑，但是承包人主张，工程量清单的准确性是招标人负责的，承包人无权改动工程量清单，承包人只能基于招标人提供的工程量清单予以报价，且与该变更密切相关的地质勘察报告也是在中标后发包人才提供给承包人的。最终仲裁委员会支持了承包人的主张，将钻孔灌注桩的变更按照设计变更计入工程结算。

2. 钢筋数量调整的依据。

在实际施工过程中，工程量数量上的增减是经常发生的事情。由于工程量的变化，需要进行工程价款的调整，在工程实务中，处理方法也多种多样，发包、承包双方对此问题常是各执一词，互不相让。《建设工程工程量清单计价规范》（GB 50500—2008）（以下简称08版清单计价规范）第4.7.5条规定："因非承包人原因引起的工程量增减，该工程量变化在合同约定幅度以内的，应执行原有的综合单价；该项工程量变化在合同约定幅度以外的，其综合单价及措施费应予以调整。"但施工过程中，由于施工条件、地质水文、工程变化等变化以及招标工程量清单编制人专业水平的差异，工程量变化偏差较大时，对综合成本的分摊带来巨大的影响，如何合理地进行分摊，13版清单计价规范对这一问题进行了细化，第9.6.1条规定："合同履行期间，当应予计算的实际工程量与招标工程量清单出现偏差，且符合本规范第9.6.2条、第9.6.3条规定时，发承包双方应调整合同价款。"第9.6.2条规定："对于任一招标工程量清单项目，当因本节规定的工程量偏差和第9.3节规定的工程变更等原因导致工程量偏差超过15%时，可进行调整。当工程量增加15%以上时，增加部分的工程量的综合单价应予调低；当工程量减少

15%以上时，减少后剩余部分的工程量的综合单价应予调高。"第9.6.3规定："当工程量出现本规范第9.6.2条的变化，且该变化引起相关措施项目相应发生变化时，按系数或单一总价方式计价的，工程量增加的措施项目费调整，工程量减少的措施项目费调减。"在本案中，钢筋数量增加了600吨，但是合同中和08版清单计价规范中都未对工程量变化的单价调整予以明确，所以，对工程量单价是否调整双方意见不一致。依据13版清单计价规范，在进行工程量单价调整时有个默认的前提，就是工程量增加，一定是承包人获得了更好的收益，所以才要调整单价。然而在现实中，施工单位多采用不平衡报价，很多情况下，增加工程量的项目原来就赔钱，但是由于工程量较小，承包人还能接受，工程量增加后，就会造成承包人大幅度的亏损。所以，13版清单计价规范只是提供了一种解决问题的方法，在实务操作过程中，针对工程量的具体变化，采用何种调整模式，是需要发承包双方在合同中约定清楚的，主要有以下两种情况：第一种就是最常见的工程量变化，依实计算就是按照合同约定的计价模式，或采用清单模式或采用定额模式，按照相对应的工程量计算规则，进行工程量的计算，然后按照投标文件中的报价进行工程价款的调整。第二种就是清单上给出的方法，但是并不仅仅是工程量增加就调减单价，工程量减少就调增单价，而且工程量变化的幅度也不一定就是15%。还有变化幅度15%以内的情况是否调整，这些问题的约定都直接影响到最终工程结算的价款。而这些细节性的条款都是合同审查中的重点和难点，也是实务操作中容易引起纠纷的地方。

3. 对于措施项目中的筑岛围堰，仲裁委员会的处理原则。

措施性项目分为单价措施性项目和总价措施性项目，针对本工程而言，筑岛围堰是个小的工程，它主要包括以下工作内容：土方回填、基础清淤、挖沟槽、C15混凝土垫层、毛石基础、毛石导流墙、C30混凝土盖板预制、安装，等等，经过这一系列的工序才能将整个桥梁工程的施工面做好。由于原招标控制价的清单里没有这些内容，所以就需要发承包双方在工程施工中对实际工程量和施工工序予以签字认可和计量，然后根据合同约定进行工程结算。针对原招标控制价漏项内容如何确定，《建设工程价款结算暂行办法》有一个基本的原则：①合同中已有适用于变更工程的价格，按合同已有的价格变更合同价款；②合同中只有类似于变更工程的价格，可以参照类似价格变更合同价款；③合同中没有适用或类似于变更工程的价格，由承包人或发包人提出适当的变更价格，经对方确认后执行。如双方不能达成一致的，双方可提请工程所在地工程造价管理机构进行咨询或按合同约定的争议或纠纷解决程序办理。

在实务中，一般的变更大都是原招标控制价里没有的内容或漏项的内容，所以，仅仅有个大原则还是不够的。由于工程造价的复杂性，在涉及变更或漏项时，投标单位的投标报价是一个竞争过的市场价，无论采用工程量清单计价或定额计价模式得出来的单价都和此价格有一定的距离，在这时就要结合工程项目的规模、内容、承包模式和市场价格等因素综合考虑。一般是采用清单或定额计价形成新的单价再参照投标时的让利幅度进行单价的确定，根据《施工合同司法解释（一）》第9条第1款、第2款规定"当事人对建设工程的计价标准或者计价方法有约定的，按照约定结算工程价款。因设计变更导致建设工程的工程量或者质量标准发生变化，当事人对该部分工程价款不能协商一致的，可以参照签订建设工程施工合同时当地建设行政主管部门发布的计价方法或者计价标准结算工程价款"，是不考虑让利问题的。所以在实务操作中，我们应该清楚。

4. 措施项目中的支护结构变化带来的价差能否计入工程结算。

建设工程发生重大事故的原因有很多，但是归类分析，建筑物或构筑物支护结构失稳是造成重大事故的一个很重要的原因。就本项目而言，原来招标控制价考虑采用的支护结构是碗扣式钢管脚手架，这种脚手架的受力结构和受力能力对于本项目的施工环境完全不适用，是无法满足项目施工要求的。所以，承包人按照工程实际情况另外编写了施工方案并经建设单位和监理单位审批后实行。但是施工方案的变更造成工程成本的大幅攀升这个责任到底是应该归于建设单位还是施工单位，双方争议很大。发包人认为，招标时承包人已经拿到施工图纸并进行了现场踏勘，作为一个有经验的承包商应该结合项目实际情况进行合理的施工组织设计和施工方案的安排，但是承包人则主张承包人的投标报价是以发包人发布的招标控制价为基础的，根据《建设工程工程量清单计价规范》的规定，"招标工程量清单必须作为招标文件的组成部分，其准确性和完整性应由招标人负责""投标人必须按招标工程量清单填报价格。项目编码、项目名称、项目特征、计量单位、工程量必须与招标工程量清单一致"。承包人的投标报价是不包括这部分的费用的。最终仲裁委员会支持了承包人的观点，将工程价款按照实际施工方案与碗扣式脚手架的价差计入工程结算价款。

综合以上问题可以看出，招标控制价的完整性和准确性是整个项目能否顺利实施的一个根本保障，所以发承包双方和律师在招标投标阶段，对招标控制价应有足够的重视，律师也应该基于专业的角度对招标控制价提出建议和意见，以免将来发生争议。

对于招标控制价是否完整和准确，投标人可以在招标控制价公布 5 天后向招标投标监督机构和工程造价管理机构投诉，当招标控制价复查结论与原公布的招标控制价误差大于 ±3% 时，应当责成招标人改正。

【工程知识】

1. 造价鉴定中的计价依据是什么？

工程造价鉴定的目的是通过鉴定来计算涉案工程价款。所以，在造价鉴定伊始，首先要明确的就是工程造价的计价依据是什么。《建设工程价款结算暂行办法》第 3 条规定建设工程价款结算，是指对建设工程的发承包合同价款进行约定和依据合同约定进行工程预付款、工程进度款、工程竣工价款结算的活动。

《建筑法》第 18 条规定："建筑工程造价应当按照国家有关规定，由发包单位与承包单位在合同中约定。公开招标发包的，其造价的约定，须遵守招标投标法律的规定。发包单位应当按照合同的约定，及时拨付工程款项。"《施工合同司法解释（一）》第 19 条第 1 款规定："当事人对建设工程的计价标准或者计价方法有约定的，按照约定结算工程价款。"

关于建设工程价款的性质，《中华人民共和国价格法》（以下简称《价格法》）第 3 条第 1 款规定："国家实行并逐步完善宏观经济调控下主要由市场形成价格的机制。价格的制定应当符合价值规律，大多数商品和服务价格实行市场调节价，极少数商品和服务价格实行政府指导价或者政府定价。"

在我国，商品或服务的价格类型主要有三种：市场调节价、政府指导价、政府定价。

《价格法》第 3 条第 2 款、第 4 款、第 5 款规定："市场调节价，是指由经营者自主制定，通过市场竞争形成的价格。政府指导价，是指依照本法规定，由政府价格主管部门或者其他有关部门，按照定价权限和范围规定基准价及其浮动幅度，指导经营者制定的价格。政府定价，是指依照本法规定，由政府价格主管部门或者其他部门，按照定价权限和范围制定的价格。"

由此可知，政府定价为确定的绝对数，政府指导价为以特定数值为中心的数值区间，而市场调节价原则上是任意值。政府定价和政府指导价应有的限制条件是："属于关系国计民生或稀缺垄断等商品服务且进入国家或地方定价目录内的商品或服务。"建设工程造价显然不满足以上条件，故建设工程价款的性质在特征上是市场价。

《建筑法》第 18 条规定："建筑工程造价应当按照国家有关规定，由发包单位与承包单位在合同中约定。公开招标发包的，其造价的约定，须遵守招标投标法律的规定。发包单位应当按照合同的约定，及时拨付工程款项。"可以得出，建设工程价款体现出"市场调节价"的特征——以市场竞争形成价格的契约性。《施工合同司法解释（一）》第 19 条第 1 款进一步予以明确："当事人对建设工程的计价标准或者计价方法有约定的，按照约定结算工程价款。"所以，即使完全相同的建设工程项目，即地理位置相同、作业条件相同、施工图纸相同、建设周期相同，等等，也会在建筑市场形成完全不用的价格，另外，双方事先约定的造价往往会由于对法律的理解深度不同，招标文件要约人数的多少，商业谈判博弈技巧的高低，实际履约能力、过程合同变更、采取的索赔技巧等因素的变化而发生变动。所以，就完全相同的工程而言，其约定或结算的工程价款均可能不同。

2. 如何选择有利于当事人的鉴定方法？

建设工程价款的确定方式，因其类别直接影响或间接决定所涉工程的风险分配、法律适用等有关价款的内容处理，所以，缔约方关于工程造价的约定是合同约定里的重要条款。目前，建设工程的计价方法有两种，一种是清单计价模式，另一种是定额计价模式。

13 版清单计价规范第 2.0.11～2.0.13 条规定，合同价格形式有三种，分别是：①单价合同。发承包双方约定以工程量清单及其综合单价进行合同价款计算、调整和确认的建设工程施工合同。②总价合同。发承包双方约定以施工图及其预算和有关条件进行合同价款计算、调整和确认的建设工程施工合同。③成本加酬金合同：承发包双方约定以施工工程成本再加合同约定的酬金进行合同价款计算、调整和确认的建设工程施工合同。

第 7.1.3 条规定："实行工程量清单计价的工程，应采用单价合同；建设规模较小，技术难度较低，工期较短，且施工图设计已审查批准的建设工程可采用总价合同；紧急抢险、救灾以及施工技术特别复杂的建设工程可采用成本加酬金合同。"

《建设工程施工合同（示范文本）》（GF—2017—0201）（以下简称 17 版施工合同示范文本）第 12.1 条规定，"发包人和承包人应在合同协议书中选择下列一种合同价格形式：1. 单价合同：单价合同是指合同当事人约定以工程量清单及其综合单价进行合同价格计算、调整和确认的建设工程施工合同，在约定的范围内合同单价不作调整。合同当事人应在专用合同条款中约定综合单价包含的风险范围和风险费用的计算方法，并约定风险范围以外的合同价格的调整方法，其中因市场价格波动引起的调整按第 11.1 款〔市场价格波动引起的调整〕约定执行。2. 总价合同：总价合同是指合同当事人约定以施工图、已标价工程量清单或预算书及有关条件进行合同价格计算、调整和确认的建设工程施工合同，在约定的范围内合同总价不作调整。合同当事人应在专用合同条款中约定总价包含的风险范围和风险费用的计算方法，并约定风险范围以外的合同价格的调整方法，其中因市场价格波动引起的调整按第 11.1 款〔市场价格波动引起的调整〕、因法律变化引起的调整按第 11.2 款〔法律变化引起的调整〕约定执行。3. 其他价格形式：合同当事人可在专用合同条款中约定其他合同价格形式。"

《建设工程价款结算暂行办法》第 8 条规定，"发、承包人在签订合同时对于工程价款的约定，可选用下列一种约定方式：（一）固定总价。合同工期较短且工程合同总价较低的工程，可以采用固定总价合同方式。（二）固定单价。双方在合同中约定综合单价包含的风险范围和风险费用的计算方法，在约定的风险范围内综合单价不再调整。风险范围以外的综合单价调整方法，应当在合同中约定。（三）可调价格。可调价格包括可调综合单价和措施费等，双方应在合同中约定综合单价和措施费的调整方法，调整因素包括：1. 法律、行政法规和国家有关政策变化影响合同价款；2. 工程造价管理机构的价格调整；3. 经批准的设计变更；4. 发包人更改经审定批准的施工组织设计（修正错误除外）造成费用增加；5. 双方约定的其他因素。"

1999 版《建设工程施工合同示范文本》（GF—1999—0201）（以下简称99 版施工合同示范文本）第 23.2 条规定，"合同价款在协议书内约定后，任何一方不得擅自改变。下列三种确定合同价款的方式，双方可在专用条款内约定采用其中一种：（一）固定价格合同。双方在专用条款内约定合同价款包含的风险范围和风险费用的计算方法，在约定的风险范围内合同价款不再调整。风险范围以外的合同价款调整方法，应当在专用条款内约定。（二）可调价格合同。合同价款可根据双方的约定而调整，双方在专用条款内约定合同价款调整方法。（三）成本加酬金合同。合同价款包括成本和酬金两部分，双方在专用条款内约定成本构成和酬金的计算方法。"

第 23.3 条规定，"可调价格合同中合同价款的调整因素包括：（一）法律、行政法规和国家有关政策变化影响合同价款；（二）工程造价管理部门公布的价格调整；（三）一周内非承包人原因停水、停电、停气造成停工累计超过 8 小时；（四）双方约定的其他因素"。

通过 13 版清单计价规范、17 版施工合同示范文本、99 版施工合同示范文本以及《建设工程价款结算暂行办法》等文件的对比，可以清楚地看出，合同中约定的价格形式不同，其所约定的风险和范围分担也就不同，价款确定方式的本质，就是确定双方之间关于造价涉及商业风险的分配。同理，工程造价鉴定也是将合同中约定的双方真实意思表示通过鉴定这样一个手段得以体现，所以，代理人在进行诉讼或仲裁时，应该深刻地理解合同所约定的价格形式以及风险分担的范围，并在此基础上提出鉴定申请或发表质证意见以维护当事人的合法权益。

3. 各个计价方法的差异是什么？为什么会出现各种差异？

无论采用何种合同价格形式，最终形成价格的方式就是工程量清单模式和定额模式，这两种计价模式有什么不同呢？为什么会对工程造价造成如此大的影响呢？我们可以从定额计价和清单计价的原理来分析。

各个行政区划内的定额均是按照各自行政区域内的人工、材料、机械的消耗量水平和价格水平进行编制的定额，在定额中有形成工程实体的人材机的消耗量、形成实体材料的单价以及各个子目的工程量计算规则，换句话说就是，按照定额就可以将建设工程的工程造价计算出来。至于涉及的人工费、材料费是否调整、如何调整以及建设工程风险分配均可以在合同中另行约定。

但是《建设工程工程量清单计价规范》中只是规定了价格形成中工程量计算的问题，以及在每个分部分项工程量清单中应包含项目编码、项目名称、项目特征、计量单位和工程量这些因素。其中，项目特征要根据施工图设计进行描述，而工程量则要根据清单规范的工程量计算规则进行图纸工程量的计算，每个清单项的单价则是由编者根据设计图纸和项目所在地人材机管理费等因素进行自主组合形成清单单价。由于建设工程市场的不透明以及施工企业自身没有形成自己的企业定额，所以，在招标投标阶段，工程量清单计价模式中的清单单价仍然是参考各个形成区划范围内现行定额进行组价，也就是说，河南省的项目，就是采用13清单计价规范和河南省定额配套，山西省的项目就是使用13清单计价规范和山西省定额相配套的行业惯例。在招标投标过程中，投标人为了获得项目，往往在投标时修改了定额中的人材机的消耗量和单价，这样形成的单价就和仅仅按照定额模式计价的子目单价有了很大的差异，这也是定额计价模式和清单计价模式存在差异的根本原因。

【工程管理实务解读】

1. 定额编制方法。

定额的编制主要采用技术测定法、经验估计法、统计分析法、类推比较法等方法。

技术测定法是通过对施工过程的具体活动进行实地观察，详细记录工人和机械的工作时间消耗量、完成产品的数量及其有关影响因素，并将记录结果进行科学的研究，分析整理出可靠的原始数据资料，为制定定额提供可靠依据的一种科学的方法。技术测定法主要有测时法、写实记录法等方法。

经验估计法是由定额人员、工程技术人员和工人一起，根据个人或集体的实践经验，经过图纸分析和现场观察了解施工工艺，分析施工生产的技术组织条件和操作方法的繁简难易程度，通过座谈讨论、分析计算后确定定额消耗量的方法。经验估计法主要是以工序为研究对象，将工序分解为单项操作，先分析各操作的基本时间，然后再考虑工序的辅助工作时间、准备与结束工作时间以及休息时间。根据确定的时间进行整理分析，并对结果进行优化处理，最终得出该工序或产品的时间定额或产量定额。经验估算法主要有算术平均法、经验公式估算法与概率估算法。

统计分析法是将过去施工工程中同类手工过程消耗工时的统计资料，同当前施工组织设计与施工技术变化因素结合起来，进行分析研究后，确定工时消耗定额的方法。统计分析法主要有二次平均法、概率测算法。

类推比较法是以同类或相似类型的施工过程的典型定额消耗量为标准，经过与相邻定额的分析比较，类推出同一组相邻定额消耗量的方法。

2. 清单计价的原理。

工程量清单计价模式是一种市场定价模式，是由建设产品的买方和卖方在建设市场上根据供求状况、信息状况等进行有序竞争，从而最终能够签订工程合同的计价方法。工程造价计价模式第一阶段改革的核心思想是"量价分离"。"量价分离"是国务院建设行政主管部门制定的符合国家有关标准、规范，并反映一定时期施工的人工、材料、机械等消耗量标准，实现国家对消耗量标准的宏观管理。对人工、材料、机械的单价，由工程造价管理机构依据市场价格的变化发布工程造价相关信息和指数，将过去完全由政府统一管理的定额计价改为"控制量、指导价、竞争费"。工程造价计价模式的第二阶段的核心问题是推行彻底的"市场定价"模式，2003 版以及随后的 2008 版、2013 版《建设工程工程量清单计价规范》不断地完善了工程量清单计价规范的相关规定和计价模式。目前，使用国家财政资金的项目按照清单规范的规定均应采用工程量清单计价模式进行计价。工程量清单计价的主要作用是为投标人的投标竞争提供一个平等和共同的基础，同时也是建设工程支付进度款和结算的依据以及调整工程量、索赔的依据。

【**法律依据**】

1.《建筑法》第 18 条。

2.《价格法》第 3 条。

3.《建设工程价款结算暂行办法》第 3 条、第 8 条。

4.《建设工程工程量清单计价规范》第 2.0.11 条、第 2.0.12 条、第 2.0.13 条、第 7.1.3 条。

实例 3　代理人对司法鉴定机构 "以鉴代审" 的应对策略

【案情简介】

原告（承包方）：安信公司

被告（发包方）：五洲公司

安信公司和五洲公司双方分别于 2014 年 12 月 29 日、2015 年 5 月 12 日签订濮阳五洲城工程施工协议书和建设工程施工合同。合同中约定，安信公司负责承建五洲公司开发的"五洲城 A 区北地块"工程。工程承包的范围为"五洲城 A 区北地块 A－11－15、A－18－22、A－27A、A－28 楼工程，包括发包人提供施工图纸内的所有土建、装饰、水电及消防工程安装等工程（不包含打柱、电梯安装及发包方另有安排的工程），本项目具体的界面划分以甲方书面通知为准"。工程暂定金额为 21 890 000 元，工程暂定单价为 900 元／平方米，依据图纸会审纪要、施工签证单、工程设计变更等据实结算工程量。签订施工合同后，安信公司向五洲公司缴纳工程履约保证金 1 500 000 元。安信公司组织对涉案工程进行了施工建设。后因工程进度款支付问题双方产生争议，安信公司停工。双方经协商于 2015 年 12 月 25 日在当地建设工程管理局的见证下签订了一份关于五洲公司与安信公司复工问题的协议，协议签订后，安信公司又继续施工，2015 年 9 月 10 日涉案 12 栋楼主体全部封顶，但因五洲公司未按合同约定支付工程价款的 70% 及返还 50% 的履约保证金等，双方产生纠纷，安信公司再度停工，并向中级人民法院以建设工程施工合同纠纷为由提起民事诉讼，要求五洲公司支付工程款 18 110 300 元及逾期利息 704 800 元、违约金 12 390 800 元、返还保证金 150 000 元、临时设施折旧费 100 000 元等共计 32 805 900 元；要求确认对诉争工程的拍卖或折价价款享有优先受偿权。经法院调解，双方达成调解协议，调解内容为：本调解书生效后 3 日内由五洲公司向安信公司支付工程款 1 500 万元；30 日内向安信公司支付违约金 320 万元；安信公司在收到五洲公司支付的 1 500 万元工程款后，在 6 个工作日内恢复涉案工程的施工。双方收到民事调解书后，又签订了一份复工协议书，约定工期以及工程款支付办法以及逾期的违约金，五洲公司的法定代表人王甲对支付工程款承担连带担保责任。该项目工程于 2017 年 10 月 30 日已竣工并验收合格，涉案工程于 2017 年 12 月 15 日移交给五洲公司使用，双方经最终结算认为该工程建筑面积共计 23 624.99 平方米，工程总造价为 27 241 034.56 元。但五洲公司对该工程总造价并不认可，双方形成争议。

2018 年 2 月 9 日安信公司向当地法院提起诉讼，在诉讼中因五洲公司对安信公司提交的工程决算书有异议，安信公司针对涉案工程量及工程价款申请司法鉴定。在法院的主持下，经双方协商选定，法院委托濮阳中原建设工程咨询有限公司对涉案 12 栋楼中由安信公司负责施工部分的工程量及工程价款进行鉴定。

【审理结果】

法院经审理后认为：原告、被告之间签订的施工协议、建设工程施工合同、复工协议均系双方当事人的真实意思表示，不违反法律和行政法规的强制性规定，均合法有效，原告、被告均应依约履行。原告的合法诉求应予保护，被告对应付的工程款应依法承担支付责任。法院判决五洲公司支付安信公司工程款 2 757 812.74 元及利息 17 994.73 元（利息自 2017 年 12 月 15 日按年利率 4.35% 计算至 2018 年 2 月 8 日；自 2018 年 2 月 8 日起至履行完毕之日止的利息，按中国人民银行同期同类贷款利率另计）；被告五洲公司返还原告安信公同履约保证金 450 000 元；被告五洲公司支付原告安信公司鉴定费 107 500 元；原告安信公司对本案 12 栋楼的折价或者拍卖的价款在 2 757 812.74 元的范围内享有优先受偿权；被告王甲对被告五洲公司的上述债务在应付的工程价款 2 757 812.74 元范围内承担连带清偿责任；王甲履行保证义务后享有追偿权。

【工程知识】

什么是"以鉴代审"？

在建设工程结算纠纷案件中，建设工程结算金额的确定涉及专门性、技术性的问题，法院一般会委托专业的司法鉴定机构进行建设工程造价鉴定，鉴定机构所出具的鉴定意见是法院确定工程结算金额的重要依据。在司法鉴定中，不同的法院、法官以及不同的造价鉴定机构的做法不尽相同，经常会出现审判权和鉴定权混淆不清的情况，如合同约定的计价标准、计价方法等，造价鉴定所依据的施工资料等的真实性、合法性和关联性等都属于法律问题和事实问题，鉴定机构需要根据法院依法查明的合同问题和事实问题（主要是当事人约定的计价标准和计价依据）进行鉴定，若鉴定机构在审价的过程中自行确定鉴定的范围，自行确定鉴定的依据和鉴定材料，司法鉴定意见书中载有案件定性和确定当事人法律责任的内容，并作出法律结论，法院依据该鉴定意见进行审判就属于典型的"以鉴代审"。

【工程管理实务解读】

在司法造价鉴定中，应区分法律问题和专业问题。法律问题属于法院审判权的范畴，司法鉴定权是对确定的、专门性问题的解决，而审判权则是对争议问题作出裁判。审判权是主导的，鉴定权是辅助的。对施工合同的效力、结算依据、签证文件的真实性及效力等问题应由法院进行审查并作出认定，在此基础上作出鉴定意见报告则是司法鉴定机构的职责。原告到法院起诉时，一般会提交自己单方制作的决算书作为起诉的基本证据材料，在诉讼质证过程中，被告都会以原告单方制作为由不予认可，原告就需要向法院提出鉴定申请，通过法院委托司法机构进行工程造价鉴定。法院同意鉴定的，应当对法律问题或者专业性问题作出明显的区分。例如，在涉及"黑白合同"的情形时，是按照"白合同"约定的依据进行鉴定，还是按照"黑合同"约定的依据进行鉴定？2021年1月1日施行的《施工合同司法解释（一）》第2条第1款规定："招标人和中标人另行签订的建设工程施工合同约定的工程范围、建设工期、工程质量、工程价款等实质性内容，与中标合同不一致，一方当事人请求按照中标合同确定权利义务的，人民法院应予支持。"对该条司法解释的理解和适用，应属于法院司法审判权的内容，只能由法院来行使，在实践中，有的案件可能因"白合同""黑合同"还有定额标准而存在三种不同的结算方式，有的施工案件中，由于"白合同"不是当事人真实履行的合同，对于一些重要的事项没有约定或者约定不明，对该部分争议无法依据"白合同"进行鉴定，鉴定机构应当询问法院对该部分争议如何确定鉴定依据，法院也可以要求鉴定机构根据不同的结算标准分别给出多个结算数额供法院在审判时审核并选择认定使用。

进行造价鉴定的材料除了施工合同文件外，还有会议纪要、工程检验记录、来往函件、工程洽商记录、工程通知资料等，还包括图纸类资料、工程签证类资料、材料设备认价类资料等。图纸资料反映实际发生的工程量，工程签证类资料反映实际发生的额外工程款、停窝工索赔等，材料设备认价资料反映双方施工过程中认可的材料设备的价格（以便计算工程款），这些都属于当事人约定内容的范畴，是重要的证据材料，这些材料的真实性、合法性、关联性应当得到当事人的认可和法院的依法确认后，才能用来计算工程造价。

鉴定的材料必须经过法院组织质证后才能使用。《民事诉讼法》第71条规定证据应当在法庭上出示，并由当事人互相质证。关于进行司法鉴定的证据材料是否具有真实性、合法性以及与司法造价鉴定的关联性，鉴定的材料必须经过法院组织原告、被告双方对鉴定证据材料质证，并由法院予以认定后再交给司法鉴定机构进行造价鉴定。在司法鉴定的过程中，造价鉴定机构往往会通知申请鉴定的一方补充提交鉴定材料。为避免申请鉴定的一方和鉴定机构相互串通，伪造鉴定材料如签证单、会议纪要、施工日志、监理日志等，对补充的鉴定材料均需要通过法院组织质证后再移交鉴定机构，未经质证的材料不能直接作为鉴定的检材。

对司法鉴定的范围，2021年1月1日施行的《施工合同司法解释（一）》第28条规定："当事人约定按照固定价结算工程价款，一方当事人请求对建设工程造价进行鉴定的，人民法院不予支持。"若合同类型为固定价合同，对原承包范围内的工程造价不需要鉴定，如果当事人对施工过程中发生变更、索赔、调价款等有争议的，需要进行司法鉴定，如果当事人之间对部分的工程价款结算金额已经达成合意并签字确认，那么就仅仅对有争议的价款进行鉴定，如果当事人对工程量已经达成一致意见，仅仅对工程单价和总价有争议的，可以对此部分进行造价鉴定。

鉴定机构对所有的鉴定材料都应当要求核对原件并制作书面的笔录，笔录上应当有当事人或者代理人的签字，鉴定机构不应当接受当事人直接送过来的鉴定材料，而应当告知当事人通过法院的司法技术科进行转交，对于无法确定真伪的鉴定材料应当由法院决定是否作为检材使用。

对于当事人之间在施工合同中有特殊约定的情况，应当向法院提出，经法院明确后再决定鉴定方法，对于有争议的事项，可以按照不同的假设情形出具几种鉴定结论，由法院根据案件的事实作出选择。笔者在代理本案时，因该工程已经竣工并交付使用，原告、被告双方对于施工发生的部分费用发生争议，如关于"接地网调试"费用，双方对是否采用防雷接地电阻值进行自检或委托第三方检测存在争议。关于"商品混凝土运输"部分，双方对混凝土的运距存在争议。关于"挖掘机进出场"部分，原告主张现场实际一共有三台挖掘机，被告称现场只有一台挖掘机。因施工现场已不存在，鉴定机构无法到现场进行核实。关于"甲方指定分包项目配合费按3%计取"部分，双方对"窗户施工范围"有争议。原告陈述分包的窗户施工时其在现场施工。被告陈述窗户的安装是在原告退场后才开始的。最终综合各方的意见，法院要求鉴定机构按当事人双方的意见分别进行了鉴定，将该笔费用作为争议费用单独计列，最终再由法院进行认定。

为提高审判能力，当事人或代理人可以借助专家辅助人。司法造价鉴定的时间长，有时过了一年多鉴定意见仍未作出。案件代理人应积极询问进展，加强与鉴定机构的沟通协调，推进造价鉴定的进程。代理人还可以借助专家辅助人对司法鉴定程序的补充和监督作用。《民事诉讼法》第81条规定："当事人对鉴定意见有异议或者人民法院认为鉴定人有必要出庭的，鉴定人应当出庭作证。经人民法院通知，鉴定人拒不出庭作证的，鉴定意见不得作为认定事实的根据；支付鉴定费用的当事人可以要求返还鉴定费用。"第82条规定："当事人可以申请人民法院通知有专门知识的人出庭，就鉴定人作出的鉴定意见或者专业问题提出意见。"我国法律确立了鉴定人出庭接受质询制度和专家证人制度，目的都是为核实造价鉴定意见报告的客观性、公正性。由于造价司法鉴定专业性比较强，法律允许当事人聘请专家对鉴定人的鉴定提出质询，更利于案件事实的查明。当然，要求鉴定人出庭接受质询、聘请专家证人出庭质询按规定是需要支付费用的，并且专家辅助人需要具有相应的专家证书。

司法鉴定机构的鉴定意见作出后，法院应组织双方当事人对鉴定意见进行质证，当事人对鉴定意见有异议或者法院认为鉴定人有必要出庭的，鉴定机构应当委派鉴定人出庭作证。鉴定人应当针对异议问题进行回复。在司法实践中，很多司法鉴定机构实施鉴定的人员无相应资质，签字盖章的鉴定人员不参与鉴定，并且在鉴定意见作出后，在法院组织对鉴定意见质证的过程中，签字的鉴定人员没有出庭或者出庭后对鉴定的内容并不清楚，导致该鉴定意见的公正性无法得到体现。若经法院通知，鉴定人拒不出庭作证的，鉴定意见不得作为认定事实的依据。虽然是由法院委托司法鉴定机构，但仍会有案件当事人对鉴定意见并不认可，认为鉴定意见有瑕疵要求重新进行司法鉴定。因此，司法鉴定只有遵循合法、科学、客观的规范作出，才有说服力，才有利于案件当事人之间纠纷的化解。

【法律依据】

1. 《施工合同司法解释（一）》第 2 条第 1 款、第 28 条。

2. 《民事诉讼法》第 71 条、第 81 条、第 82 条。

3. 《建设工程司法鉴定程序规范》（SF/Z JD0500001—2014）第 7.1.3 条、第 8.2.3 条。

4. 《建设工程造价鉴定规范》（GB/T 51262—2017）第 4.7.7 条。

二、质量鉴定

实例 4　诉讼中质量鉴定程序启动技巧

【案情简介】

再审申请人（发包方）：国通公司

被申请人（承包方）：恒煜公司

再审申请人国通公司因与被申请人恒煜公司、建龙公司建设工程施工合同纠纷一案，不服二审民事判决，向最高人民法院申请再审。

国通公司申请再审主要理由为：

1. 原判决认定基本事实错误，缺乏证据支持。

两审判决认定国通公司主张施工质量不合格无充分证据证实，属事实认定错误。无论是双鸭山市联合调查组还是工程监理公司，均可证明涉案工程存在质量问题，且该工程未通过竣工验收。同时，燃气管道工程属于基础设施工程，保修期应理解为工程的合理使用年限。据此，国通公司的反诉请求应予支持。

2. 一审法院对退回鉴定的证据未经质证，违反法定程序。

国通公司提出鉴定申请后，既未收到法院要求补充证据的通知，亦未收到鉴定被退回的通知，一审法院在未对退回鉴定的证据进行质证，也未再开庭审理的情况下，直接判决驳回国通公司的反诉请求，违反法定程序。

3. 原判决适用法律错误。

《建筑工程质量管理条例》规定，基础设施工程的保修期，是工程的合理使用年限。双方合同中约定的保修期三年是就非基础设施部分而言。室外基础设施部分约定的保修期限可以长于前述规定的最低保修期限，但不能低于前述规定的最低年限，否则该约定无效。

被申请人恒煜公司答辩称：国通公司的再审申请没有事实和法律依据，

应予驳回。其理由是：其一，安通公司以及安通公司的权利义务承继人国通公司已实际接收、使用涉案工程多年，其间未提出工程质量问题，且国通公司在本案原一审过程中一直以该工程不全是该公司施工、多付工程款、无工程决算等理由进行抗辩，亦未提出质量问题。其二，国通公司提出的工程保温、回填、加固处理、工艺、材料等问题，不属于地基基础工程和主体结构。其以此为据对欠付工程款予以抗辩以及提出反诉请求，不应予以支持。

一审第三人建龙公司答辩称：请求驳回国通公司的再审申请。

【审理结果】

再审法院经审理后认为：根据已查明的案件事实，安通公司已实际接收、使用涉案工程多年。原审中，针对恒煜公司所举示的涉案工程竣工验收资料，国通公司以其中大部分竣工验收资料无原件为由予以否认，并坚持认为涉案工程未经竣工验收。根据《施工合同司法解释》第 13 条的规定，建设工程未经竣工验收，发包人擅自使用后，又以使用部分质量不符合约定为由主张权利的，不予支持；但是承包人应当在建设工程的合理使用寿命内对地基基础工程和主体结构质量承担民事责任。现国通公司所举示的证据，不能证明存在地基基础工程和主体结构的质量问题，其据此提出的抗辩及反诉请求，缺乏事实及法律依据。因此，国通公司以工程质量为据提出的原判决认定事实、适用法律错误的事由不能成立。

国通公司以存在质量问题为由，申请工程质量鉴定，并据此提出抗辩及反诉请求。鉴于原合同明确约定保修期为三年，涉案工程已由安通公司实际接收、使用多年，超过合同约定的保修期，国通公司提供的证据不能证明存在地基基础工程和主体结构的质量问题，故其申请工程质量鉴定理据不足，一审法院未对退回鉴定的证据予以质证，对国通公司的实体权利以及本案的公正判决并不产生影响。故国通公司提出的一审法院对退回鉴定的证据未经质证，违反法定程序的事由不能成立。

综上，国通公司的再审申请不符合《民事诉讼法》第 200 条第 2 项、第 4 项、第 5 项、第 6 项、第 11 项规定的情形。依照《民事诉讼法》第 204 条第 1 款之规定，裁定如下：驳回黑龙江国通置业发展有限公司的再审申请。

【工程知识】

1. 建设工程质量鉴定：是指具有相应资质的专业检测机构依法对建筑工程质量进行的专业性鉴定，包括施工质量鉴定、规划、勘察、设计质量鉴定、成品质量鉴定、建筑工程质量缺陷程度鉴定。

2. 基础：建筑物上部承重结构向下的延伸和扩大，它承受建筑物的全部荷载，并把这些荷载连同本身的重量一起传到地基上。

3. 地基：承受由基础传来荷载的土层，不是建筑物的组成部分，其中包括：①持力层，具有一定的地耐力，直接承受建筑荷载，并需进行力学计算的土层。②下卧层，持力层以下的土层。地基按土层性质不同，分为天然地基和人工地基两类。天然地基是指天然土层具有足够的承载力，不需要经人工加固或改良的建筑物地基。人工地基是指当建筑物上部的荷载较大或地基的承载力较弱，须预先对土壤进行人工加固或改良的建筑物地基。

4. 主体结构：主体结构是基于地基基础之上，接受、承担和传递建设工程所有上部荷载，维持上部结构整体性、稳定性和安全性的有机联系的系统体系，它和地基基础一起共同构成的建设工程完整的结构系统，是建设工程安全使用的基础，是建设工程结构安全、稳定、可靠的载体和重要组成部分。

第一，在砖混结构中，主体结构是基础、梁、圈梁、柱、构造柱、墙、楼梯、板、屋面板，施工时一般叫主体封顶。

第二，在框架结构、剪力墙结构、框剪结构或框支结构工程中，主体结构是基础、梁、板、柱、砼墙、楼梯工程，后砌的填充墙，也是主体部分，但不是一般所说的主体封顶。

主体结构是建筑的主要承重及传力体，包括梁、柱、剪力墙及楼面板、屋面梁及屋面板。

基础、梁、柱、板、承重墙、楼梯间、屋面、墙体都属于主体工程。主体是建筑的骨骼。

室内上下水、电、煤气、暖通、通信、闭路、宽带等各种管道、线路安装工程、楼地面工程、墙体抹灰喷涂贴砖、门窗安装、防水工程、屋面瓦铺设、立面及屋面造型安装等都不属于主体结构工程，而是属于一次装修也即基本装修。

【工程管理实务解读】

建设工程质量关乎国家、集体、人民群众的生命财产安全，为保障建设工程质量，我国先后颁布了多部法律法规予以规范。《民法典》施行之前，《建筑法》《招标投标法》《建设工程质量管理条例》以及《合同法》等相关法律、行政法规及部门规章针对工程质量都作出了相应的规定，2021 年 1 月 1 日施行的《民法典》和《施工合同司法解释（一）》更是对之前的民事法律和司法解释进行了梳理，规定了承包人施工资质、工程分包、工程验收、工程保修、工程监理、建材供应及招标投标制度等，这些规定的核心都是为了保障工程质量。涉及建设工程的有关单位都应当各司其职，确保工程质量合格。司法实践中，涉及建设工程质量的争议也是常见的，质量纠纷确实存在，但也成为建设单位（发包方）拒付工程款的借口，因此，是否启动及何时启动建设工程质量鉴定成为首先要解决的问题。

《民法典》第 799 条规定："建设工程竣工后，发包人应当根据施工图纸及说明书、国家颁发的施工验收规范和质量检验标准及时进行验收。验收合格的，发包人应当按照约定支付价款，并接收该建设工程。建设工程竣工经验收合格后，方可交付使用；未经验收或者验收不合格的，不得交付使用。"

《建筑法》第 61 条规定："交付竣工验收的建筑工程，必须符合规定的建筑工程质量标准，有完整的工程技术经济资料和经签署的工程保修书，并具备国家规定的其他竣工条件。建筑工程竣工经验收合格后，方可交付使用；未经验收或者验收不合格的，不得交付使用。"

《施工合同司法解释（一）》第 14 条规定："建设工程未经竣工验收，发包人擅自使用后，又以使用部分质量不符合约定为由主张权利的，人民法院不予支持；但是承包人应当在建设工程的合理使用寿命内对地基基础工程和主体结构质量承担民事责任。"第 9 条规定，"当事人对建设工程实际竣工日期有争议的，人民法院应当分别按照下列情形予以认定：（一）建设工程经竣工验收合格的，以竣工验收合格之日为竣工日期；（二）承包人已经提交竣工验收报告，发包人拖延验收的，以承包人提交验收报告之日为竣工日期；（三）建设工程未经竣工验收，发包人擅自使用的，以转移占有建设工程之日为竣工日期"。

综上，从法律及司法解释规定可见建设工程施工质量鉴定启动的时机。原则上，工程未经竣工验收，发包人亦未擅自提前使用，发包人对工程质量提出异议并提供了初步证据的，可以启动鉴定程序。此外一般不应当启动工程质量鉴定程序，即使启动亦应结合案件具体情况及鉴定结果而慎重采用。

实务中存在大量此种情况：发包方发现已交付的涉案工程存在质量问题，拒绝支付承包方剩余的工程款项，承包方认为工程已经竣工验收或发包方已擅自使用，不应对此承担责任，起诉发包方索要剩余工程款，发包方提出反诉，要求承包方承担维修、修复相关费用并承担相应损失。针对该问题，是否擅自使用涉案工程，视为验收合格。发包方就工程存在质量问题提出诉讼时，是否就无权请求承包方承担责任，无权再启动质量鉴定程序？《施工合同司法解释（一）》第14条但书部分规定："……但是承包人应当在建设工程的合理使用寿命内对地基基础工程和主体结构质量承担民事责任。"笔者认为，建设工程在使用后除建设工程的合理使用寿命内的地基基础工程和主体结构质量不合格外的质量责任均由发包方承担，也就是说，针对工程地基基础及主体结构，承包方在合理使用寿命内是负有质量保修责任的。故，发包方在工程交付使用或擅自使用后，又发现质量问题，诉至法院后，发包人可要求对建设工程的合理使用寿命内的地基基础工程和主体结构质量进行鉴定。

如上文所引用的案例，最高人民法院认为："国通公司以存在质量问题为由，申请工程质量鉴定，并据此提出抗辩及反诉请求。鉴于原合同明确约定保修期为三年，涉案工程已由安通公司实际接收、使用多年，超过了合同约定的保修期，国通公司提供的证据不能证明存在地基基础工程和主体结构的质量问题，故其申请工程质量鉴定理据不足……"由此可见，建设工程地基基础及主体结构在合理使用寿命内发现存在质量问题，发包方可针对该部分申请鉴定，以确定损失，请求承包方承担责任。

关于司法鉴定依当事人申请还是依职权启动的问题，《最高人民法院关于民事诉讼证据的若干规定》第31条规定："当事人申请鉴定，应当在人民法院指定期限内提出……对需要鉴定的事项负有举证责任的当事人，在人民法院指定期间内无正当理由不提出鉴定申请或者不预交鉴定费用，或者拒不提供相关材料，致使待证事实无法查明的，应当承担举证不能的法律后果。"该规定表明，负有举证责任的当事人应当提出鉴定申请，司法鉴定依当事人的申请启动。若负有举证责任的当事人不申请，则应承担举证不能的后果。

《安徽省高级人民法院关于规范全省房地产案件鉴定工作的若干意见（试行）》第10条规定，"当事人没有申请，有下列情形之一的，人民法院可依职权委托鉴定：（一）建筑物质量存在安全隐患，可能造成人身和财产安全危害，当事人对质量是否合格存在争议的；（二）建筑物未经验收合格交付使用，当事人对工程质量有争议的；（三）当事人恶意串通，故意低价转让国有资产，损害国家或公众利益的；（四）当事人违反国家法律、行政法规强制性规定，导致房地产合同无效的；（五）其他应当由人民法院依职权委托鉴定的。"该规定表明，在当事人不申请的情况下，法院可以就涉及安全隐患、损害国家或者公众利益等情形依职权进行鉴定。

显然，根据最高人民法院的司法解释，鉴定只能依当事人的申请启动，而根据安徽省高级人民法院的意见，即使当事人不申请启动鉴定，只要存在一些特殊情形，法院可以依职权启动司法鉴定。

不过，2022年1月1日施行的《民事诉讼法》第79条规定："当事人可以就查明事实的专门性问题向人民法院申请鉴定。当事人申请鉴定的，由双方当事人协商确定具备资格的鉴定人；协商不成的，由人民法院指定。当事人未申请鉴定，人民法院对专门性问题认为需要鉴定的，应当委托具备资格的鉴定人进行鉴定。"因此，关于司法鉴定是依当事人申请启动还是法院依职权启动的问题已经有了明确的结论，即应依当事人申请启动的，当事人不申请，法院认为需要鉴定的，依职权启动。

但是，法院如果依职权启动，鉴定费应由哪一方当事人预先支付？是否会出现应当承担举证责任的当事人因不愿或没有能力预先支付鉴定费而故意不申请，而留待法院依职权启动的情况呢？这些问题均需要最高人民法院通过新的司法解释予以明确。笔者认为，如果解决了鉴定费由哪一方当事人预先支付的问题，则需要法院依职权启动的情形会大大减少，即司法解释中可以规定：涉及需要鉴定的，鉴定费用由案件当事人按同等比例预先支付，鉴定费用最终由责任方承担。

工程质量司法鉴定是否准许，双方当事人的争议往往很大，事实上，鉴定与否，往往也直接决定了案件的审理结果。

下面分几种情况进行讨论：

（1）工程竣工，承包人起诉要求支付工程价款，发包人对工程质量提出异议并要求鉴定。《江苏省高级人民法院关于审理建设工程施工合同纠纷案件若干问题的意见》第16条规定："建设工程竣工并经验收合格后，承包人要求发包人支付工程价款，发包人对工程质量提出异议并要求对工程进行鉴定的，人民法院不予支持。建设工程竣工但未经验收，承包人要求发包人支付工程价款，发包人对工程质量提出异议并要求进行鉴定的，人民法院应予支持。"

《浙江省高级人民法院民事审判第一庭关于审理建设工程施工合同纠纷案件若干疑难问题的解答》第8条载明："要严格把握工程质量鉴定程序的启动。建设工程未经竣工验收，发包人亦未擅自提前使用，发包人对工程质量提出异议并提供了初步证据的，可以启动鉴定程序。"

苏浙两省高级人民法院的规定表明，工程经过竣工验收合格，承包人要求支付工程价款，发包人申请质量鉴定的，不予支持。但是，建设工程竣工未经验收，发包人也未擅自提前使用的，浙江省高级人民法院认为质量鉴定可以启动，江苏省高级人民法院规定应予启动质量鉴定。

（2）工程竣工验收合格后，发包人起诉要求承包人修复质量缺陷或者要求承担修复费用，或者在承包人起诉要求支付工程价款后提起质量反诉。工程竣工验收合格后，发包人发现存在一些质量缺陷，要求承包人履行保修义务，但是，承包人拒绝履行保修义务，或者称缺陷并非由于承包人原因造成，故不同意履行保修义务。该种情况下，发包人就质量问题起诉或者反诉，司法鉴定是否应当准许呢？笔者认为，该情况不适用苏浙两省高级人民法院规定，原因在于苏浙两省高级人民法院的规定是针对承包人起诉要求支付工程价款，发包人就质量问题进行的抗辩，而非提起反诉。若提起反诉，则需要针对发包人的请求，审查质量是否存在问题以及问题产生的原因、如何修复。因此，就质量问题应进行司法鉴定。

（3）工程竣工，虽未进行《建设工程质量管理条例》第16条规定的建设单位组织的竣工验收，但监理单位、设计单位、施工单位出具了合格证。关于此种情况，承包人起诉要求发包人支付工程价款，发包人提出质量异议并申请鉴定，但未就质量问题提出反诉，是否准许司法鉴定呢？

有一种观点认为，工程竣工但未经建设单位组织勘察、设计、监理、施工单位进行验收，违反了《建设工程质量管理条例》第16条的规定，视工程未经过竣工验收。故发包人申请鉴定的应予支持。笔者认为，该观点不能成立，原因在于监理单位、设计单位出具了合格证，证明工程已经经过监理单位、设计单位验收合格，而监理单位是代表发包人进行质量监督管理的，故应当认定为发包人认为工程质量合格，因此，发包人申请鉴定不应准许。建设单位组织的四方验收，只是行政机关的要求，不适用于承发包双方之间的平等的施工合同关系。

（4）施工过程中，双方就质量问题产生争议，发包人起诉并提出主张。虽然工程施工过程中，根据施工规范需要进行隐蔽工程的验收，以及分部分项工程的验收，但是，这些验收并不免除工程竣工后的竣工验收，因此，承发包如果对施工过程中的质量问题存有争议，则应准许通过鉴定的方式进行认定，而不能仅因隐蔽工程验收或者分部分项工程验收不予准许质量鉴定的申请。

【法律依据】

1. 《建筑法》第61条。

2. 《全国人民代表大会常务委员会关于司法鉴定管理问题的决定》第1条。

3. 《施工合同司法解释（一）》第9条、第14条。

4.《安徽省高级人民法院关于规范全省房地产案件鉴定工作的若干意见（试行）》第 10 条。

5.《江苏省高级人民法院关于审理建设工程施工合同纠纷案件若干问题的意见》第 16 条。

6.《浙江省高级人民法院民事审判第一庭关于审理建设工程施工合同纠纷案件若干疑难问题的解答》第 8 条。

实例 5　发包人应对承包人提交的质量检测合格报告和工程验收合格报告的技巧

【案情简介】

上诉人（原审原告、反诉被告）：苏中公司

上诉人（原审被告、反诉原告）：天成公司

2008 年 4 月 20 日，天成公司对天成国贸中心二期工程进行招标，其招标文件载明的报价方式为固定价格报价。苏中公司中标后，于 2008 年 5 月 22 日与天成公司签订《建设工程施工合同》，价款采用可调价格，金额暂定为 14 827.21 万元。该合同于 2008 年 6 月 26 日在原徐州市建设局备案。

2008 年 7 月 11 日，建设局认为工程未按建设、施工、监理已审定的施工组织设计方案施工，于是下达了工程局部停工（暂停）通知书。2009 年 1 月 20 日，在建设局的主持下，双方对撤场问题达成一致意见，双方同意按照投标单价和招标文件及已备案的施工合同退场结算，后续工程由海滨公司进场施工。

2009 年 11 月 6 日，天成国贸中心二期工程的桩基子分部、主体结构等子分部工程验收合格。遗留问题由海滨公司处理。海滨公司在接手施工过程中发现钢管内部混凝土异常，并及时汇报给天成公司。

苏中公司向一审法院起诉，请求天成公司支付拖欠的工程款34 904 483.07元及资金占用损失、停工费用、工程停建违约金，对工程价款享有优先于抵押权和其他债权的权利。

天成公司反诉请求苏中公司赔偿其钢管柱质量修复已发生的费用 15 392 998.3元，移交所有施工部分的工程质量证明资料、发票。

因质量问题涉及地基工程,法院于2013年3月委托质量和修复费用鉴定,2013年4月委托对二期工程已施工完成部分进行工程造价鉴定。

【审理结果】

一审法院认为:苏中公司与天成公司达成的会议纪要,明确了工程款的具体计算方式,约定备案合同及补充合同作为结算依据。这也说明该会议纪要的内容得到了有关政府部门的认可,双方应参照备案合同进行工程的最终结算。

天成公司在发现涉案工程存在质量问题后,即会同相关单位声明撤销原有的验收文件。天成公司虽发函要求苏中公司修复,但苏中公司以已经诉讼为由未予配合。虽能理解天成公司为减少损失自行组织修复,但纠纷已进入诉讼阶段,相关工程完全可以在法院主持下进行相应的修复,天成公司选择自行修复应当承担相应的修复质量的责任,因此不能将修复工程的质量问题加于苏中公司。涉案工程大部分已被天成公司投入使用,视为其认可工程质量,苏中公司要求支付工程款的请求应予支持。

涉案地下钢管柱结构工程确实属于建筑物的主体结构,苏中公司依法应当承担相应的质量责任,现天成公司已经自行修复,因此产生的损失应由苏中公司承担。

一审法院判决:天成公司支付苏中公司工程款29 787 181.44元,苏中公司向天成公司支付工程质量修复及相关费用8 469 434.3元。

二审法院认为:备案合同虽然无效,但该合同约定的可调价格的结算方法更加符合工程施工实际,且徐建纪(2008)5号会议纪要中双方亦再次确认按照备案合同及补充合同结算。现涉案工程已经天成公司修复完毕,涉案工程价款应当参照备案合同进行结算。

涉案工程虽然存在质量问题,但经司法鉴定,钢管柱的质量问题均可修复并提出了处理方案。而实际上,天成公司亦已自行组织修复并在修复工程检测合格后投入使用。而且鉴定意见明确,造成混凝土质量不合格的原因是施工质量不符合要求,并进行了具体分析。原审法院依法委托鉴定单位对该部分修复造价进行鉴定,鉴定单位针对置换专项实施方案中列明的钢管柱及天成公司提供的监理资料，按照定额计价方式予以计价，符合市场行情及修复工程实际，该造价结论应予采信。

关于检测费用、注浆工程费用、监理费的问题应扣除非苏中公司施工部分的相关费用，法院酌定苏中公司承担上述费用的80%。

二审法院判决：天成公司向苏中公司支付工程款29 787 181.44元，苏中公司向天成公司支付工程质量修复及相关费用7 748 698.3元。

【工程知识】

1. 工程质量缺陷：指建筑工程施工中不符合规定要求的检验项或检验点。按其程度可分为严重缺陷和一般缺陷。严重缺陷是指对结构构件的受力性能或安装使用性能有决定性影响的缺陷，一般缺陷是指对结构构件的受力性能或安装使用性能无决定性影响的缺陷。

2. 见证取样和送检：指在建设单位或工程监理单位人员的见证下，由施工单位的现场试验人员对工程中涉及结构安全的试块、试件和材料在现场取样，并送至具有法定资格的质量检测单位进行检测的活动。

3. 检验：对被检验项目的特征、性能进行量测、检查、试验等，并将结果与标准规定的要求进行比较，以确定项目每项性能是否合格的活动。

4. 建设工程质量检测：指依据国家有关法律、法规、工程建设强制性标准和设计文件，对建设工程的材料、构配件、设备以及工程实体质量、使用功能等进行测试确定其质量特性的活动。

【工程管理实务解读】

根据《民法典》的规定，建设工程竣工后，发包人应当根据施工图纸及说明书、国家颁发的施工验收规范和质量检验标准及时进行验收。验收合格的，施工、监理、勘察、设计、建设等单位均应签署竣工验收意见，以证明工程是经过五大责任主体验收，为合格工程。但如果工程质量出现问题，这说明原先的验收结论不实，承包人并没有交付合格的工程。因此，发包人应即会同相关单位声明撤销原有的验收文件，并发函要求承包人修复。

根据《中华人民共和国最高人民法院公报》2014年第8期载明的江苏南通二建集团有限公司与吴江恒森房地产开发有限公司建设工程施工合同纠纷

一案的裁判要旨："承包人交付的建设工程应符合合同约定的交付条件及相关工程验收标准，工程实际存在明显的质量问题，承包人以工程竣工验收合格证明等主张工程质量合格的，人民法院不予支持"，即使工程竣工验收合格，但如果工程经鉴定质量不合格，承包人仍应当承担修复及检测、鉴定费用。

工程未经竣工验收或验收不合格的，发包人不得为达到备案目的，签署工程竣工验收意见，更不能擅自使用。即使确需提前使用的，发包人不能在工程竣工验收证明书上标注工程验收的时间、工程竣工的时间，以及签字盖章的时间。这样一旦出现质量问题，发包人还可以主张工程事实上并未进行实质性的竣工验收，承包人仍应承担竣工验收合格的法律责任。

根据"谁主张谁举证"的举证规则，在工程质量检测合格报告和工程验收合格报告已签署的情况下，发包人要承担证明工程质量不合格的证明责任。因此，在出现工程质量问题后，发包人要第一时间保护现场，固定证据，申请工程质量、修复费用司法鉴定。当事人申请鉴定，工程质量经鉴定不合格的，发包人要及时提出修复费用鉴定，由鉴定机构确认加固修复范围，提出加固修复方案，具有相应资质的设计单位出具加固修复设计，然后确定既有和灾损建设工程的加固修复造价，由承包人承担检测、修复费用和鉴定费用。

发包人要严把合同关，明确工程要达到的质量标准和要求。在建筑设备、材料、工程分包条款细化承包人的质量责任。在建设工程施工合同中要明确约定工程质量产生争议时的具体的解决途径或者方法，这属于承包人的质量责任。要有具体的处罚措施，必要时加大承包人责任承担，警示承包人重视质量管理，否则承担严重的法律后果，确保工程质量。

承包人严格执行对建筑材料、建筑构配件、设备和商品混凝土的检验、检测制度，在见证取样的过程中，要严格执行标识和标志、见证人员和取样人员签字。如果对检测结果存有异议，应当及时复检，确保材料质量关。认真做好隐蔽工程的质量检查工作，检查不合格的不得覆盖，只有确认质量符合要求并在验收记录上签字后才能进入下道工序的施工。严格过程控制，对发现的质量问题及时下发整改通知书，对工程返工、修复费用的损失及时索赔，必要时及时诉讼或仲裁解决。

【法律依据】

1. 《建筑法》第 58 条第 1 款、第 59 条、第 61 条、第 62 条第 1 款。

2. 《建设工程质量管理条例》第 32 条、第 41 条。

3. 《民事诉讼法》第 140 条。

4. 《〈民事诉讼法〉司法解释》第 90 条、第 121 条第 1 款、第 232 条。

5. 《施工合同司法解释（一）》第 12 条、第 14 条。

附：质量鉴定范围及鉴定方法的选择

【实务背景】

建设工程质量司法鉴定是司法鉴定机构接受委托，运用建设工程相关理论和技术标准对有质量争议的工程进行调查、勘验、检测、分析、复核验算、判断，并出具鉴定意见的活动。建设工程质量司法鉴定分为建设工程施工阶段质量鉴定、既有建设工程质量鉴定、建设工程灾损鉴定、建设工程其他专项质量鉴定四类，下文讨论的是建设工程施工阶段质量鉴定中的质量鉴定范围的选择。

建设工程的质量是否合格、是否满足设计及规范要求，其认定涉及专门性、技术性问题，需要借助建设工程质量鉴定，对工程质量是否满足设计图纸等设计文件要求、是否满足施工质量验收规范标准要求等予以确认。如某分部分期工程质量不满足相关设计文件及标准要求，根据鉴定结论可能须对质量不能满足要求的部分工程进行加固补强。加固补强方案的经济性、可靠性、可行性均须进行专家论证，并对加固补强所产生的费用进行鉴定。很多时候，是否需要鉴定、实施何种鉴定、鉴定范围如何选择以及鉴定结论如何，这些因素直接左右案件的裁判结果。因此，建设工程质量司法鉴定在建设工程质量纠纷案件审理中的地位十分重要。甚至可以说，对很多建设工程质量纠纷案件而言，打质量纠纷就是"打质量鉴定"。而实践中建设工程质量司法鉴定还存在许多突出问题，严重影响了建设工程案件的审判效率和审判质量。建设工程质量司法鉴定中存在的问题有如下几点。

1. 完成质量鉴定程序时限长。

由于工程鉴定涉及环节很多，只要任何一个环节出现争议，就会影响鉴定周期，从而造成实践中极少有建设工程案件的质量司法鉴定能在 60 日内完成。由于建设工程质量鉴定周期过长，对案件审理时限影响较大，审理进度严重滞后，造成很多案件长拖不决。

2. 重复鉴定难以控制。

司法实践中，主要有三种情况会导致重复鉴定。一是当事人因各种原因在诉前自行委托鉴定，诉讼后对方当事人对鉴定结论提出异议，法院只能再次委托鉴定。二是当事人在鉴定过程中不配合提供鉴定材料，在鉴定结论出来以后，又以各种理由要求重新鉴定。虽然《施工合同司法解释（一）》第32条规定，当事人拒不提供相关材料的，应当承担举证不能的法律后果，但鉴于《〈民事诉讼法〉司法解释》第102条"当事人因故意或者重大过失逾期提供的证据，人民法院不予采纳。但该证据与案件基本事实有关的，人民法院应当采纳……"的规定，法院为查明案件基本事实，只能再次委托鉴定。三是由于鉴定程序不规范，符合《司法鉴定程序通则》第30条规定或当事人可证明鉴定结论确有错误的，法院也应重新委托鉴定。

3. 鉴定范围及鉴定方法选择不准确。

对于建设工程质量纠纷案件，其司法鉴定的范围和内容应结合双方争议焦点，有针对性地进行鉴定。鉴定频率及鉴定部位的选择应兼顾随机抽样及有争议区域重点抽样的原则。当事人仅对局部质量有争议时，应仅对存在争议部位工程质量进行抽样、鉴定。抽样的部位、频率及鉴定方法应在鉴定方案中适当明确。

随着检测鉴定方法的进步与发展，针对同一检测项目，可能存在多种检测方法。当对该检测项目进行司法鉴定时，应当根据实践经验，采用多种检测方法，对检测结果进行综合验证及修正。例如，涉及混凝土强度检测时，根据《建筑结构检测技术标准》规定：结构或构件混凝土抗压强度的检测，可采用回弹法、超声回弹综合法、后装拔出法和后锚固法等间接法进行现场检测。当具备钻芯法检测条件时，宜采用钻芯法对间接法检测结果进行修正或验证。也可利用同条件养护立方体试块的抗压强度进行修正；当被检测混凝土抗压强度范围超过回弹法、超声回弹综合法或后装拔出法等相应技术规程限定的范围时，可采用钻芯法或钻芯修正法；当被检测混凝土的龄期超过相应技术规程限定的范围时，应考虑对混凝土抗压强度的影响，可采用钻芯法或钻芯修正法进行检测；涉及既有结构钢筋抗拉强度的检测，可采用钢筋表面硬度检测等非破损检测与取样检验相结合的方法；对于受锈蚀、火灾后的钢筋其力学性能的检测需在现场截取钢筋。

针对建设工程质量鉴定所依据的标准及规范，应当在鉴定前进行明确。一般来说，对于建设工程质量进行鉴定，应当依据工程建设期适用的各专业工程相应的设计标准、施工质量验收规范以及该工程所使用的设计图纸文件进行鉴定。但如双方在施工合同中约定了使用的标准、规范，应当以约定的标准、规范作为鉴定的依据，但约定的标准、规范低于国家规定的强制性标准的除外。

【法律方案】

建设工程施工阶段的质量鉴定一般为在工程建设中或验收过程中和投入使用后在质保期内出现的建设单位、设计单位、施工单位和材料供应商之间因工程设计、施工和材料等质量问题产生纠纷的鉴定。它要求鉴定人严格按照中华人民共和国国家标准《建筑工程施工质量验收统一标准》为核心的一系列国家强制性标准规范的要求，对具体的工程质量进行识别、比较和认定、判断，并得出科学的专业性结论。其涉及的鉴定内容主要有：①施工质量问题的鉴定。②材料质量问题的鉴定。③设计质量问题的鉴定。④质量问题造成的工程损害程度。⑤修复方案：需对修复方案的可行性、适用性、经济性及修复后的结构安全性进行论证。⑥造成的损失：一般包括返工、修缮和加固费用、设计费；加固维修后对房屋使用功能及寿命造成的影响以及其他损失等。

由于建设工程质量成因复杂、涉及因素多，其涉及的专业知识内容主要有：①建筑、产品质量和合同等方面的法律法规；②工程设计；③工程施工；④工程及材料质量检验和验收；⑤工程受损程度评定；⑥加固后影响工程使用功能和使用寿命的评定；⑦返工、修缮加固设计和施工费用计算、延误工期索赔计算等方面的专业知识。

建设工程质量鉴定以质量争议部分鉴定为主，但如对建筑物工程质量进行综合鉴定，其鉴定宜以下列部位为鉴定重点：①出现渗水、漏水部位的构件；②受到较大反复荷载或动力荷载作用的构件；③暴露在室外的构件；④受到腐蚀性介质侵蚀的构件；⑤受到污染影响的构件；⑥与侵蚀性土壤直接接触的构件；⑦受到冻融影响的构件；⑧委托方年检怀疑有安全隐患的构件；⑨容易受到磨损、冲撞损伤的构件。

对于混凝土结构的质量鉴定主要包括以下内容：①原材料质量或性能；②混凝土力学性能；③混凝土长期性能和耐久性能；④有害物质含量及作用

效应；⑤混凝土构件缺陷；⑥构件尺寸偏差；⑦混凝土中的钢筋配置；⑧构件变形与损伤；⑨装配式结构的预制构件和安装连接；⑩结构构件性能。

【工程知识】

1. 在建工程：指正在建设尚未竣工投入使用的建设项目，即新建、改建、扩建或技术改造、设备更新和大修理工程等尚未完工的工程。

2. 既有建设工程：既有建设工程指已存在的为人类生活、生产提供物质技术基础的各类建（构）筑物和工程设施。

3. 建设工程灾损：指因自然灾害、人为损坏、事故破坏等引起的对的建设工程的不利后果，一般有超过规范允许范围的沉降、移位、倾斜、裂缝、火灾、雪灾、爆破震动损害、震动损害及碰撞损害等。

4. 建筑工程其他专项鉴定：包括建（构）筑物渗漏鉴定、建筑日照间距鉴定、建筑节能工程施工质量鉴定、建筑材料鉴定、工程设计工作量和质量鉴定、周边环境对建设工程的损伤或影响鉴定、装修工程质量鉴定、绿化工程质量鉴定、市政工程质量鉴定、工业设备安装工程质量鉴定、水利工程质量鉴定、交通工程质量鉴定、铁路工程质量鉴定、信息产业工程质量鉴定、民航工程质量鉴定、石化工程质量鉴定等。

5. 加固补强：建筑加固补强是利用碳纤维、粘钢、高压灌浆对建筑进行加强加固。此技术广泛用于设计变更，增加梁、柱、悬挑梁、板等加固和变更工程，是目前建筑结构抗震加固工程上的一种钢筋后锚固利用结构胶作用的连接技术，是结构植筋加固与重型荷载紧固应用的最佳选择。如钢筋混凝土结构施工中，板、梁结构调整的钢筋补强预制梁修复植筋，幕墙埋件广告牌锚固，机械设备安装植筋锚固等。还有岩石砖砌体等锚固，石材干挂幕墙，石材粘接，矿山洞顶、壁部位的锚固支护铁路铁轨的锚固，水利设施、码头、公路、桥梁、隧道、地铁等工程的各种锚固。

6. 国家标准：分为强制性国家标准和推荐性国家标准。对保障人身健康和生命财产安全、国家安全、生态环境安全以及满足经济社会管理基本需要的技术要求，应当制定强制性国家标准。强制性国家标准由国务院有关行政主管部门依据职责提出、组织起草、征求意见和技术审查，由国务院标准化行政主管部门负责立项、编号和对外通报。强制性国家标准由国务院批准发布或授权发布。对于满足基础通用、与强制性国家标准配套、对各有关行业起引领作用等需要的技术要求，可以制定推荐性国家标准。推荐性国家标准由国务院标准化行政主管部门制定。国务院标准化行政主管部门和国务院有关行政主管部门建立标准实施信息和评估机制，根据反馈和评估情况对国家标准进行复审，复审周期一般不超过五年。经过复审，对不适于经济社会发展需要和技术进步的标准应当及时修订或者废止。

7. 行业标准：是在全国某个行业范围内统一的标准。行业标准由国务院有关行政主管部门制定，并报国务院标准化行政主管部门备案。当同一内容的国家标准公布后，则该内容的行业标准即行废止。行业标准由行业标准归口部门统一管理。行业标准的归口部门及其所管理的行业标准范围，由国务院有关行政主管部门提出申请报告，国务院标准化行政主管部门审查确定，并公布该行业的行业标准代号。

8. 地方标准：是由地方（省、自治区、直辖市）标准化主管机构或专业主管部门批准、发布，在某一地区范围内统一的标准。在1988年以前，我国标准化体系中还没有地方标准这一级标准。但其在客观上已经存在，如在环境保护、工程建设、医药卫生等方面，有关部门制定了一批地方一级标准。另外，在全国现有的将近10万个地方企业标准中，有一部分属于地方性质的标准，如地域性强的农艺操作规程，也有一部分具有地方特色的产品标准（如工艺品、食品、名酒标准）等。我国地域辽阔，各省市和一些跨省市的地理区域自然条件、技术水平和经济发展程度差别很大，对某些具有地方特色的产品和建筑材料，或只在本地区使用的产品，或只在本地区具有的环境要素等，有必要制定地方性的标准。制定地方标准一般有利于发挥地区优势，有利于提高地方产品的质量和竞争力，同时，标准也更符合地方实际，有利于标准的贯彻执行。但地方标准的范围要从严控制，凡有国家标准、专业标准的不能制定地方标准，对于军工产品、机车、船舶等也不宜制定地方标准。

9. 混凝土抗压强度：是通过试验得出的，根据我国最新标准C60强度以下的采用边长为150mm的立方体试件作为混凝土抗压强度的标准尺寸试件。按照《普通混凝土力学性能试验方法标准》（GB/T 50081—2002），制作边长为 150mm 的立方体，在标准养护（温度 20±2℃、相对湿度在 95% 以上）的条件下，养护至 28d 龄期，用标准试验方法测得的极限抗压强度，称为混凝土标准立方体抗压强度，以 fcu 表示。按照《混凝土结构设计规范》（GB 50010—2010）的规定，在立方体极限抗压强度总体分布中，具有 95% 强度保证率的立方体试件抗压强度，称为混凝土立方体抗压强度标准值（以 MPa 计），用 fcu 表示。混凝土强度等级依照标准实验方法测得的具有 95% 保证率的抗压强度标准值来确定。按照《混凝土结构设计规范》（GB 50010—2010）的规定，普通混凝土划分为 14 个等级，即 C15、C20、C25、C30、C35、C40、C45、C50、C55、C60、C65、C70、C75、C80。例如，强度等级为 C30 的混凝土是指 30MPa≤fcu<35MPa。影响混凝土强度等级的主要因素有水泥强度等级和水灰比、骨料、龄期、养护温度和湿度等。

10. 钢筋抗拉强度：是钢筋由均匀形塑性变形向局部集中塑性变形过渡的临界值，也是钢筋在静拉伸条件下的最大承载能力。钢筋抗拉强度即表征钢筋最大均匀塑性变形的抗力，拉伸试样在承受最大拉应力之前，变形是均匀一致的，但超出之后，钢筋开始出现缩颈现象，即产生集中变形；对于没有（或很小）均匀塑性变形的脆性钢筋，它反映了钢筋的断裂抗力。符号为 Rm（GB/T 228—1987 旧国标规定抗拉强度符号为 σb），单位为 MPa。

11. 砂浆强度：砌筑砂浆的强度用强度等级来表示。砂浆强度等级是以边长为 70.7mm 的立方体试块，在标准养护条件（温度 20±2℃、相对湿度为 90% 以上）下，用标准试验方法测得 28d 龄期的抗压强度值（单位为 MPa）确定。一般情况下，多层建筑物墙体选用 M2.5 ~ M15 的砌筑砂浆；砖石基础、检查井、雨水井等砌体，常采 M5 砂浆；工业厂房、变电所、地下室等砌体选用 M2.5 ~ M10 的砌筑砂浆；二层以下建筑常用 M2.5 以下的砂浆；简易平房、临时建筑可选用石灰砂浆；一般高速公路修建排水沟使用 M7.5 强度等级的砌筑砂浆。

12. 局部破损检测与非破损检测：局部破损检测就是在检测过程中，对结构既有性能有局部和暂时的影响，但可修复的检测方法；非破损检测就是在检测过程中，对结构的既有性能没有影响的检测方法。商品混凝土强度检测可分为非破损检测和局部破损检测。前者以回弹法、超声法等为主，后者主要采用钻芯法、拔出法、贯入阻力法等。除此以外，还有综合法，如超声—回弹法、回弹—钻芯法等。强度以外的非破损检测方法，主要有超声法、声发射法、电磁波法（雷达法）、电磁感应法、射线法、红外线法、电位法等。

【工程管理实务解读】

1. 工程已交付使用后的鉴定范围。

工程已交付使用后产生质量争议纠纷的，分为已竣工验收交付使用与未经竣工验收业主擅自占有使用两种情况。

在实务中，经常有建设工程未经竣工验收但业主擅自占有使用的情况发生，究其原因，可能多种多样，如施工现场达不到竣工验收条件但业主提前占用使用、业主已实际占有使用但恶意拖延验收等。《施工合同司法解释（一）》第9条第3项规定，建设工程未经竣工验收，发包人擅自使用的，以转移占有建设工程之日为竣工日期。根据该规定，建设工程未经竣工验收但业主擅自占有使用的，以转移占有建设工程之日为竣工日期，视为该工程已竣工验收合格。

《建设工程质量管理条例》第40条规定，在正常使用条件下，建设工程的最低保修期限为：①基础设施工程、房屋建筑的地基基础工程和主体结构工程，为设计文件规定的该工程的合理使用年限；②屋面防水工程、有防水要求的卫生间、房间和外墙面的防渗漏，为5年；③供热与供冷系统，为2个采暖期、供冷期；④电气管线、给排水管道、设备安装和装修工程，为2年。其他项目的保修期限由发包方与承包方约定。建设工程的保修期，自竣工验收合格之日起计算。

建设工程已竣工验收或视为竣工验收后，产生质量争议的，其鉴定范围如何确定？由于竣工验收或视为竣工验收后，工程进入保修期，承包人相应的质量责任转化为保修责任，如产生质量争议项目尚在合同约定的保修期内，则可纳入鉴定范围进行鉴定，如其已超过合同约定的保修期，承包人的保修责任已免除，则不建议将该项施工质量争议纳入鉴定范围，但承包人仍需对原材料的质量承担责任，即可将该项有争议的原材料质量是否满足设计及规范要求纳入鉴定范围。

2. "半拉子"工程承包人中途退场，后续承包人进场是否视为"交付"。

工程建设是一个漫长的过程，一般需要两三年，大型项目可能需要四五年甚至更长时间。由于历经时间长，所以，或因发包、承包双方合同履行过程中出现分歧或因发包人资金链出现问题等原因，均可导致建设工程中途停建的状况发生。中途停建的"半拉子"工程要复工建设，如原发包人、承包人双方无法继续履行原合同，发包人另行选择承包人在原承包人的施工界面的基础上继续施工，是否构成原承包人针对已施工部分向发包人进行交付？

《建筑法》第61条规定：交付竣工验收的建筑工程，必须符合规定的建筑工程质量标准，有完整的工程技术经济资料和经签署的工程保修书，并具备国家规定的其他竣工条件。建筑工程竣工验收合格后，方可交付使用；未经验收或者验收不合格的，不得交付使用。可见，建设工程的"交付"是一种法定的状态，即必须具备法律规定的竣工条件，且经竣工验收合格，"未经验收或者验收不合格的，不得交付使用"。

所以，后续承包人在承包的原施工界面的基础上继续施工，并不构成原承包人针对已施工部分向发包人进行交付。但后续承包人进场后在原承包人施工完成的界面上继续施工，发现原承包人施工质量存在问题，其质量责任应该如何界定？是否构成发包人对原承包人施工质量的认可？原承包人是否应对其施工部分工程质量向发包人承担责任？

笔者认为，"半拉子"工程中途停建后，后续承包人进场前，应由公证机构对施工现场的界面及工程现状进行公证，如存在质量问题，应由第三方检测机构对工程质量进行检测，对质量不合格部分出具修复或加固方案，并对修复或加固产生的费用进行鉴定。上述公证、检测、鉴定均应通知原承包人。所有的上述工作完成后，后续施工单位方可进场施工。如未进行上述公证、检测、鉴定，当后续承包人进场后，发现原承包人施工部分出现质量问题，则可能无法判断该质量问题是属原承包人施工质量问题还是后续承包人不当使用或未采取相应保护措施产生的质量问题，因后续承包人已进入施工现场并已对原承包人施工部分工程进行使用，则可能造成后续承包人举证不能的后果。但后续承包人对原承包人施工部分工程进行使用不能免除原承包人对该工程地基基础与主体质量问题应承担的质量责任。

三、工期鉴定

实例6　谨慎启动工期鉴定

【案情简介】

上诉人（原审被告、反诉原告）：百仕公司

被上诉人（原审原告、反诉被告）：海川公司

2008年4月1日，海川公司与百仕公司签订《青岛市建设工程施工合同》，约定由海川公司承建百仕公司开发的百仕凯旋城1号、2号、3号、4号楼及会所工程。规划规模及结构特征：建筑面积40 830.7平方米，17～22层，框架、剪力墙结构。合同工期：开工日期为2008年4月1日（实际开工日期以开工报告中的开工日期为准），竣工日期为2009年8月31日，合同工期总日历天数为517天。工程质量标准为合格。合同价款：暂定60 768 232.29元，以最终结算值为准。

关于工期与延误。合同通用条款第18.1条约定，本工程或其中任何单项工程必须按照合同订明的时间完成，或在第18.2条约定的延长期限内完成。第18.2条约定，因以下原因造成的工期延误，工期顺延：①发包人（百仕公司）未能按约定提供图纸及开工条件；②发包人未能按约定日期支付工程预付款、进度款和安全防护、文明施工措施费用，致使施工不能正常进行；③工程师未能按约提供所需要的指令、批准等，致使施工不能正常进行；④工程变更；⑤一周内非承包人原因停水、停电造成停工累计超过8小时；⑥遇不可抗力；⑦合同条款已明确约定或工程师同意的其他工期顺延的情况。第18.5条约定，承包人因自身原因未能在第18.1条约定的期限内完成本工程，或者未能在相应的期限完成本工程中某单项工程，承包人应承担违约责任，并向发包人支付专用条款约定的延期损失赔偿费。延期时间以交接证书写明的实际竣工日期超过竣工日期的天数扣除已批准的延长工期计算（延期时间

＝实际工期－工期－批准的延长工期）。关于竣工验收和结算，第31.1条约定，工程竣工验收合格后28天内，承包人应向发包人递交竣工结算书及完整的结算资料；第31.2条约定，发包人在收到承包人提交的竣工结算书及结算资料后，应按第31.3条的有关时限的约定，在工程师的协助下，进行审查、核实，经与承包人协商达成一致意见后确认工程竣工结算价款。第31.3条约定，工程结算的审核时限是指自承包人向发包人递交竣工结算书及完整的结算资料始至承发包双方协商一致确认工程竣工结算价款的时间。工程结算的审核时限由发包人和承包人在专用条款中约定，没有约定的按以下规定执行：工程造价在1 000万元以下的，自接到结算书之日起28天完成；工程造价在1 000~5 000万元的，自接到结算书之日起42天完成；工程造价在5 000万元以上的，自接到结算书之日起56天完成。工程结算须经政府有关部门审定的，发包人应在发包人和承包人确认竣工结算价款后7天内送审，经审定的价款为本工程竣工结算价款。第31.4条约定，在上述规定时限内，发包人未审核完毕或未提出正当理由延期的，视同已认可。出现影响工程结算的各类纠纷，由发包人牵头协调解决，保证工程结算按上述规定的时限完成；协调不成的，按本合同通用条款中关于争议的约定处理。发包人不得以工程质量或存在其他争议为由，拖延和影响工程结算办理，不得以任何理由要求承包人对同一工程进行二次结算审核，否则，承包人有权予以拒绝，并向建设行政主管部门举报。此外，合同还约定了材料、设备供应，质量、安全和文明施工，合同价款，工程量确认，工程款支付，工程变更，违约、索赔和争议，工程质量缺陷保修金等其他内容。合同约定，工程竣工结算后拨付至结算价款95%（含预付款），剩余5%保修期满且无质量问题后付清。双方约定，工程质量缺陷保修金为施工合同价款的5%，具体为人民币3 038 411.61元。2008年4月7日，双方又签订《补充协议》，约定了工程承包内容、工程竣工结算依据、工程类别、费用级别、人工费的确定、材料供应、材料定价及采保费、付款方式、进度要求及违约责任等。其中违约责任中第3项约定：按照合同约定的竣工验收合格交付时间，因乙方原因每逾期一日须向甲方支付合同总价款万分之一的违约金，并赔偿甲方的全部损失。

百仕公司于2014年6月9日向法院提出工程造价鉴定申请和工程工期鉴

定申请，请求对涉案工程造价和涉案工程工期进行鉴定。

【审理结果】

一审法院认为：原告和被告均确认实际开工时间是 2008 年 4 月 1 日，计划竣工日期为 2009 年 8 月 31 日。原告认为，1 号、3 号、4 号楼竣工时间为 2011 年 3 月 17 日（其中 1 号楼层数为 19 层、3 号楼层数为 17 层、4 号楼层数为 22 层），2 号楼竣工时间为 2011 年 4 月 5 日（层数为 18 层）。被告认为，如果原告提供的证据是真实的，时间应以竣工验收报告（对方应提交）为准，而且该验收记录更加证明原告仅完成部分工程而非合同约定的全部工程。

关于工期延期责任问题。原告称，工期延期责任在于被告：第一，被告没有按照合同约定支付工程进度款。第二，大量工程涉及变更。第三，被告分包的工程项目滞后，造成我方后续工程无法施工。

原告提交的工程拨款会签单、预拌混凝土出厂合格证等证据证实因被告没有按合同约定支付工程款导致工期顺延。提交的工程施工协调签证单证实工程在 2008 年 11 月 12 日至 2009 年 3 月 25 日期间停工。提交的会议纪要、门窗施工合同、地暖施工合同证实被告分包的工程项目滞后，造成后续工程原告无法施工。提交的劳务公司给海川公司的信函、关于答复加快工程建设进度的函、发文登记簿证实因被告没有按时支付工程款，导致原告无法按约支付劳务公司的劳务费导致工程延误。被告认为，需承包人向发包人提交顺延申请并经发包人确认后才能视为工期顺延；被告已经按约定支付工程款，工程拨款会签单没有我公司的公章和授权代表签字，不予认可，而且会签单不完整且和原告的证明事项也不能一一对应。被告提交的《青岛市建设工程施工合同》及其《补充协议》《开工报告》、工程项目通知单、青百仕发（2012）22/23/24 号文件等证据证明涉案工程日历工期为 517 天，但至今尚未完成综合竣工验收，原告逾期竣工 1248 天。原告认为，被告提交的证据不能证明被告已经履行了合同，对不冲突的部分予以认可；对被告单方制作的证据不予认可；通过甲供材不能证明工程是否正在进行。

二审法院认为：关于工期延误违约金的确定问题。《民事诉讼法》第 8

487

条规定："民事诉讼当事人有平等的诉讼权利。人民法院审理民事案件，应当保障和便利当事人行使诉讼权利，对当事人在适用法律上一律平等。"涉案合同有效，对双方当事人具有法律约束力，当事人不适当履行合同义务应当承担合同约定的后果，法院审理本案应当保障双方当事人合同地位的对等性。涉案《青岛市建设工程施工合同》通用条款第33.3条约定，"发包人未能按照合同约定履行义务、发生错误以及应由发包人承担责任的其他情况，给承包人造成损失和（或）导致工期延误的，承包人应按下列程序向发包人提出索赔：①索赔的事件发生后28天内，向工程师提出索赔意向通知。逾期不提出的，视为放弃索赔……"

本案中，既然上诉人对被上诉人提交的工程结算书没有按照合同约定进行审核或提出异议，因而依照《青岛市建设工程施工合同》通用条款第33.4条约定承担了视为认可的后果；那么，因为上诉人的原因延误的工期，被上诉人没有按照《青岛市建设工程施工合同》通用条款第33.3条的约定履行顺延程序的，也应当依照该条约定承担视为放弃的后果。

本案中，上诉人同意顺延工期133天，原审判决认定的其他顺延工期，被上诉人没有证据证明其履行了顺延程序，故不能作为顺延工期扣除。原审判决综合本案情况酌情认定工期顺延及责任分担，违背了对当事人适用法律的对等性，法院予以纠正。上诉人请求对涉案工程工期进行鉴定，法院不予准许。

【工程知识】

1. 工期：又称建设工期，是指建设项目从开工建设到竣工验收所需的全部时间。

2. 工期延误：是指施工过程中出现实际完成日期迟于计划规定的完成日期，从而导致整个合同工期延长的情况。工期延误通常包括两种情况：一种是实际的施工进度与发包人批准的计划施工进度存在落差；另一种是在工程完工并经竣工验收后发现工期延误，但这一事实已经无法改变了，因为工程已经完工并验收，此时只能根据造成工期延误的原因来分析各方当事人相应的法律责任。

　　根据《建设工程施工合同（示范文本）》（GF—2017—0201）第 7.5.1
条的规定，由发包人原因导致工期延误的七种情形是：①发包人未能按合同
约定提供图纸或所提供图纸不符合合同约定的；②发包人未能按合同约定提
供施工现场、施工条件、基础资料、许可、批准等开工条件的；③发包人提
供的测量基准点、基准线和水准点及其书面资料存在错误或疏漏的；④发包
人未能在计划开工日期之日起 7 天内同意下达开工通知的；⑤发包人未能按
合同约定日期支付工程预付款、进度款或竣工结算款的；⑥监理人未按合同
约定发出指示、批准等文件的；⑦专用合同条款中约定的其他情形。

　　3. 工期顺延：是指承发包双方依据法律或者合同的约定，对工期延误所
作的变更达成一致意见。工期延误是工期顺延的前提条件。

【工程管理实务解读】

　　工期鉴定因技术复杂，涉及的因素诸多以及对证据的要求极其之高，从
而未能得到广泛运用。一方面，一般单独的造价咨询机构或者工程监理机构
都很难进行全面的鉴定工作，而需要多家机构互相配合才能完成；另一方面，
目前的法律法规仅明确规定了建设工程质量、工程造价和资产评估等鉴定单
位的资质等级及鉴定范围，但未就建设工程施工的工期颁发专门的工期鉴定
资质，工期鉴定缺乏相应依据。因此司法实践中进行工期鉴定的少之又少。

　　笔者认为慎重启动工期鉴定的原因可以从三个方面进行阐述：一是工期
鉴定机构的资格问题；二是工期鉴定的启动条件；三是防止"以鉴代审"。

　　1. 工期鉴定机构的资格问题。

　　（1）工期鉴定是一个专业性的问题，需要专业的机构完成。《中华全国
律师协会律师办理建设工程法律业务操作指引》第 5.6.3.2 条规定，目前法
律、行政法规并未对工期鉴定机构的资质作出相关规定，但由于工期鉴定一
般牵涉工期延期后应承担的违约金、损失赔偿的数额，故委托具有工程造价
咨询资质的机构进行鉴定为宜。

　　工期鉴定主要针对的是工期延误天数计算和费用计取两个方面。《中华
全国律师协会律师办理建设工程法律业务操作指引》认为选择工程造价咨询
是否有依据可循？《工程造价咨询企业管理办法》第 3 条规定："本办法所称

工程造价咨询企业,是指接受委托,对建设项目投资、工程造价的确定与控制提供专业咨询服务的企业。"《注册造价工程师管理办法》第15条规定,"注册造价工程师执业范围包括:(一)建设项目建议书、可行性研究投资估算的编制和审核,项目经济评价,工程概、预、结算、竣工结(决)算的编制和审核;(二)工程量清单、标底(或者控制价)、投标报价的编制和审核,工程合同价款的签订及变更、调整、工程款支付与工程索赔费用的计算;(三)建设项目管理过程中设计方案的优化、限额设计等工程造价分析与控制,工程保险理赔的核查;(四)工程经济纠纷的鉴定"。

虽然现实司法实践中,工期鉴定有由工程造价咨询机构出具鉴定意见的实例,并且得到了法院的认可,但从以上规定来看,造价工程师执业的范围并不包含工期鉴定,由工程造价咨询机构做工期鉴定,从法律和制度层面缺乏依据。

(2)工程造价咨询单位无法单独完成工期鉴定的任务。其一,工期鉴定是一个复杂的问题,不仅仅单纯涉及技术,还涉及施工现场实务和法律结合。其二,在工程项目实际建设过程中,各项目之间常出现同时施工、穿插施工的情况,工期的延长时间也不是将工期天数简单相加而得到,特别是各项目之间的施工前后关系、开始和结束时间等因素都很难进行认定。其三,工程造价咨询机构一般对施工现场并不是很了解,且并不完全具备工程施工技术相关知识和专业能力,存在信息不对称的情况,在这样的条件下,很难作出合理公正的鉴定意见。

2. 工期鉴定启动条件。

对于工期鉴定应当慎重,笔者认为进行工期鉴定至少应满足以下几个条件:第一,当事人向人民法院申请或者人民法院依职权启动。原则上工期鉴定是由当事人按照法律规定向法院申请。相对应的是,在当事人没有申请的情况下,为查明案件事实,现有证据不好认定工期时间的情况下,法院可以依职权启动工期鉴定程序。

第二,法院应仅对有争议的案件事实进行鉴定。《施工合同司法解释(一)》第31条:"当事人对部分案件事实有争议的,仅对有争议的事实进行鉴定,但争议事实范围不能确定,或者双方当事人请求对全部事实鉴定的除外。"那么，如何理解"有争议的事实"？笔者认为，"有争议的事实"是依据当事人提供的证据材料，经法庭调查程序仍无法查明的案件事实部分，从而需要通过鉴定机构的专业知识才能查明。

第三，当事人有证据能够证明存在工期延误的事实。"有争议的事实"一方面需要当事人按照证据规则向法院提交证据，该证据需达到"高度盖然性"，同时证明该事实与工期延误存在法律上的因果关系，如停工令、设计变更、封土令等。

笔者认为不宜启动工期鉴定的情况包括以下几方面：其一，建设工程施工合同中明确约定了"在约定的一定时间内，经过催告，一方未提出工期顺延申请，则视为工期不予顺延"，且一方无法举证证明其已在约定时间内向另一方提出了工期顺延申请。其二，当事人双方已通过会议纪要、备忘录、补充协议等形式约定了工期延误的原因和责任承担问题的。其三，发承包双方对影响事件造成工期延误的事实问题没有争议，而是对依据合同约定该影响事件造成工期延误的责任应当由谁承担等法律问题存在争议的。

3. 防止"以鉴代审"。

"以鉴代审"里面包含几个问题。一是防止法院滥用职权启动鉴定程序。由于建设工程施工合同纠纷专业性强，证据材料繁杂，周期长，一般法官不具有相应的工程知识，加之不了解施工现场实务，缺乏施工经验，往往仅能从法律层面评析，而忽略了案件中某些技术事实，如计算工期常用的网络图和横道图、关键性线路和非关键性线路等，非专业人员很难理解，在认定案件事实时可能会出现偏差。二是防止法院未经质证将鉴材交付鉴定机构或者将需要司法审判权予以明确的问题交付给了鉴定机构。例如，鉴定材料需要双方质证（真实性、合法性、关联性），而不能未经质证直接移交鉴定机构。还有，鉴定方法也需法院明确，若未明确的情况下，则当事人很可能对鉴定意见不予认可，导致重新鉴定。三是防止法院将鉴定意见直接作为裁判的依据。鉴定意见也是民事证据的一种，需要经当事人质证，然后法院结合整个案件的事实情况，决定是否采纳鉴定意见。

【法律依据】

1. 《民事诉讼法》第 76 条。

2.《〈民事诉讼法〉司法解释》第 121 条第 1 款。

3.《施工合同司法解释（一）》第 31 条。

4.《建设工程质量管理条例》第 10 条第 1 款。

5.《全国人民代表大会常务委员会关于司法鉴定管理问题的决定》第 1 条。

6.《全国民事审判工作会议纪要》第 24 条第 2 款。

7.《北京市住房和城乡建设委员会关于贯彻执行 2009 年〈北京市建设工程工期定额〉和 2009 年〈北京市房屋修缮工程工期定额〉有关问题的通知》第 3 条。